教育部人才培养模式改革和开放教育试点教材
高等医学院校卫生事业管理专业教材
全国卫生专业技术资格考试卫生管理专业推荐用书

医院管理学

主　编　周子君

编　者　冯　文　崔　涛

北京大学医学出版社

YIYUAN GUANLIXUE

图书在版编目（CIP）数据

医院管理学/周子君主编；冯文，崔涛编．—北京：
北京大学医学出版社，2003（2023.9 重印）
　ISBN 978-7-81071-411-2

　Ⅰ．医…　Ⅱ.①周…②冯…③崔…　Ⅲ．医院－
管理－电视大学－教材　Ⅳ．R197.32

中国版本图书馆 CIP 数据核字（2003）第 057064 号

医院管理学

主　　编：周子君
出版发行：北京大学医学出版社
地　　址：（100083）北京市海淀区学院路 38 号　北京大学医学部院内
电　　话：发行部 010-82802230；图书邮购 010-82802495
网　　址：http://www.pumpress.com.cn
E-mail：booksale@bjmu.edu.cn
印　　刷：北京信彩瑞禾印刷厂
经　　销：新华书店
责任编辑：赵　莳　　责任校对：于　明　　责任印制：张京生
开　　本：787mm×1092mm　1/16　　印张：16.5　　字数：419 千字
版　　次：2003 年 8 月第 1 版　2023 年 9 月第 14 次印刷
书　　号：ISBN 978-7-81071-411-2
定　　价：21.80 元
版权所有，违者必究
（凡属质量问题请与本社发行部联系退换）

前　言

在过去的几十年里，医院管理学作为一门独立的学科取得了长足的发展，这些发展是在医院管理的实践当中和理论探索中取得的。随着世界范围内医疗服务体制的变革，医院管理学的内容与学科侧重点也发生了相应的变化，越来越多的医疗机构管理者开始关注医疗机构的运营环境及其服务对象。在引入市场经济机制和加入WTO以后，中国的医疗机构管理者开始面对日益激烈的市场竞争和提高医院服务质量等多重压力，系统学习医院管理、医院经营等相关知识的需求越来越大。为此，我们结合在北京大学医院管理课程教学中的实践编写了这本《医院管理学》。编写此书的目的不仅为卫生事业管理本科专业提供一本教材，也为广大医院管理工作者提供一本相对系统的医院管理学参考书。

在本书的编写过程中，我们比较重视医院管理的基本理论、基本知识和基本技能的训练，同时结合一些新的管理理论、管理方法和医院管理的实践活动，力求使本书具有科学性、先进性、实用性。

本书在编写时着重考虑了以下几个方面：一是内容的完整性，即力求保持医院管理学学科体系的完整，涵盖了医院管理应用的主要内容。二是科学性，医院管理脱胎产生于管理学，是管理学等相关学科在医院管理中的具体应用，因此在本书中力求充分借鉴管理学等相关学科的理论和方法，并将其应用到医院管理的实际工作中去，为医院的管理工作服务。三是先进性，近年来，医院管理学的发展日新月异，本教材力求吸收先进的医院管理理论和方法，开阔学生的思路和视野。四是可读性，我们在编写的过程中，力求做到文字流畅，叙述通俗易懂。此外，为帮助学习者使用本教材，我们还编写了与本书配套的《医院管理学学习指导》，便于学习者自学。

在此书的编写过程中，我们有幸得到一些医院管理专家和医院管理工作者的支持和帮助，在此表示感谢。由于本书的编写时间较短，且编者水平有限，缺点和不足之处在所难免，因此，我们恳请本书的读者对书中不足之处提出意见，以帮助我们改进和完善。

编者
2003年7月

目 录

第一章 医院管理学概论 ……… (1)
第一节 医院概论…………… (1)
- 一、医院的概念……………… (1)
- 二、医院的结构……………… (2)
- 三、医院提供的服务………… (2)
- 四、医院的发展……………… (3)
- 五、医院的分类……………… (3)
- 六、医院的发展趋势………… (5)

第二节 医院管理的相关知识…… (6)
- 一、管理的基本概念………… (6)
- 二、现代管理理论…………… (7)

第三节 医院管理学的概念与方法 ……………………………… (12)
- 一、医院管理学的基本概念 … (12)
- 二、医院管理的方法………… (13)

第四节 医院管理研究的主要内容及学习意义……………… (14)
- 一、医院管理研究的主要内容 ……………………………… (14)
- 二、医院运营管理的主要内容 ……………………………… (16)
- 三、学习医院管理学的意义 … (17)

第二章 医院外部环境…………… (18)
第一节 医院外部环境与利益相关方………………………… (18)
- 一、医院外部环境分析的重要性 ……………………………… (18)
- 二、利益相关方……………… (19)
- 三、利益相关方分析方法…… (20)
- 四、医院主要的外部环境因素及其作用………………… (20)

第二节 医院的政策环境……… (21)
- 一、计划经济体制向社会主义市场经济体制转轨………… (21)
- 二、医疗服务领域的机构及资本准入………………………… (22)
- 三、医疗服务的人员和技术准入及政策……………………… (23)
- 四、医疗服务的筹资政策…… (23)
- 五、医疗保障政策…………… (24)

第三节 医院的社区环境……… (25)
- 一、社区……………………… (25)
- 二、社区卫生服务…………… (26)

第四节 行业变化与技术环境 … (28)
- 一、生物医学技术的发展…… (28)
- 二、自然科学技术的移植为临床医学提供了更多的手段和方法……………………… (29)
- 三、循证医学………………… (30)
- 四、临床路径………………… (31)
- 五、医学技术评估…………… (32)

第五节 我国入世与医疗服务 … (33)
- 一、我国入世承诺…………… (33)
- 二、医疗服务对外开放的历史演变与现实影响…………… (33)
- 三、技术壁垒………………… (34)

第三章 医院战略管理…………… (36)
第一节 战略管理的概念……… (36)
- 一、战略管理的概念………… (36)
- 二、战略管理的特征………… (37)
- 三、制定发展战略的原则…… (37)
- 四、建设学习型组织………… (38)

第二节 战略管理实践………… (39)
- 一、生产经营的竞争战略…… (39)
- 二、资本经营的成长战略…… (41)
- 三、业务组合………………… (42)
- 四、不同市场条件下的战略 … (43)

第三节 医院战略管理………… (44)
- 一、医院战略管理的概念…… (44)
- 二、医院战略管理的作用…… (45)

三、非营利性医院战略管理的特殊性 …………………… (46)
　　四、战略管理的步骤 ………… (47)
　　五、医院战略规划的内容 …… (47)
　　六、医院战略规划的方法 …… (49)
　第四节　医院战略规划的实施 … (50)
　　一、医院的战略选择 ………… (50)
　　二、医疗服务的细分市场 …… (51)
　　三、战略实施 ………………… (52)
　　四、战略评估 ………………… (52)
第四章　医院经营管理 …………… (53)
　第一节　医疗服务市场 ………… (53)
　　一、医疗服务是一种商品 …… (54)
　　二、医疗服务市场的供需关系 ……………………………… (54)
　第二节　医院经营管理 ………… (59)
　　一、为什么要提出医院的经营管理问题 ………………… (59)
　　二、医院经营管理概念及其特点 ……………………………… (59)
　第三节　医院经营管理过程 …… (61)
　　一、确定医院使命 …………… (61)
　　二、制定医院方针 …………… (62)
　　三、建立医院发展目标 ……… (62)
　　四、医疗服务市场调查与分析 ……………………………… (63)
　　五、医疗服务市场细分与医院定位 ………………………… (66)
　　六、制定医院的经营战略 …… (67)
　　七、医院经营效果评估 ……… (68)
第五章　医院文化 ………………… (70)
　第一节　企业文化 ……………… (70)
　　一、文化的概念 ……………… (70)
　　二、企业文化的概念 ………… (70)
　　三、企业文化的内容 ………… (71)
　第二节　医院文化 ……………… (76)
　　一、医院文化的概念 ………… (76)
　　二、建设医院文化的根本动因 ……………………………… (76)
　　三、医院文化的功能 ………… (77)

　　四、医院文化建设的原则 …… (78)
　　五、医院文化的表达 ………… (78)
　　六、建立医院文化的步骤 …… (80)
　　七、医院形象设计 …………… (80)
第六章　医院诊疗管理 …………… (82)
　第一节　门诊管理 ……………… (82)
　　一、门诊管理的概念 ………… (82)
　　二、与住院服务相比，门诊服务的基本特征 …………… (82)
　　三、流程管理 ………………… (83)
　　四、门诊服务流程管理 ……… (84)
　　五、保障和改善门诊服务流程的措施 ……………………… (85)
　　六、门诊医生的管理模式 …… (87)
　第二节　住院诊疗管理 ………… (87)
　　一、住院诊疗管理的概念 …… (87)
　　二、住院服务的特点（与门诊服务相比较）……………… (88)
　　三、住院诊疗管理的任务 …… (88)
　　四、医疗业务管理制度 ……… (89)
　　五、医疗服务组织管理制度 … (89)
　　六、病房管理制度 …………… (89)
　　七、病房管理的管理角色 …… (90)
　　八、住院评价指标 …………… (90)
　第三节　急救医疗管理 ………… (90)
　　一、基本概念 ………………… (91)
　　二、急救医疗服务的性质 …… (91)
　　三、急救医疗服务系统的目的 ……………………………… (91)
　　四、急救医疗服务特点 ……… (92)
　　五、院前急救服务流程 ……… (92)
　　六、我国院前急救医疗服务模式 ……………………………… (93)
　　七、院前急救医疗服务系统的组成 ………………………… (94)
　　八、急救医疗服务管理原则 … (95)
　　九、急救医疗服务中的相关问题 ……………………………… (97)
　第四节　药事管理 ……………… (98)
　　一、医院药事管理的概念 …… (98)

二、医院药事管理的任务 ……（99）
三、医院药事服务中存在的问题…（99）
四、合理用药 ……………………（100）
五、改善用药的实践 ……………（102）
六、我国药品管理的法律法规
　　………………………………（103）

第七章　医疗服务质量管理
　　…………………………………（105）
第一节　对服务质量的认识 ……（106）
一、对质量的认识 ………………（106）
二、质量管理的原则 ……………（106）
三、质量观念的发展 ……………（107）
四、医疗服务质量 ………………（108）
第二节　医院质量管理 …………（109）
一、医院质量管理的定义 ………（109）
二、医院质量管理的主要内容
　　………………………………（110）
第三节　医院质量管理体系 ……（113）
一、概述 …………………………（113）
二、医院质量管理体系的定义
　　………………………………（113）
三、医院质量管理体系的构成
　　………………………………（114）
第四节　医院医疗服务质量的评审
　　………………………………（116）
一、医院内部质量评审 …………（116）
二、医院外部质量评审 …………（117）
第五节　医疗服务质量管理常用的
　　方法 …………………………（119）
一、流程图 ………………………（119）
二、排列图 ………………………（120）
三、分层图 ………………………（122）
四、因果分析图 …………………（122）
五、控制图 ………………………（123）
六、标杆对比 ……………………（125）
七、临床路径 ……………………（125）

第八章　医院人力资源管理 …（127）
第一节　医院人力资源管理的基本
　　概念 …………………………（127）
一、人力资源管理的概念 ………（127）

二、人力资源管理的影响因素
　　………………………………（128）
三、医院人力资源管理 …………（129）
第二节　医院人力资源管理的基本
　　内容 …………………………（130）
一、医院人力资源规划 …………（130）
二、职务管理 ……………………（131）
三、人员招聘和选拔 ……………（134）
四、医院员工的培训 ……………（136）
五、医院员工的绩效评价 ………（139）
六、薪资报酬 ……………………（141）
七、职业发展 ……………………（143）
第三节　医院人才管理 …………（146）
一、医院人才的概念 ……………（146）
二、医院人才的开发和选拔
　　………………………………（147）

第九章　医院经济管理 ………（149）
第一节　医院的财务管理 ………（149）
一、医院的代理问题 ……………（149）
二、医院财务在组织结构中的位
　　置与作用 ……………………（150）
三、医院财务管理的职能 ………（150）
四、医院的财务制度 ……………（151）
第二节　医院的会计制度 ………（155）
一、会计准则 ……………………（155）
二、我国的医院会计制度 ………（156）
第三节　医院预算编制 …………（159）
一、预算的概念 …………………（159）
二、预算的种类 …………………（159）
三、预算的编制程序 ……………（161）
第四节　医院成本管理 …………（162）
一、医院成本的概念 ……………（162）
二、医院成本核算 ………………（163）
三、成本分析 ……………………（164）
四、成本控制 ……………………（164）
第五节　医院内部控制 …………（164）
一、医院内部控制的概念 ………（165）
二、对医院内部控制的评价
　　………………………………（165）
三、医院专项审计 ………………（166）

第十章 医院信息管理 (168)
第一节 医院的信息管理 (168)
一、信息的概念与作用 (168)
二、医院信息及其特点 (169)
三、医院的信息流与物流 (169)
四、医院的信息处理 (170)
五、计算机信息管理技术对医院医疗服务工作的影响 (173)
第二节 医院信息系统相关知识 (173)
一、医院信息系统概念及其构成 (173)
二、医院信息系统网络结构及其硬件、软件组成 (174)
第三节 医院信息系统开发 (177)
一、系统计划 (178)
二、系统分析 (178)
三、系统设计 (178)
四、医院信息系统的实现与运行 (178)
第四节 医院信息系统的基本功能及其子系统 (179)
一、医院信息系统的基本功能 (179)
二、医院信息系统的子系统 (180)
第五节 医院信息系统应用应注意的问题 (182)
一、医院信息标准化 (182)
二、医院信息系统安全 (183)

第十一章 医院后勤和设备管理 (186)
第一节 医院后勤管理 (186)
一、医院后勤管理的一般概念 (186)
二、医院后勤管理的主要内容 (188)
三、医院后勤管理体制改革 (189)
第二节 医院设备管理 (190)
一、医院设备管理概论 (190)
二、医院仪器设备的装备管理 (193)
三、医院仪器设备的使用管理 (195)
四、医疗仪器设备的经济管理 (197)
第三节 医院物流管理 (199)
一、医院物流管理的概念 (199)
二、医院物流管理的内容 (200)
三、医院物流的合理化管理 (200)

第十二章 医院公共关系 (203)
第一节 公共关系的基本理论与医院公共关系 (203)
一、公共关系的发展史 (203)
二、公共关系的概念 (204)
三、公共关系的含义 (204)
四、公共关系产生的原因 (205)
五、公共关系的基本特征 (205)
六、公共关系三要素 (205)
七、公共关系的功能 (206)
八、公共关系的原则 (209)
九、公共关系的主要形式 (209)
十、公共关系活动的主要程序 (210)
第二节 人际关系与医患关系 (210)
一、人际关系的概念 (210)
二、医患的社会角色 (211)
三、医患关系的演变及其特点 (211)
四、患者的心理需要 (212)
五、医患关系的基本特征 (213)
六、信息传播与医患之间的信用资源 (213)
七、不平衡的人际关系 (215)
八、医患沟通艺术 (215)
第三节 危机与重点患者管理 (216)
一、风险与问题管理 (216)

二、危机管理……………(217)
　　三、重点患者管理…………(218)
第十三章　医院安全……………(220)
　第一节　医疗安全………………(220)
　　一、医疗安全的概念…………(220)
　　二、影响医疗安全的因素……(221)
　第二节　医院一般安全管理……(222)
　　一、医院一般安全管理的概念
　　　………………………………(222)
　　二、医院安全管理体制及内容
　　　………………………………(222)
　　三、防火………………………(223)
　　四、医院安全管理措施………(224)
　第三节　医疗纠纷………………(224)
　　一、医疗纠纷的概念…………(224)
　　二、医疗纠纷产生的原因……(225)
　第四节　医疗事故………………(225)
　　一、医疗事故的概念 …………(226)
　　二、医疗事故的分级…………(226)
　　三、医疗事故处理……………(230)
　　四、医疗事故技术鉴定………(230)
　　五、医疗事故赔偿……………(231)
　　六、对发生医疗事故的机构或责
　　　任人的处理…………………(232)
　第五节　医疗纠纷及事故的防范
　　　………………………………(233)
　　一、尊重患者的权利…………(234)
　　二、加强医务人员、管理人员
　　　相关知识的培训……………(235)
　　三、建立医疗事故纠纷防范与
　　　处理机制……………………(235)
　第六节　国外医疗事故处理及赔偿
　　　　制度………………………(235)
第十四章　医源性感染管理……(238)
　第一节　医源性感染的基本概念
　　　………………………………(238)
　　一、医源性感染管理发展史…(238)
　　二、医源性感染定义…………(239)
　　三、医源性感染管理分类……(240)
　　四、医源性感染的危害………(240)

　　五、新时期医源性感染的特点
　　　………………………………(241)
　　六、医源性感染的诊断………(241)
　　七、医源性感染产生的原因…(242)
　第二节　医源性感染管理………(243)
　　一、医源性感染管理的历史
　　　………………………………(243)
　　二、医源性感染管理的概念
　　　………………………………(244)
　　三、医源性感染管理的组织建设
　　　………………………………(244)
　　四、医源性感染管理的制度建设
　　　………………………………(244)
　　五、消毒隔离制度……………(245)
　　六、医务人员的职业防护……(245)
　第三节　医源性感染的流行病学监测
　　　………………………………(246)
　　一、医源性感染监测历史……(246)
　　二、医源性感染监测的定义
　　　………………………………(247)
　　三、医源性感染监测的目的
　　　………………………………(247)
　　四、医源性感染监测的方法和指标
　　　………………………………(247)
　第四节　医院废弃物的处理……(247)
　　一、医疗废弃物问题的提出
　　　………………………………(247)
　　二、医院废弃物处理的现状
　　　………………………………(248)
　　三、医疗废弃物处理的指导原则
　　　………………………………(249)
　　四、医疗废弃物的全过程管理
　　　………………………………(250)
　　五、医疗废弃物管理中突出对危
　　　险废弃物的重点管理………(250)
　　六、医疗废弃物管理的对策与
　　　建议…………………………(251)
　　七、世界卫生组织建议的医疗废
　　　弃物处理方法………………(252)

参考文献……………………(253)

第一章 医院管理学概论

教学内容与教学目标

教学内容
1. 医院的概念、分类及其发展。
2. 管理的基本概念。
3. 医院管理的基本概念及其研究的主要内容。

      *   *   *   *

教学目标
1. 掌握医院、医院管理的基本概念。
2. 熟悉医院的分类、发展。
3. 了解管理的基本理论、概念。
4. 掌握医院管理的主要内容。
5. 了解医院管理的主要研究对象和研究方法。

    医院管理在我国医药卫生行业是一门年轻的学科，与其他学科相比，医院管理尚处于学科发展的初期。伴随着医院的快速发展，医院管理也日益受到重视，特别是近十年来，随着我国经济体制的改革，人民的生活水平有了极大的提高，医院也进入了蓬勃发展时期。截止到 2000 年底，我国县及县以上医院已经达到 15 446 家。近年来，医学与科学技术发展迅速，各种新技术、新设备纷纷应用于临床，医院社会化、专业化的要求比以往更高，医院也变得更加复杂，因此，现代化的医院已经是一个集医学、科学技术和管理为一体的整体。

第一节 医院概论

一、医院的概念

    医院是医务人员向患者提供医疗、预防等卫生服务的场所，以满足人们对健康的需求。现代医院已不仅仅是单纯为患者提供疾病的诊断、治疗服务的医疗机构，而是一个为患者提供整体医疗服务的机构。随着社会的发展，人们对医院和医务人员提供服务的要求也日益提高，多数患者已不满足于仅仅得到及时、正确的诊断和治疗，人们在就医时也希望医务人员有良好的服务态度，温馨、整洁的就医环境，良好的医患沟通，合理的医疗服务价格。因此，现代化的医院除了必须具备良好的医疗设备、设施及医术高超的医务人员，还必须具备良好的就诊环境，优化的流程，高效、便捷的服务，合理的收费以及优秀的医院文化和医院经营理念。现代医院服务的着眼点正在逐步从传统的以重视医疗技术为主的模式转变为"以患者为中心"的服务模式。

二、医院的结构

医院结构属于复杂的组织机构类型，其高科技的设备，不断发展的医疗技术，大量的专业人员和复杂的管理过程都决定了医院工作的复杂性，因此，医院的组织结构和管理方法都与其他商业、企业不同。由于医院日常工作中需要协调的各种专业化活动不断增多，医院的组织结构和管理系统变得更为复杂。一般来说，医院由临床科室、医技科室、医疗辅助科室和行政管理科室组成。

1. 临床科室　是直接为患者提供诊疗服务的科室，是一个医院的核心组成部分，医院的临床科室一般视医院的规模，专科特色不同而有所不同，常见的科室有内科、外科、妇产科、儿科、眼科、耳鼻喉科、口腔科、皮肤科、精神科、肿瘤科、中医科、传染病科、急诊科、预防保健科等。其中一些大型综合医院或专科医院在这些科室之下还会设置一些二级科室，如内科有呼吸内科、消化内科、血液内科、心血管内科、神经内科、肾内科、内分泌、免疫等科室；外科有普通外科、心脏外科、神经外科、肝胆外科、骨科、脊柱外科、泌尿外科、胸外科、烧伤科、整形外科等。二级科室的划分有利于医生对特定疾病的诊治。

2. 医技科室　是为临床科室提供技术支持的科室，常见的科室有药剂科、检验科、医学影像科、病理科、麻醉科、功能检查室、手术室、营养科等。

3. 医疗辅助科室　是辅助临床、医技科室为患者提供服务的科室。医疗辅助科室包括挂号室，住院、出院处，收费处，医学信息科，后勤供应处，设备维修处，医患关系科，市场部等。

4. 行政管理科室　是医院处理日常行政事务，制订计划，维护医院运营，进行绩效考评的部门，通常包括医务处、护理部、人力资源部、财务部、科教处、总务处等。

此外，我国的大多数医院中还设有党务、工会、团委等处室。

不同规模、不同专科特色的医院其科室设置会有所不同，一些医院本着"精简、高效"，"以人为本"的原则，合并或重组了一些部门，有些医院根据医院经营和市场竞争的需要，新设置了诸如公共关系部、市场推广部等部门，使医院内部的科室设置更符合医院竞争与发展的需要。

三、医院提供的服务

医院提供的服务主要是各类疾病的诊断和治疗服务，规模较大的医院往往提供偏重于疑难重症疾病等专科性较强的诊治服务，中小型医院则偏重于常见疾病的医疗、预防、康复、健康宣教等综合性健康服务。随着医疗服务市场竞争的加剧以及医院经营意识的提高，越来越多的医院在考虑提供什么类型的医疗服务时，往往会从成本效益、社会效益等综合因素进行考虑，最终确定或调整其提供医疗服务的种类，以利于医院的持续发展。由于我国绝大部分医院都是国有医院，因此，医院还必须承担各级政府指派的医疗、预防、医学技术指导等项任务。此外，教学医院还需承担医学院校学生的临床教学和在职医务人员的继续教育任务。部分具备科研能力的医院还承担着临床医学科研任务。随着社会的发展以及患者需求的增长，越来越多的医院开始重视患者的人文需求，如提供舒适、整洁的就医环境，方便、快捷的医疗服务，开展特需服务，提供温情服务，努力满足患者的不同社会、心理需求，使患者在接受医疗服务的同时，也享受到温馨的服务。

四、医院的发展

西方国家医院的起源可以追溯到中世纪之前，由于当时缺乏有效的疾病诊断和治疗方法，最初建立的医院主要是为患者、穷人提供慈善性质的生活护理服务，因此，当时的医院带有浓郁的宗教和慈善色彩，医院也并非是为民众提供医疗服务的机构。从17世纪开始直至19世纪末期，一些西方国家开始由政府或政府授权的机构建立为穷人、孤儿、患病的儿童、妇女以及无家可归者提供护理和食宿服务的机构，这些机构被称为"贫民院"（Poorhouses）或"救济院"（Almshouses）。今天美国一些知名的大医院，如宾州医院（Pennsylvania Hospital）、纽约医院（New York Hospital）、麻省总医院（Massachusetts General Hospital）等最初建立的主要目的也是如此。作为独立的机构，这些医院由自己的理事会或董事会进行管理。医院的费用和资金是由一些富有的资助者或地方性社会团体提供的。医生实际上不属于医院。医生对患者的治疗服务是作为仁慈的活动而免费进行的，而医院通过向医生提供观察各种疾病的机会帮助医生进行学习训练。现代医院是随着医学技术的进步逐步发展的，从19世纪末期开始，随着无菌操作、消毒、麻醉、X光诊断、血型、心电图、脑电图等技术和方法在临床上的应用，医院逐步开始了真正意义上的疾病诊断与治疗，这使得医院的职能和作用发生了革命性的变化。医院不再是患者和穷人等死的地方，医院变成了基本的治疗机构。进入20世纪，人类一系列重大的医学发现导致现代意义的医院开始出现，如1923年胰岛素的发现极大地改善了糖尿患者的治疗；1929年肝脏提取物有效地降低了恶性贫血的发病率；1935年磺胺类药物的发现，有效地控制了肺炎及其他一些细菌感染类疾病。20世纪40年代抗生素的临床应用以及人工免疫技术的应用使得大量人类传染性疾病得以控制。20世纪60年代以后，随着各种慢性退行性疾病、肿瘤、各种事故伤残等发病率、发生率的增高，越来越多的患者需要到医院进行诊治。随着医学科学和医疗诊断、治疗技术的快速发展，医院逐步出现专科的分化，目前，一些大型综合医院的二级临床科室已经达到20~30个之多，专科分化一方面为一些疑难杂症提供了专业的诊断与治疗方法，另一方面也增大了各专业之间的协调难度和医院的管理难度。现代医院已经发展成为多专科，高度分工与高度协作相结合，高科技设备、技术广泛应用，集医疗、预防、康复为一体的医疗机构。

五、医院的分类

（一）医院分类

医院可以根据其规模、所在区域、服务内容、治疗方法、医院性质、承担的任务等进行划分。

1. 根据医院的规模可以将医院分为大型医院或医学中心、中型医院、小型医院等。我国20世纪90年代按照区域规划与评审的要求将医院划分为三级10等，三级医院要求病床数在500张以上，二级医院不少于100张床，一级医院为20张病床以上，同时根据医院的建设和发展将三级医院分为特、甲、乙、丙四个等次，二级和一级医院各分为甲、乙、丙三个等次。

2. 根据医院所在区域可以将医院分为：城市医院，如省医院、市医院、区医院、街道医院；农村医院，如县医院、乡镇医院等。

3. 根据医院的服务内容可以将医院分为综合医院、专科医院、社区医院和康复医院等。

其中，专科医院又可以进一步按服务人群分为：妇产科医院、儿童医院、老年医院。以人体疾病、系统划分为：肿瘤医院、心血管病医院、肾病医院、肝病医院、传染病医院、精神病医院、结核病医院、职业病医院、口腔医院、眼科医院、骨科医院等。

4. 根据医院的主要诊断、治疗方法可以将医院分为西医医院、中医医院、蒙医医院、藏医医院等。

5. 根据医院的性质、经营、隶属关系，如按医院的经济性质可以将医院划分为股份制医院、股份合作制医院和独资医院。按医院的经营主体可以将医院划分为：公立医院、公有民营或国有民营和民有民营医院。按医院的经营目的可以将医院划分为营利性医院、非营利性医院。按医院的隶属关系可以将医院划分为政府所属的医院、企业医院、军队医院等。

6. 根据医院是否承担教学任务可以将医院分为教学医院、非教学医院。

（二）几类典型的医院

1. 教学医院　是承担各类医学生、进修生临床医学实践活动的医院，多为一些医学院校的附属医院或签约教学医院。教学医院以医疗为主，同时承担专科生、本科生、研究生或进修生的临床教学工作。教学医院一般为规模较大，医疗能力、学科力量较强的医院。教学医院除承担教学任务外，还承担一定的科研工作，因此，教学医院的医务人员除了正常的医疗工作，往往还承担医学生或进修生的临床教学和科研工作。由于此类医院的性质和承担任务的不同，教学医院的医疗成本会高于非教学医院。

2. 公立医院　是政府为体现其社会职能兴建的医院。在美国，公立医院作为政府为特定人群或疾病提供医疗保障的手段之一，如美国联邦政府建立的公立医院主要为印第安人、军人和退伍军人提供医疗服务，州和县、市政府建立的公立医院主要为低收入人群，患有传染性疾病、精神疾病的民众提供医疗服务。在一些国家和地区，公立医院也作为政府体现其福利政策的机构，这些国家一般通过政府预算支付公立医院的成本支出，以维持公立医院的运行。随着社会经济的发展和医疗服务体制的变革，部分国家或地区也采取委托管理、委托经营的方式管理公立医院，即"公有民营"或"国有民营"，以提高公立医院的服务效率和服务水平，减少政府日益增长的财政压力。

3. 营利与非营利医院　是指依法设立的、以经济利益为主要经营目标的医院。此类医院与其他营利性服务企业相似，依法经营、依法纳税，医院投资者可以从医院投资收益中获取回报，医院破产清算以后，剩余资产归投资者所有。非营利医院是指以特定社会目标为主要经营目的的医院，医院收入主要用于弥补医疗服务成本，收支结余只能用于医院的自身建设和发展，如改善医疗条件，购置医疗设备，开设新的医疗服务项目，人员培训，人员工资等。此类医院在提供医疗服务时以社会效益和医院的特定目标为基础，政府对其经营活动给予免税待遇。建立非营利医院的出资者依法享有对医院的管理权或委托管理权，但医院的资产自医院依法设立时，已转归社会所有，因此出资者不得从医院收益中获得合法收益以外的资金回报，如投资分红等，医院破产清算以后，剩余资产必须依法处置，出资者无权收回。

4. 社区医院　是以承担医院所在社区及周边居民日常医疗、预防、保健服务为主的医院。医院主要以其所在地区社区的居民为主要服务对象，服务项目以居民常见病、多发病的预防、诊断、治疗为主，同时承担慢性病患者的康复，居民健康知识普及等工作。社区医院以中、小型综合医院为主，临床科室设置为内科、外科、妇产科、耳鼻喉科、皮肤科、中医科等综合科室，医生以"通科医生"或"全科医生"为主，为居民提供全面的健康服务。

5. 医疗集团　是指以协议或资产为纽带，由数个医疗机构整合而成的医疗群体。多个医院组成的医院集团，可发挥其特有的综合优势。扩大服务范围，形成规模，增强市场竞争力，整合现有资源，减少浪费，提高效率等。医院集团的组成形式主要有两种，一种是横向组合，一种是纵向组合。横向组合的主要优势是在市场占有率、规模、资金的投入及信息的共享等方面具有优势；纵向组合的集团主要是从提供医疗服务的供应链方面进行优势互补，合理配置以利用已有的医疗资源。

六、医院的发展趋势

（一）大型综合医院向专科化医院方向发展

现代医学的发展趋势，是在高度分化的微观研究基础上，实现人体的整体健康，这就要求医院，特别是一些大医院必须发展专科，形成各个临床专业分支，以利于对疾病作细致的诊断和治疗。由于人体是由各种组织、器官、系统构成的有机整体，因此，这就要求医院在发展专科的同时，必须注意专科之间的互相配合与协同发展的问题。为适应这一变化，医院会出现新型的医疗技术结构，即在高度专业化和精细分工的基础上，加强横向联系，实现多种综合。今后，像癌症治疗中心、心血管疾病治疗中心、器官移植中心、影像诊断中心、数据分析中心、临床检验中心等适合医院发展的整合性机构或科室会得到进一步发展。

（二）应用高新技术

现代医院的发展，越来越依赖于现代科学技术的发展。随着对健康水平要求的提高，人类会利用现代科学的最新技术对人体的未知领域进行研究，这些研究及其成果在临床的应用促进了人们身心健康的恢复和生活质量的进一步提高，这是现代医院发展的一个显著特点，所以广泛应用现代科学的成就已成为现代医院发展的一种必然趋势。高新技术将越来越多地运用于临床诊断和治疗，以不断提高人们的健康水平，满足人们日益增长的健康和医疗需求。

（三）医院建筑与环境满足患者需求

现代化医院对医院建筑及其环境也提出了更高的要求，首先是必须适应患者就医的需要，为了给患者创造一个良好的环境，现代化医院的内外环境要求达到医院园林化，病房家庭化，并且在医院的建筑、设施上达到较高的标准，以适应患者心理、社会因素以及疾病转归和治疗的要求；其次是必须适应医院的发展，能适应新业务不断开展；三是必须适应各种现代化仪器设备的要求，为设备更新留下余地；四是能为患者提供更优质的生活服务。

（四）优质高效的服务

经济的发展以及市场经济体系的建立，已使患者在就医时不再仅仅满足于"及时的诊断与治疗"，越来越多的患者在要求得到医疗服务的同时对医院的效率、环境、医患沟通、服务、费用提出了更高的要求。对大多数医院来说，提高医疗技术质量是一个方面，更重要的是整体服务质量的提高。在医疗技术质量相同或相近的情况下，患者对医院的选择更多的是取决于对服务质量的选择，即对医院的信任、对医院的服务态度、患者隐私权的保护、个人权利的维护、费用的公开、服务是否到位等多因素的考虑。现代医院管理对医院质量的评价已不仅仅停留在医院单纯技术水平的考核，而是对医院质量、服务、效率、费用、患者权利的保护等多因素进行综合评估。

（五）社区综合健康服务

随着社会的发展、人类生活环境的改变，疾病的构成发生了很大的变化。威胁人类的主要疾病已经从传染性疾病逐步向慢性非传染性疾病转变，目前造成我国居民死亡的主要疾病中，慢性非传染性疾病，如心血管疾病、肿瘤占据了前面的位置。而这些疾病的发生、发展和治疗依靠传统的控制生物发病的因素是远远不够的，还要从研究其遗传因素、心理因素，改善其生活方式、社会环境等方面着手。因此，医院必须在治疗疾病的同时，重视预防医学，制定出社会防治措施，以从根本上完成医院防治疾病的任务。为适应这一变化，部分医院将逐步从医疗型向医疗、预防、保健型转化。将从治疗服务扩大到预防服务，从技术服务扩大到社会服务，从生理服务扩大到心理、社会服务，从院内服务扩大到院外服务。

随着社会对医疗费用控制的关注，人们越来越要求医院提供优质、适宜、便捷、费用合理的医疗服务，世界卫生组织在评价卫生服务体制时，也日益关注医疗服务的可及性，因此向社区居民提供综合健康服务将成为今后社区医院的重点发展方向。目前，我国社区医院的建设与发展还远远满足不了居民对此的需求，社区医院不等于"低质"医院，尽管社区医院主要向社区居民提供常见疾病的临床、预防、健康宣传、家庭病床、出诊等综合医疗服务，但对于社区医院的人员配备，医疗质量，服务水平，建筑装备的要求应有一定的标准，以满足居民对健康的需求。

（六）医院管理科学化、信息化

现代化医院必须广泛采用现代管理的技术和方法，做到科学管理。科学管理首先应强调实行标准化管理，引入国际及发达国家成熟的管理体系及标准用于医院管理将成为今后医院发展的方向，如美国 JCAHO 的医院评审制度，ISO-9000 系列标准等。

信息是医院进行医疗工作和管理活动最基本的要素之一，是医院的重要资源，随着医院管理复杂程度的提高，对信息工作提出了更高的要求，医院必须及时准确地收集、分析、处理各种信息，才能进行有效的决策与管理。因此，医院信息系统（Hospital Information System）的建设将成为医院未来的发展重点之一，应用计算机处理医院及患者诊疗信息，已成为必然的趋势。

（七）医疗服务市场化进程加快

我国社会主义市场化进程的加快，必将影响到医疗服务体制的变革，现行医疗体制中与新的经济环境不相适应的因素也将在日益激烈的市场竞争中制约医院的发展。现行卫生服务体制与市场经济的总体发展之间存在着诸多的矛盾与冲突，这些矛盾与冲突在很大程度上是计划经济向市场经济转型过程中的不适应所造成的。随着市场经济机制的逐步建立和完善，医院也将更多地运用市场经济的手段和方法来经营医疗服务。需求分析，市场调查，市场营销，竞争分析，兼并重组等商业、企业常用的方法也将逐步应用于医院的日常经营当中。

随着医院之间竞争的加剧，医院必然会通过兼并、重组的方式整合现有的医疗服务资源，扩大医院的规模，降低成本。这种方式在很大程度上可以实现医疗资源的重组，使医院扩大发展空间，增加医疗市场的竞争优势，也会使原本经营状况较差或濒临倒闭的医院通过资源重组焕发生机，盘活闲置或效率低下的卫生资源。

第二节 医院管理的相关知识

一、管理的基本概念

随着社会的进步、科学技术的发展，人类越来越多的活动需要以组织、团队的形式来完成，因此，组织机构内部的分工与协作、计划与实施、效果与评价等工作就需要进行通盘谋划、统一实施，这就需要管理。管理是人类组织活动的一个基本手段，一般认为："管理就是运用计划、组织、协调、指导、控制等基本职能和措施，有效地利用人、财、物、时间、方法、信息等基本要素，以实现机构既定目标的过程。"

管理活动总是存在于一定的组织之中。组织是指由两个或两个以上的人组成的，为一定目标而进行协作活动的集体。社会生活中各种组织的具体形式会因其社会功能的不同而有所差异，但构成组织的基本要素是相同的。

一般组织包括五个要素：

人员——参与工作的成员，包括管理的主体和客体。

物质——组织开展活动所需的设备、材料、技术等。

机构——组织的分工关系和管理方式。

信息——组织开展活动必须的依据。

目的——组织活动的主要动机与目标。

管理的任务：管理作为一项工作就是设计和维持一种体系，使在这一体系中共同工作的人们能够用尽可能少的支出（包括人力、物力、财力等），去实现组织的既定目标。

管理工作的内容主要有制定工作计划、配备有能力的工作人员、指导下属的活动、沟通上下级之间的意见、评估部门绩效等。不同学者在研究中，对管理的职能有不同的认识，归纳起来管理人员应该执行的职能主要有以下七项。

1. 计划　决定机构要做什么，确定机构的近期目标和远期目标。
2. 组织　制定岗位职责，决定什么岗位需要派什么样的人。
3. 决策　为取得组织的预期成果，从多种备选方案中确定有利于组织发展的方案。
4. 人事　为机构内的各个岗位寻找适当的人选。
5. 指导　使各个岗位的员工了解在各种情况下该干些什么以及如何干，培养员工的团队精神，帮助员工提高技能。
6. 控制　确定在完成既定目标方面取得了何种进展。
7. 沟通　组织内部横向与纵向的信息沟通与交流。
8. 创新　提出更好的工作方式。

不同机构的管理有不同的侧重点，但大多数机构的管理目的应该是提高机构运行效率，降低运行成本，以及提高顾客与员工的满意度。管理就是通过一系列的管理活动以及信息（如发布指令，制定政策、法规、规范、标准等）促使被管理的对象（人、财、物、设备、能源、流程等）进行合理组合和配置，以达到最大限度的利用资源，提高机构整体运行效率，使之产出最大化。而机构运行成本概念的提出，使得管理工作更注重控制机构在运行时所花费的成本，降低成本，提高单位成本的产出已成为衡量机构运营绩效的指标之一，单位成本的产出越高，意味着机构生产的产品或产出的服务更具有竞争力。现代管理理论越来越重视人在管理中的作用，行为科学的研究成果表明充分调动人在管理和工作中的积极性对于机构的发展起着极为重要的作用。

二、现代管理理论

（一）现代管理理论学派　现代管理理论可以划分为以下一些学派：

1. 古典学派　这是最早期研究管理和组织的学者，这些学者试图找到一种最佳方案来划分任务，并将这些任务分派给各个部门。在大规模流水线生产的时代，这种做法很盛行，古典学派的学者就是通过优化劳动分工和确定最佳工作量的方法使生产商品的成本最小，劳动生产率最大。古典学派早期的著名学者主要有费约尔和泰勒。

2．人际关系学派　也称行为科学理论。一般来讲，古典学派不考虑工作条件和员工的社会与心理因素对管理的影响，而行为学派正是从这些问题出发，研究组织的结构及其成员的需要和行为。虽然很早就有人提出过行为理论，但是直到20世纪30年代初美国学者梅奥和罗特利斯伯特的霍桑实验研究，才使得人们开始对这种理论产生了广泛的兴趣。

3．权变理论　这一理论流派提出，组织结构的设置应当适应环境的状况，如新技术的应用、技术创新和环境变化的不确定性。

4．决策方法　这种理论认为一个组织的功能就是提供决策所需要的各类信息，提高决策的准确性。这一学派的学者有西蒙、赛耶特、玛奇、阿柯夫和阿诺夫。

5．系统方法　这种流派把一个组织看成是由若干个子系统组成的。不同的学者对组织有不同的系统观。但是，他们有一个共同的特点，就是认为必须把一个组织看成是一个整体，把它的子系统看成是与整体相互依存、相互联系的。这一学派强调子系统之间信息的沟通。他们认为，组织的设计应该有利于信息的流动和决策。这种理论重视对信息的需求和利用，重视决策者的地位。

（二）现代管理各个学派有代表性的人物与理论

亨利·费约尔　亨利·费约尔是古典管理学派的重要代表人物之一。费约尔从管理的过程入手，研究最高管理阶层和企业的全面管理，使管理过程系统化。费约尔重视人的因素和人的关系。他在1916年发表的《工业管理和一般管理》一书中，强调组织的根本原则就是统一指挥，发挥集体协同力量去达到共同目标，他最早从管理的职能提出了管理过程的5个要素，即：计划、组织、指挥、协调和控制。

费约尔十分重视管理过程的系统化，他根据自己长期的管理经验，提出了14项管理原则来帮助管理人员发挥这些职能。

1．在组织内部实行分工和专业化，以提高劳动效率；
2．发布命令的主管也应担负执行命令的责任；
3．优秀的领导必须能够维持组织的纪律和秩序；
4．命令必须统一，每个人只能有一位直接领导；
5．指导必须统一，从事于同一工作的成员必须执行同一规范；
6．组织中成员的目标必须服从整个组织的目标；
7．薪酬制度应当尽可能地同个人的需求相联系；
8．管理集中或分散的程度应根据不同组织的具体情况制定；
9．组织内部横向和纵向的交流非常重要，尤其是纵向交流；
10．为了节省时间和不必要的材料搬运，组织内部必须做到材料堆放和工作秩序井然有序；
11．与雇员打交道时必须做到"仁爱、公正"；
12．成功的企业要求管理人员的职位保持稳定，尽量减少管理人员的调动；
13．为每个雇员提供发挥其创造性的机会；
14．培养"团队精神"是管理的重要任务，士气是其成功的重要组成部分。管理人员要善于调动人们的工作积极性，充分发挥员工的能力。

福里德里克·泰勒　泰勒被人们称做科学管理之父。泰勒的代表著作《科学管理原理》出版于1911年。泰勒在他工作的工厂里进行了著名的"动作研究",他在研究中把工人的每一件工作都分解成若干组动作,然后逐一进行分析,去除那些不必要的动作,测定工人完成动作所需要的时间,从而确定工人完成一项工作的最佳方式。随着多余动作的清除,工人的产量得到了极大的提高。除了使工人掌握标准的操作方法以外,泰勒认为还必须把工人使用的工具、机械、材料以及作业环境加以标准化,为了鼓励工人完成工作定额,泰勒提倡实行激励性的计件工资制度。

泰勒认为构成科学管理方法的基本原理可以概括为以下几个方面:

1. 以科学管理代替经验管理,提高生产效率;
2. 协调组织内部的集体行动;
3. 协调机构内部人员的整体行动,而不是无秩序的个人行动;
4. 为获得企业最大的产量而努力;
5. 尽可能地发挥出工人的所有力量,从而使他们和公司都获得最大成功。

泰勒认为,管理部门和工人之间敌视的根本原因是两者之间存在着利益冲突:工人把提高工资看得高于一切,而管理部门的目标却是降低劳动成本。他认为,通过科学的管理方法,可以大大降低人工成本和提高利润,工人也能提高收入,这有可能使双方的利益一致起来,从而使企业管理得更好,盈利更多。

埃尔顿·梅奥　埃尔顿·梅奥是一位心理学家。1924年至1932年,他在芝加哥的西部电气公司的霍桑工厂实施了一项"霍桑实验",实验的结果后来发表在《管理与工人》一书中(1939年出版)。

霍桑实验的结果表明,如果工人在工作中受到关注,他们的意见、成员间的合作受到组织的重视,工人们就会获得一种满足感。这使得管理科学家们的兴趣集中到揭示个人在工作行为中的因素方面,即:激励、领导、角色、团队和交流。

梅奥通过霍桑实验得出了以下结论:

1. 工人是"社会人",是复杂的社会系统中的成员。工人不单纯是追求金钱收入,他们还有社会、心理等方面的需求,即追求人与人之间的友情、安全感、归属感和受人尊重等。因此,必须从社会、心理方面来鼓励工人提高劳动生产率。
2. 古典管理理论所关注的主要是组织机构、规章制度、方针政策等"正式组织"问题。霍桑实验则注意到"非正式组织"的存在。这种组织虽无固定的形式,但有特殊的感情、规范和倾向,并有自己的领袖人物,这种组织往往左右成员的行为。梅奥等人强调非正式组织同正式组织是相互依存的,对生产率的提高有很大的影响。
3. 通过改善管理,工作条件和关心员工等提高员工的满意度,从而提高员工的"士气",达到提高生产率的目的。

克里斯·阿吉里斯　自霍桑实验以来,行为学家对管理研究做出了许多贡献。当代最重要的一位贡献者是克里斯·阿吉里斯。他是一位美国学者。他融会了当代学者和早期学者的观点，提出：雇员并不像雇主们想像的那样，不愿意干工作。相反，他们希望实现自治、自我负责和自我实现。他认为，一个组织并不能自动保证雇员取得这些目标，从而使组织本身也得到好处，他认为这是一大缺陷，造成这一缺陷的原因在于组织内缺少人际交往的能力，因而导致人们相互间的怀疑和不信任，使组织内缺乏坦诚的作风和让人放手工作的气氛。他建议，管理部门应发挥个人的全部潜力，改善人与人之间的关系，从而使整个组织更好地发挥作用。

彻斯特·巴纳德 彻斯特·巴纳德是一位美国行政官员和社会心理学家。他的著作《管理者的职能》（1938年出版）对管理理论做出了重大贡献。他主张，管理人员的职能就是在一个正式组织中维持一个努力合作与协调的系统。巴纳德把组织分为"正式组织"和"非正式组织"。巴纳德认为，如果一个正式组织要想发挥其功能，其员工必须具备：

1. 愿意并且有能力相互交流；
2. 愿意为组织目标做出贡献；
3. 有自觉的共同目标。

为使员工发挥作用，组织还必须为这些人提供人尽其才的机会，建立能激励员工为实现组织目标而做出有效贡献的奖励制度，允许总经理做出决定并加以执行的权力制度和有效的决策制度。

巴纳德认为决策过程的重要价值，在于组织成员发挥才智，共同为达成组织目标而努力。任何成员都有选择的权力，这和古典学派"理性人"的假说不同。

道格拉斯·麦格雷戈 美国学者麦格雷戈1960年发表了《企业的人性方面》一书，系统地阐明了"X、Y"理论，被奉为行为科学方面的一本经典名著。麦格雷戈认为，传统理论提出的认为大多数人生来就是好逸恶劳、缺乏进取心、自私保守、逃避工作和责任、反对改革创新的观念是不正确的（他把这种理论称为"X"理论）。麦格雷戈认为人类本身蕴藏着无穷无尽的潜力，没有充分发挥出来。其原因是传统的管理理论对人的看法不正确，因而影响到组织领导者对人的看法。因此，他认为，需要有一种新的理论，来指导管理工作。这种理论称之为"Y"理论。麦格雷戈认为：

1. 人是勤奋的，并不是天生厌恶工作，如果具备良好的工作环境，人就会努力地完成工作。
2. 惩罚、控制不是使人做好工作的唯一办法。人具有一种实现自己的才能，发挥自己潜力的欲望，人们在工作时，能自我控制。
3. 激励在管理活动中所起的作用更为重要。领导者的主要责任在于激励人们在完成工作的同时，满足自我的需要。
4. 人们会对自己的工作负责，并在工作中发挥创造力。

在麦格雷戈看来，人人都有成长和发展的潜力，如何利用好人的这种潜力是管理工作的重要职责。领导者要想改进自己的管理，就应该为员工创造更好的工作条件，让他们承担更多的责任，使他们的潜力得到充分发挥。

约翰·靡尔斯和伊杰·洛斯奇 超"Y"理论是由美国学者靡尔斯和洛斯奇提出的。他们认为，人的行为受多种心理和社会因素影响，在不同的情况下，人会有不同的需要和动机。因此，"X"理论并非一无是处，"Y"理论也并非是万能的，应该针对不同的情况，决定使用"X"理论或"Y"理论。这种理论提倡将个人、组织、工作三者之间做最佳的配合。超"Y"理论的基本思想可以概括为以下两个方面。

1. 人是怀着不同的需要和动机加入组织的，不同的人其需要和动机有所不同，因此，人们对管理的方式也有所不同。有的人适合正规化的组织结构和规章条令，而不愿意参与决策和承担责任，即适合"X"理论为指导的管理方式；有的人却需要更多的自主权，以发挥个人的能力，即适合"Y"理论为指导的管理方式。

2. 组织目标、工作性质、员工的素质对组织结构和领导方式有很大的影响。组织结构和管理层次的划分、员工培训、工作性质、工资报酬等适合于员工要求的，其工作效率就高，相反，其工作效率就低。

3. 员工的胜任感。当目标达到以后，员工的胜任感得到了满足，会激起员工建立新的目标。

超"Y"理论要求领导者和管理人员在管理中应该根据不同的管理对象，采用不同的管理方式。在工作比较混乱的情况下，要采用较为严厉的管理措施，即实行"X"理论为主的管理模式。在目标清楚、工作顺利的情况下，则可以更多地采用"Y"理论的管理方式，使员工充分发挥自己的主观能动性。

超"Y"理论由日本学者威廉·大内进一步发展成为"Z"理论。

赫伯特·西蒙 以西蒙为代表决策理论学派吸收了行为科学、系统理论、运筹学和计算机程序等学科的内容发展成为较有影响的理论。西蒙等人认为，决策贯彻于管理的全过程，管理的本质就是拟订决策，所以管理理论的未来发展将以决策为中心。西蒙的贡献主要有以下两个方面。

1. 管理人和"满意化" 西蒙提出了"管理人"理论。"管理人"是要"满意"（发现最令人满意的结果）而不要"最佳"。他认为，决策形势实际上非常复杂，人类的理智难以预料在特定条件下各种选择的可能结果。因此，他认为，管理人员应该转而努力实现简单化和"满意化"。所谓"满意化"就是事前确定一套评价可供选择的决策的标准，制定各项标准可接受的限度，并筛选出其中最能满足大多数标准的选择。

2. 计算机辅助决策 随着计算机的发明，日常决策中的许多工作都可交给计算机完成。这就是"程序决策"。

西蒙等人对决策的过程、决策的准则、程序化的决策和非程序化的决策、组织机构的建立同决策过程的联系等作了分析。

在决策或解决问题时应用定量方法使"运筹学"或称做"管理科学"应运而生。这种理论是以科学的方法来解决管理方面的问题。第二次世界大战期间，科学家们被要求找到解决军队作战和后勤保障问题的办法。他们的活动导致了运筹学的产生。这种"科学方法"包括：

1. 将需要解决的问题列成公式；
2. 建立一个数学模型来代表研究的系统；
3. 从模式中推导出公式；
4. 对模型和根据模型推导出的公式进行测定；
5. 使模型开始工作。

卡斯特和卢森威　卡斯特和卢森威是系统管理学派的代表人物，他们在1970年合写的《组织与管理——从系统出发的研究》、《组织与管理：系统与权变的方法》等书是其代表作。系统管理理论是把管理对象看做一个系统，企业要达到自己的目标，不能仅仅考虑个别部门而应从系统的整体出发，把人、物、环境三个因素结合起来进行全面分析，注意各部门之间的相互联系和协调，以求得各种决策、方案和方法的最优化。系统管理学派认为，各部门的效率固然重要，但特别要重视的是企业系统的整体目标。

系统管理学派认为管理部门应具备以下职能：

1. 从外部来讲　管理部门的作用是要通过适应变化的环境使组织维持与其环境的和谐。
2. 从内部来讲　管理部门的作用就是在各个系统之间搭建沟通桥梁，将其联接起来，以此来监督这些系统，从而维持一个组织内部的稳定。

第三节　医院管理学的概念与方法

现代化的医院是一个集医学技术、高科技装备、医疗技术人才于一体的高风险服务机构。从管理角度看，医院是由若干个子系统组成的一个复杂系统，医院内部临床科室之间，临床与医技、医辅科室之间有着特定的分工与协作关系，如果这种关系出现不协调或不配套，就会造成患者在就医过程中的不便和医院医疗资源的浪费，严重时会危及到患者的身心健康与生命安全。因此，医院内部的系统管理与协调，流程设计与重组就显得尤为重要。此外，医院内部每日产生的大量诊疗、管理信息也必须引入高效、精确的计算机网络技术加以管理，以最大限度地发挥信息在医院日常运行与管理中的控制作用。同时，由于医院结构与功能的复杂性使得医院管理程序与方法也相对复杂，加之医学专业知识的庞杂，因此，要求从事医院管理的人员不但要具备经营管理能力，而且要同时掌握医学的专业基础知识，这样才有利于医院的管理和医院的发展。

一、医院管理学的基本概念

1. 医院管理学的概念　医院管理学是运用现代管理科学的理论与方法，按照客观事物的发展规律，研究医院要素、运行环境和运行过程中出现的问题，以提高医院运营效率的一门应用科学。医院管理学是管理学的一门分支学科，属于应用科学的范畴，医院管理学融合了医学、社会科学、自然科学的理论与方法。

2. 医院管理学的研究对象　医院管理学的研究对象为医疗机构涉及的要素，医院整体系统及其子系统的运动规律，各系统之间的关系、定位、作用和制约机制，医疗机构运行的过程，以及影响医疗机构运行的内外环境，以探索医院管理的最佳效率。

3. 医院管理进展　20世纪之前，受医疗技术水平的限制，医院主要是为患者、穷人提供慈善性质生活护理服务的机构，而非为民众提供医疗服务的机构。因此，承担医院管理工作的人员大多是慈善团体理事会的成员，而医院的具体管理工作多是由教会或慈善团体的成员担任的。到了20世纪，随着医学的进步，消毒、麻醉、X光诊断、血型、心电图、脑电图等技术和方法在医学领域的应用，医院逐步开始真正意义上的疾病诊断与治疗，这使得医院的职能和作用发生了革命性的变化。随着医院功能的转变，医院的医疗活动日趋复杂，因此，医院的管理问题引起了社会各界的关注。受科学管理思想的影响，1918年美国外科医师协会就开始了医院的基本质量管理工作，对不符合要求的医院督促其改进。1934年美国芝加哥大学开设了医学管理课程。二次世界大战以后，很多大学设立了与医院管理相关的课程或专业，系统地培训医院管理专业人员。1935年美国学者麦克伊辰发表了《医院的组织与管理》，对医院管理的发展产生了重大影响。受管理科学发展的影响，医院管理引入了大量管理学的理论和方法，应用于医院管理。如医院的组织机构设计、重组，业务流程管理，医疗服务营销，成本控制，质量标准化管理，医院评审，人力资源的激励与管理，医院兼并与重组等。

进入20世纪80年代，医学技术的发展以及人民医疗需求水平的提高，使得医疗费用快速增长。一些传统实施全民医疗服务体制的国家纷纷采取公立医院私有化或公司化管理，引入市场竞争机制的措施改革医疗服务体系，同时削减公立医院数量和床位，改革医疗服务支付方式和医院经营机制，降低医疗服务成本，提高医疗服务效率，控制医疗费用的过快增长，以减轻政府的财政压力。而实施医疗服务市场化的国家由于医疗费用上涨的压力，也相继采取了医疗服务定额预付制度，如DRGs、HMOs、Managed Care等费用支付方式，直接影响到医院的经营管理方式。

英国政府在1988年提出了医疗服务改革的计划，其核心是：
- 将医院转变为自主经营的NHS托拉斯；
- 将医疗服务管理局转变为医疗服务的购买者；
- 在医疗服务购买者与提供者之间建立合同关系。

改革思路的关键是转变医院管理者的管理理念，变"有医院就有钱"为"有患者医院才有钱"，克服过去医院预算制度中"罚勤"的弊端，迫使医院竞争医疗服务购买者，提高效率和对顾客需要的反应敏捷性。改革以后，医院从传统的注重内部管理转变为注重医院经营的全方位管理，引进商业服务业的管理方法，强化医院服务，控制医疗成本。

美国实行DRG支付制度以后，极大地改变了医院的经营管理行为，医院建立了临床路径（Clinic Pathway）等诊疗规范性文件指导医生的诊断治疗行为，进一步缩短了患者的平均住院天数，医院病床数下降，门诊手术增加。

二、医院管理的方法

医院管理方法是依据管理学原理，结合自然科学、社会科学的研究成果，综合分析和研究医院管理中的数量关系和操作技巧的应用性方法。这些方法为医院管理者解决管理实践中出现的各种问题提供帮助，为提高医院管理水平打下了良好的基础。

医院管理方法与医院管理理论是相互依存的，理论要通过方法才能转化为指导实践的工具，只有为实践工作者所接受和运用，才能充分发挥理论指导实践的威力，方法要以理论为依据，没有科学理论作指导的方法，难以解决现代医院管理中出现的各种复杂问题。

现代医院管理的方法种类很多，从医院管理的运行活动分析，所用到的管理方法主要有：

(1) 系统分析方法：主要是依据系统原理，从医院经营、管理的整体出发，进行逻辑思维推理，在各种环境因素和环境条件下，揭示系统的功能特性和内部结构，预测系统发展变化的趋势，提出解决问题的可能方案，并对方案进行分析、优化，以达到系统和谐运行的目的。

(2) 预测技术：主要是依据预测原理，从医院经营管理的过去与现在的状态出发，采用科学的方法推断医院未来的发展变化趋势。此类方法中包括专家预测法、趋势预测法、因果预测法等。

(3) 决策方法：主要是从各种不同的决策方案中，结合医院的内外部条件和环境制约因素，确定出最适方案。此类方法包括决策树法、模型选优法，以及其他一些日常经营决策和投资决策的方法与技术。

(4) 规划方法：主要是基于运筹学的理论，系统分析医院管理过程中的计划及计划实施中出现的最优运行问题。此类方法包括线性规划方法、多目标规划方法、多阶段动态规划方法和网络计划技术。

(5) 目标管理：是对医院目标实行科学、有效的组织实施和全面控制，包括目标的制定和分解、目标的实施与评价等内容和方法。

(6) 管理控制方法：主要是依据控制原理，系统阐述对医院经营过程中的人、财、物等资源及其医疗服务质量进行全面有效控制的技术方法，包括库存控制方法、质量控制方法、职位分析方法、量本利分析法等。

(7) 社会心理分析方法：主要是依据社会心理学及行为科学原理，对医院管理活动中反映出来的各种社会心理、行为进行全面分析，以求全面地了解人，做好人的工作。其主要方法有行为分析法和人际关系分析方法。

(8) 信息管理方法：是对医院管理活动中反映出来的各种信息进行科学的收集、加工、整理、存贮和传递，使之成为医院管理的手段和重要动力。

以上方法是医院管理工作中经常用到的方法，这些方法为解决医院经营管理中出现的运营问题提供了系统的帮助。

第四节　医院管理研究的主要内容及学习意义

医院管理学是应用管理学、经济学以及其他相关学科的理论和方法研究医院经营过程中的要素配置、业务流程、业务管理，以及影响医院运营的内外环境，目的是使医院在符合国家政策、法律法规，社会经济发展，伦理道德的前提下，提高医院运行效率，降低成本，提高医疗服务水平和医疗服务质量，满足居民对医疗服务和相关健康服务的需求。这涉及到对国家相关医疗卫生政策、法律法规和社会、经济环境的研究，也涉及到医院内部的经营管理，要素配置与合理使用，业务科室的科学、规范化管理等多个方面，形成了医院管理研究的主要内容。

一、医院管理研究的主要内容

1. 国有医院管理体制改革及其相关问题　目前我国正处在计划经济向市场经济转轨的时期，医院面临的外部环境与计划经济时期相比有了很大的变化，医疗机构发展呈现多样化、多层次的趋势，国有医院面临着合资医疗机构、民营医院以及国有医院之间的竞争压力，与其他类型的医院相比，国有医院存在着以下几个方面的问题：①国有医院与所有权、产权相联系的权责界定不清，影响到医院的管理体制和管理行为；②涉及国有医院运行中的岗位聘任以及管理、技术人员的激励机制有待建立或进一步完善；③目前国有医院的院长负责制存在着院长身肩多重角色、经营行为短期化和缺乏有效监督等缺陷；④政府行政职责、资产管理职责不分，财政补偿机制有待转变。

我国目前县及县以上医疗机构中，国有医院占96.12%。这种国有医院占主体的体制结构，在实行社会主义市场经济体制以后将会影响到医疗服务市场体系的建立和发挥作用。此外，在市场经济条件下如何解决医疗服务体系中公平、效率、质量三者之间的关系，以及政府在市场经济条件下如何实现对医疗机构的有效监管、政府管理国有资产的形式、政府对医疗机构的补偿方式等都关系到医院未来的生存与发展，需要从事医院管理理论与实践研究的工作者提出意见和建议。

2. 医院经营的市场环境　20世纪80年代初期，中国开始实行改革开放的政策，国家的社会、经济环境发生了重大变化，特别是市场经济的理念和实践使得医院的运行环境和服务对象都发生了巨大的变化。中国卫生事业的性质也由福利性转变为"政府实行一定福利政策的公益事业"，政府财政对各级医疗单位的医疗服务补偿占医院业务收入的比重越来越小，医院不得不靠经营来维持自身的运转和发展。2002年初国务院办公厅转发的《关于城镇医药卫生体制改革的指导意见》中，明确提出将医院分为营利医院和非营利医院进行管理，非营利医院享受相应的税收优惠政策，政府举办的非营利性医疗机构由同级财政给予合理补助，其他非营利机构不再享受政府财政补助。营利性医疗机构的医疗服务价格放开，依法自主经营。因此，无论是何种类型的医院，经营问题都将处于重要的位置。

医院的经营更多的要涉及到医疗服务市场，患者的需求，市场的竞争对手等医院外部的市场环境问题，这就需要对医疗服务市场的竞争环境、需求环境、市场划分、政府监管政策进行研究和分析。

3. 医患关系与医疗纠纷　近年来，医院发生的医疗纠纷呈逐年上升态势，当事人要求医院赔偿的数额越来越大，纠纷处理的难度日益加大，尤其是新的《医疗事故处理条例》出台后，医疗纠纷一时成为社会及新闻媒体关注的焦点。

随着社会的进步和法制制度的不断完善，患者的维权意识普遍提高，因此，近年来医疗纠纷的特点与前些年相比，有了很大变化，当事人除了要求医院有好的技术水平外，还要求医务人员尊重患者的各项权利，如尊重患者的隐私权和知情权，要求医院和医生如实告知患者的病情和治疗方案，接受临床实习医生检查要事先征得患者同意等。但在实际工作中很多医务人员并未意识到这个问题，依然以各种理由向患者隐瞒病情，或只向患者家属提供相关信息，违反了我国颁布实施的《医疗事故处理条例》的规定。因此，医疗纠纷及事故的研究范围已不仅仅只是医患双方的事，这一领域涉及到国家的法律法规、公民的道德意识、社会的参与等问题。

4. 其他影响医院管理的环境因素　包括政策环境：法律法规、相关政策（如医疗保险支付政策等）、税收、行业协会；社会环境：社会保障制度；经济环境：经济发展水平，人均收入；竞争环境：竞争对手、竞争程度等。

政策、法律环境是指国家政府主管部门制定的政策、法律法规对医院经营行为的规范与管理。政策、法律是影响医院经营的主要外部因素。

目前，国家制定了一系列涉及医院和医务人员的法律法规，主要包括《中华人民共和国执业医师法》、《中华人民共和国药品管理法》、《中华人民共和国传染病防治法》、《医疗机构管理条例》、《中外合资、合作医疗机构管理暂行办法》和《医疗事故处理条例》等，这些法律法规规范了医疗机构和医务人员的医疗行为。

政策方面，2000年国务院有关部委制定了《关于城镇医药卫生体制改革的指导意见》（以下简称《指导意见》），提出要进一步调动医药卫生工作者的积极性，优化卫生资源配置，改进医德医风，提高医疗服务质量，整顿药品生产流通秩序，抑制医药费用过快增长。

对于医疗机构，《指导意见》提出国家将建立新的医疗机构分类管理制度。将医疗机构分为非营利性和营利性两类进行管理。国家根据医疗机构的性质、社会功能及其承担的任务，制定并实施不同的财税、价格政策。明确提出非营利性医疗机构在医疗服务体系中占主导地位并享受相应的税收优惠政策。政府举办的非营利性医疗机构由同级财政给予合理补助，其他非营利医疗机构不再享受政府补助。营利性医疗机构可以自主经营，自己制定医疗服务价格，依法纳税。

对于公立医疗机构，《指导意见》提出实行公立医疗机构的自主管理，建立健全内部激励机制与约束机制。采用公开、择优的方式聘任医院院长，建立以岗位责任制为中心的各项内部规章制度，严格执行医疗技术服务标准，规范医疗行为，保证医疗服务质量，进行成本核算，有效利用人力、物力、财力等资源，提高效率、降低成本。

医疗保障制度改革与完善直接影响到医院的发展和医院的医疗服务行为。医疗保障制度对医院的影响是双方向的，一方面，医疗保障制度的建立与完善，使得职工的医疗需求有了经济保障，医疗欠费和医疗消费不足的现象会有所减少，医院的医疗收入有了保障；另一方面，保险机构会加强对医疗服务提供的监管，或采取改变费用支付方式的办法，加强医疗费用的控制。因此，医院应该关注医疗保障制度的改革。

自从我国加入WTO以后，政府逐步放开了对医疗服务市场的控制，国家颁布了《中外合资、合作医疗机构管理暂行办法》，允许外国医疗机构、企业等在中国境内开办合资、合作的医疗机构，虽然合资、合作医疗机构短期内对国内的医疗机构不会造成很大冲击，但外资医疗机构的进入必将加剧现有医疗服务市场的竞争。此外，国内部分省市开放医疗服务市场，允许民营资本进入医疗服务领域，也将增强医院的经营管理难度。

从国家医疗服务体制改革的趋势看，政府在医院管理的职能上将发生变化，政府管理医院的定位将从办医院转变为管医院。政府将进一步规范对国有医院的资金投入和资产管理工作，建立专门的资产管理机构进行管理；政府卫生行政主管部门的职能将逐步演化为以政策、法律法规、预算为主要手段的医疗卫生全行业管理。医院将置身于一个自由竞争、优胜劣汰的医疗服务市场。

二、医院运营管理的主要内容

1. **医院经营管理** 与医院经营管理相关的主要内容有医院宗旨、目标的确定，医院的社会责任，医院文化，医院的公共关系，竞争策略，市场调查，市场营销，服务项目设立、取消，医院兼并、重组等。

2. **医院组织管理** 医院组织机构的设立，如领导机构的责权利划分，权力的监督与制衡，领导的选拔、任命、考核，医院的组织结构、管理机构设置，基层管理人员的职责，选拔、绩效考核标准与考核程序。

3. **医疗业务管理** 包括医院的各项规章制度及标准的管理，医疗服务质量监测与管理，医院感染控制，医疗安全管理，医疗事故与纠纷的防范与处理，诊疗工作（门/急诊、住院）管理，护理工作管理，医技工作（影像、检验、检查、输血、麻醉、病理、药剂等）管理，医院教学、科研管理等。

4. 医院经济管理　包括医院资金筹集，投资融资，资产管理，成本核算，成本控制，医院会计，医院内部审计等。

5. 医院人力资源管理　包括医院各个工作岗位管理，人才的招聘、引进，人员培训，人员的绩效考核，人员的辞退，人员工薪水平、福利待遇等。

6. 医院物流、设备管理　包括医院医用设备、物资、材料管理，医院后勤管理。

7. 医院信息管理　主要包括医院日常管理信息统计，病案、档案管理，医院计算机信息系统维护，电子病案应用等。

三、学习医院管理学的意义

现代化的医院是一个集科学技术、人才和知识密集的机构，从管理角度看，它是一个复杂的系统，医院内各科室与职能部门之间，彼此有着分工与协作。医院医疗工作产生的信息量大，管理程序与方法也很复杂，同时其经营和管理工作与外环境有着密切联系，因此能否充分发挥医院管理系统应有的功能与效率，不仅关系到医学科学技术发展和医院运营的效益，而且关系到医院服务对象——患者的安全。

学习医院管理学的意义，在于了解和掌握医院管理科学基本内容、基本技能和方法，通过管理实践和案例教学分析提高医院的管理水平和效益。

（周子君）

第二章 医院外部环境

教学内容与教学目标

教学内容
1. 医院政策环境。
2. 医院社区卫生服务的意义、供求特征,以及遇到的问题。

教学目标
1. 熟悉利益相关者的概念和特征。
2. 掌握我国医疗机构和人员准入的法律法规。
3. 掌握我国医院筹资政策。
4. 熟悉社区卫生服务的供方特征和需方特征。
5. 了解我国目前社区卫生服务工作中遇到的问题。
6. 了解科学技术发展对医疗服务的影响。
7. 熟悉循证医学、医学技术评估的定义,临床路径概念的主要内涵。
8. 了解我国入世承诺中有关医疗服务的承诺内容。

第一节 医院外部环境与利益相关方

一、医院外部环境分析的重要性

20世纪初,美国全国性的电讯垄断企业贝尔电话公司的总裁西奥多·维尔认为"即使是全国性的垄断企业,也不可能是自由企业,即自由自在的私人企业"。因此,不受外部环境制约的组织机构是不存在的,而环境又是不断变化的。美国的著名企业家韦尔奇和我国的著名企业家张瑞敏都曾经表示,目前的外部环境中"唯一不变的就是'变化'"。任何一个组织机构都既要面对不断变化的外部环境,又要争取积极的生存条件,为此,美国著名管理学家彼得·德鲁克认为:"主管人员必须认识到,组织的每一项政策和行动会对社会产生什么影响,他们必须考虑一个行动是不是会增进公众的福利,促进社会的基本信仰,对社会的稳定、实力与和谐做出贡献"。

在我国社会经济制度和医疗改革日渐推进的过程中,医院面临的环境在发生迅速的变化。例如:政府政策的变化,医学科学和技术的变化,使得医院更趋于商业化,以及使医院在竞争性的医院服务市场中运作的变化;资金的需要大大增加,同时资金的来源发生变化;

当患者经历了选择，并且成为医院服务的"顾客"之后，他们的期望发生了变化；医生期望发生了变化；信息和交流方面发生变化等。在这些变化的过程中，医院面临许多新的选择。随着改革的推进，政府放松了对医院的直接控制，也同时促进了医院之间的竞争。竞争表现在吸引患者、开发新的服务项目，以及争取好的医务人员等各个方面。技术不再是唯一的竞争力，很多医院认识到建筑、设备、信息系统和人力资源的能力将决定医院的长期生存并在竞争中取胜。甚至越来越多的支持性服务，例如设施安全、食品丰富、环境优雅等都成为患者选择医院的因素，也成为医院之间竞争的要素。

在任何社会条件下，医院与社会之间都存在着市场和非市场的联系，在经济力量的作用之外，医院所受到的社会影响有许多来自社会中的文化和政治力量。同时，医院也会影响任何一种社会的政治和文化。美国著名管理学家彼得·德鲁克认为："在组织内部，不会有成果产生，一切的成果都产生于组织之外。例如，企业的成果只有经过顾客才能产生，顾客根据他用自己的购买力来换取企业的产品或服务的愿望，把企业的成本和努力转换成收入和利润。因此，决策人在企业外部，而不在企业内部。"美国管理学家彼得·H·安东尼奥和约翰·威廉·格拉尼斯认为："组织机构与社会外环境是相互联系的，相互联系的结果是一方面，所有的机构决策都会对社会产生冲击；另一方面，机构的生命和生存依赖于社会的行动和态度。"

医院与外部环境之间的关系遵循同样的原则。目前，很多二级医院已经感到外部环境剧烈变化带来的压力，纷纷主动采取措施改进服务质量，拓展服务领域。而一些三级医院由于患者数量较多、经济效益较好，还远远没有意识到环境的威胁和竞争的压力，对环境的变化抱怨多于应对措施，处于被动地位。而面对即使像贝尔电话公司这样的垄断企业，西奥多·维尔对管理者提出来的要求也是"使未来和现在成为相互竞争的对手"，从而避免固步自封，推动不断进步。

二、利益相关方

1. 利益相关方的概念　利益相关方是指所有受到影响或能够影响一个组织的决定、政策和运行的人或团体。

不同的利益相关方通过不同的机制对组织机构的运行产生作用，而又作用于不同的环节，不同性质的组织机构无不遵循这一规律。外环境是医院生存的真实现实世界，是医院内部无法有效控制的，起码是内外双方相互影响、共同作用决定的。因此，对医院的外部环境进行全面的分析是医院的管理者必不可少的重要工作内容。

2. 医院利益相关方的特征

(1) 医院与各个利益相关方的关系是动态的、变化的：例如，随着卫生改革的不断推进，医院与政府的关系逐渐减弱，与患者、药品、医疗器械等医疗服务的上游产业的关系逐渐加强。因此，政府在医院各个利益方中的地位也随之减弱，患者和上游产业在医院利益关系中的作用逐渐增强。

(2) 各个利益相关方与医院关系的紧密程度不同，可以分为主要的和次要的利益相关方：医院与社会的相互作用有多种不同的方式，因利益关系的不同而存在不同的关系。与医院的生存和行为相关的关键的利益相关方包括患者、供应商、雇员和投资方。同时，也存在一些次要的利益相关方可以直接或者间接地影响到医院的行为，例如一般的社会人群、行业组织等。

(3) 主要的和次要的利益相关方并没有截然的界限，可以在一定条件下相互转化：例如，在医院收入主要依靠政府投入的时候，患者自付的费用在医院收入中不占主要地位，从医院筹资角度来讲，政府的作用就大于患者的影响。而在一个主要依靠医疗服务获得收入的医院中，政府在医院筹资中的作用则小于患者支付的医疗费用，患者对医院的影响明显增大。又例如，随着全社会环境保护意识的增强，医疗废弃物的安全问题逐渐引起了全社会的重视，环保部门与医院的关系增强。

(4) 医院与不同的利益相关方作用方式不同：医院与患者的关系是医疗服务的供需关系，而药品生产企业则是医院的供应商。因此，医院在处理各种利益相关方关系的时候，不能运用千篇一律的方法和手段，应该针对不同的对象采取不同的策略和方法。

(5) 不同的利益相关方拥有不同类型和程度的权利：例如，政府影响医院的准入政策，医疗保险管理部门通过医疗保险的支付水平影响医院的成本、收入策略，而医院使用的药品和医疗器械的供应商通过供应品的价格影响医院的运行成本。

利益相关方的数目以及他们的利益关系非常庞杂，因此，一个组织机构的决策就会变得复杂多变。例如，政府能够创造使一个企业进入或者撤出特定市场的外部条件。此外，还必须考虑到它的消费者、供应商、雇员、业主和债权人的利益，而医院的管理决策就是在重视和充分考虑这些利益相关方所带来的正反两方面的影响之下进行的，没有对利益轻重的权衡就无所谓决策。

三、利益相关方分析方法

利益相关者分析是指识别出关键的利益相关者，估计他们的利益，以及这些利益对政策成本所带来的影响。

在利益相关者分析中，首先要列出所有的利益相关者、他们各自的潜在影响以及相对重要性。

在利益相关者分析中，首先需要注意的是是否列出了所有的利益相关者。利益相关者可以有很多种分类方法，例如按照相互作用的时间顺序、按照作用人群的职业等分类。一些间接关系的利益相关者容易被忽视，例如，对营利性医疗机构的税收政策的分析，不仅要考虑营利性医疗机构的税收负担，还要考虑非营利性医疗机构因为享受免税政策得到的优惠。第二，要明确所有有关的利益及其与各个利益相关者的关系，例如该利益相关者对某项政策的期望是什么、能够得到的收益是什么、与现有的其他利益是否冲突等等。例如，制定非营利性医疗机构的价格的时候，考虑到了政府举办的非营利性医疗机构从各级政府得到的财政补贴，将价格定位在除了财政补贴和药品差价收入之后的成本定价。第三，要分析各个利益相关者的相对重要性。

四、医院主要的外部环境因素及其作用（表2-1）

表2-1　医院主要外部环境因素举例

外部环境因素	主要作用举例
人口	人口规模和年龄结构的变化，社会经济地位的变化，健康状况的变化
公共政策	为维护社会公平对需要医疗救助的人员提供特定的服务

续表

外部环境因素	主要作用举例
支付方	医疗服务支付系统的改革，社会医疗保险制度、支付机制和目的，对医疗服务结果及其质量衡量指标的需求
消费者的预期和行为	选择服务提供者的标准，对于替代服务的需要，信息的获取，参与医疗服务决策的程度
行业管理	行业自律组织的建设、发展，以及对行业组织机构的要求和管理作用
产品革新和技术变革	临床突破，技术进步
行业结构	支付方和供应商的联合，医生组织，特定细分市场的供应商和替代医疗服务供应商的出现和增长
市场结构	市场份额，住院患者与门诊患者的比例，对于特殊服务（如急诊、替代药品等）的需求趋势
竞争对手的战略	兼并、联盟或整合战略，成本，质量，患者服务

第二节 医院的政策环境

政府行使管理社会活动和经济活动的职能，政府政策以及政策执行过程对医院的影响反映在几个方面：首先，政府是医疗服务行业准入规定的制定者和执行者。其次，政府是医疗服务行为的监管者，政府使用法律、经济和行政手段规范医院的服务行为。第三，政府不仅可以通过财政、税收、价格等手段调整医院的经营行为和方向，而且可以作为医院服务的支付者，通过需方对医疗行为产生间接影响。第四，政府作为公立医院的直接投资者，直接参与医疗服务的提供。第五，政府政策可以协调医院之间，以及医院与其他行业之间的关系，特别是政府政策可以影响社会资源在卫生行业与其他行业之间的配置，以及卫生资源在医疗机构以及其他卫生组织机构之间的配置。第六，政府行使信息披露职责，并通过加强信息披露等手段使医院接受社会监督，减少供需双方信息不对称的程度。

现阶段，随着我国从计划经济转向社会主义市场经济，政府对医院的控制逐渐从全面的直接控制转向间接控制和管理为主，即由"办"医院转向"管"医院，更多地采取经济、法律和行政的手段进行宏观调控，增加医院经营管理的自主权，增强机构活力。政策的变化带来新的激励和制约因素，特别是医疗服务支付政策的改革，会改变医疗服务的需求和供给。我国的医疗服务市场虽然逐步走向开放，但仍然是在政府管制下的市场。医疗服务价格、药品价格、医疗服务收费项目等都受到政府的严格控制，城镇职工医疗保险制度通过药品报销目录、医疗服务项目报销目录等影响医院和医务人员的行为。因此，医院也需要根据政府管制的变化来重新定义其使命和运营理念，以适应新的市场环境。

一、计划经济体制向社会主义市场经济体制转轨

目前，我国正处于从计划经济向市场经济转型的过渡时期，具有转型国家所特有的价值观和行为准则。

市场经济体制的建立使医院置身于市场环境中，医院从各种供应品的价格变化中体会到

了市场经济的影响。我国的市场经济改革从第一产业到第二产业逐步推进，在很长的一段时间内并不涉及医疗服务行业。在20世纪80年代，医疗服务领域是否存在市场曾经在医疗服务行业内外都引起了很大的争论，有观点认为，医疗服务是政府投资兴办的一项社会福利事业，由国家计划指导，不存在市场机制。但是，原材料价格上涨、消耗品价格上涨、医疗器械价格上涨等，价格变化使医院难以摆脱市场经济产生的影响。医院难以维持"面向市场，背靠政府"的双重社会经济角色。90年代中后期，医疗市场的概念逐渐得到了普遍的认同和接受。2000年，"优质、高效、低价"的清远模式在全国得到宣传和推广，"以患者为中心"、"患者选医生"等一系列以患者为导向的医疗服务模式在各地出现。

市场经济也为医院的生存和发展提出了新的挑战。在市场经济条件下，医院必须开源节流，进行成本核算和质量改进，医院从单纯依靠政府投资向依靠银行筹资和社会筹资转变。在各方面压力下，一些医院逐渐克服了"等、靠、要"的思想，首先开始从市场寻找自身发展的机会和条件，委托合同、医疗集团等新型的医院管理模式出现。

二、医疗服务领域的机构及资本准入

十一届三中全会之后第一个有关医疗服务领域中非公经济类型医院的文件是卫生部1980年9月2日印发的《关于允许个体开业行医问题的请示报告的通知》，其中总结了我国个体开业医生的历史情况及当时出现的一些新问题，并明确表示："仍然要允许个体开业行医的政策"。文件规定了可以申请个体行医的三个条件，即：①过去领有开业执照，现无工作，仍能继续行医者；②因各种原因，现在未在国家或集体医院工作的中医（包括民族医）、西医、助产士和牙科技工；③一部分原在国家或集体医院工作，现已退休的医生、助产士和牙科技工。不得申请个体开业行医的三个理由是：①现在国家或集体办的医院工作的医务人员；②国家培养的医务人员不服从分配者；③农村生产大队的赤脚医生。文件规定个体行医的审批权属地市（区）、县卫生行政部门。这是改革开放后第一次明确允许私人资本进入医疗服务行业。

随后一系列有关文件：卫生部1988年11月1日（88）卫医字第36号关于印发《医师、中医师个体开业暂行管理办法》，对开业资格、执业管理等做出了具体规定。

此外，一系列国务院和相关部委的重要文件与之有关，1983年10月13日国务院《关于加强文教行政财务工作的几点意见》中明确提出"多渠道筹集资金"，"除中央财政外，地方、部门、厂矿企业、农村社队、党派团体和广大群众等社会各方面投入力量兴办文教科学卫生事业"。1985年4月25日国发（1985）62号《国务院批转卫生部关于卫生工作改革若干政策问题的报告的通知》再次提出为解决医疗服务供不应求的现象，鼓励社会办医、支持个体开业行医、允许在职医务人员业余服务。相关政策的逐步出台，使各地个体开业医生和个体诊所重新得到发展。国家统计局1984年国民经济和社会发展的统计公报显示：全国批准的个体开业医生8万多人，比1983年增加了63%。到1988年底，个体开业医生达15.6万人。在个体诊所重新发展的同时，民营医院也悄然出现。河北职工医学院女主治医生王介明自愿停薪留职并向银行贷款35万元，于1985年1月在保定市杨庄创办了100张病床的保定市脑血管病医院，成为目前发现的有记载的第一家民办医院。随着鼓励外资进入的政策，1993年，我国第一家中外合作医院广东东莞东华医院在广东省东莞市建成。1994年2月26日《医疗机构管理条例》出台，在"医疗机构执业许可证"的所有制一栏中，明确将医院的所有制形式分为5类，即全民、集体、私营、中外合资合作和其他，以执业许可的形式确立了"私营"和"中外合资合作"医院的在医疗服务领域中的位置。

一系列鼓励社会资本进入的文件使卫生系统之外的各个行业的资本以及民间资本以各种形式进入到医疗服务领域中来，医疗服务进入规模扩张发展时期，迅速缓解了医疗服务供不应求的紧张局面。伴随着医疗服务由传统的单一公有制主体转向公有与民营混合的多元所有制主体，医疗服务的主体行为呈现多样化趋势，医疗服务的政府监管的复杂性和难度增加。同样重要的是，医院与政府之间的关系发生变化，对于非政府筹资举办的医院，政府不再作为或具有出资人的身份，也就不再享有出资人对医院的管理权利，政府对医院的管理由多重身份逐渐朝向监管者这一单一身份转变。

三、医疗服务的人员和技术准入及政策

我国医疗服务的从业人员的技术层次较为复杂。在建国以后，为迅速缓解广大农村地区缺医少药的状况，大批经过短暂培训的赤脚医生在农村从事卫生工作。随着人民群众生活水平的提高，对医疗保健服务的质量要求越来越高，赤脚医生不再适应广大农村地区群众医疗保健的需要，迫切需要提高基层医务人员的技术水平。1999年我国颁布了管理医师准入的《中华人民共和国执业医师法》（以下简称《执业医师法》），规定我国实行执业医师和执业助理医师考试制度，从而迅速提高了我国医师队伍从业人员的技术水平。各地纷纷以《执业医师法》为依据和标准，清理原有的医师队伍，特别是在清理个体诊所医师队伍上发挥了明显的作用，一些不能通过医师执业考试的从业人员被清除，从源头上保证了医疗服务的基础质量。除了医师的准入规定外，早在1994年，我国就通过了《护士管理办法》，并于2002年开始修订，有望提高立法级别成为《护士管理条例》，其中规定了我国对护理服务的从业人员进行执业考试、执业登记注册等管理制度。随着我国加入世界贸易组织，外籍医师、外籍护士也会通过规定的审核程序进入我国。

除人员的准入之外，医疗技术的准入是另一项重要的准入政策，特别是新技术、新疗法的临床应用。随着新技术、新疗法、新设备大量投入临床应用，带来的问题也不断出现，由于缺乏对近期和远期疗效及副作用的评估，新技术的滥用和不当使用的情况时有发生，不断发生损害患者健康的事件，严重影响医疗质量，危害群众的医疗安全，甚至造成不可挽回的后果。例如曾经在德国等欧洲国家造成严重影响的致畸药物"反应停"的药物损害事件。因此，人们逐渐认识到对新技术、新疗法、新设备、新药品的临床应用的使用前评价和使用中评价的重要性，评价的方面也不断拓展和完善。例如新药的临床试验需要经过四期，一个新药至少也要2～3年的时间才能完成必需的临床试验阶段，临床试验全部完成并通过检验之后，才能正式投入生产，投放市场。在正式开始临床应用之后，还要不断检测药品使用中的情况。目前，我国正在完善有关的规定和标准，就影响临床医疗安全和人群社会伦理的医疗技术项目制定评估标准，包括从业人员的技术资格、设施条件、必需设备，以及其他必备的工作条件。

四、医疗服务的筹资政策

财、税、价三个方面的政策共同形成了政府对医疗服务的经济管理政策的框架。财即指财政补偿相关政策，税即指医疗服务机构的税收政策，价即指医疗服务价格政策。

为了保证医疗服务的提供，医疗机构必须维持最低限度的经济运转，因此医疗服务成本也必须通过各种方式得到补偿。建国以后，我国的低工资政策使城乡居民有支付能力的医疗

需求十分有限，国家采取低医疗服务价格的政策使得群众增加了接受医疗服务的机会。同时，国家增加对医院的经费投入，采取供方补助的方式使医院以低于实际运行成本的价格提供服务。我国自20世纪50年代起，对医院的收入采取三种途径补偿的方式。医院通过提供医疗服务获得一部分收入；医院基本建设、大型设备购置以及人员经费由国家承担全部或大部分；此外，国家制定了使用药品收入补偿医疗服务成本的政策，规定医院按照15%的加成率出售药品，以弥补政府拨款和诊疗服务收入补偿不足的部分。

改革开放以后，随着各行业价格的相继放开，医院面临着卫生材料费用、水电等消耗品的价格先后实行市场价格的现实。医疗行业出现全行业性的严重亏损。为解决医疗机构亏损问题，80年代，国家首先放开了新技术、新设备、新项目的服务价格，规定实行不含人员工资的成本收费。此后，各地纷纷开始了"小步走、不停步"的价格调整策略，医疗服务收费价格逐渐上涨。但是医疗服务项目的比价关系、不同级别医院之间的价格差价、医疗服务价格与质量的关系等问题并没有得到进一步的调整和规范。

由于种种原因，上述三大筹资途径对医院的作用发生变化。医院服务收入逐渐成为最主要的收入来源，政府拨款所占比例逐渐下降，到90年代末只占医院总收入的5%~10%，一级医院政府财政收入占总收入的比例高于三级医院。在医疗服务价格上，目前，我国对政府投资兴办的医院实行政府指导价，对民办非营利性医院和营利性医院实行自主定价的价格政策。是政府筹资、社会筹资，还是患者自付医疗费用，对医院的运营管理和医务人员的服务行为产生的影响逐渐显现，政府财政投入对医院行为的约束力减弱，医院经营管理中的市场倾向逐渐增加。

五、医疗保障政策

我国在1951年公布了《中华人民共和国劳动保障条例》，开始实行面向企业职工的劳保医疗制度。次年，公布了《关于全国各级人民政府、党派、团体及所属事业单位的工作人员实行公费医疗预防的指示》，标志着我国公费医疗制度的开始。改革开放以后，政府对医院开始实行"差额补助"，即"定收入、定支出、定补助、结余留用"的补偿政策，医院逐渐成为市场经济中独立运行的经济实体，而按项目付费的公费和劳保医疗制度对患者的约束力较差，在供需双方的共同作用下，医疗费用呈现不合理的过快上涨，而且增长速度逐渐加快。据上海市统计，1983~1993年上海医疗费用平均递增31.8%，超过同期国民生产总值增长率16.1个百分点。其中1991~1993年增长率为39.1%，1993年比上年增长57.5%。医疗费用的过快上涨超过了国家和居民个人的承受能力。医疗费用引起的社会矛盾突出。改革医疗服务支付模式成为控制医疗费用过快上涨的必要措施。

医疗保障制度是由第三方支付医疗费用的具有社会共济性质的医疗费用支付制度，通过第三方支付部分费用或全部费用的方式减轻了医疗服务的利用方的费用支付压力，增加了医疗服务的可得性。2000年在全国推广实行的城镇职工基本医疗保险规定是对原有的公费医疗和劳保医疗的重大改革。城镇职工基本医疗保险规定了包括基本医疗服务目录、药品目录、定点医院等，还规定了可以使用职工医疗保险基金支付的医疗费用的数量，以及在不同级别的医院报销的比例，增加了患者的选择权利。在深圳等城市，甚至已经取消了对参保人员选择医院数量的限制。城镇职工基本医疗保险作为一种面向广大城镇职工的社会筹资方式自实施以来，已经对医院产生了重大的影响。患者自觉控制费用的意识增强，要求减少不必要的检查、治疗，开始比较社会上各家医院的费用。各地的卫生行政部门也开始尝试将各家医院的单病种费用在大众媒体上公布，一方面引导患者流向质量好、费用低廉的医院；另一方面迫使医院主动控制费用，减轻患者的经济负担。面对城镇职工基本医疗保险制度改革的推动，医院应主动改革内部管理，加强经营观念，树立经营意识、竞争意识和服务意识，主动适应竞争。同时积极开拓新的服务领域，调整市场结构。

第三节　医院的社区环境

一、社区

社区是指人们共同生活或活动的一定的区域，是聚集在某一地域中的社会群体、社会组织所形成的一种生活上相互关联的社会实体。

社区可以分为两类：一是指功能社区，如占地面积较大的企业、学校；二是指生活社区，如居民区。通常认为，一个街道办事处所辖的地理范围为一个生活社区。社区一般由以下几种因素构成：一是以一定的社会关系组织起来的人群；二是有一定的地域条件；三是保证人际关系协调的各种社会规范、行为准则和规章制度；四是在同一社区内，人群之间具有的多种社会关系，如亲戚关系、邻居关系、职业关系等；五是有负责落实各项规章制度、协调人际关系、控制各种活动的机构，如生活社区中的街道委员会。生活在一定的集团或社会中的人们的态度、要求、期望、聪明才智、受教育的程度、信念和习惯组成了组织机构生存的社区环境。根据1994年的统计，我国共有城市街道社区5 372个，平均每个街道有5万～6万人口。在社区的配套生活设施里包括各种各样的医疗服务机构，如医院、诊所、药店等。

社区的形成是基于特定的生活、生产、经济、文化等多重因素，例如，由十几栋或几十栋普通住宅楼房组成的一个居民区是一个生活社区，一个大型企业的厂区是一个基于生产过程组成的功能社区，甚至一条商业街也可以被视做是一个基于商业活动组成的功能社区。不同的社区是基于不同的原因产生的，生活在不同社区中的人们对医疗服务也有不同的要求，例如在一个生产厂区构成的社区里，医疗服务的对象以青壮年为主，对儿科和老年病服务的需求较少，但是可能存在以职业病为特色的特殊医疗服务需求。在一个风景名胜旅游地点，存在大量旅游者构成的流动人口，创伤急救是在这样的一个社区提供医疗服务时必须考虑的特殊因素。医疗服务是一个有地域范围限制的服务项目，特别是门诊、急救服务和常见病、多发病的医疗服务项目，因此，对社区人群医疗服务需求的充分评价和分析是社区中医疗服务机构的重要工作，主要包括以下几个方面。

（一）社会人口学特征

1. 社区人口的变化　首先反映在人口的年龄结构上。从上世纪末，我国已经成为老龄化国家，特别是北京、上海等大城市，人口老龄化趋势更加明显。老龄人口健康状况不如中青年，对医疗保健服务的需求高，但是支付能力有限。在一些以老龄人口为主的社区，社区卫生服务应重点关注老年病的预防、治疗和康复等服务。

2. 收入的变化　是医疗服务对象的社会人口学特征的重要组成部分。随着社会经济的发展，一部分人有了较高的收入。收入的多元化伴随着医疗服务需求的多元化。例如，随着收入的增长，一部分人的医疗服务的需求也在增加，不仅仅表现在关注健康，会因为各种健康问题寻求医疗服务，而且表现出在利用医疗服务的过程中，对时间、服务态度、服务方式、医务人员的关怀和尊重等方面的要求增加；不仅仅要求得到很好的治疗，还希望能够了解疾病的起因、预后以及如何预防。单纯提供医疗技术已经不能满足这部分患者的需要。

（二）患者的支付能力

在公费医疗和劳保医疗体制下，患者就诊的医疗费用大部分或者全部由政府或者企事业单位支付，患者只需支付小部分医疗费用甚至完全不支付，患者对医疗服务费用的承受能力较大。实行城镇职工基本医疗保险制度以后，患者自付比例增加，尤其是在门诊服务中，虽然各地个人账户比例不尽相同，但患者均需要自己支付相当比例的医疗服务费用。一方面，医疗费用对患者就医行为的约束力度增加，患者追求高水平医疗服务的盲目性减小；另一方面，患者在就医时会更加关注费用因素，特别是在一些常见病、多发病的医疗服务过程中，对医院和医生行为的自觉监督增加。

（三）对医疗服务的要求日益多元化

随着社会人群的年龄、职业、受教育程度和收入等的差距增加，人们对医疗服务的要求日益呈现出多元化的趋势。一些人愿意为方便的、保护隐私的，或者舒适的医疗服务过程支付更高的费用，以这些人为目标人群的医院出现，医院开始从千院一面向服务于各个不同的目标人群细分市场分化。

（四）培养积极的社区关系

医院与所在社区保持良好的社区关系非常重要。所谓社区关系，是指医院同所在的社区的其他组织机构和个人的关系。这些社区单位和个人，有的同医院有直接关系，例如社区居民可能成为医院的患者；有的同医院有间接关系，例如社区中的单位。在城镇职工基本医疗保险制度下，单位虽然不再直接决定职工的就医地点，但是医院与单位建立长期的保健服务合作关系，可以吸引单位中的工作人员成为医院的患者，从而使医院拥有稳定的患者群。即使没有保健服务合作关系，医院需要所在社区提供工作所需的基本设施，保持与社区单位和个人良好的睦邻关系也是医院生存和发展必不可少的环境条件。同时，医疗服务机构的建设也是一个社区服务功能配套设施的重要组成部分，对一个社区的生活环境、生态环境和人文环境产生不同程度的影响，提供良好服务的医院可以使社区生活更加方便、安定和繁荣。

特别是对于基层医疗服务机构，主要提供常见病、多发病的医疗服务和常规保健服务项目，所在社区的人群就是医院的最直接和最主要的服务对象来源，其社区关系与医院的生存和发展有着最直接和最密切的关系。医院必须充分了解、认识和分析所在社区的人群特征，以有针对性地提高服务水平和满足服务需求。

在患者方面，当医疗费用的支付更多地转向患者支付的时候，他们的要求也会增加。例如，看病由原来公费医疗、劳保医疗制度下的1家定点医院转向城镇职工基本医疗保险制度下的4家定点医院，甚至在有的城市取消定点医院的限制，患者拥有越来越多的选择权利和选择的可能性。

二、社区卫生服务

（一）定义

社区卫生服务是指由社区全科医生为主体的卫生组织所从事的一种社区定向的卫生服务。其服务方式与专科医疗服务不同。社区卫生以家庭为单位，以一定的社区人群为工作对象，以社区人群健康为工作目标。其服务的特点是着眼于群体，服务内容不仅限于医疗，还有疾病预防、健康教育、康复服务等。

（二）意义
1. 提供基本卫生服务，有利于卫生事业更好地适应社区人口需求和市场经济的发展；
2. 是实施区域卫生规划、合理配置和使用卫生资源，提高资源利用效率的重要途径；
3. 是加强预防工作、落实人群预防措施的最关键环节；
4. 合理分流病源，有利于控制医疗费用的不合理上涨；
5. 是建立城镇职工基本医疗保险制度的迫切要求；
6. 是建立经济有效的城市卫生服务体系的重要基础。

（三）社区卫生服务的需求特征
1. 有限的人群和有限的病源、病种　社区人群的有限性和低流动性决定了社区疾病的种类和数量是有限的，即社区卫生服务市场的容量有限。目前我国城市社区常见的疾病为慢性非传染性疾病，特别是以老年人群为主要服务对象的社区。
2. 需求多样化、个体化和家庭化　随着居民生活水平的提高，对家庭化、个性化的治疗、护理、保健和康复服务的需求日益增加。
3. 预防性、干预性和公共卫生服务的需求增加　国际经验表明，开展以社区和家庭为基础的一、二级预防可以有效地控制医疗费用过快上涨。社区卫生服务不仅有利于控制和管理传染病，而且可以有效地控制慢性非传染性疾病的发病率、死亡率，进一步达到控制医疗费用的目的。而有效实施一、二级预防需要在社区进行不同于传统的治疗性服务的预防性、干预性服务。
4. 第三方付费的制度安排影响社区卫生服务的发展　在完全自费或者患者自主选择的前提下，常见病、多发病可以自发地分流到社区，但是在第三方付费的制度安排下，随着自费比例下降，病源会寻求不必要的高技术医疗服务，形成不合理的病源分流，因此，是否纳入医疗保险定点机构范围，以及在社区卫生机构的报销比例与其他类型医院的差距可能从根本上影响社区卫生机构的生存。

（四）社区卫生服务的供给特征
1. "小而精"的社区服务组织在需求约束下，社区服务组织的规模效益受到影响。要求内部结构设置简洁、紧凑，使用合理。
2. "通科化"的社区医生也应适应社区需求的特点，能够使用各种常规的技术、药品和仪器设备完成各种常见病的治疗、预防，对危重病症应能做到鉴别病情、及时转诊。
3. 服务内容多样化、个体化和家庭化，从单纯的治疗服务扩展到院外服务，从治疗技术扩展到预防性服务，从躯体疾病的服务扩大到社会心理服务。例如家庭病床、体检、出诊、巡诊服务等。
4. 公共卫生服务比重增加，例如开展社区健康教育等社区干预性的预防服务。
5. 社区环境对供方行为有一定的约束作用，社区居民和社区的卫生服务机构都相对稳定，流动性小。医患关系又具有邻里关系的色彩，是长期的相互依赖关系，实质上构成了长期的、稳定的、有记忆的"服务交易"过程，从而形成了对医生行为的自发的连续性监督，使医生行为得到一定程度的控制，从而在服务态度、收费、医术等方面受到患者很强的约束。

（五）我国目前的社区卫生服务面临的问题
1. 社区卫生人力与群众需求不相适应　一方面，目前承担防保任务和承担医疗任务的社区卫生人力割裂，防保人员长期脱离临床实践，缺乏提供临床服务的能力；而医疗人员长期脱离防保工作，缺乏社区预防和社区干预的业务能力以及公共卫生服务的常识。另一方面，从事临床服务的医生普遍按照专科分类设置，缺乏综合的医疗能力。我国培养全科医生还是近几年的事情，大量的从事社区卫生服务的医生尚缺乏必要的综合服务能力。

2. 稳定的社区卫生服务的补偿渠道没有解决　社区卫生服务中大量的公共卫生内容是很难通过市场机制发挥作用的，需要有稳定的筹资机制和筹资途径保证公共卫生任务的顺利完成。一些社区医院的防保工作长期依靠临床医疗服务收入补偿，难以保证工作的完成和工作质量。

3. 城镇职工基本医疗保障制度尚不能适应社区卫生服务的发展　目前城镇职工基本医疗保险支付方式和比例不利于病源向社区卫生组织分流，也不利于社区卫生组织推广健康教育等预防性的社区干预项目。

4. 多部门干预妨碍社区卫生服务的健康发展　社区卫生服务的工作与劳动局、环保局、教育局、计划生育系统、城建以及社区居委会等多个部门有关，造成了有收入的项目各个部门都伸手，没有收入的项目互相推诿的局面。

（六）社区卫生服务的管理

2002年卫生部会同国家计委、财政部、民政部、人事部、劳动与社会保障部、建设部、国家税务总局、国家药品监督管理局、国家中医药局等11个部委联合发出《加快发展城市社区卫生服务的意见》的文件，指出要打破部门垄断和所有制界限，鼓励社会力量多方举办社区卫生服务机构，健全社区卫生服务网络。鼓励部分国有中小医院转制为民办社区卫生服务机构或实行国有民营。采取公开招标等方式，选择具备提供社区卫生服务基本条件、独立承担民事责任的法人或自然人举办社区卫生服务机构，建立精简高效的社区卫生服务运行机制。社区公共卫生服务可采用政府购买的方式，由社区卫生服务机构提供。符合条件的社区卫生服务机构应纳入城镇职工基本医疗保险定点机构范围。为鼓励参保人员在社区卫生服务机构就诊，规定参保人员在社区卫生服务机构就诊费用的自付比例低于二级、三级医院。向非营利性社区卫生机构捐赠的款项或无偿使用的房屋经核准，可以享受免税待遇。在社区卫生机构推行全科医师和社区护士制度，鼓励大中型医院医务人员流动到社区卫生机构。

第四节　行业变化与技术环境

医学是解决人自身健康问题的科学，人对自身的认识经历了一个漫长的阶段。14世纪，人体解剖学出现萌芽，17世纪，英国人哈维发现血液循环，同期的显微镜的发明和利用，把人类的视野从宏观引向微观，人们开始发现和认识各种生物体的细微结构，使人们对于自身以及其他生物体的认识达到前所未有的阶段，时至今日，尽管医学科学已经得到迅猛发展，显微镜仍然是临床医学基本的和重要的诊断辅助工具。"科学是第一生产力"，这一口号在医学领域，明显地昭示了医学技术发展的重大作用，成为医学发展的原动力。也提示医院要不断适应医学科学技术的发展脚步，随着技术环境的不断变化而不断发展，为科学技术的充分发挥和进一步发展提供保证。

一、生物医学技术的发展

分子生物学的问世是20世纪对医学发展有重大意义的科学进步，其核心内容是通过对生物体的主要物质基础，特别是通过对蛋白质、核酸等大分子物质结构和规律的研究认识了生命现象的本质。50年代出现了DNA学说，DNA分子结构的发现，被誉为20世纪生物科学中最伟大的研究成果。生物学家沃森（美国）、克里克（英国）和英国物理学家威尔金斯三人分享了1962年诺贝尔生理学或医学奖。在解释细胞分子结构的基础上，60年代出现了操纵子学说，70年代发表了反转录酶和限制性内切酶的作用，通过对生物大分子结构和功能的研究，揭示了生物体的遗传密码、信息传递、能量转换、光合作用、免疫等问题，从而推动了医学遗传学、医学免疫学、生理学、细胞生物学等多个基础学科的发展。分子生物学还推动了肿瘤生化、心血管疾病机制、人体脂肪代谢机制等方面的研究，使人们对疾病的发生、发展、转归的认识有了突破性的发展，使临床上的一些难题得到解决，推动了临床科学的发展。

80年代，基因工程开始用于治疗疾病，如美国、日本等国采用单克隆技术治疗癌症，美国加州大学从患有特殊贫血症的患者体内，抽取少量骨髓，将正常基因转入骨髓细胞后，再送回体内，取得了良好的效果。目前，虽然克隆人的技术遭到了世界各国的普遍反对，但是生物克隆组织器官的技术为疾病的治疗开辟了新的途径。一些国家的科学家已经在尝试克隆人体器官，进行"自体"的器官移植，以替代生病或者衰竭的器官。

生物技术的不断进步，给医院管理者带来了新的课题。一方面，新技术、新疗法带来的副作用也逐渐显现，临床准入的限制性规定和准入评估工作的增加，要求医院和医务人员谨慎地对待新技术、新疗法的临床应用。另一方面，新技术、新疗法的临床应用往往伴随着昂贵设备的投入和新技术人力的培养，需要医院管理者掌握资源筹集、调度、合理使用的方法和技巧，最大限度地发挥有限资源的作用。

二、自然科学技术的移植为临床医学提供了更多的手段和方法

（一）物理学技术

进入20世纪，科学技术得到空前的发展，物理学、化学及其他自然科学技术上的进步，形成了科学技术史上的重大革命，也极大地促进了医学进步。19世纪末的X光机的发明是医学与物理学技术结合的有力证据。1895年，美国医学家坎农发现用铋或钡配合X光检查可以清晰地看到动物的食管，钡餐造影技术由此产生。随后不久，X光机普遍应用到全身各个器官的检查中，X光机使医生可以借助仪器设备观察患者体内发生的异常变化，减少了误诊，诊断准确率大大提高。逐渐地，X线检查不仅成为一种诊断手段，还与其他技术结合广泛应用到临床治疗中，例如恶性肿瘤的放射疗法。

越来越多的根据物理等学科原理设计的医疗器械引入到临床工作中来，对医疗活动提供了重要手段。那些能够支付得起高技术设备的医院有机会去"赢得"技术竞赛，而且有机会打败它们的竞争对手。因此，有人甚至认为现代医院市场的关键因素之一是拥有最好的、最新的设备。

例如，内镜技术是近年来兴起的一种可以对医生在人体内进行的诊断或治疗操作进行直接观察的技术，目前，已经应用到多种外科手术中，如内镜治疗胆囊结石、切除病变的子宫附件、切除增生的前列腺等。内镜技术的发展，使外科手术的创伤性大大减小，痛苦减小，术后感染等的发生也减少，患者住院时间明显缩短。内镜技术的引入使一些传统需要住院完成的手术治疗可以在门诊或日间诊疗中心完成，使患者对门诊手术或日间诊疗中心手术的需求上升，而对住院服务的需求下降，从而改变了医疗服务的提供模式。

（二）计算机及信息技术

计算机以及互联网技术的发展使医疗服务的领域和范围大大扩展和延伸。计算机 X 线断层照像术（Computed Tomography, CT）和核磁共振成像（Magnetic Resonance Imaging, MRI）都是 20 世纪 90 年代发展起来的以计算机理论为基础的物理诊断技术，较之以往的 X 线成像技术，CT 和 MRI 清晰度和准确度大大提高。

电子病历的出现完全改变了传统的病历记录、存储、传输和使用的方法，使患者的病历资料可以通过互联网在医院内和医院间传输，既扩大了患者选择医院的可能性，也使医疗信息共享的实现成为可能。目前，在挪威等一些发达国家，已经实现了全国性的患者医疗信息资源共享。可以预见，未来患者的病历等信息将不再属于医院所有，而是成为患者和整个医疗服务体系共有的信息资源，患者在医疗服务体系中的任何医疗机构就诊，不需要从原来的机构中借阅或复印病历，而只需从医疗信息网络中就可以得到自己的病历资料，不同医院的医生也可以得到有权限允许的患者病历资料，使患者不再被束缚在某个医院中。

（三）化学制药技术

17 世纪中叶，在英国科学家波尔等人的努力下，化学从炼丹术中分离出来，开始成为一门独立的学科。19 世纪，麻醉剂和阿司匹林被发现，20 世纪前十年，被认为较有临床价值的药物共 10 类，包括：乙醚和其他麻醉剂、鸦片及其衍生物、洋地黄、白喉抗毒素、天花疫苗、铁剂、金鸡纳、碘剂、乙醇类和汞剂。到 20 世纪中叶，人们提出 10 类新的重要药物，包括：①青霉素、氨苯磺胺及其他抗生素；②血浆及其衍生物和替代物；③金鸡纳及其同类物；④乙醚和其他麻醉药、鸦片及其衍生物；⑤洋地黄；⑥606；⑦免疫抑制剂，包括各种抗毒素和疫苗；⑧各种肝素；⑨激素；⑩维生素（当时只提出 4 种）。近几年来，不仅药物数量增加，而且新的剂型方便人们服药，每天一次、每两天一次的长效药剂的发明减少了服药次数，有利于患者配合治疗，增强了患者对医嘱的顺应性。例如长效抗结核药物的问世，缩短了结核病治疗周期，减小了服药次数，提高了结核患者遵从化疗医嘱的比例，提高了结核病患者的治愈率。

药物的不断发明和更新使临床医学迅速发展，但是也对管理者提出了新的挑战，例如对抗生素的过分依赖是引起医院感染发生的原因之一，人们逐渐认识到在药物对健康发挥重大作用的同时也必须给予必要的管理和约束。特别是在我国，随着经济改革开放的进程，医院提供药品服务成为获得经济收入的重要和主要来源，很多医院药品收入已经超过了诊疗收入。一些医院为单纯追求经济收益，鼓励医生开大处方、开贵重药品，使医院获得较高的差价收入，但增加了患者和社会的经济负担，损害了患者和社会的根本利益。目前，社会各界对药品价格问题的意见和反映也越来越多，药品问题已经成为社会的焦点问题，因此，有关医院的药品使用的管理政策成为近年来改革的重要内容，切断医院与药品收入之间的直接的经济利益关系成为一些改革措施的主导思想。由此可见，化学制药技术是一把双刃剑，在带给人们新药的同时也带来了使用上的种种问题，如果不对其可能引发的经济和社会效果有充分的估计，就很难及时和正确地把握给人民健康带来的正反两个方面的效果。

三、循证医学

循证医学是一种以治疗患者为目的，不断获得有关重要的病因诊断、治疗、预后及其他相关健康信息的自我学习实践活动，是最佳的证据、临床经验和患者价值的有机结合。

著名的流行病学家 David Sackett 认为，循证医学的内涵是"自觉、公正、慎重、准确和明智地应用所能获得的最好研究依据来确定患者的治疗措施"。通过循证医学的一系列活动，临床医生可以尽最大可能捕捉到最可靠的事实来解决各种各样的临床问题，正确评价建立在事实证据上的实践结果并将这些结果应用于今后的临床实践。循证医学的活动还可以用于评价医生的临床行为。

20世纪后期，由于抗生素等现代医药技术和经济的发展，传染性疾病和营养缺乏性疾病基本得到了控制，恶性肿瘤、心脑血管疾病患病率逐渐上升，这些疾病由多种因素引起，因此长期没有发现特异性的治疗方法，某种方法只能证明有一定的临床意义。对于这类疾病治疗方案的评价，难以通过小样本的临床试验完成，应开展大样本的随机对照实验。但这种实验研究又往往超过一个医院的承受能力，其技术可行性受到客观条件的限制。但只要设计和操作规范，联合多个小样本的试验也能得出较全面的综合性结论。因此，循证医学得到迅速发展。

循证医学的主要步骤包括：①提出一个可以回答的问题；②检索文献寻找相关证据；③严格评价证据；④应用证据；⑤自我评估。超分析（meta-analysis）是最常用的循证医学研究方法。Meta分析是一种统计方法，用来比较和综合针对同一科学问题所取得的研究结果，是汇总众多研究结果的定量分析，比较和综合的结论是否有意义取决于这些研究是否满足特定的条件。Meta分析克服了传统的文献综述的缺陷，对同一问题可以提供系统的、可重复的、客观的综合方法；通过对同一主题多个小样本研究结果的综合，提高原结果的统计效能，解决研究结果的不一致，改善效应估计值。

四、临床路径

临床路径常见的定义有三个：一是指联系患者与其家属、照顾者和专业小组来共同达到预期结果的一种具体的服务方法。二是指一个预计的、对每日服务计划的说明。对某病种，以工作流程表格的形式，由入院到出院，提供有时间性的和有效的医疗服务，是多专业人员共同合作控制质量与费用的一种临床服务模式。三是指医生、护士和其他专业人员针对某个诊断或手术所做的最适当的、有顺序性和有时间性的医疗服务计划。以减少患者康复的延迟与资源的浪费，使服务对象获得最佳的照顾质量。三个概念虽然不尽一致，但是共同点显而易见：多专业协调、按时间顺序排列、目的在控制和改良品质、以服务对象为中心设计。

在提倡高效、优质和费用低廉的医疗服务改革下，临床路径提供了多专业协作的工作方式，并保证医疗护理等措施在规定的时间内完成，以达到预期的结果，促使医疗资源的合理使用和费用控制。根据我国的经验，实施临床路径可以达到以下远期效果：①增加患者及其家庭的满意度；②测量与改善临床结果；③从患者的角度进行持续性的质量改善；④促进多专业服务记录文件的整合，提高使用与服务效率；⑤有效地管理和控制住院日；⑥减少并发症发生率；⑦减少患者的再入院率；⑧有效地进行医院财务和社会资源的使用；⑨降低住院患者的医疗费用；⑩提高工作人员的满意度。

临床路径具有综合性、时效性、多专业合作性、计划性（主要医疗活动）以及结果可测量性等特点。其目标是为了真正达到患者及其家庭所期望的治疗与护理结果；促进专业化的协作配合；确保医疗服务的连续性；保证资源的合理有效使用；降低患者的医疗支出，缩短住院时间，为持续的质量改进提供多学科工作的基本框架。

临床路径比较适用于多发病、常见病的医疗服务。临床路径的内容依不同的疾病、不同的医务人员或不同的医院而有所不同，但通常包括：预期结果、评估、多学科服务措施、患者及其家人的相关教育、会诊、营养治疗、药物治疗、实验室检验、治疗和出院计划，以及相应的医疗记录。

实施临床路径，有助于选择最适合患者的服务模式，能相互沟通协调，提高各专业人员之间的协作，促进达成共识，提高服务质量。同时使所有的工作人员明确职责，承担不同的工作任务。在医疗技术上，有助于早期识别临床变异以及患者的特殊需要。在实施临床路径过程中的变异，都应得到应有的重视，以便重新修订临床路径计划。临床路径实施的主要障碍在于人们认为临床路径只考虑了患者个体，单一计划的实用性可能会存在障碍。根据其他一些较早开展临床路径研究和实践的国家的经验，可能会需要制定不同版本的临床路径，以适应不同患者的情况。

五、医学技术评估

技术是指根据生产实践经验和自然科学原理发展而形成的各种程序、方法和技能，包括相应的生产工具和其他物资设备以及生产工艺过程或作业程序、方法。技术评估是指综合检查评估技术具有的正效果、负效果和潜在影响，从而将技术控制在社会所希望的发展方向上的管理方法。技术评估是事前评估。技术评估常用的方法包括实验法、专家评估法、成本效益分析法等，其中对新技术的投入产出进行成本效益、成本效果分析成为越来越重要的技术评估内容。

医学技术评估产生于20世纪70年代的美国，90年代逐渐引入我国。医学技术评估是指在特定条件下，通过收集现有的或特殊设计的调查资料，进行分析评价，并将研究结果反馈给相关部门，从而制定相应的政策措施，规范和影响医学技术的传播和利用。

在新技术、新设备、新疗法的临床应用问题上，刺激技术采纳和使用的因素有以下3个：①患者得到好处（如死亡率降低、生命质量提高、痛苦减小等）；②医疗服务提供者得到好处（如医疗机构的市场优势、服务提供效率提高等）；③社会得到的好处（例如，商品化给社会带来的经济效益）。而不同的政策条件，又使这些因素发挥着不同程度的作用。同时，各个方面在做出评价时往往处于两难境地，例如，患者一方面抱怨新技术、新设备的高昂费用，另一方面在自己患病时又希望使用最新的技术。同时，大众媒体在新技术的使用中也往往扮演着推波助澜的作用，很多评价并不真正是单纯从技术角度出发的。因此，政策分析的形式之一——医学技术评估开始逐渐引入到医疗服务新技术、新设备的评估中来。

随着新技术、新方法不断应用到医疗实践中来，人们发现新东西并非越先进越好，它们可能带来的问题也在威胁着人们的健康。因此，各国开始对投入临床应用的新技术、新方法、新设备、新药品实行严格的临床技术准入制度，要求在正式开始临床应用之前必须经过技术评估。

医学技术评估的内容包括：①有效性：即医疗服务措施的效益与效用；②安全性：医疗技术措施对人体造成伤害的可能性及其程度；③经济性：医疗技术措施的成本效益；④社会性：医疗技术措施对医患双方以及社会造成的影响。有效性和安全性是传统的医疗技术评估内容，目前，对医疗技术措施经济性和社会性的评价已经引起了越来越多的重视。例如，伽马刀、质子刀服务项目在我国引入临床工作都做过成本效益分析，也有专家开始对一次性医疗用品造成的社会影响进行分析，评价一次性用品的使用效益与其处理措施成本之间的关系。

第五节 我国入世与医疗服务

一、我国入世承诺

2001年底，在我国加入世界贸易组织（WTO）的服务贸易承诺中，在商业存在的市场准入方面的承诺："允许外国服务提供者与中方合作伙伴一起设立中外合营医院和诊所，允许外方控股。"《中外合资、合作医院管理暂行规定》中不允许外商独资举办医院符合本次中方承诺。

商业存在的市场准入方面的限制性条款："根据我国的实际需要，有数量限制"。关于数量限制的表述说明，卫生行政部门根据"区域卫生发展规划"和"医院设置规划"，规定某地区设立何种规模、数量、性质、专业的中外合资、合作医院及其选址，以及对上述规定的调整，符合我国对WTO所做的承诺，不违反WTO原则。但是，根据"透明度"原则，数量限制及其调整方案应该及时予以公布。鉴于数量公布需要完善的医疗服务利用信息、较高的需求预测技术、较高的管理水平，因此，数量限制的确定和公布需逐步实现。

商业存在的国民待遇方面的限制性条款："合营医院或诊所的医师和医务人员大多数应为中国公民。"

二、医疗服务对外开放的历史演变与现实影响

以服务形式提供的产品由于具有生产活动和消费活动在时间和空间上的同一性，也就是服务的生产和消费同时发生，不能储存、运输。因此服务贸易与货物贸易的重要区别在于服务贸易不是有形产品的跨边境流动。世界贸易组织根据服务贸易提供方和消费方的空间位置将服务贸易分为四种方式，分别是跨境交付、境外消费、商业存在和自然人流动。医疗服务也存在同样这四种消费方式。

（一）入世使医疗服务领域的外资准入问题明朗化

实际上，我国允许外资进入建立中外合资合作医院的政策由来已久。1989年，为适应改革开放的需要，改善外宾医疗服务条件，卫生部和原对外经济贸易部联合发布了《关于开办外宾华侨医院、诊所和外籍医生来华执业行医的几条规定》，允许在华试办中外合资、合作医院。1997年，两部又联合发布了《关于设立外商投资医院的补充规定》，就中外合资合作医院的服务对象、中方合资合作者股权比例、董事长的委派、经营期限等做了原则性的规定。2000年5月，卫生部和外经贸部在对前一阶段中外合资合作医院管理工作进行调研总结的基础上，联合发布《中外合资合作医院暂行管理办法》。该办法就中外合资合作医院申办条件、申办程序和监管等方面做出了具体而明确的规定，进一步扩大了医疗服务领域的开放程度，规定允许外资控股经营管理合资合作医院，外资股份比例可达70%。

在我国入世的宏观经济背景中与医疗服务改革联系在了一起，使得外资进入我国医疗服务领域的问题明朗化。同时，人们在关注医疗服务对外开放的时候，也在关注对内开放问题，正如有些行业提出的，对外开放首先要对内开放。

（二）中外合资合作医院的服务特点

2000年的《中外合资合作医院管理暂行办法》出台以后，卫生部和外经贸部对全国已有的中外合资合作医院进行了重新申报和审核。正式通过卫生部重新审批的不足40家。有

观点认为这已是外资获准进入我国医疗服务市场十多年的成果，因此估计我国入世对医疗服务供给体系没有影响。但是必须注意到，与大多数国有医院相比，中外合资合作医院有着鲜明的自身特点，特别是在规模和服务项目上。

在经营规模上，这类机构以不设床位的诊所或诊疗中心居多；投资额相对不高，规模不大；医院床位很少在200张以上；服务内容主要集中于眼科、口腔科、骨伤科、妇产科等专科诊疗项目，综合医院较少。在地区分布上，大多集中于经济发展较快的大中城市及沿海地区，如北京、辽宁、山东、广东等地。

从资金投向的地点、服务项目、投资规模看，中外合资合作医院多选择生活水平较高的地区和客户群针对性较强的诊疗项目，用中等强度的投资规模建设高于国有医院同类诊疗项目服务条件的医疗服务设施，投资战略以投资回报为前提和约束，投资回报率较高，投资风险相对较小。

（三）国有医院调整的困难和障碍

面对我国加入世界贸易组织的形势，国有医院普遍认识到将面临更加激烈的市场竞争，也在纷纷采取各种措施进行改善和调整，但在此过程中一些内部和外部的障碍困扰着国有医院的改革。

大多数中外合资合作医院均有比较明显的专科特色，这种经营战略的选择是基于市场分析的结果，需要首先通过对市场环境、经营成本和社会人群需求的分析，然后根据投资规模，找到适合发展的细分市场，确定发展战略。

我国目前医院的管理者以医疗专家型管理者居多，管理能力不适应现代需要，医院多处在惯性运转的状态，缺乏主动分析市场和适应市场变化的能力，这样的管理状态难以适应医疗服务市场激烈竞争的需要。

在卫生行政部门的掌控之下，医院的管理成为政府的行政行为而非市场环境中的企业行为。既造成了对医院的约束，也造成了医院的依赖心理和对经营不善的管理责任的推托。医院的管理者不会根据患者数量的变化对床位数量进行调整，也不会根据患者的疾病特点配置医务人员，甚至连门诊部是否归属于医务处都希望卫生部做出统一规定。

三、技术壁垒

服务贸易领域的国际贸易不存在关税壁垒，非关税壁垒则取而代之扮演重要角色。非关税壁垒包含很多方面的内容，下面就医疗服务领域中的许可证、专利权和技术标准等问题做一个初步的分析。

（一）医务人员的执业许可证

执业许可证制度是对一个行业的从业人员的执业资格进行认证，确保最低执业水平的一项行业管理制度，是跨境人员交流的资格凭证。

我国先后实行了护士和医生的执业许可制度。世界上许多国家，如美国、日本、欧盟成员国等国家也实行医师的执业许可制度。但是，拥有某一个国家的医师执业许可证并不意味着可以自动获得在其他国家提供医疗服务的资格，因为各国或者地区的执业许可标准可能是不一样的。因此需要对另外一个国家或者地区的许可证进行认证和评价。同时，还有很多国家并未实行执业许可证制度，如果这些国家的医师申请进入我国从事医疗服务活动，应该有必要的方式和方法评价这些国家的医师在华工作的执业资格。

各国医务人员执业许可证制度的内涵差异也是在医务人员的跨境流动中必须高度重视和

认真考虑的问题。例如，在美国实行专科医生制度，而我国，尚未实行专科医生制度，因此，在面对不同的执业标准的时候，应该采用范围较窄的标准。不同国家对护士的执业内容的要求差别很大，因此在持有境外护士执业证书的人员来华提供护理服务的执业认证和审批的过程中尤其应该引起重视。

（二）药品专利权

《与贸易有关的知识产权协定》（TRIPS协定）与我国医疗服务领域最密切的关系体现在药品生产领域。

目前，我国药品生产企业有6 000多家，但是，国内制药企业是在利润微薄的普药市场上激烈竞争，而利润丰厚的新药市场（尤其心血管类药物、肿瘤药物等疑难病症及新药品种多的几大类药物的市场）则被外资公司控制。此外，我国医药行业多年的快速发展很大程度上得益于大量仿制国外药品。例如，我国近年来生产的837种西药中，97.4%是仿制自国外药品，"八五"期间开发的1 500多种新药，70种为一类新药，但仅有2种具有独立的分子结构，为世界公认的创新药品凤毛麟角。按照知识产权保护有关条款，在专利期内仿制某种新药，开发方有权索取4亿～10亿美元的赔款，若买断一个专利新药的生产许可，亦需支付500万～600万美元，这使以仿制新药为发展手段的我国制药业面临缺乏新产品的窘境。

（三）医疗服务项目的技术标准

某一个服务项目是否属于医疗服务确是我国医疗服务界在对外开放方面面临的一个重要问题。从国际贸易的角度看，我国的个人或组织在境外从事医疗服务以及开办医院均属于医疗服务的出口。我国的医疗服务出口的优势项目是中医药的服务。但是，在很多国家或者地区，中医药在医疗服务领域中作为一个组成部分的专业地位长期得不到认可。1997年天津天士力制药有限公司生产的复方丹参滴丸成为我国第一个通过美国药品与食品管理局认证的中药，中医技术难以在西医占据统治地位的国家争取到一席之地，中药也难以取得与西药同等的药品地位，严重制约了我国中医药服务的出口。

技术标准首先是指能够实现一定目的的技术项目。中医技术能够得到认可，需要有对其疾病诊断、治疗效果的符合流行病学研究要求的评价，而非个案病例报道。其次，标准意味着可重复，不同的技术执行者的操作结果差异小。中医诊疗技术和中药炮制技术大量依赖手工操作，如果能够建立客观评价标准，会有助于中医药服务在其他国家获得承认。

（冯　文）

第三章 医院战略管理

教学内容与教学目标

教学内容
1. 战略管理与企业战略管理。
2. 医院战略管理。
　　　*　　　　　*　　　　　*　　　　　*

教学目标
1. 熟悉战略管理的特征和原则。
2. 掌握企业战略管理的概念。
3. 了解生产经营的竞争战略和资本经营的成长战略,以及不同市场条件下的战略选择。
4. 掌握医院战略管理的定义。
5. 掌握非营利性机构战略管理的特点。
6. 熟悉医院战略选择的依据和细分市场。

第一节 战略管理的概念

一、战略管理的概念

1. **战略** 主要涉及组织的远期发展方向和范围。在理想情况下,它应使资源与变化的环境,尤其使它与市场、消费者或者客户相匹配,以便达到所有者的预期希望。

　　制度学派给企业发展战略下的定义是:企业根据自身所面临的外部环境和自身的比较优势,基于自身利益和可持续发展目标,在有效协调自己与社会的相互关系的基础上,从全方位的综合因素出发,对自己的生产经营和资本经营所进行的自主选择和自我设计,其内容涉及到生产经营和资本经营的方向、方式以及方法等。

2. **战略管理** 1965 年,美国学者伊戈尔·安索夫(Igor Ansoff)在《公司战略》(*Corporate Strategy*)一书中正式提出了"战略管理"的概念,并进一步提出了战略规划的安索夫模型。他认为理性化发展目标通常包括三个方面的内容:生存目标、双赢目标和可持续发展目标。

二、战略管理的特征

1. 全局性　战略管理是为组织机构整体目标服务的,体现整体最优,要求局部利益服从于整体利益。
2. 指导性　战略管理不是具体工作安排,而是对具体工作的原则指导,是行动的指南,是一切经营活动的基础,制约着经营管理中的一切具体行为。
3. 长期性　战略管理是为较长一段时期的工作目标服务的,通常至少是 3 年或 5 年计划。
4. 稳定性　组织战略一旦制定出台,就应在较长的一段时间内保持不变。
5. 适应性　组织战略是在对组织的内外环境进行充分分析的基础上得出来的,是适应组织内外环境特点的。
6. 动态性　组织战略制定出台后,也不是一成不变的,需要在组织内外环境发生重大变化时,适时做出调整。
7. 风险性　组织战略是在对组织现实的内外环境充分分析,并对内外环境在一定时期内的发展变化做出推测的基础上制定的,用于指导未来的组织行为,这种预测和指导本身就使得战略决策具有了一定程度上的风险性。
8. 连续性　战略管理是一个从计划、实施到评估的连续过程。通过反馈过程,开始新一轮的战略过程。
9. 全员性　战略的制定通常是组织领导层的工作,但在战略实施的过程中必须有全体成员的参与和认同,才能使组织战略通过组织行为表现出来。

三、制定发展战略的原则

1. 可持续发展原则　可持续发展强调考虑四个方面的替代:技术替代、产品替代、体制替代和产业替代。企业是靠不断的替代才有发展潜力的。替代的速度越快,说明企业越有活力。因此,可持续发展意味着企业的技术周期、产品周期、体制周期和产业周期越短越好,替代越快越好,企业寿命越长越好。
2. 量力而行原则　发展战略的制定必须考虑企业自身的承受能力。在一定时期内,一个企业可以调动的人、财、物、制度等方面的承受能力是有限的。超过承受能力的超前发展战略往往导致负面结果。因此,进行战略规划的过程,应包括财务能力的规划,根据财务能力选择优先发展战略,使资金的调度不超过机构当前和长期的负债能力,新的发展方向不影响日常的运营能力。
3. 比较优势原则　制定发展战略的过程,是评估自身与外界相比具有何种比较优势的过程,即确定与其他组织机构相比,自身的优点和长项的过程。制定发展战略并不是评价某一机构具有的绝对优势,而在于清楚地把握比较优势。发展战略的制定中最大的禁忌就是"跟风,随大流",那是不可能成功的。
4. 规模经济原则　机构的战略发展是机构形成并发挥规模优势的过程,因此,首先应该认清自己的优势项目,在优势项目上增加投入,扩大规模,形成规模优势。
5. 范围经济原则　范围经济是指生产两种或更多种产品的平均成本小于两个或更多的只生产一种产品的企业的平均成本之和。范围经济要求产品之间在资源使用、技术使用、劳动力技能要求等方面可以相互借鉴补充,或需要的是同样的资源。在此原则下,要求企业在选择发展方向时，充分考虑自己现有的服务能力，在此基础上制定下一步的战略规划。

四、建设学习型组织

1. 学习型组织的定义　所谓学习型组织是指通过培养弥漫于整个组织的学习气氛，充分发挥员工的创造性思维能力而建立起来的一种有机的、高度柔性的、扁平化的、符合人性的、能持续发展的组织。这种组织身怀持续学习的能力，具有高于个人绩效总和的综合绩效。

学习型组织是参与式管理、授权、自主管理团队等管理理念的进一步演化。一个学习型组织的形成离不开组织结构的调整（减少等级、促进扁平化）和工作的再设计（强调团队作用），但更重要的是要改变组织和个人的关系，加强组织的应变能力。

2. 建设学习型组织的过程　一个学习型组织期待它的成员扮演组织的学习代理人角色，通过发现和纠正组织实践中的错误，对企业的内部和外部环境的变化做出回应，并将取得的成果内化为集体经验。根据彼得·圣吉的观点，一个学习型组织需要经过五项修炼。

第一，自我超越：它是学习型组织的精神基础。在学习型组织中，员工的个人和职业发展被当做组织成功的关键。自我超越意味着通过终身学习，不断创造和超越，最终达到一个较高的能力水平。它不仅与企业的产品或服务相关，而且包括提高个人能力与觉悟，促进情感的成熟，理解企业在道德伦理方面的追求。这种超越自我的努力使人们能够为组织做出独特的贡献，因为个人与组织之间建立起了一种相互承诺。

第二，改善心智模式：心智模式是深植于人心中，影响人对世界的了解和行动决策的假设、成见和印象。人们对新情境的反应往往受其内在的对企业行为方式的假设和概括所影响。如果企业领导者无法推行组织变革，很可能是因为变革与人们心中隐藏的强有力的心智模式相抵触。如果一个组织要想成为学习型组织，就必须克服阻碍其成员挑战既定思维和行动的恐惧和焦虑感。

第三，建立共同远景：如果组织中的人拥有共同的目标、价值与使命，不仅会产生凝聚力，也更容易取得成功。组织的共同远景系由个人的远景整合而成，它帮助组织培养成员主动而真诚地奉献和投入，而非被动地服从。

第四，团队学习：所有组织中都可看到团队的作用，一个人常常同时是数个团队的成员。例如，一个人隶属于某个部门，是某个委员会的委员，又参加了某个任务小组。这些不同团队的工作机制也不同。团队学习能够帮助团队改善流程，并因此提高团队的效率。当团队真正学习的时候，不仅会整体产生出色的效果，个别成员成长的速度也比其他的学习方式为快。

第五，系统思考：认识到企业里的所有活动都彼此息息相关，个人与团队、团队与组织、组织与更大的外部环境都发生相互影响。它可以帮助员工认清整个变化形态，了解如何有效地开创局面。

3. 学习型组织的特征

（1）革新：无论是个体还是整体，有发明新行为的能力。他们能创造出新的技巧以使自己采取新的方式来利用环境。

（2）社会传播：个体的技巧可以通过一种确立下来的程序向整个群体传播。

（3）运动性：个体有能力四处活动，更为重要的是，他们确实运用这种能力。他们群集一处或是成群地活动，而不是在相互隔绝的领域中原地不动。

第二节 战略管理实践

一、生产经营的竞争战略

哈佛大学教授迈克尔·波特（Michael Porter）在1980年出版《竞争战略：行业与竞争者分析的技术》和在1985年出版《竞争优势：创造和保持优良表现》中，提出在竞争环境中，公司对付竞争性力量的三种普遍性战略，即低成本战略、差异化战略和集中型战略。

（一）低成本战略

低成本战略指公司在提供相同的产品或服务时，其成本或费用明显低于行业平均水平或主要竞争对手的战略。在低成本战略指导下，并不是说质量和服务完全不重要，只不过公司的焦点在于削减成本。其意义是通过成本优势使公司在相同的规模下，取得更大的盈利，积累更多的发展基金，或在不利的经营环境中具有更大的生存能力。采用低成本战略的企业，通常向大多数典型顾客提供标准化的产品。例如：常见病、多发病的治疗宜采取以低成本、高服务量取胜的低成本战略。

对于采用低成本战略的组织来说，一般需要的资源和技能有：流程再造技能；强化劳动监督；产品设计突出简便生产；低成本销售系统；严格的成本控制；持续的和全面的成本控制；组织责权分明；在达到严格数量目标后实施激励。强有力的顾客或者顾客群体（例如拥有一定客户的保险公司）可以在与企业讨价还价的过程中迫使企业降低价格，而低成本企业由于其内部的成本优势，可以在讨价还价之后较之竞争对手仍然保持一定的利润水平，获得高于平均成本的经济效益回报，从而在争取顾客的过程中通过价格优势争取有利位置。但低成本战略的风险在于提供标准化产品，风险过于集中，而且易于被竞争对手模仿。

（二）差异化战略

差异化战略是指公司通过向用户提供与众不同的产品或服务的竞争战略，要求公司在产品的设计、品牌设计、生产设计、顾客服务、销售渠道等某一个或某几个方面创造出独特性和相对优势。差异化产品满足了顾客特殊的需求，采用差异化战略的企业可以与同行相比制定较高的价格。差异化战略的基础在于为顾客提供附加价值（如质量、服务等），创造与众不同的声誉或者独特的品牌知名度，而顾客也愿意为此支付更高的价格，以弥补较高成本。由于产品或服务的独特性，增加了对顾客的吸引力，降低了顾客对价格的敏感性。差异化不仅可以给公司带来高于竞争对手的利润率，也避开了激烈的价格竞争。

对于采用差异化战略的企业来说，保持竞争优势需要的一般技能和资源是：强大的市场开拓能力；产品设计；创造力；强大的基础研究能力；质量信誉或技术革新/领导；与销售渠道的密切合作；研究开发、产品开发和市场部门的密切合作；吸引高级技术人才、科学家和有创造力的人的能力和愉快氛围。

差异化战略的焦点是在顾客价值方面不断投资和开发差异化产品的能力。整体上，采用差异化战略的企业可以在许多方面寻求与竞争者的差异。产品或服务与竞争者相差越多，竞争力越强。不寻常的特性、尽职的顾客服务、快速的技术革新和技术领先、声望和地位、与众不同的品位、工程设计和表现都是差异化的途径。事实上，企业在为顾客创造真正的或可察觉的价值中所做的任何事情都是差异化的基础。问题是确定哪种特征为顾客创造价值。

当顾客对品牌的忠诚度增加时，对价格的敏感度就会降低，两者之间的关系使企业避免了竞争。产品独特的价值使顾客可接受的替代者缺乏，从而提高了企业与顾客讨价还价的能力，可以在价格谈判中争取主动。相反，没有建立顾客品牌忠诚的企业，它的顾客更有可能转向，或者转向功能相通、特性差异小的替代品，特别是替代品价格较低的时候；或者转向功能更强、特性更多的替代品。差异化战略的竞争风险在于，产品较高的价格可能受到竞争者的攻击，使顾客转向竞争对手；停滞不前的差异化战略可能使企业不再创造顾客愿意支付的价值，产品差异和竞争优势是相对于一定历史时期而言的，没有永远的优势和劣势，不以学习和创新的精神不断进取，原有的竞争优势就有可能变为劣势。

（三）集中型战略

集中型战略（又称为重点战略）是指公司集中于某一个经营领域或主攻某个狭窄的特殊顾客群、某一个产品系列的一个细分范围或一个地区市场。例如，社区卫生服务中心的定位应该是立足于服务本社区居民的机构，服务对象有比较明确的地域范围，卫生服务中心吸引的是本社区居民，提供适合本社区居民需要的医疗服务项目。提供专科服务也是集中性战略的表现方式之一，专科服务医院的所有人力、物力都围绕某一专科服务项目展开，虽然只吸引患有某一类疾病的患者，但是服务项目往往可以向专业的纵深发展，为该类疾病患者提供深入的、连续的预防、医疗、康复和护理等服务。患者不仅来自医院所在的社区，还会有较大区域范围甚至是全国范围的影响力。

采取集中型战略的企业通常努力将自己的核心能力服务于特定的产业部门的需求，例如一个特定的顾客群、一部分产品线或者某个地域市场。其实质是开发一个比较狭窄的细分市场而不是整个产业，从而在选定的目标市场上获得竞争优势。在行为上，致力于满足某个特定部门的需求，其成功依赖于企业能够发现在整个产业运行过程中尚不能得到很好实现和满足的顾客需求，并且针对特定的需求采取行动。集中型战略同样存在竞争风险。首先，在更加狭窄的细分市场中，竞争可能更加激烈。例如，在一个村的范围内，同时存在3家诊所。诊所是以服务于所在社区人群为特点的区域集中型的医疗服务机构，其服务范围很小。在农村，由于地理位置和交通的限制，在村里的诊所通常只服务于自己所在村的居民。一个村的范围里集中了3家诊所，服务于同样的人群对象，则竞争势必激烈。其次，集中型战略的竞争优势可能吸引其他机构进入细分市场参与竞争，从而削弱了原有优势。最后，由于顾客需求的不断变化，原有的细分市场可能发生变化或者消失，如不及时调整自己的方向，原有的竞争优势就会减弱或者消失。

拥有明确战略的公司会胜过那些战略含混，既想差异化又想成本领先的公司。波特认为，"有时候，公司希望成功地追求不只一个的目标，不过这种情形几乎不可能。有效地实施任何一个普遍性战略通常需要全身心的投入，如有不止一个的根本目标，公司的力量必会受到稀释。""一个缺乏市场份额、资本投入的公司就必须采取低成本的战略。行业范围的差异化就不可能容纳低成本定位，也不可能接受在较小范围内采取差异化和低成本的方法。"

（四）竞争战略规划中必须考虑的五种竞争力量

1. 新竞争者的进入　必须针对新竞争者做出竞争性的反应，因为这会不可避免地消耗部分资源，因此会降低利润。

2. 替代品的威胁　如果公司的产品或服务有可行的替代品，公司索取价格的能力就会受到限制。

3. 买方讨价还价的能力　如果顾客有讨价还价的能力，会降低产品的边际利润，结果会影响盈利率。

4. 供应商讨价还价的力量　如果拥有超过企业的力量，供应商就会提高要价，自然不会有利于企业的盈利率。

5. 现有竞争者的对抗力　竞争总会带来向营销、研究进行投资的必要，或者是降价，这些都会降低利润。

二、资本经营的成长战略

在充满了变化的社会经济生活中，一个独立的经济实体必然要时刻面对是成长还是落后的选择。组织的成长有多种方式，既可以通过加强经营管理实现单个经济实体规模的扩张，也可以通过资本运作实现规模效益。市场的竞争推动了生产的集中和资本的集中，而资本的集中又进一步推动了组织机构的集中，"集团"应运而生。因此，资本经营的成长战略是市场竞争的结果。

20世纪90年代，国际掀起了兼并浪潮，无论是在医疗机构运作最具市场化趋向的美国，还是在最具宏观干预特征的英国，很多医疗机构都不同程度地参与了联合、兼并、重组的活动。经过一系列的扩张措施，美国的卫生保健有限责任公司成为一家拥有343家医院、136个门诊手术中心、近6万张床位的医疗集团。新加坡保健公司由5家医院、5家专科中心和1家牙科诊所组成。

在我国，一些医疗机构和地方卫生行政部门也在积极进行医疗机构集团化的尝试，既存在以战略联盟形式组成的医院集团，也存在以医院内部资源整合为基础的资本运作。例如目前经常提到的重组就是通过购买部分资产等资本运营活动实现机构成长。2000年国务院《关于城镇医药卫生体制改革的指导意见》中提出，要加强卫生资源配置宏观管理，"对医疗服务量长期不足，难以正常运转的医疗机构，引导其拓展老年护理等服务领域，或通过兼并、撤销等方式进行调整。"表明政府鼓励通过资本经营的方式调整医疗服务的存量资源。下面介绍几种通过资本运作实现组织成长战略的方式。

1. 水平收购　一个经济体收购另一个有着类似的规模和类似经营项目的经济体。通常是由于被收购的经济体陷入了财务上的困境或者市场份额下降。

2. 垂直收购　两个或多个不同类型的经济体通过资本运作方式实现的合并，常常是具有互补性质的两个或多个机构为了实现在某一领域的服务延续。强大的医院收购弱小的医院，对较强大的机构而言，意味着进入了新的服务领域，收购了新的资产，拥有了更加强大的市场影响力；对弱小的医院而言，意味着生存和能够对所在社区继续提供服务。例如，一家综合医院收购一家护理院，可以使渡过急性期的患者转入护理院进行进一步的康复和治疗，既增加了医院的床位周转和使用率，提高了经济效益，又延长了服务链，使护理院可以为患者提供后续的服务，相对扩大了每一个机构的服务范围和领域，保证患者接受连续的服务。

3. 兼并　兼并是两个在服务项目上具有互补效应的经济体通过资本运作的方式成为一体。例如一家专科医院和一家综合医院的兼并。兼并的目的是使双方都更加强大。

4. 一体化　水平收购和垂直收购、兼并等都是实现一体化的手段。一体化形成之后，可以开展新的服务项目，或者吸引与新的地理位置相联系的患者群。通过集团化运作有利于提高知名度，增加了集团中每一个医院的抗风险能力，集团统一进行信息、人力、物力、财力的管理，节约了管理成本。医疗机构的一体化又称为多医院体系，多医院体系有多种模式，例如一家大医院及多个卫星医院的"中心轮辐模式"，以扩大服务范围为主要目的的多个同类医院覆盖不同区域形成的地理网络，等等。

5. **合资** 两个或多个法人或自然人共同出资，成立一个新的经济体，通过合同规定各个投资方在新的经济体中的权利、义务和责任。例如，境外资本与我国现有医院合资，成立一个新的中外合资性质的医院。

6. **战略联盟** 战略联盟常常指没有经过资本运作的各种结合，通常是为了对付一个共同的竞争对手、形成规模经济或者强化优势互补而形成的比较松散的联合，可能是通过合同方式实现的，也可能是源于合作的历史和传统。例如几个医院联合进行的设备采购和药品采购，医院与临床检验中心、临床病理解剖中心在某些服务项目上的合作等。

7. **合同管理（托管）** 一些国家或地区采用签订委托合同的方式对医院进行管理。如拥有强大的临床服务管理能力的医院（或医院管理公司）管理另一家医院的临床服务；或者医院管理公司订立限时合同来扭转陷入困境的医院运营；外部医院或管理公司通过共享利润的安排，提高一项临床服务或一家医院主要组成部门的运营绩效。例如台湾地区将公立医院通过委托合同的方式聘请法人财团进行管理，而新加坡采用聘请医院管理公司的方式管理公立医院。

三、业务组合

在实施多元化发展的过程中，需要解决三个问题。首先，就创造价值的能力而言，必须确定目前的事业组合的吸引力；其次，假定目前的事业组合有吸引力，必须估计出未来的可能收益；最后，如果这些问题的答案是不令人满意的，则必须决定哪个事业要剥离出来，哪个事业要继续发展以使机构的竞争力最大化。

解决上述问题最著名的组合模型是波士顿咨询公司（BCG）设计的四方格模型，即波士顿矩阵（图3-1）。这个矩阵由两个维度构成：相对产业增长率和相对市场份额。相对产业增长率代表事业未来的吸引力，相对产业增长率高意味着有能力对未来的发展投入较多的资金。在最初的波士顿矩阵设计中，将国内生产总值的2倍定为高增长产业和低增长产业的分界线，目前企业多采用适应自己需要的数值来设定增长率标准。相对市场份额代表当前的吸引力和市场以及未来的保留能力，是机构的市场份额与同行业中最重要、可相比的企业的市场份额的比值，以容量为单位而不是收入。相对市场份额大于1表示比竞争者强，属于行业领先者；小于1表示提供的服务量小于竞争者，属于行业跟随者。

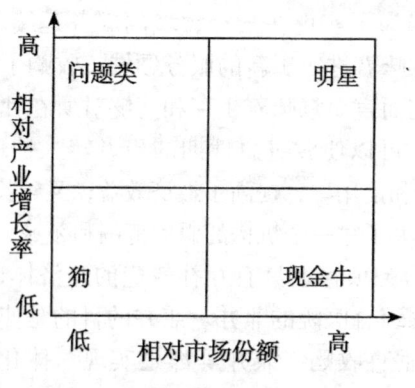

波士顿矩阵

波士顿矩阵的研究对象可以是一个机构，也可以是一个机构内的不同生产或服务领域。矩阵模型根据相对产业增长率和相对市场份额将产业分为4类：明星、现金牛、问题类和狗。

第一类：明星产业。其特征是事业增长率高，相对市场份额也较高，有足够的资金扩大生产设施，有较强的未来增长的发展前景。不过，这类产业为了保持增长速度，仍然需要大量的资金，保持适当和稳定的现金流至关重要。

第二类：现金牛产业。这类产业有较高的市场份额和产业领导地位，可以获得未来发展的充裕资金。通常是成熟产业，有大批销售收入和能获得大量回报的声誉。同时由于事业已趋于成熟，发展所需的资金量不大，可以有多余的资金用于其他领域的事业。

第三类：问题类产业。这类产业有较高的相对增长率，但相对市场份额较低。为了保持较高的增长率，需要有大量的资金投入。资金链可能是这类企业能否获得长期持续发展的关键。

第四类：狗类。这类产业是市场追随者，发展前景也可能受到质疑。这类产业通常属于在资产重组中被剥离的一类。

通过波士顿矩阵的分析可以看出，一个产业的市场地位不是固定不变的，随着市场条件和自身资金、技术能力的变化，明星产业可能会衰退为狗类产业，现金牛也可能会有丧失市场领先地位的一天。

四、不同市场条件下的战略

选择正确的战略的前提是确定市场，因此下面介绍在三种不同的市场环境中的战略选择，以及处于不同市场地位经济体的战略判断和选择。

（一）根据市场环境进行选择

1. 迅速变化的市场　如果在一定的时间内，服务提供者的数量或规模有较大变化，服务需求者的数量或要求有较大变化，或者是行业主导技术变化迅速，都意味着这是一个迅速变化的市场。处于迅速变化的市场中，必须能够适应迅速的变化，对变化做出反应。例如采用最新的技术，建立技术优势；或者建立强大的网络和伙伴关系，增强抵御财务风险的能力。

2. 成熟市场　成熟的市场意味着服务的提供者、竞争者的数量和规模以及消费者的数量和需求都变化不大。例如产科服务，在人口增长率较为稳定的状态下，产科服务的需求数量变化不大，与其他医疗服务项目相比，属于相对成熟的市场。在一个成熟的市场中，通过资本运作方式扩大规模、改善财务状况的活动增加。同时，需要重新审视原有的服务项目，寻找新的业务成长机会。

3. 细分市场　在细分市场中，各个细分的小市场之间的关系不大，例如各个社区医院，均服务于自己所在的社区，各有自己特定的服务人群和服务地域范围，彼此之间的关系不大。

（二）根据自身的市场地位进行选择

1. 市场领导者　居于市场领导地位并不意味着可以高枕无忧，潜在的威胁仍然存在，保持对市场变化的敏锐感觉并且能够迅速做出反应仍然非常重要，应该采取积极的发展姿态保持领先地位。

2. 市场挑战者　居于市场挑战地位的企业需要密切关注市场领导者的行动，市场的领导者并不意味着在该行业的所有方面都很强，因此市场挑战者应积极寻找空白的、专业化的、小的细分市场，寻找新的发展机会，通过收购等方式实现组织成长。

3. 市场追随者　市场追随者往往只占有较小的市场份额，财务风险较大，必须认真进行成本核算，在不损害质量的情况下削减成本。同时，可以考虑通过资本运作等方式与竞争对手联盟或合作。

（三）战略发展模式

1. 单业型战略发展模式　在发展战略中，是选择单业型战略发展模式，还是选择多业型战略发展模式是在产业定位中必须首先回答的问题。单业型战略发展模式是指在进行战略选择的时候，只选定一个产业作为企业的发展方向。选择的关键在于机构当时所处的成长时期和成长环境。如果机构已经处于成熟期，或者原从事的行业已经饱和，则可以选择多元化的发展战略。

2. 多业型产业发展模式　多业型产业发展战略是指在进行战略选择的时候，不是选择了一个产业或一类产品作为产业发展方向，而是选择了好几个产业或几类产品，发展战略是多元化的。多产业发展模式主要有三种模式：一是合力型多业型产业发展模式，企业所发展的每一个产业，最后都能够在企业的产业结构中形成一种合力，这种合力可以提升企业的竞争力。二是产业链型多业型产业发展模式，在选择多业型产业发展模式的时候，按照产业链模式来选择，即在选择了一个产业以后，选择性地进入上、下游的其他产业，使选择的其他产业都与这个产业有产业链式的关联作用。在选择时需要考虑到产业链的关联程度，如哪些是紧密联系的产业，哪些是松散联系的产业。三是混合型多业型发展模式：在产业结构中有多个产业，彼此关联不大，甚至没有联系。这种战略发展模式要求公司已经处于相当成熟的时期，已经有了相当大的规模，具备了相当大的综合实力，包括在资金、人才、技术、管理等方面都有了强大的优势，才能选择这种模式。通常是大型跨国公司采取的战略发展模式。

第三节　医院战略管理

一、医院战略管理的概念

1. 医院战略管理　是指医院为适应内外部环境的变化，为使医院长期稳定发展，实现既定的目标而展开的一系列事关医院全局的策略与活动。

2. 医院战略管理的相关概念（表3-1）

（1）经营管理（Hospital Operational Management）：是市场决策问题。

表3-1　战略管理与经营管理的关系

	战略管理	经营管理
执行任务的管理层次	决策层	执行层
作用范围	整个组织	局部、细节
作用对象	宏观	微观
作用时间	长期	短期、日常
复杂程度	复杂	简单
引起变化的程度	重大变化	小范围变化

在较小的组织机构中，决策层和执行层是一个，经常难以区分什么决策是战略，什么是经营管理工作。

（2）经济管理（Hospital Economic Management）：即成本管理，其实现手段是成本核算、投入产出核算等。

（3）财务管理（Hospital Finance Management）：即收支管理，实现手段是会计核算。

二、医院战略管理的作用

战略管理是服务于一个具体的组织机构发展目标的，是实现组织长期成长的手段，是一个复杂的决策过程，需要大量的数据支持和精细的分析技巧。因此，医院是否实施战略管理取决于一个具体的医院对自己所处的社会和行业环境的认识和判断。在一些情况下，一个具体的医院并不需要独立进行战略管理工作。

（一）有令自己满意的行业地位

实施战略管理是为了实现机构的进一步成长，进一步的成长意味着改变现状。拥有令自己满意的行业地位的组织往往缺乏足够的从内部发动变化、推动变革和实现变革的动力。在这种情况之下，追求战略管理往往流于形式，达不到真正的成效。对于一个医院来说，是否拥有令自己满意的行业地位则取决于机构的领导者和员工对自己和他人的认识。

（二）处在一个静态的、不变的环境中

处在一个稳定状态中的组织自身也往往处于一个稳定状态，同样缺乏变革的动力和机会。在80年代以前，我国的医院全部是处在计划经济体制内的由政府财政拨款扶持的事业单位，各个医院的收支、人员安排、服务项目等管理要素都由政府计划安排，政府的计划对全行业以及行业中的每一个个体都进行了具体的安排，不需要每一个医院自身进行变化和调整。因此，在计划经济体制下，医院是不需要进行战略管理的。在我国进入社会主义市场经济改革之后，社会经济运行体制和机制发生了重大的变化，医疗卫生行业和每一个医院所处的外部环境都发生了重大的变化，而且变化越来越快，变革的力量也越来越大，政府也不再为医院的运行安排好一切事物。与此同时，患者的需求也在发生变化，对服务的方便快捷程度、费用支付的合理性、服务过程中的人性化关怀等各个方面的要求都在提高。世界卫生组织在2000年《世界卫生报告》中提出，卫生系统工作的目标是居民健康状况改善、对人群期望的反应性（尊重人权和顾客导向）以及财务可负担三个方面。而这些要求是在以往的医疗服务中没有引起足够重视的。

因此，为了更好地适应变化的环境，需要医院改变"等、靠、要"的思想，从战略管理的高度进行自我调整和改变。

（三）组织内部没有做好变化的准备

实施战略管理要求组织内部从上到下全员做好变革的思想准备。医院内部的领导和员工如果没有发生变革并应对变化的思想准备，贸然进行战略管理可能对医院的运行是有害的。

分析上述三个条件可以看到，我国大部分的医院已经到了必须实施战略管理的时候了。首先是政府对医院的管理由具体的行政命令型的直接管理到通过法律、经济和行政手段进行间接管理，由医院独立进行经营运作，这就需要医院有分析和把握市场的能力。此外，改革开放以来，医疗服务迅速发展，以至于90年代出现了服务能力的相对过剩和利用不足，医疗服务迅速由卖方市场转向买方市场。1997年以来，医疗服务行业又相继推出了一系列的改革措施，包括对医疗机构直接改革措施，以及对医院发挥间接作用的医疗保险改革措施，使医疗行业处在一个迅速变化的政策环境和市场环境中。没有哪一个医院可以在纷繁复杂的改革潮流面前不为所动，仍然高枕无忧。但是，医院实施战略管理可能存在的最大问题是全体员工是否做好了应对改变的准备。医院从领导到基层员工都应该真正认识到市场环境和政

策变革带来的压力,做好变革的准备,为实施战略管理创造条件(表3-2)。

表3-2 卖方市场与买方市场的对比

	卖方市场	买方市场
时间	20世纪50~70年代	20世纪90年代以后
资源分配手段	计划分配体系	市场导向
供求关系	消费需求大,而供给相对不足	生产供应多,而消费相对不足
产品类型	产品品种单一	产品趋向细分化
市场类型	缺少竞争	竞争激烈
质量要求	质量分等级	零缺陷的质量追求
价格机制	刚性价格	弹性价格
产品配套服务	无市场营销和服务	市场营销和服务创造价值
消费的决定因素	生产者决定消费者应该买什么	消费者选择自己需要什么

三、非营利性医院战略管理的特殊性

非营利性医院由于其经营管理不以营利为目的,营业利润不能用于分配、可以接受社会捐赠等特点,在进行战略管理的过程中与营利性医院相比有很多不同之处,这些差异应该在战略规划的过程中得到充分的考虑(表3-3)。

表3-3 非营利性组织的战略选择的特点

	特点	可能造成的结果
具体目标和期望	多服务目标和期望	复杂的战略规划
	受政策的多重影响	引起政治纠纷的可能性很高
	创建者的希望影响大	管理责任和决策权分散,经营者需要与捐赠人等创建者充分沟通
财务资源	收入并不全部来源于服务所得,部分收入,甚至大部分来源于政府或捐赠人	保证和进一步提高服务质量的动力不强,提供资源的人或组织机构影响很大
	在提供服务之前经费来源途径较多	注重财务与资源管理而不注重服务,战略由捐赠人和客户共同提出

在医疗服务领域,医疗机构承担的社会责任往往与其他任何行业相比,有很大的不同,特别是政府举办的医疗机构,必须承担政府对社会弱势群体的身体健康所承担的责任以及突发社会公共卫生事件所提出的医疗服务要求。例如,在2003年春季蔓延全国很多省市的非典型性肺炎(SARS)爆发流行的突发事件中,医院必须不计成本、不讲条件地收治非典型性肺炎患者。很多医院和医务人员在这一事件处理过程中,不顾个人安危,工作在传染病防治的第一线,表现出了高度的职业道德和社会责任感。

在我国,由于绝大多数医院都是政府投资兴办的非营利性医院,因此一些医院的常规战略决策不可避免地带有政府色彩。例如,在建院之初,医院的规模、各种可得到的资源、服

务领域、主要服务对象就基本确定了。医院的使命也因投资的政府主体的不同而不同，因此相同的投资主体兴办的医院往往有着完全一样的使命。政府部门任命的院长的首要职责是使各种投入的资源运转起来，并且运转得有效率、有质量、有效果，但是却缺乏相应的考核手段，导致对机构实际的运行结果缺乏评价和监督。同时，院长由政府部门直接任命，不可避免地要服从政府部门的意志，甚至是政府部门中某些具体人的意志，在管理行为中也就出现了种种不按经济规律办事的情况，导致管理结果既不是医院的经济利益最大化，也不是当地群众的健康效果最大化。

同时，我国公立医疗机构的产权不清和长期以来形成的人事管理制度等也造成了公立医疗机构管理上的种种弊病，因此，一些地方开始尝试公立医疗机构的产权制度改革。在2000年，发布的《关于城镇医药卫生体制改革的指导意见》中，很多内容都是直接针对公立医疗机构改革的，例如，建立新的医疗机构分类管理制度、建立健全社区卫生服务组织综合医院和专科医院合理分工的医疗服务体系、转变公立医疗机构运行机制、实行医药分开核算分别管理、规范财政补助的方式和范围、调整医疗服务价格等。一些地区已经在尝试将医疗机构转制和引入民营医疗机构的经营机制和管理体制作为公立医疗机构改革的突破，通过制度创新，使公立医疗机构成为责任、权利、义务相统一的自我管理、自我约束、自我激励的法人经济实体。

四、战略管理的步骤

1. **战略分析** 是指将保证组织在现在和未来始终处于良好状态的那些关键性影响因素形成一个概览，提出可供选择的发展方向。其作用是了解组织的战略地位。

2. **财务分析** 将经过战略分析提出的代表发展方向的期望服务项目进行财务可行性论证，确定期望服务项目的财务结果或投资回报。财务分析也可以作为战略分析的一个部分。财务分析的作用：一是确定候选项目的投资回报率，二是确定一段时期内的投资计划不超过机构的负债能力警戒线。分析的内容包括：候选项目投资的资源类型、项目营销成本、项目实践成本、收益数据、风险、项目的长期回报、社会声誉、医务人员的接受程度等。

3. **战略选择** 是对组织行为可能过程的模拟、评价和选择。战略分析和战略选择又可合并称为战略规划。

4. **战略实施** 如何使战略规划发挥作用、使战略规划转化为行动的过程。

5. **战略评估** 对组织战略实施的效果进行评价，是一次战略管理活动的终点，也是下一次战略管理活动的起点。

6. **医院战略规划的作用**

（1）评价医疗服务需求的变化并对外部机会做出反应。

（2）观察同行业其他医院的运行情况。

（3）医院的战略定位。

（4）与政府或其他外部机构（如行业协会）保持联系。

（5）通过长期计划实施战略。

（6）开发和评价医院的发展方案。（图3-2）

五、医院战略规划的内容

医院战略规划是一个在医院关键的利益相关者之间发现和达成一致意见的过程。规划的

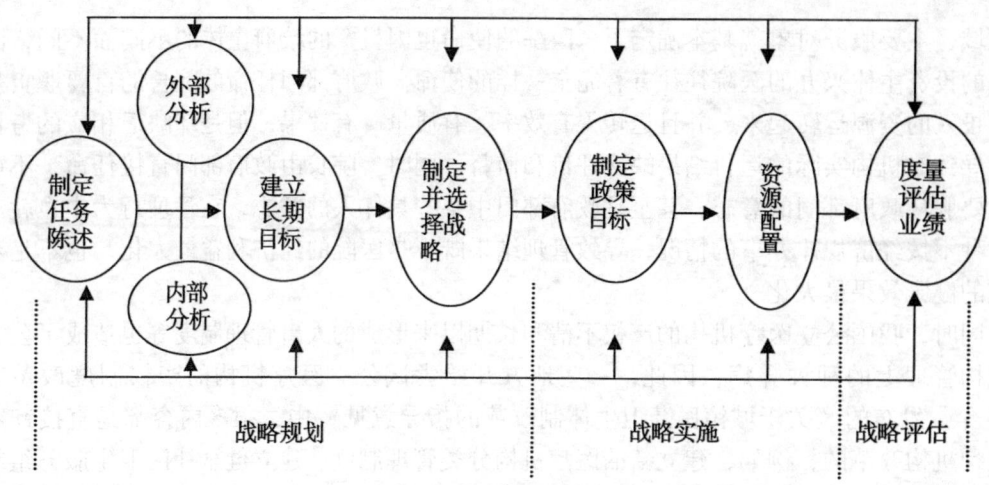

图 3-2 战略管理的步骤

过程比最终形成的书面材料更为重要。战略规划由战略分析（包括财务分析）和战略选择两部分组成。通过战略规划，医院详细分析运营的内外部条件，明确过去自身在医疗服务市场中的地位，识别未来趋势，同时认识医疗服务市场中的不确定性。因此，战略规划解决的是组织机构的外部环境、内部能力条件与组织目标相适应的动态平衡问题。

（一）医院的使命和目标

医院战略规划的制定是以医院的使命或者目标为基础的，因此，一个医院在制定战略规划的开始，首先要回顾自身的使命和目标，然后在自身使命和目标的基础上根据内外环境分析做出战略选择和调整。医院的使命和目标应是个性化的、具体的，区别于其他医院而存在的。

（二）外部环境分析的内容

主要包括：政策环境（如经济形势，进入行业中某一服务领域的可能性，医疗服务的财政、税收、价格政策）；需方分析（如所在地社会的环境特征、人口及其社会经济文化特征、服务对象）；供方分析（如竞争对手的位置、规模、服务能力）；其他因素（如自然条件、技术进步、社会期望）等。不仅要分析既往的情况，还要预测未来，例如未来5年中，现在的服务范围的人口会增加还是减少？特殊人群的服务需求有什么变化？现在的服务范围中的人群未来的经济状况会怎样？服务范围人群的年龄构成怎样？等等。

医疗服务是一个产业，医疗服务是由一系列的服务内容和服务项目组成的，可以进行不同方式的分类。可以将医疗服务分为预防、健康教育、保健、门诊医疗、住院医疗、康复、家庭护理等环节，每一个环节需要的资源和对技术水平、服务能力的要求均不同。还可以划分成不同专业学科的服务领域，例如内科、外科、妇科、产科、儿科等。一个医院是选择其中的某一个环节还是提供所有的服务，是选择某一个专业还是提供所有专业的服务，应该根据本机构的情况做出判断和决策。

在三级医疗服务体系中，以往由于有行政指令性的转诊关系，基层医院将需要转诊的患者逐级转向上级医院。当行政指令性的转诊关系被打破以后，各级医院依据自己的优势吸引患者。在这种情况下，中间层次的医院的劣势迅速表现出来。他们没有基层医院与社区和家庭的亲和力和方便快捷的优势，也没有三级医院在各个专科领域具有的技术优势。而自身的各个专业中，也往往没有明显的单科优势。照搬三级医院科室建制的"小而全"的一、二级医院处于竞争中的劣势地位，是盲目发展、多专业齐头并进的结果。因此，在一个地区的医疗服务体系中居于中间层次的医院就需要尽快调整发展战略，重新进行行业定位，根据自己的比较优势重新选择重点发展的服务领域。

（三）内部条件分析的内容

主要包括回顾医院以往的成就、组织文化、组织内部规模及资源配置、组织结构、技术力量及技术特色、可利用的财务资源等。医院为应对市场变化做出的调整必须基于本机构现有的条件和能力，扬长避短，充分发挥现有的优势。因此，医院内部的现有技术力量，如现有医生的年龄、科室分布及工作效率是医院战略规划过程中必须分析的，这类信息可以通过医院现有的各种统计报表获得。但是，另一些数据需要通过专门的数据收集或计算工作获得，如增加新的服务项目所需要的医务人员的数量和比例结构。

在内外部环境分析的基础上，根据机构的使命和目标，提出针对需要变革的医疗服务项目的服务计划，包括具体的服务项目计划、财务计划、人力资源计划以及设备设施发展计划等各个方面的具体内容。例如，需要计算项目的边际成本是多少？投资的机会成本是多少？等等。根据变革的大小，调整计划可能涉及一个科室，也可能涉及到一组科室，甚至整个机构。

六、医院战略规划的方法

（一）收集数据

用于制定战略规划的数据包括定性数据和定量数据两个方面。定性数据如医疗服务的接受者对医疗服务现状的感性认识以及在未来的需要，可以用于筛选服务项目的发展方向、患者对新技术和新服务项目的接受和认可程度。社区的医疗服务需求可以通过专门的社区家庭调查的方式获得。各个政府部门的文件同样属于定性资料，可以帮助确定进入某一医疗服务领域的政策条件和准入障碍。此外，医院内外的医务人员的座谈也有助于确定某一专业领域的技术发展方向。

定量数据有广泛的用途，如既往医院的服务量和收入数据可以用于内部条件的分析，政府部门发布的人口增长及社会经济状况变化指标可以用于分析医疗服务所处的社会经济环境和人口社会学特征，卫生行政部门或行业协会提供的社会人群疾病谱资料可以用于医疗服务的需求预测，在社会媒体公示的各个医院的服务量和费用等数据可以用于医院间的比较分析。

（二）确定性因素的战略分析方法

在可以获得相关数据的情况下，制定战略规划有关的关键数据时应使用确定性因素的分析方法。对于确定性的关键因素，可以在规划中准确地对服务量和收入的趋势做出可靠预测。使用数学模型根据现状资料预测未来是对较为准确的定量的预测方法。

（三）不确定性因素的战略分析方法

在有些情况下，用于分析市场条件的相关信息很少，但对于制定战略规划又很重要，就需要运用不确定性因素的分析方法。对于不确定性的关键因素，即关键因素不可预测或不稳定时，可以通过规划进一步研究和分析使之逐渐清晰，并对未来的发展趋势做出估计。不确定性因素可以通过问卷、决策树或者专家咨询等方法收集意见，根据问卷结果和专家咨询的意见对未来趋势做出估计。此外，博弈论的方法也可用于对不确定性因素的预测。

第四节 医院战略规划的实施

一、医院的战略选择

(一) 根据市场条件做出战略选择

要根据市场条件,判断当地的医疗服务市场是一个迅速变化的、成熟的还是细分的市场。在一个迅速变化的医疗服务市场中,适合采取的战略方针有建立关键的技术优势、提升医院的资源性能(例如提高医务人员的技术水平、医疗设备的技术档次等)、建立强大的网络和合作伙伴关系。在一个成熟的医疗服务市场中,适合的战略选择可能是:医疗服务的支付者和患者更加成熟,要保持低成本的竞争优势;设计合理的产品线组合,致力于越来越难的改革,采取兼并和收购等方法寻找外部发展机会。在一个细分市场中,关注服务成本,根据需要、地点以及产品线更好地理解当地市场。

我国在计划经济时期,大部分地区的医院是以公立医院为主,而公立医院是按照行政级别建立起来的,有着比较明显的行政区划的区域分布,医院的形式和医疗服务的内容单一,竞争相对较弱。但是,随着医疗卫生体制改革开放的不断深化,医疗服务市场不断开放,医院之间的竞争加剧,新的服务形式和服务内容不断增加,很多地方的医疗服务市场表现为变化逐渐增加,但市场细分尚显不足。因此,应对变化、选择适合自身条件的细分市场应该是医院战略发展的基本方针。

(二) 根据医院的市场地位做出战略选择

在一个地区的医疗服务市场中,一个医院即可能是市场的领导者,也可能是市场的挑战者,当然也可能会是一个市场的追随者或落后者。

作为市场的领导者,可以采取的战略方针包括:想方设法增加自己的强势项目,保持优势地位;不要轻易放弃原来的患者;增加在资本运作和市场影响方面的投资等。作为市场挑战者,可以采取的战略方针包括:寻找空白的细分市场并尽量专业化,在患者中间建立有特色的声誉或印象。而作为市场的追随者,应该考虑与其他机构形成联盟和建立固定的合作关系以增强竞争实力;集中力量,寻找一个或几个可能的细分市场作为发展方向;放弃次要的服务项目,大力削减成本。

在我国城市地区,三级医院从规模和设备条件等方面可以作为市场领导者,一些三级医院人满为患,有的日门诊量甚至达到 10 000 人次。对于这样一些医院来说,可以通过寻找资本运作的方式扩大机构规模,改善服务条件,通过提升设备技术水平和人才梯队建设保持强势项目的竞争优势和长期发展能力。但是要特别注意的是,不能因为现在不愁病源就忽视医疗服务质量、忽视服务态度和医患关系、忽视改善服务环境,如果这样一旦其他的医院在某些方面发展起来,就很容易造成患者群的流失。

(三) 生产型/资本型发展战略的选择

改革开放以后,一些医院特别是三级医院主要依靠资金投入,经历了单体规模扩张的发展时期,床位数、服务量和工作人员数都已经达到了相当大的规模,单体工作负荷的压力也很大。在这种情况下,规模型扩张已经不再是医院发展的最重要方式,可以考虑以资本运作为主要内容的资源重组。在国务院办公厅转发的《关于城镇医药卫生体制改革的指导意见》中明确指出,可以"通过兼并、撤销等方式进行调整。鼓励各类医院合并,共建医疗服务集团",医院可以通过资本运作的方式,通过兼并、购买、托管等资本运作手段,实现新一轮的规模发展。资本运作还为中小医院的发展提供了新的机会,可以尝试通过连锁服务的形式扩大社会知名度,改善服务效益。

二、医疗服务的细分市场

(一) 概念

市场细分的客观基础是消费需求的多样性。在每一个细分市场里,一个消费者群体都有相同或类似的消费需求。在医疗服务中,不同的患者同样存在不同的医疗消费需求。

(二) 医疗服务市场细分的作用

在医疗服务领域中明确细分市场,有利于医疗服务资源的有效配置,提高资源的利用效率;有利于满足不断变化的医疗服务需求,减少患者求医行为的盲目性;也有利于医院发现新的市场机会,开拓新的市场领域,避免彼此之间的盲目竞争。医院如果能够对一类患者的医疗需要、非医疗需要、支付能力进行评估和分析,就可以为自己的服务对象和自身的发展战略做出明确定位。

(三) 医疗服务市场细分的类型

1. 地理细分 地理位置是最常见的患者细分方式,即利用地理位置区分服务的患者群。社区卫生服务就是社区卫生机构利用地理位置的优势,服务于本社区范围内的人群。有一些疾病有比较明显的地理分布,如地方病的分布也往往呈现地域特征。医疗服务不可以储存,不可以运输,一般情况下,人们都要考虑就医的时间成本和交通成本。因此,一个医院提供的服务是有服务半径限制的,地理细分意味着医院要在本机构的服务范围内针对本社区患者的特点,根据患者的需求为患者做好服务工作。地理位置的近位优势适用于常见病、多发病、慢性病服务。

2. 人口细分 不同的人群有不同的年龄、性别、收入、职业、文化水平等社会人口学特征,这些不同的社会人口学特征又决定了其医疗服务需要和就医行为的差异,具有一定的医疗服务需求特点。医院可以根据不同的社会人口学特点确定自己的服务对象,寻找自己的细分市场。

3. 病种细分 口腔医院、肿瘤医院等专科医院都是常见的病种细分的典型,即服务于患有不同疾病的患者群。提高医疗服务水平是需要实践和经验积累的,一个医院是难在各种疾病的治疗上都表现突出,专科医院的服务模式有利于医院组织相关的人才和设备资源,在专科专病服务上积累大量经验,在专项服务上达到最优。对于专科性疾病或疑难杂症,患者会舍弃地理位置的考虑,不论路途远近,寻找在专科方面有突出特色的医院。此时,患者为就医的活动范围就会从一个街道、城市扩展到全省,甚至全国的范围内。

目前,我国根据病种划分的专科服务机构在整个医疗服务供给体系中还占据比较小的位置,大量的医院都是综合医院,没有明显的服务特点,彼此非常相似和雷同,在医疗服务市场的竞争中很容易被置于被动位置。2000年《关于城镇医药卫生体制改革的指导意见》已经提出,我国要大力发展社区卫生服务组织、专科医院和综合医院合理分工的医疗服务体系。有的医院已经认识到根据病种划分医疗服务市场的范围,确定了自己"大专科、小综合"的发展思路,集中力量发展优势服务项目,在优势项目上提升自己的服务水平和社会知名度。

4. 制度细分 是否服务于社会医疗保险支付对象就是一种运用制度细分定位的医疗服务市场细分方式。与享受社会医疗保险的人群相比,自费人群的支付能力呈现两种类型,一种是有比较好的支付能力，在就医过程中可以不考虑费用，而对服务的舒适程度、快捷程度等个性化服务要求较高；而另一类，支付能力较差，甚至无力承担一般的医疗服务费用，对医疗服务的要求是能少则少，往往不能完成必要的治疗过程，在治疗费用昂贵时常常选择放弃，需要社会力量帮助，欠费比较严重。在其他一些国家，往往有国家建立专门的贫民医院免费服务于这部分患者，或者实行低收费政策。在我国的一些地方，也开始建立专门的"低保患者"医院或者诊室、病房，对这些患者实行特殊的收费政策。

（四）市场细分的组合

由于疾病和人群的复杂性，使用单一的市场细分标准通常并不能解决医院的市场定位问题，在战略决策中，通常需要组合使用多种细分市场的标准。

最常见的如将人口特征和疾病特征进行组合，例如老年病问题。糖尿病、心血管疾病、脑血管疾病、呼吸系统疾病都是老年人高发的不同系统、不同类型的疾病，每一类疾病都可以成为一个医院的战略定位的选择。因此，医院在对自身服务范围做出战略选择的时候，应该考虑自己的服务能力和服务半径，以及医疗服务需求等多种因素，明确自己在医疗服务市场中的定位，集中力量发展。

（五）医院的产品线战略

不论是采取生产经营型的竞争战略，还是采取资本扩张型的发展战略，产品线都可以成为一个机构内或者机构间的业务组合纽带。以糖尿病服务为例，糖尿病是老年人常见的慢性病，其远期预后不好，常伴随严重的眼、骨骼等方面的并发症，严重损害患者的生活质量。医院可以将糖尿病及其并发症的防治作为医院的一条产品线，提供从糖尿病的诊断治疗、妊娠期糖尿病诊断治疗、糖尿病并发症的诊断治疗等一系列的服务，从而使自己具有鲜明的专业特色。此外，各个科室之间也可以有很好的协作与配合，实现面向患者的连续性服务。

三、战略实施

战略规划一旦确定，就要付诸实施。战略规划书面报告的完成并不意味着各项计划就会得到实施，需要组织从上至下的全体员工参与到战略规划的实施过程中。一个停留在文字上的战略规划对医院的发展不会发挥任何作用，甚至可能会起到负面作用。在战略实施上应着重注意以下几个方面的问题：

1. 创造组织战略的实施条件。战略规划必须为全体员工所了解、掌握和理解，因此首先应充分开发群众。
2. 将战略方案层层分解，战略规划具体化，制定详细的实施计划。
3. 通过反复宣传和制度改革改变人们的观念和行为。

四、战略评估

医院的战略管理并不因战略规划的完成而终止，战略规划在战略实施的过程中得到落实，那么，实践的结果是否实现了规划中的种种预期呢，则需要通过战略评估，对照规划进行判断和反思。然后，根据环境和资源的变化对战略规划进行又一次的调整。因此，战略管理是一个长期的动态过程，对战略规划的实施结果进行评估既是上一次战略管理的结束，也是下一次战略管理活动的开始。战略评估包括以下几部分内容：①制定战略评价标准；②反馈实际成效并分析；③对发生的各种偏差可以自动纠偏。

（冯　文）

第四章 医院经营管理

教学内容与教学目标

教学内容
1. 医疗服务市场及其相关内容。
2. 医院经营管理的内容与方法。

*　　　　　*　　　　　*　　　　　*

教学目标
1. 掌握医疗服务市场及其相关的基本概念。
2. 掌握医院经营管理的概念、主要内容。
3. 熟悉医疗服务市场及其相关的主要内容。
4. 熟悉医院经营管理的主要过程。
5. 了解医院经营管理中存在的主要问题。

建国初期，党和国家根据我国医药卫生的实际状况确立了我国卫生事业的性质为福利性，占卫生事业主体的各级医疗机构一直作为政府的预算单位接受政府的财政预算拨款，医院也相应地成为承担政府社会职能的公立医院。20世纪80年代初期，中国开始实行改革开放的政策，国家的社会、经济环境发生了重大变化，特别是市场经济的理念和实践使得医院的运行环境和服务对象都发生了巨大的变化。中国卫生事业的性质也由福利性转变为"政府实行一定福利政策的公益事业"，政府财政对各级医疗单位的医疗服务补偿占医院业务收入的比重越来越小，医院不得不靠经营来维持自身的运转和发展。2002年初，国务院办公厅转发了国务院体改办等有关部委联合制定的《关于城镇医药卫生体制改革的指导意见》，之后，有关部委又陆续制定并发布了13个配套文件。在国务院办公厅转发的《关于城镇医药卫生体制改革的指导意见》中，明确提出医院将分为营利性和非营利性进行管理，非营利医院享受相应的税收优惠政策，政府举办的非营利性医疗机构由同级财政给予合理补助，其他非营利机构不再享受政府财政补助。营利性医疗机构的医疗服务价格放开，依法自主经营。因此，无论是何种类型的医院，经营问题都将处于重要的位置。

第一节 医疗服务市场

随着国家改革开放政策的实施，计划经济对各级医疗机构的影响逐步减少，人们认识到医疗服务行业与其他行业一样，必须遵循市场经济的规律运营。因此，也逐步认识到医疗服务市场的作用及其对医疗机构的影响。

一、医疗服务是一种商品

商品是满足人们特定需要,并进行交换的产品或服务。长期以来,人们对医疗服务的商品属性争议较大,其争议焦点在于医疗服务是否是一种商品。从经济学的角度看,医疗服务明显属于私人产品的范畴,它具有私人产品的特征与属性,如增加服务的消费者就要增加服务数量,即边际成本不会为零;只有支付了费用的人员才能够享有服务,不会出现"免费搭车"的现象等。医疗服务有别于健康宣传、环境消毒等公共卫生服务,而后者则属于公共产品的范畴。此外,从商品的定义看,医疗服务也完全符合商品的内涵与外延,即医疗服务能够满足人们健康的需要,同时医疗服务在提供时也必须支付费用。随着我国经济体制改革的深入,以及人们市场经济观念的普及,医疗服务是一种商品的观念正在被越来越多的民众和管理者所接受。

二、医疗服务市场的供需关系

医疗服务市场与其他市场一样,也受供需、价格等因素的影响,因此,市场的供需关系也同样作用于医疗服务。

(一)需求

需求是指消费者在不同价格水平愿意并且能够购买某种商品或服务的数量。需求的形成必须满足以下两点要求:一是消费者有购买意愿;二是消费者有支付能力。如果消费者只有购买意愿而没有支付能力,或有支付能力而没有购买意愿都不会构成对某种商品或服务的需求。

1. 需求的种类　需求可以根据研究或经营的需要分为:潜在需求、无规则需求、过度需求等。

(1) 潜在需求:是指现有的产品或服务暂时不为人们所认识或尚不能满足消费者特定要求的状况。如外来患者对本地区提供医疗服务的医院、医生情况不了解,或对于刚刚用于临床的新技术认识不足,都会形成对这些服务潜在的需求。

(2) 无规则需求:是指需求在不同条件下呈现出无规则的变化。如不同季节,不同疾病的发病种类、发患者数均呈现无规则状况,因此,人们对医疗服务的需求也会呈现出无规则,这种无规则状况对于医院提供医疗服务的资源配置是极为不利的。因此,在医院管理实际工作中需要采用措施将无规则需求转化为有规则的需求,如可以通过预约的方式把无规则的随机门诊患者转化为有规则的预约门诊患者,以合理调配医院提供医疗服务的人力、物力资源,提高资源利用效率。

(3) 过度需求:是指超出消费者自身实际需要或社会平均需要水平的需求。由于医疗服务支付制度的特点,很多患者在接受医疗服务时并不是自己支付其主要医疗费用,这种状况容易使患者在接受医疗服务时产生部分过度需求,而多提供医疗服务也符合医方的经济利益,这就导致了在一些医疗服务中会出现一些不符合患者病情的过度临床检查或用药。

与其他一般商品相似,医疗服务的需求也受诸如商品价格、关联商品价格、消费者收入、消费者预期、消费者偏好以及时间等因素的影响。除此之外,医疗服务需求还有其自身的特点与影响因素。

2. 医疗服务需求的特点

(1) 从需求弹性的角度看,绝大多数医疗服务的需求都是缺乏弹性的,即属于人们日常生活的必需品。需求缺乏弹性的商品的特征是价格对其需求量的影响较小,由于是生活必需,人们在此类商品价格上涨时也必须购买以维持其基本生活,因此,此类商品需求量不会因为价格的高低而受到影响。从经济学角度看,需求缺乏弹性的商品如果完全靠市场供求关系调节的话,必须要满足商品充足和充分竞争两个条件,在上述条件无法满足的情况下,应该采取政府控制价格的方式进行干预。在现阶段,我国的医疗服务还无法满足这两个必要条件,因此政府实行医疗服务价格管制是必要的。

不同种类的医疗服务项目,其需求弹性的大小会有所差别。急诊、急性外科手术等医疗服务需求的弹性系数较小,是患者必须的。一些能够自愈的常见病,其弹性系数相对较大,患者可以选择自己买药或到医疗机构就医来解决其健康问题。

(2) 医疗服务易产生诱导需求。医疗服务属专业性强、风险性高的行业,一般消费者对其专业知识的了解甚少,加之风险较大,因此,患者在寻求医疗服务时往往在很大程度上要依靠医务人员的判断与选择,而自己无法对医务人员建议的诊断、治疗方法做出判断。由于上述主客观因素的存在,医疗服务也成为供方可以诱导或创造需求的服务。

(3) 医疗服务的需求是由客观因素(患病)引起的,因而医疗需求只有在患病时才会产生,健康人对医疗服务处于无需求状态。

(4) 价格因素对医疗服务的需求影响不大。医疗服务除了属于需求缺乏弹性的商品这一因素之外,它的另一个属性,即人们对医疗服务的需求都是由于非主观因素——患病决定的,这一属性也决定了价格对医疗服务的需求影响不大。由于人们只有在患病时才会产生对医疗服务的需求,因此,人们对医疗服务的需求不会像购买其他商品那样有主观的购买欲望,所以降价对于健康人来说不会产生对医疗服务需求量的变化。

(5) 医疗服务需求的规律,大多数疾病的发生、发展在时间、空间上处于无规则状态。但有些疾病的发生在一些时间、季节有高发的现象。如心脑血管疾病、肠道疾病、呼吸道感染疾病等,因此,不同季节会导致人们对相应医疗服务需求的变化。

(二) 供给

供给是指企业在不同价格水平愿意并且能够出售某种商品或服务的数量。供给必须同时满足两个条件:一是商家要有供给的能力,如设施、人员、材料、技术水平、工艺等条件的保证;二是要有供给的愿望。医疗服务的供给特点和影响因素在许多方面与一般的服务相似,如医疗服务也会受到产品价格、新技术发展、生产成本、生产者预期、时间等影响商品供给因素的影响。除此之外,医疗服务供给还有其自身的特点和影响因素。

1. 医疗服务供给的特点

(1) 供给者主导:服务消费与产品消费不同。产品的生产与消费过程是相互独立的,消费者在购买产品时已经可以就产品的性能、质量、款式、价格等相关信息进行了解、比较,是否购买,何时购买完全取决于消费者,因此,在产品消费过程中,消费者处于主导地位。而在服务消费时,由于服务的生产与消费过程同时完成,因此消费者只能在消费之前根据自己以往的经验、商家的广告等间接信息来判定未来服务的预期决定是否消费,一旦消费行为开始,消费服务的主动权就会转移到商家手里,提供什么样的服务、提供的服务质量如何在很大程度上取决于供方,消费者处于被动状况。

由于服务消费的生产与消费过程同时完成,且服务是无形的,因此,服务无法通过库存来调节,一旦商家的规模设定,其服务量也就相对固定。服务产出的调节,只能通过预约(门诊或住院)或现有资源的合理调配来进行。

(2) 医疗服务的个性化极强：由于致病因素和患者个人因素的复杂性，患同样疾病的患者其临床表现，诊断、治疗过程都有可能不同，因此，医疗服务必须针对不同人，不同病情，不同致病因素分别制定不同的诊断、治疗方案，即使是同一种病，同一种治疗方法，也要根据不同患者的年龄，身体状况，病程阶段采取有针对性的服务。因此，医疗服务不可能像其他服务那样用几种模式进行规范和生产，其质量判定与管理的难度也较一般服务大很多。

(3) 应用高技术多、专业性强：由于人体、致病因素的复杂性以及人体健康的重要性，很少有哪个行业像医疗行业一样对从业人员和从业条件有如此高的要求。国家立法和行政管理部门对医疗服务从多方面提出了要求，如我国颁布了《执业医师法》，规定了从事医疗服务的人员必须达到的条件；《医疗机构管理条例》规定了医疗服务机构必须满足的要求。此外，国家对药品、医疗器械、医疗技术在临床的应用也都有严格的规定。医疗服务的供给能力受医务人员的教育水平、技术条件、使用的仪器设备以及效率等多方面因素影响，高新技术的大量应用一方面极大地提高了医疗服务水平和医疗服务效率，增进了人体的健康；另一方面也使医疗费用及医疗风险快速增长。

(4) 风险性高、出险率大：医疗服务行业的高风险也日益受到百姓、社会和政府的关注，与其他风险性高的行业相比，医疗服务风险的主要承受者不是从业者本人——医务人员，而是其消费者，这就要求医疗服务行业的从业人员不但应具备较高的技术水平，还要具备良好的职业道德。从保护消费者利益和降低医院经营风险的目的出发，医疗服务的高风险必须要以经济的形式转嫁一部分给医疗服务行业的从业者，使其在为消费者服务时充分认识并采取切实措施防范医疗服务的风险。我国近期修订并实施的《医疗事故处理条例》就加大了医疗事故的赔偿范围和赔偿力度。然而，从医学实践本身看，由于人类对自身、对疾病以及对致病因素认识的局限性，加之患者的个人状况、个体差异等因素的影响，医疗服务中出现的风险是难以避免的。从我国近期医疗纠纷的司法实践看，医疗事故赔偿的数量和金额均有大幅度提高，在现行医疗职业保险制度不健全的情况下，这无疑给经营者和从业者带来很大的风险。

2. 影响医疗服务供给的因素

(1) 社会经济发展水平：医疗服务的供给受社会保障制度、经济发展水平的影响与制约。完善的医疗保障制度不但有利地保障人民群众的身心健康，也能为医疗服务机构提供稳定的经费来源。相反，如果一个国家或地区的医疗保障制度不完善，就会出现有病治不起或医疗服务机构低收费现象，从而影响到宏观医疗服务的供给。经济发展水平对医疗服务供给的影响尤为重要，一方面，经济可以通过人们的收入、生活水平、教育影响人们对医疗服务的需求来间接影响供给；另一方面，经济可以直接影响医疗机构人员、设施、技术的投入，从而影响医疗服务的供给。

(2) 医疗服务价格：价格是调节商品供需关系最有效的手段，尽管在医疗服务市场政府采取了对医疗服务价格实行管制的措施，但不同的费用支付方式以及不同的服务项目其价格与医疗服务提供的成本之间的关系是有区别的。对于按病种或按诊断相关分组（DRGs）定额付费的方式，医疗服务的价格是按照多数医疗机构的费用平均水平制定的，能够有效控制成本的机构其盈余部分就大，而成本高的机构，其盈余部分就少。因此此种支付方式可以鼓励医疗机构通过降低成本、提高效率的方式增加盈余，政府也利于从总体上控制医疗费用。目前我们国家多数地区实行的是按服务项目付费（FFS）的方式支付医疗服务，政府对医疗服务价格进行管制。在这种体制下，医疗机构和医务人员可以通过提供医疗服务项目获取收益，提供的服务数量越多，医疗机构和医务人员所获的补偿就越多，因此，此种方式有鼓励医院及医务人员多提供医疗服务的机制。由于价格制定过程中存在着诸多不确定因素，造成在收费项目中医疗服务价格不总是大于服务成本的情况出现，实际上，我国有相当一段时期内政府制定的医疗服务价格均为"不含人员工资及房屋、设备折旧"的成本价，因此，在现行的医疗服务中有相当部分项目的价格是低于医院实际成本的。对于这部分医疗服务，很多医院采取少提供或分解收费的方式应对。而对于医疗收费项目中医疗服务价格高于成本的项目，医院则争取多提供，因此，这类服务往往会出现过度供给的情况。

通常情况下，增加服务供应商，增强竞争会促使服务价格的降低，但医疗服务是个例，即医疗服务价格不会因为医疗机构数量的增加，竞争的增强而下降。这是因为人们在就医时首先关注的是医疗服务质量和医疗水平，其次，多数患者就医的大部分费用是由各种形式的医疗保险支付，而非自己掏钱支付，加之医疗服务存在诱导和创造需求的特性，导致医疗服务提供者之间的竞争只会集中在患者来源方面，而不会在价格方面，因此医疗服务的竞争不会导致医疗服务价格的下调。按照经济学理论，供给增加会打破市场原有的供需平衡，导致价格下跌，但医院和医生在提供医疗服务时，会利用其主导地位的优势诱导或创造需求，使价格保持不变。

(3) 医疗服务的数量与质量：医疗服务的数量与质量是医疗服务相互影响的两个方面，当医疗机构的规模一定时，其提供的医疗服务在数量与质量之间会有不同的组合，服务数量增加到一定程度就会影响质量，而保证质量有可能影响数量，因此，医疗服务必须在提供服务的数量与质量之间进行权衡，由于医疗服务的特殊性，医疗机构应当在保证质量的前提下追求医疗服务的数量。

(4) 医疗服务成本：在政府管制价格的管理体制下，医疗服务的价格是相对固定的，因此，对于医疗机构来说，提供服务的成本越低，所获取的收益就越大；反之，如果成本较高，其利润水平就会降低，甚至赔本，因此，有效的成本控制将成为医院经营与发展的重要措施。

3. 医疗服务价格　在市场经济体制下，价格、需求、供给构成了市场的基本要素，一方面，价格调整影响着市场的供需平衡，另一方面，供需双方的行为又会对价格水平产生影响。因此，市场中价格与供需双方之间的互动构成了市场运行的主体。

(1) 价格：是商品价值的货币表现形式，市场中经常使用均衡价格来表述，均衡价格是指商品在市场达到供需平衡时的价格，是供需关系相互作用的结果。当市场上商品供大于求时，价格下降；求大于供时，价格就会上涨。一般情况下，当价格处于均衡点时，市场供需关系相对稳定，单方面增加需求或供给，都会使市场的平衡状况受到影响。

(2) 价格的作用：价格在市场中主要起以下几个方面作用。

1) 信息传递：价格是反映市场上商品的供需状况的最有效，最可靠的指标，商家往往会根据商品的市场价格决定其生产的数量，消费者也会根据价格调整自己的需求，因此，价格可以作为市场上商品供需状况的"信号"。

2) 资源配置：由于价格可以通过市场影响厂商的生产和消费者的需求，因而也就会影响到厂商和消费者的资源配置，厂商在进行商品的生产、销售时，所需资源就会流入。当某种商品成为市场上的热点商品时，资源也会向相应的行业或企业流动。

在医疗服务市场，价格主要以调节医疗机构的供给为主，而对需方的调节作用不明显。

这是因为：①医疗服务的需要与否是以患病为前提的，健康人群对医疗服务的需求为零，因此，价格对于这些人也就不起作用。②由于医疗服务的专业性强，使患者无法决定选择什么样的服务，因而，也就无法以价格的高低来进行衡量。③医疗服务的消费者中有大量的人是医疗保险受益者，这些人的医疗费用多数由保险机构支付，消费者本人对价格并不关心。这些因素导致价格对医疗服务的需求不起影响作用。

4. 医疗服务市场

(1) 医疗服务市场的概念：市场是一个经济学的概念，有狭义和广义之分。狭义的市场是指商品买卖交换的场所。广义的市场是指商品交换关系的总和，是买卖双方相互作用、共同决定商品或服务价格与数量的过程。因此，狭义的医疗服务市场即是医疗服务机构向服务对象提供预防、医疗、康复等健康服务的场所。而广义的医疗服务市场则是指健康服务交换关系的总和。医疗服务市场与其他经济学所描述的市场相似，也受供需关系、价格、市场机制等因素的制约和影响。从经营管理的角度看，市场也可以被表述为是由具有特定需要和欲望，愿意并能够通过交换来满足这种需要和欲望的顾客组成的。

(2) 市场的种类：经济学家依据行业内企业是否对供给数量和供给定价有决定力量，把市场分为四类，即完全竞争市场、垄断竞争市场、寡头垄断市场和垄断市场。

1) 完全竞争市场：完全竞争市场中竞争者很多，但一般规模都较小，行业内没有一家企业能够自主定价，各个企业只能随行就市按市场的导向定价。完全竞争市场具有以下特征：①价格是由市场供需关系决定的，任何人无法操纵价格；②产品的原材料、加工、包装、服务、质量相同；③生产要素（人员、原材料）可以自由转移；④消费者与厂商具有等同的市场信息。

2) 完全垄断市场：完全垄断市场与完全竞争市场正好相反，在完全垄断市场内仅有一家企业。如果政府政策允许的话，它可以自由决定供给商品的数量和价格。在实际生活中，这种情况极为少见，像我们国家以前的电信、铁路、电力等公共行业有这种情况，但对于此类企业，政府对价格控制有明确的规定。垄断市场具有以下特征：①全部产品由一个或极少数几个厂商提供；②产品不能替代，不受竞争者的威胁；③厂商是价格的制定者，而非价格的接受者；④厂商可以根据销售条件实行不同的差别价格，以获取最大利润。

3) 寡头垄断市场：在寡头垄断市场，供给者只有少数几家企业，该行业的企业一般都比较强大。由于供给者很少，每个企业在决策时，都要考虑竞争对手会如何反应。换句话说，在寡头垄断行业，企业决策是一种对策性决策，即是以竞争对手对本企业决策会有何反应的判断为其决策的前提。在决策时，企业会十分谨慎。寡头垄断市场的特征为：①厂商极少；②厂商在市场中占重要地位，对产品价格有相当的影响力；③厂商之间相互依存，进行决策时必须考虑竞争者的反应，厂商是价格的寻求者；④进出不易，厂商难以进入或退出。

4) 垄断竞争市场：垄断竞争市场中的企业较之寡头垄断行业的企业数量要多，但又比完全竞争行业的企业要少。企业可以决定自己产品的价格。垄断竞争市场的特征：①介于完全竞争与完全垄断之间；②厂商产品在原料、设计、技术、包装、商标、广告、服务等方面存在差别；③厂商数量较多，互相独立，不能联合操纵价格；④厂商规模不大，所需资本不多，进出比较容易。在垄断竞争市场中，企业可以通过价格竞争、品质竞争、广告竞争等方式和手段扩大市场份额。

(3) 市场机制及其发挥作用的条件：市场经济与市场是相互联系的，但并非同一概念。市场经济是指当社会经济运行与资源配置是由市场进行基础性调节为主的经济制度。因此，存在市场并不意味着就是实行了市场经济。

市场机制是指市场供需关系、价格、市场主体等构成要素之间的相互作用、相互制约关系。市场机制包括供需关系、价格机制、竞争机制和风险机制。市场机制主导经济使得整个社会经济的运行井然有序。在市场机制作用下，资源按照市场规律进行配置，竞争和选择导致资源配置优化，生产要素按照市场规律流动和重新组合，从而更有利于生产力的发展。

市场机制发挥作用的条件：

要使市场机制发挥作用首先是要求价格信号起作用，价格是反映市场商品供需关系状况的信号，它直接关系到商家与消费者的行为，因而也就影响到社会资源能否有效地进行配置。

其次是市场上的经济主体具有充分的经营自主权，即经济主体能够自主决定生产什么，如何生产，并为决策的结果承担责任。

第三是要有公平竞争的市场环境，竞争可以实现社会资源的有效配置，要使竞争的作用真正得以发挥，就必须要有市场的公平竞争环境，保证各个市场主体进行公平的竞争，否则，竞争的结果不是择优汰劣，也不可能导致资源配置的合理。

第四是要保证供需双方的信息平等，当供需双方掌握的信息相差不大时，市场机制对资源的正常调节作用才能发挥出来。如果供需双方所拥有的信息存在严重差异时，则拥有信息多的一方占有主动地位，在交易中就会占有有利地位，具有较大获益优势。如果对他们没有一定的约束，在市场机制的作用下，易导致拥有信息量少的一方利益受损。

第二节 医院经营管理

医院要在复杂多变的市场竞争环境中求得生存和发展，必须对自己的经营行为进行统盘地谋划。在计划经济时期，医院习惯于制定计划、对医院内部进行管理，而医院的经营更注重医院外部的环境对医院发展的影响，特别是关系到医院提供的医疗服务结构和服务市场，决定医院要做什么，以及如何做。

一、为什么要提出医院的经营管理问题

由于历史的原因，我国的医院一直被认为是承担福利职能的事业单位，靠计划来安排医疗消费和进行医院补偿，多年的经验表明，这种方式不仅未能有效地配置医疗资源，反而使得患者和社会公众对医疗服务产生了诸多的不满意。在计划经济的体制下，医院不讲效率，不计成本，以找政府、靠政策、要拨款来维持医院的运行。长此以往，导致医院对患者的需求和服务的意识淡漠了。随着我国社会主义市场经济体制的建立和完善，医院的外部环境发生了巨大变化，随着医药卫生体制改革的进展，政府的观念也发生着变化，由过去的"办医院"转变为"管医院"，在这种经济背景下，医院实际上已经被推向了市场。政府对医院的财政拨款逐年减少，越来越多的其他经济成分进入医疗服务领域，打破了医疗行业多年来的垄断，医院已经意识到竞争和市场的重要性。医院要生存，必须要面向市场，向社会公众提供其需要的、品质良好的医疗服务。

二、医院经营管理概念及其特点

1. 医院经营管理概念　医院经营管理就是医院为了在复杂多变的环境中求得生存与发

展,对自身的行为进行通盘谋划,并按既定方案实施,以达到组织目标的过程。

医院经营首先要制定经营战略,经营战略是对医院长远发展的全局性谋划。在早期的医院管理中没有经营战略的概念,它是市场竞争发展到一定阶段时的产物,是在医院外部环境范围扩大、内容复杂、变化频繁,使医院的生存和发展经常面临严峻挑战的情况下产生的。

经营战略是一种以变革为实质的概念。现代医院处在激烈变化的环境中,要在这种环境中生存发展,必须通过不断创新来经营医院。也就是通过实施具有革新实质的经营战略,使医院从适应(或不适应)目前的环境状况,转变为适应未来的环境。

总之,医院在变化激烈、挑战频生的环境中,必须探索未来的动向,寻求未来事业的机会,变革医院现在的经营结构,选择通向未来的经营途径。

2. 现阶段医院经营面临的主要问题

(1) 需求发生变化：随着社会的发展,人们对医疗服务的需求已经不满足于"正确的诊断与治疗"等传统意义上的医疗服务,患者已经从对医疗"技术质量"的需要转向对"整体医疗服务质量"的需要,需求发生了多样化的转变。这就使得医疗服务市场出现"需求差异",而没有认识到这种差异,或对此没有引起足够重视的医疗机构则出现了经营问题或患者减少的尴尬。与此同时,一批适应市场变化并采取相应措施的医院则得到了快速发展。

(2) 科学技术水平不断提高：由于技术革命的加快和技术革新周期的缩短,推动医院大力开展新技术、新设备、新服务项目的应用,从而增加了医院的技术密度,改善了医院的医疗技术水平和就医环境,更进一步加速了医院的发展,产生了许多"以患者需求为导向"的医疗服务项目和医疗机构,加剧了医院间的竞争。

(3) 医院竞争日益激烈：随着越来越多的医疗机构转变观念,适应市场经济的变化,各个医院都在采取措施提高医疗服务质量,吸引患者,扩大市场份额,这样就使得医院之间的竞争日趋激烈。这种对医疗服务市场的重新划分,既形成了对医院的威胁,又为医院提供了新的机会。

(4) 社会、政府和患者提高了对医院的要求：由于部分医院过于重视经济效益,给社会带来许多消极影响,如医患纠纷,医生职业道德,医疗垄断行为,对患者操纵,夸耀性和欺骗性广告,低效劣质的服务等等。这一切引起了社会、政府和患者对医院的不满,从而促使政府加强对医院的监管和社会的监督。

(5) 医院经营的外环境变化：如今的医院管理如果只重视医院内部的管理已远远不能满足医院生存与发展的需要,与若干年前相比,医院的外部环境已经成为一种庞杂的、变化频繁的、难以预料的环境,使医院经常面临许多生存与发展的挑战。今天的医院仅靠传统的管理方式,再也不能保证自己的生存和发展了,而医院必须对新的环境进行分析,做出新的响应,采用新的管理方式,来谋求自己的生存和发展。

3. 医院经营的特点 做好医院经营应把握住医院经营的以下特点。

(1) 医院经营的全局性：医院的经营是以医院的全局为对象,根据医院总体发展的需要而制定的。它所规定的是医院的总体行动,所追求的是医院的总体发展效果。虽然医院经营必然包括医院的局部活动,但是,这些局部活动是作为医院总体经营活动的有机组成部分出现的。

(2) 医院经营的长远性：医院的经营战略,既是医院谋求长远发展要求的反映,又是医院对未来较长时期生存和发展的统盘筹划。虽然它的制定要以医院外部环境和内部条件为出发点,并且对医院当前的经营活动有指导、限制作用,但是,这一切都是为了医院更长远的发展。凡是为适应环境条件的变化所确定的长期基本不变的行动目标和实现目标的行动方案，都是战略。而那种针对当前形势灵活地适应短期变化，解决局部问题的方法都是战术。

(3) 医院经营的抗争性：医院经营战略是有关医院在激烈的竞争中如何与竞争对手抗衡的行动方案，同时也是针对来自各方面的冲击、压力和困难，迎接这些挑战的行动方案。它与那些不考虑竞争、挑战而单纯为了改善医院现状、增加经济效益、提高管理水平等为目的的行动方案不同。只有当这些工作与强化医院竞争力量和迎接挑战直接相关时才具有战略意义，才能构成医院经营战略的内容。现代的医院经营总是与激烈的竞争密切相关的，经营战略之所以产生和发展，就是因为医院面临着激烈的竞争、严峻的挑战，医院制定经营战略就是为了取得优势地位，保证自己的生存和发展。

第三节　医院经营管理过程

医院经营管理过程包括确定医院使命；制定医院方针；建立医院发展目标；进行医疗服务市场调查与分析；进行医疗服务市场细分与医院定位；制定医院的经营战略；医院经营效果评估。

一、确定医院使命

医院经营过程首先要从确定医院的使命开始，医院的使命包括两个方面的内容：医院哲学和医院宗旨。

所谓医院哲学，是指一个医院为其经营活动所确立的价值观、信念和行为准则。美国IBM公司前任董事长 Thomas Watson 在谈到公司哲学的重要性时说："首先，我坚信任何企业为了生存并获得成功，必须树立一套正确的信念，作为它们一切方针和行动的前提。其次，我相信一个公司成功的最主要因素是其成员忠诚地坚持那些信念。最后，我认为如果一个公司在不断变动的世界中遇到挑战，它必须随时准备变革它的一切，唯有信念是永远不变的。"

Thomas Watson 提出的 IBM 公司的哲学是：

1. 尊重个人。这虽是一个简单的概念，但在 IBM 公司，它却占去了管理者的大部分时间。IBM 公司在这方面所作的努力超过了其他任何方面。

2. IBM 希望在世界上的所有公司中，给予顾客最好的服务。

3. 公司应该树立一个信念，即所有工作都能以卓越的方式去完成。

20 年后，IBM 公司董事长 Frank Cary 在提到公司的信念时说："虽然我们的工艺、组织、市场经营和制造技术已经发生了若干次重大变化，并且还会继续发生变化，但是公司的这 3 条信念依然如故。它们是我们顺利航行的指路明灯。"

新加坡樟宜医院确立的医院哲学是"一个让患者和员工公认优秀的、并富有同情心的医院，为患者提供优质的医疗护理服务，像对待自己的母亲一样对待患者。"

所谓医院宗旨，是指医院去执行或打算执行的活动，以及现在的或期望的医院类型。没有具体的宗旨，医院要制定清晰的目标和战略实际上是不可能的。此外，一个医院的宗旨不仅要在建立之初加以明确，而且在遇到困难或繁荣昌盛之时，也必须经常再予确认。

医院的宗旨应立足于赢得患者。例如，新加坡樟宜医院的宗旨是"致力于提高新加坡东部社区民众的健康水平，同其他医疗机构合作，为社区提供优质、便利、价格合理以及符合公众要求的医疗服务。"

确定医院的宗旨，首先要确定医院现有和潜在的患者。在确定现有的患者时，需要回答以下问题：

1. 谁是医院的患者？患者分布在什么地方，患者为何前来医院就诊，如何去吸引患者等。
2. 患者在医院接受什么样的服务？
3. 患者在医院接受服务时期望得到什么？

在确定医院的潜在患者时，需要明确以下问题：

1. 医疗服务市场的发展趋势以及医疗服务市场的潜力如何？
2. 随着经济的发展，人们消费观念的改变，医疗服务市场结构会发生什么样的变化？
3. 如何变革才能适应公众的医疗消费习惯？
4. 目前，患者的哪些需求还不能得到充分满足？

最后，在决定医院的宗旨时，还需要考虑医院现行的经营方式、服务项目和部门设置是否适合医院的发展方向，是否应该进行改变。

二、制定医院方针

方针是指导医院行为的总则，它概述了建立目标、选择战略和实施战略的框架结构。从逻辑上说，方针应来自医院的哲学。

方针有助于确保医院中的每个员工按相同的基本准则来行动，也有助于医院内部各单位之间的协调和信息沟通。

方针的制定受到若干因素的影响。一个重要的因素就是国家和地方政府颁布的各项法律、法规。政府的法规在许多方面制约着医院的行动，诸如服务质量、医院安全、医疗服务价格、人员聘用与解聘、工资、医疗保险等，为了使医院员工遵循这些法律、法规，医院应制定其方针。

竞争对手的方针也影响医院的方针，在诸如医务人员工资、福利及待遇条件等人事方针上更是如此。

在制定方针时，需要考虑的一个极为重要的问题是，医院现行的方针是否仍然适用或应加以改变，因为方针大多来自医院过去的管理理念和发展规划，环境状况和医院目标的变化会导致医院对其经营方针进行重新评价，以确定它们是否适用于现在和未来的变化。

三、建立医院发展目标

医院的发展目标规定着医院执行其使命时所要达到的预期结果，因此，目标不能用含糊和抽象的口号来表达，目标应该用特定的、具体的和可以衡量的指标来表达，如果医院要实现它的使命，就必须达到这些目标。确立目标应该遵循以下原则：

- 目标应符合医院的使命和经营方针；
- 目标应该是特定的量化指标；
- 短期目标应服从于长期目标，部门目标要服从于总体目标；
- 目标的范围要涵盖与医院生存、发展有关的主要部门。

医院的目标可以分为长期目标和短期目标。长期目标规定着医院执行其使命时所预期的成果，长期目标通常为医院未来2～5年要达到的目标。

医院目标因医院的性质及其使命不同而有所差异。尽管各医院的目标差异较大，但一般应包括以下几类。
- 医院规模：如医院 5 年后要发展成为 800 张床位，人员 1 500 人，固定资产 10 亿元的规模。
- 提供医疗服务的能力：如在未来 3 年内医院的日门诊量达到 2 000 人次，年住院人次达到 15 000 人，肾移植手术完成 20 例，冠脉搭桥手术完成 150 例。
- 经济效益：如年业务收入 2 亿元，纯收入 3 000 万元。
- 社会效益：如患者满意率达到 95%，患者医疗服务投诉少于 10 人次，每床日平均费用少于 300 元。
- 人力资源：如培养国家级学科带头人 2 人，省级学科带头人 8 人。
- 新增项目：如未来两年内，开展骨髓移植。
- 质量指标：如出入院诊断符合率达到 80%。
- 效率指标：如病床使用率达到 85%。
- 成本指标：如每床日医疗消耗 200 元。
- 资产收益指标：如净资产收益率达到 15%。

医院不会在所有这些方面都定有自己的目标。政府举办的公立医院和其他非营利性医院的目标显然与营利医院不同。一般而言，凡是影响医院生存与发展的方面，都需要建立长期目标。

长期目标必须与医院的使命一致，目标应该清楚、简洁和量化，并且足够详尽，使医院的员工都能清楚地知道医院的意图。

短期目标是执行性目标，其时限常在 1 年以内，是管理者用来实现医院的长期目标的。短期目标必须与长期目标协调一致。这样医院的目标体系就能确保所有目标的一致性。

四、医疗服务市场调查与分析

1. **医疗服务市场调查与分析的涵义** 医疗服务市场调查与分析就是为了达到组织目标，对医院目标市场中的医疗服务要素、医疗服务对象及其运行规律进行调查、分析以期能够提供满足目标市场的需要和愿望的服务。

市场分析应该是以医疗服务的使用者为主导的，而不应以提供者为导向，研究分析医院外部环境的目的也是为了改善医院内部的经营。因此，市场分析工作最重要的地方是设法寻找和吸引足够的资源，并将其转化成合适的医疗服务及健康观念，最后有效地提供给各种消费人群。

2. **医疗服务市场调查的主要内容** 要做好市场分析工作首先要进行市场调查，医院市场调查需要搜集的数据包括：

(1) 医院现状：医院现状应包括医院在本行业中的信誉；医院的组织结构；医院经营管理、财务状况；医院雇员（院长、行政人员、医务人员、其他人员）；医院固定资产和投资总值；医院医疗设备状况；药品、材料库存情况；周转资金；信贷和利率；提供的医疗服务和其他服务；医院成本控制的程序；现有科室数目；医院是否有自己的专科特长？

(2) 医院医疗服务的主体：医院医疗服务对象的定位与竞争者相比如何；医院的服务范围；按照需求的理想服务状态；"理想服务状态"与医院实际服务的比较；医院医疗服务"优势"如何；医疗服务的"弱点"如何；医院医疗服务与 5 年前相比有何不同；与去年相比有哪些变化。

医院医疗服务主要项目的整个市场规模；医院所占的份额；限制医疗服务市场规模的各种因素（人群的年龄结构、收入、职业、受教育水平，各年龄段人群的主要疾病，患者支付能力，交通条件，医疗服务质量，医疗服务项目等）。

(3) 医疗服务市场的结构：医疗服务市场的主要提供者；主要医疗服务项目的提供能力；有利于竞争者的主要因素；可能减少竞争的主要因素。

(4) 医疗服务市场发展趋势：医疗服务市场的规模与10年前相比、与5年前相比、与去年相比发生了哪些变化？同期医疗服务的需求有哪些主要变化？明年的需求变化趋势如何？今后5年或5年以后的变化趋势如何？

(5) 市场份额：医院现在掌握的市场份额（主要的医疗服务项目）；主要竞争者的份额；未来2年内有哪些新进入者（新建医院、新建的科室、新购置的设备、新增加的人员等）。

(6) 医疗服务价格：医疗服务价格的政策趋势；医疗服务价格与医院成本的比较；哪些医疗服务项目的价格高于医院实际成本。

(7) 患者对医院的认可：医院的患者和消费者使用医院提供医疗服务倾向性的分析；医院发展新客户的可能性；失去老客户的原因；客户对医院就医环境、医疗质量、服务态度、医疗服务费用、等候时间、就医方便程度的意见与建议；患者到医院就诊的主要原因及其影响因素。

(8) 医疗服务的竞争者：哪些医院提供的服务对医院构成竞争？它们各自的市场份额是多少？主要竞争者拥有哪些具体有利条件（包括声誉、质量、规模、设备、环境等方面的有利条件）？主要竞争者采用的经营方式如何？医院与竞争者在医疗技术、医疗水平、医疗服务方面的主要差距如何？医院与竞争者开展的竞争性服务的比较情况如何？本医院的竞争性服务有哪些"优点"？主要竞争者的发展潜力如何？

(9) 医疗服务需求：医疗服务消费的历史如何？有哪些限制医疗服务需求的因素（包括医疗服务技术特性、支付能力、支付政策、替代性服务、季节因素、价格、各种医疗服务的提供情况）？医院的服务可接受的方式、质量和价格范围情况？各细分市场（地域、经济、年龄等细分市场）对医疗服务的需求有何不同？哪些情况影响医疗服务需求？

(10) 法律、法规、政策方面的影响：目前政府的法律、法规、政策对医院提供医疗服务的影响，国家关于医疗安全、质量管理、医疗服务标准和规范等的立法有哪些？医疗保险政策、医药改革政策、医疗卫生改革政策对医院产生的影响和即将产生的潜在影响，这些影响是否有助于医院的发展和扩展。

市场分析是医院制定战略规划的重要依据。通过市场分析，医院制定的经营策略和目标就能最大限度地符合市场的变化。在医院经营管理中，医疗服务是关键的因素，医疗服务决策尤其是新服务项目的设立与市场分析有密切的联系。市场分析可以为医院制定经营管理政策提供依据，指明医院的发展趋势，从而使医院的经营管理在医疗服务市场导向的基础上进行。

3. 医疗服务市场的分析与评价　医院在对医疗服务市场调查后，必须对其进行仔细地分析和评价，在此基础上才能进一步确定医院的经营管理战略。之所以要对市场进行分析和评价，有一个重要原因，就是在各个医疗服务市场均有不同的机会和成功条件，而各个医院由于其服务侧重点不同，实力、经验也各不一样，因此，对某个市场，不同医院在机会和成功条件上所具备的能力也不同，某些医院在利用该机会成功的能力上具有突出的竞争优势，从而能够获得较大的差别利益。所以，对市场进行分析和评价，就是要对该机会的成功条件和医院所具有的竞争优势进行分析，以利于医院选择能取得最大竞争优势和差别利益的市场，提高医院成功的概率。

（1）医疗服务市场的特征：分析、评价医疗服务市场，必须了解市场的特征。一般来说，市场具有以下特征。

①公开性：任何市场都是公开的，即每个医院都有可能发现它。市场不同于医院自身所拥有的专利、技术秘密等，发现市场的医院并不拥有独占权。在发现市场的同时，医院就要考虑潜在竞争对手的存在，要在这一基础上分析评价市场，而不能认为发现就意味着独占，独占就意味着成功。

②时间性：机会本身的含义就是指行事的机遇和时机。所以，医疗服务市场与其他类型的市场一样具有一定的时间性，如果在一定时间内医院不能利用机会，则市场所具有的机会效益（即机会本身的效用价值）就会逐渐减弱，最后完全消失。

③市场的平等与不平等：从理论上来讲，任何医院都可以发现某一市场并加以利用，不存在某一医院独占市场的情况。也就是说，任何医院在发现和利用某一市场时是平等的。但是，我们已经分析过各个市场都各有其特定的成功条件，而各个医院由于自身情况不同，在利用这些机会时所拥有的竞争优势也不相同，因而所获得的差别利益有大有小。所以，在实践上，就表现出不同医院在利用某一市场时又是不平等的。

（2）医疗服务市场机会分析：医院在分析评价市场时，首先要确定该市场是否属于医院的机会。如前所述，每一市场均有其机会和成功条件，而它与医院所拥有的竞争优势并不一定完全吻合。所以，医院分析评价市场的第一步，就是要从寻找到的机会中挑选与医院目标、能力相一致的市场机会。

分析该市场是否属于医院机会，可以按照如下步骤进行：

①确定进入该市场所必须具备的成功条件有哪些；

②分析医院在该市场上所拥有的优势，即医院在从事该项服务上的"突出才能"；

③将医院所拥有的竞争优势同潜在竞争对手所拥有的竞争优势相比较，以确定本医院在这一市场上是否拥有差别利益，以及这种差别利益的大小。

经过这样的对环境机会的系统分析，最后就可以确定该市场机会是否属于医院机会。

在分析和评价机会是否属于医院机会时，还应结合市场的分类进行研究，特别是对于全新的市场，各医院都可能只拥有部分的竞争优势，成功取决于谁能尽早进入市场，能将这一市场转变为现实的服务，从而满足患者的需求。

（3）市场与医院使命一致性分析：关于市场与医院使命（医院目标）的关系在理论界有不同的认识，有学者认为，应该先确定市场，然后依据市场的需求确定医院的使命或目标，因为市场反映着市场的需要，市场改变时，医院使命或目标亦应随之改变；也有学者认为，由于市场很多，医院必须制定目标，以选择适合目标的机会。尽管争论双方的观点不同，但对于市场和医院使命（医院目标）必须相互适应，相互配合这一观点是一致的。

（4）医院服务能力分析：各个医院由于其情况不同，能力有大有小，在评价市场时，要尽量选择能充分发挥医院能力的机会。而在判断医院的能力时，诸如医院规模、市场定位、医疗技术水平、医疗设备、医务人员、资金供应的状况和医院经营管理能力等，都是应该考虑的因素。

超越医院能力的市场，对医院来说，既不能获得充分的竞争优势，也不可能获得较大的差别利益，有时甚至会给医院带来损失。某些市场不能充分发挥医院能力，但一般情况下，它仍可在医院考虑的范围内，因为，市场与医院能力配合得十分恰当的情况是不多见的，所以，医院应该尽量发挥其优势，以充分利用医院的能力。

五、医疗服务市场细分与医院定位

由于医疗服务市场上的人数众多、需求差异很大，医院一般无法为医疗市场上的所有顾客提供医疗服务。因此，医院应该应用自己的优势与别人的劣势竞争，也就是要确定医院可以提供最有效服务的细分市场，在细分市场上确立自己的目标市场和经营优势。确立医院的目标市场要进行3个主要步骤。

第一，细分市场。即按不同的细分变量将市场划分为不同的顾客群。医院应明确不同的细分市场的方法，勾勒出细分市场的轮廓。

第二，选择目标市场。即制定衡量细分市场吸引力的标准，选择一个或几个要进入的市场。

第三，服务定位。即确定医院的竞争地位及其向每个目标市场提供的服务。

1. 市场细分的涵义　在市场上，不同的消费者通常有不同的欲望和需要，因而不同的消费者有不同的购买习惯和购买行为。所谓市场细分，就是医院的管理者按照细分的因素，即影响患者医疗需求的习惯和行为诸因素，把整个医疗服务市场细分为若干个需要不同的服务和市场营销组合的市场部分或亚市场，其中任何一个市场部分或亚市场都可以被医院选为其目标市场。

市场细分有利于医院特别是中小医院发现市场机会，提高其医疗服务占有率。因为医院通过细分的市场可以了解不同患者对医疗服务的需要情况和目前满足的程度，从而发现那些患者需要没有得到满足或没有充分满足的服务。

医疗服务市场可以按人群的收入、年龄、疾病以及人群其他要素等细分成不同的医疗服务市场。如高收入人群的特需医疗服务，专门针对某种疾病或某一特定人群的医疗服务。

2. 目标市场选择　在对医疗服务市场进行细分之后，医院面临着不同的细分市场的机会，接下来要做的事便是对这些细分市场进行评估，以确定医院在哪些细分市场向患者提供服务。

3. 评估细分市场　医院在评估细分市场时，必须考虑细分市场的规模与发展、细分市场的状况以及医院的目标和资源。

(1) 细分市场的规模与发展：医院在评估潜在的细分市场时首先要确定这一市场是否具有适度的规模和发展的潜力。适度规模要与医院的规模相联系，大医院大都重视市场规模大的细分市场，往往忽视较小的细分市场，或者避免进入。而小医院也要避免进入大的细分市场，因为过大的市场所需投入的资源太多，并且对大医院的吸引力也过于强烈。

(2) 细分市场的状况：细分市场可能具备理想的规模和发展潜力，然而在进入之前还要对未来市场上的竞争者、潜在的竞争者、替代服务、患者等因素进行分析与评估。

(3) 医院的目标和资源：医院在对细分市场进行评估时，还应结合医院自身的目标和所拥有的资源进行考虑。某些细分市场虽然有较大的吸引力，但有可能不符合医院的长远发展目标，这些市场不得不放弃。因为这些细分市场不能推动医院完成自己的目标，甚至会分散医院的精力，使之无法完成主要目标。

此外医院也必须考虑是否具备在该细分市场获胜所必需的人员、技术和资源。无论哪个细分市场，要在其中取得成功，必须具备某些条件。

4. 市场定位　通过对不同的细分市场进行评估，医院会发现一个或几个值得进入的细分市场。因此需要最终确定要进入哪个或哪几个细分市场。

(1) 单一市场：最简单的方式是医院选择细分市场中的某一个市场提供医疗服务。这个细分市场中可能没有竞争对手或竞争对手较少，医院具备在该细分市场获胜的必需条件。

医院在单一市场提供服务的优势是能够集中医院的资源，提供优质的服务，以占领该市场。单一市场的缺点是风险较大。个别医疗服务细分市场可能会出现不可预测的情况。或者某个竞争者决定进入同一个细分市场。鉴于这些原因，许多医院宁愿在若干个细分市场分散提供服务。

(2) 专科化：医院采用这种方法选择若干个细分市场，其中每个细分市场在客观上都有吸引力，并且符合医院的发展目标和拥有的资源。但在各细分市场之间很少有或者根本没有任何联系，然而每个细分市场都有可能赢利。这种在多个细分市场提供服务的方式优于在单一细分市场提供服务的方式，因为这样可以分散医院的风险，即使某个细分市场失去盈利能力，医院仍可继续在其他细分市场盈利。

(3) 完全市场覆盖：完全市场覆盖是指医院利用各种服务满足不同患者群体的需求。一般只有大型综合性医院或在局部地区占绝对优势的综合性医院才能采用完全市场覆盖的策略。

六、制定医院的经营战略

医院的经营战略是指医院为实现其组织目标和使命而确定的行动方案，医院的经营战略的一个中心问题是医院在其行业中的相对地位。地位决定了医院的经营能力是高于还是低于行业中的平均水平。一个服务市场定位得当的医院即使在行业中的地位不高，也可以获得较高的收益率。

医院要长期维持高于平均水平的经济效益，最重要的一点就是要有持久的竞争优势。虽然一个医院与其他医院相比可能有无数个长处和弱点，但它仍可以拥有两种基本的经营优势，即低成本或专科特长。

医院这两种基本的战略优势与医院谋求优势所开展的活动相结合，就使得我们得出了四种通用战略：成本领先战略；质量、服务优先战略；专科化发展战略；全科化发展战略。

1. 成本领先战略　是四种战略中最清晰明了的。在这种战略的指导下，医院必须有效地控制其医疗服务成本，具有成本优势的医院可以获得高于医疗行业平均水平的利润，低成本意味着在我国现行的按照服务项目固定付费的体制下，医院提供相同的服务可以获取更多的节余。成本优势要求降低管理费用，使用适宜的技术和设备提供服务。在相同的条件下，使用高精尖设备进行普通疾病的诊断与治疗，将失去成本优势。同样，使用高级专业人员诊治常见疾病也无法控制其成本支出。

2. 质量、服务优先战略　针对医疗服务细分市场中收入较高、支付能力较强的人群，医院可以采用质量、服务优先战略来提供医疗服务，即医院在医疗服务设施、服务环境、服务质量方面按照高标准设置，以满足这部分人群的健康需求。提供此类医疗服务的市场在进入和退出时的门槛都较高，但提供服务的利润较大，也往往伴随着较大的风险，因为经营不善的公司难以退出，就有可能引发医疗服务的价格战，导致医院收益下降。

3. 专科化发展战略　对于局部医疗服务细分市场中存在的某一项或某几项特殊需求不能很好地满足时，医院可以结合自身的特色开展专科医疗服务。在进入专科医疗服务市场之前,应对专科医疗服务的技术含量进行分析,技术含量高的医疗服务市场其进入门槛较高,提供服务的利润较大,风险也较大;技术含量低的医疗服务市场其进入门槛低,医院可以进退自如,这类市场获得的报酬虽然稳定,但利润较小。在建立与大型综合性医院相同的专科或提供与其相同的医疗服务时,应考虑到未来市场的服务需求量和竞争强度,以规避风险。

4. 全科化发展战略　对于多数综合性医院和社区医院来说,采取全科化发展战略有助于医院减少由于某一专科或几个专科出现问题时对医院经营造成的影响。由于大中型综合医院都具备市场进入门槛高的问题,因此,进入、退出这一市场都比较困难,只要这一市场内现有的竞争强度不大,医院可以保持相对稳定的发展。对于小型社区医院来说,由于其进入和退出的门槛都较低,因此,一旦政府政策放开之后,社区医院便可能面对激烈的竞争和较高的市场淘汰率。

七、医院经营效果评估

1. 医院经营效果评估的概念　医院经营效果评估是以医院事先制定的发展目标为标准,对医院经营的实施效果进行有计划的评估,目的在于检测医院的经营效果以及改进医院的经营。医院经营的效果可以采用一定的方法和指标进行评估,评估应结合医院制定的发展目标进行。

2. 医院经营效果评估的分类　医院经营效果评估可以分成回顾性评估和即时性评估。

回顾性评估重点研究医院以往的经营效果,总结医院经营过程中好的经验和失败的教训,为医院今后的经营管理工作提供依据。进行回顾性评估主要依靠医院的经营效果资料,因此评估的质量在很大程度上取决于资料的准确性。

即时性评估可以针对医院经营过程中出现的问题,及时分析原因并采取措施加以解决。比如医疗服务市场发生变化,有新的竞争者进入,政府医疗服务相关政策调整等,都需要医院对其经营方案进行评估,以做出相应调整。

3. 医院经营效果评估的主要指标　医院经营效果评估可以通过系列的经营评价指标进行。常用的经营效果评价指标包括:
- 门诊人次(人次/年);
- 急诊人次(人次/年);
- 出院患者例数(人次/年);
- 平均住院日;
- 病床使用率;
- 住院手术例数(人次/年);
- 门诊手术例数(人次/年);
- 接生数(人次/年);
- 剖宫产数(人次/年);
- 病理切片检查数(人次/年);
- 每医师门诊服务量(人次/年);
- 每医师住院服务量(人次/年);
- 每医师业务收入(元/月);
- 药品收入占总收入百分比;
- 收入成本比;

- 门急诊患者每诊次平均费用；
- 患者每床日住院费用。

4. 经营改进及其效果评估　如果经过评估发现医院经营中存在问题，通常要提出经营改进方案或改进措施，以使医院经营合理化。

在经营改进措施实施几个月以后，要根据改进目的进行效果评估。评估设计通常是经营改进前后比较，所用的指标可以根据改进的主要目的进行设计。

（周子君）

第五章 医院文化

教学内容与教学目标

教学内容
1. 企业文化。
2. 医院文化。

教学目标
1. 熟悉企业文化的定义和内容。
2. 掌握医院文化的定义、功能、原则。
3. 了解医院形象设计的内容。

第一节 企业文化

一、文化的概念

文化是指社会的意识形态以及与之相适应的制度和组织机构。

文化是一定的社会政治、经济在意识形态领域的反映,既具有强烈的阶级性和时代性,又具有明显的区域性和行业色彩。一个国家的文化积淀在民族心理中可以产生潜移默化的作用。

荷兰文化研究所所长霍夫斯坦特根据对40个国家企业工作人员的大量问卷研究得出结论,他认为文化是:"在同一个环境中的人们所具有的'共同的心理程序'"。因此,文化不是一个个体特征,而是具有相同或相似的生活经验、受过相同或相似教育的许多人所共同拥有的心理程序。不同的群体、不同的国家或地区的人们,有着不同的文化特征,这是因为他们受过不同的教育、有着不同的生活和工作,也就有着不同的思维方式。

文化可以分为两种,一是具象的有形的文化,如文学艺术、新闻出版、广播电视等;二是抽象的无形的文化,如价值观念、精神意识、行为规则等。

二、企业文化的概念

1. 企业文化的概念　企业文化是指经过多年积累形成的一种企业的群体意识,包括企业的价值观念、行为准则等所有职工都能认同的共同的态度、工作方式、工作气氛等。

2. 企业文化的特点

(1) 企业文化是企业制度的重要组成部分,相当于企业体制中的软件。

（2）企业文化的内容是不断调整和变化的，一成不变的企业文化不仅对企业的发展没有积极作用，而且还会产生消极的影响。

（3）企业文化的内容丰富而庞大。

（4）企业管理制度与社会的法制制度相对应，而企业文化则与社会道德相对应。

3. **企业文化五因素**　特雷斯·E·迪尔和阿伦·A·肯尼迪在《企业文化——现代企业的精神支柱》一书中认为，企业文化由企业环境、价值观、英雄、习俗和仪式、文化网络5个因素组成，这5个因素各有不同的作用。

（1）企业环境：指企业"经营所处的极为广阔的社会和业务环境"，包括市场、顾客、竞争者、政府、技术等状况。企业环境是形成企业文化最大的影响因素，而企业文化则是企业在这种环境中为了获得成功所必须采取的全部策略的体现。因此，确切地说，企业环境是形成企业文化所必需的条件，而不是企业文化的内容。

（2）价值观：指一个组织的基本概念和信仰。价值观是企业文化的核心和基石。企业的价值观越鲜明，说明企业的信念越强烈，越能吸引企业中每个人的注意力，使大家的目标都集中到企业目标上来。价值观应该用具体的语言表达出来，而不是抽象难懂、过于一般化的口号。

（3）英雄或者榜样：英雄或者榜样是企业价值观的化身，是机构内部最佳行为和力量的集中体现，被视为企业文化的支柱和希望。英雄人物或者榜样来源于机构内部，但不一定是机构中的大人物。树立英雄人物、宣传英雄事迹，可以在机构内部形成"小人物立大功"的气氛，鼓励在岗位上建功立业。英雄人物使每一个员工的表现和企业精神或者企业文化联系在一起。同时，可以通过英雄行为的宣传，对外展示机构所崇尚的行为模式，对内建立行为标准，调动员工的积极性。

（4）习俗和仪式：是指企业日常活动中经常反复出现、人人知晓而又没有明文规定的东西，是有形地表现出来而程式化的、显示内在凝聚力的文化因素。仪式是企业中按照一定的标准、一定的程序进行的有序的活动。习俗和仪式可以在随和、自然、轻松、幽默的气氛中完成，但同样有着深刻的文化内涵。例如，有的企业有每周的午餐会制度，在每周的一个固定时间，大家聚集在一起吃午餐，在午餐的过程中随意交谈或者有一个大致的谈话题目，大家随便发表意见。这个习惯看似平常，但是在组织内部形成了一个融洽的彼此交流的气氛和环境，在一个轻松的氛围里，员工们完成沟通、联络、协调等多个活动。

（5）文化网络：指企业内部形成的非正式信息传播渠道。非正式传播渠道在传播信息的时候，往往对信息进行主观的艺术加工，对信息内容的解释也可能与正式渠道不同。在传播的过程中，更多地依靠口头传播，没有书面的形式。在传播的过程中，参与传播的每一个人都用自己的想像力、洞察力和对细节的辨别力，对信息加上自己的理解，然后再传播出去。这种传播通常无据可查，却有非常大的影响力。非正式传播渠道的形成可能是由于缺少正式的信息渠道，使小道消息才能畅通无阻。

三、企业文化的内容

（一）经营型企业文化

经营型企业文化指企业在处理它与外界关系时所持有的价值理念。

1. **企业利益与消费者主体地位有效结合的双赢理念**　毫无疑问，企业应该追求自身的目标，但是在此过程中，单纯讨论企业自身利益的最大化已经不再适合了，而是要考虑消费者的主体地位。企业只有把对自身利益的追求与消费者的主体地位有效地结合起来，才能够快速发展，即在企业经营过程中应坚持双赢的理念。

企业的消费者不仅包括一般意义上的消费者，还包括企业的投资者。因此，不论是生产生产性资料，还是生产消费性资料，不论是把产品卖给投资者，还是卖给消费者，不论是把产品卖给生产消费者消费，还是卖给生活消费者消费，企业都必须考虑消费者收益的问题，使消费者的收益随着企业的利润增长而呈适当的正比例上升。例如在医疗服务的过程中，医院不仅要考虑自身的收益问题，还要考虑患者从医疗服务中的获益有多少，只有患者认为经过医疗服务过程，收益上升，患者才会接受服务，才会在以后进一步寻求服务。如果没有双赢的理念，没有考虑到消费者的需求升级，就提高产品档次、调整产品价格；如果不考虑消费者收益，就推行优质高价的经营战略，就会在激烈的竞争中失败。

2. 当前利益与长远利益有效结合的可持续发展理念　企业在经营中，既要考虑到自己的当前利益，也要考虑到自身发展的长远利益，两个利益相结合，才能保证企业的可持续发展。过分追求短期利益，虽然可以有昙花一现的繁荣，但是最后损害的是企业自身的长远生存和发展。特别是在经济处于高速增长的时期，充满了各种新生事物的诱惑和机会，不能因为短期利益而放弃长期的目标和追求。

改革开放以后，浙江省温州市的发展模式就很好地说明了企业经营的短期利益与长期利益的关系。温州的乡镇企业从搞假冒伪劣产品开始，发展迅速，但是产品质量低劣，结果在全国的消费者中形成了温州货等于假冒伪劣商品的印象，温州产品在全国各地受到抵制或者排斥。90年代末，温州人开始痛定思痛，重新树立温州的品牌形象，谋求城市、企业和产品的长远发展。

3. 增强竞争力与协作竞争有效结合的理性竞争理念　企业要增强自己的竞争力，但也要考虑协作竞争的问题。绝对竞争是一种非协作性的非理性的竞争。恶性竞争可能会导致全行业性的亏损，例如彩电生产企业之间的以价格战为主要手段的恶性竞争就导致彩电生产企业在2001年陷入全行业性亏损。

4. 企业发展与宏观经济调整有效结合的快速应变理念（快速适应性理念）　毫无疑问，企业的活动受到国家宏观经济条件的影响，因此，任何一个企业都必须仔细地观察并快速地适应国家宏观经济形势的调整和变化，而不是片面地要求国家的宏观经济政策为企业服务。在国际化进程加快的环境中，甚至还要考虑根据国际的经济形势做出适应性调整。

随着我国很多行业由供不应求的短缺经济形势转为供过于求的过剩经济形势，医疗服务也存在供给相对过剩和绝对过剩的问题。一些地方的企业人员分流和职工下岗更加剧了医疗服务有效需求不足的现状。同时为配合国家宏观经济的改革，医疗服务自身也面临着复杂的改革形势。医院存在的主要问题有两个：一是如何在一个在较为稳定的政策环境中发挥主观能动性，适应患者医疗服务需求的变化；二是如何适应外部政策环境的变化。医院在城镇职工基本医疗保险制度、医疗卫生管理体制改革、药品流通体制改革等一系列重大改革措施出台之后，应该对政策进行细致的分析和讨论，发现政策的变化趋势和潜在影响，主动适应政策环境的变化。

5. 市场有效需求与市场潜在需求有效结合的动态性创新理念　企业在经营活动中，不仅要看到现在的有效需求（即现时需求），还要预见到未来的潜在需求，将现时需求与潜在需求结合起来，企业才能高效益地发展。动态创新要求企业在考虑现时市场需求的基础上，也必须考虑随着人们生活水平的提高，人们的潜在需求将转化成有效需求。如果企业没有动态创新的理念，很难识别出并适应和满足消费者需求的变化。如果企业能够既把握现时需求，又看到了潜在需求，而且能够把潜在需求转变为未来的有效需求，那么企业就会不断创新，主动适应甚至引导市场变化。

但是在医疗服务领域中，由于长期计划经济体制的影响，医院基本不考虑潜在需求的问题，对潜在需求的重视明显不足，研究不够，准备也不够。在市场经济体制下，潜在需求是需要医院自身予以充分考虑的问题，而不是政府安排的结果。研究潜在需求，可以帮助医院在面向未来的发展过程中居于主动地位。

6. 有形资产增值与无形资产增值有效结合的品牌理念　品牌形式有三种：即产品品牌、产业品牌和企业品牌。产品品牌是品牌的低级形式，企业品牌是品牌的高级形式。产品品牌可以逐步发展成为产业品牌，并且进一步发展成为企业品牌。

例如，在医院中，北京协和医院可以说拥有了这第三种品牌，即企业品牌的品牌效应。人们对北京协和医院的优势服务项目的认识已经不局限于某一个专科，而是认为协和医院在几乎所有专科上都具有行业领先的地位。一些专科医院或者有明显专科优势的综合医院具备产品品牌，即在某一个医疗服务项目上拥有良好的品牌效应。也有一些医院在走产业品牌的发展道路。例如辽宁省沈阳市的何氏眼科，从一个眼科专科医院开始，逐渐开始发展眼科服务的相关产品，如眼镜和眼科诊疗设备。此后，又进一步开始举办眼科专业技师的培训机构，围绕着眼科服务开展了一系列的工作，这些工作与该医院的核心业务密切相连，放大了一个产品的品牌效应。

品牌效应是有限度的，对于品牌效应的真正作用也不能盲目乐观地估计，不能认为拥有一个产品品牌就可以自然扩展到企业品牌。发展与医院核心优势不相连的服务项目就很难起到通过产品品牌上升到产业品牌和企业品牌的效果，过度放大品牌效应会导致决策失败。因此，在创建品牌的过程中，要考虑建设何种类型的品牌，该品牌能够有效利用的范围在哪里。

7. 企业快速发展与稳健经营有效结合的抗危机理念　企业在经营的过程中，会遇到各种各样的危机，为了很好地渡过危机，企业在危机没有到来之前就应该有抗危机的理念。对于自己的发展速度和规模，不能盲目求快，而是要注重和考虑增长的风险。对危机事件缺乏认识和应对的措施，会使企业因为一时的问题而彻底毁灭。

8. 全面增强企业优势与企业个性特色有效结合的比较优势理念　企业在经营中要全面增强自己的优势，但是需要在全面增强自己优势的过程中，突出自身的个性特点，是全面增强优势和突出个性特征相结合。强调自身的个性特征就是强调自己具有的比较优势，从而寻求最佳的收益途径。

9. 生产经营与资本经营有效结合的主动创造价值理念　企业的价值可以通过生产经营和资本经营两种方式来体现，价值理念是企业经营的基本理念，而生产经营和资本经营都是实现目的的手段。企业应该主动追求自身的理想目标状况，使两种手段有效结合，在有效的组合中实现企业的理性目标。例如，对于医院来说，床位数的扩大属于生产经营，是医院价值增值的一种形式，通过资本运作方式形成的医疗集团属于资本经营方式实现的价值增值。

10. 国内市场与国外市场有效结合的开放型拓展理念　我国入世以后，医疗服务的改革开放逐渐引起了人们的注意力。对医疗服务链的评价也应该是放入国际化的大背景下进行的。

（二）管理型企业文化

管理型企业文化指企业在处理内部管理的各种关系时形成的一种价值理念。企业通过这些理念来界定和处理它在管理过程中所遇到的各种矛盾和关系，是协调各种矛盾和关系时所遵循的价值准则和价值理念。

1. **责任、权利和利益有效结合的责权利对称性管理理念**　即在处理企业内部的各种矛盾和关系的时候，追求责任、权利和利益这三者的有效结合，并且具有对称性。人们对权利和利益的追求是无限的，需要运用责任进行约束。责任是明确权利和利益的核心标准，有什么样的责任才有什么样的权利和利益，即责、权、利是对称性的管理理念。岗位责任制就是要通过明确岗位的责任来界定不同岗位所拥有的权利和可以获得的利益。

2. **管理成本与管理收益有效结合的高效率管理理念**　任何的管理制度都是要付出代价的。在进行管理制度设计的时候，既要考虑管理收益也要考虑管理成本。例如，个体诊所不需要包括会计、出纳在内的财务管理体系，而一个600张床位的三级医院就必须有专门的财务部门进行收支的核算。在机构规模较小的时候，必须的管理层次较少；而在机构规模较大的时候，限于有效管理的宽度，需要构筑一定的层级结构来实现有效管理和整个机构的有效运转。另外，层级制的管理部门必然需要付出管理成本，包括为管理人员支付的直接成本、行政指令在管理层级中传递的时间成本、管理信息在管理层级中发生的损耗、管理效率等。只有在管理的收益大于管理成本的时候，这种管理结构才是有必要的，否则对机构而言是一种管理负担和不必要的成本支出。

3. **企业风险和收益与员工风险和收益有效结合的利益共享和风险共担理念**　企业管理专家认为，企业的风险和收益应量化到作为员工的自然人身上。只有企业的风险、收益和员工个人的风险、收益能有效地组合在一起的时候，企业中才能形成一种风险共担、利益共享的抗风险力量和内在活力。风险共担和利益共享其实是一个问题的两个方面，管理者单纯强调风险共担或者被管理者单纯强调利益共享都无法实现。

效益工资（绩效工资）是一种量化企业风险到员工个人的方式，通过效益工资把员工个人的经济效益与企业的经济效益联系起来，鼓励提高效率和效益，从而增强企业的抗风险能力，同时发挥员工的内在积极性，提高企业的凝聚力。效益工资的制度设计能否对管理双方的风险和利益分配做出合理的量化安排，决定了效益工资是否能够发挥其作用。

4. **管理者素质提高和被管理者能力增长有效结合的互动式管理理念**　被管理者不仅仅是管理的对象，还是管理措施的具体实践者，管理是一个管理者与被管理者相互作用、相互影响、相互提升的过程。管理措施的有效实施，依赖于被管理者对管理措施的理解和执行，在此过程中，被管理者的作用是不能被替代的。一项管理制度的出台往往还与其真正被执行有相当大的距离。政策分析学认为，一项制度得到执行需要获得60%～70%的同意。在一个开放和交融的社会，一项制度越来越不会因为管理者的权威地位而自动获得支持和执行，被管理者的主观能动性在政策措施执行的过程中发挥着不可替代的作用，而获得足够的支持率需要宣传鼓动教育的过程，被管理者才能充分理解管理者的各种要求和制度安排并且贯彻执行。因此，在致力于提升管理者素质的同时，还要强调被管理者的同步提高。

5. **管理现代化与企业适应性有效结合的理性化管理理念**　管理现代化无疑是一个企业管理发展的方向，但是管理现代化不能一蹴而就。例如，一方面现代化管理是量化管理，需要适应管理需要的信息系统作为基础和支持，没有数据的积累，就很难对企业的发展状况做出准确评价和判断，也很难量化到每个员工的工作绩效。但另一方面，没有量化管理的思想，也不可能使信息系统发挥现代化管理的作用。因此，管理的现代化是与企业的发展阶段相适应、相匹配的。

6. 管理制度与人本主义有效结合的契约化人本主义管理理念　20世纪初，行为主义学派确立了人在管理中重要的能动作用。20世纪50年代，人际关系学派的思想涌现，一系列关于人的激励因素的管理学说出现，如亚伯拉罕·马斯洛的五层次需要理论、弗雷德里克·赫茨伯格对激励因素与保健因素的划分、道格拉斯·麦格雷戈的X－Y理论等，都显示了在现代管理理念中对人的重视。道格拉斯·麦格雷戈在《企业的人事方面》一书中甚至认为"管理中，人力资源控制的理论假设决定企业的全部特征"。因此，充分重视人的因素是现代化管理的重要理念。

7. 管理目标与管理手段有效结合的有序化管理理念　管理不仅是一门科学，还是一门艺术，因此，虽然管理理论相似甚至相同，但管理手段在不同的机构、不同的时间却表现得千差万别。管理手段是不可以复制的，在一个地方有效的管理手段在另一个地方可能完全没有效果。因此，在具体的管理措施上不能够简单照搬或者复制其他机构的经验，企业必须针对自身存在的问题寻找到适合自身条件的解决办法。

8. 员工自我约束与外在制度约束有效结合的员工主体自觉性管理理念　有效的管理是用制度作为约束员工的重要手段，但是制度约束应该建立在员工主体自觉的基础上，将外在的制度约束转化为员工内在的自觉的自我约束。

（三）体制型企业文化

体制型企业文化指为了维系企业体制的存在，人们所应该拥有的价值理念。

1. 主体自主性与诚信原则有效结合的忠诚理念　任何人都不能在处理与外界的关系上去欺骗别人，这就是基本的诚信理念。这种诚信理念不仅能够维系人与人之间的关系，而且是维系一个体制存在的重要的理念保证。

2. 自我创新能力与协作原则有效结合的团队理念　现代社会强调个人的主动性、积极性和创造性，但是，一个组织机构不是靠单个个人维持的，而是群体的团队协作的结果。即使在一个张扬个性的时代也不能够排斥团队协作的团队精神。

例如，为加强医院内部的竞争，天津市第三医院推出"患者选医生"措施，将对医生的判断、选择的权利交给患者。2000年7月，该措施作为一项制度由卫生部要求全国各级各类医院实行。在该措施实行的过程中，必须注意的问题是如何协调个人作用与团队精神。医疗服务，尤其是住院医疗服务，是团队协作的结果。这不仅表现在医护之间的密切配合，还表现在以三级医生负责制为基础的医生之间的协作和配合上。没有三级医生负责制，年轻医生不能得到应有的成长，高年资医生也要事无巨细一一亲自完成，影响医生的工作效率，也妨碍医务人员技术梯队的形成，给医疗服务带来不必要的矛盾和障碍，不利于医院的长期可持续性发展。有些医院在机械地执行"患者选医生"制度不长时间后已经暴露出了上述种种问题。而另一些医院在执行的过程中，以高年资医生为核心组成医生组，由患者挑选医生组为自己提供医疗服务。医生组在组织的过程中，实行双向选择，充分发挥了各级医生的主观能动性，强化了团队协作，不仅受到患者的欢迎，而且增强了医院内部的凝聚力。

3. 员工利益最大化与勤奋创业精神有效结合的敬业进取理念　每个人都会追求自己的最大利益，但是在企业里，必须通过制度安排将员工追求最大利益的途径引导到勤奋、创业、敬业、进取的轨道上来，鼓励员工尽自己最大的努力，提供最好的服务，抛弃"差不多"的懈怠思想和消极的工作作风。

4. 机会均等与等级差别有效结合的等级差别理念　人人平等意味着每个人都有同等的进行选择的权利和机会。但是，人的能力是有差别的，分工是有差别的，收益也是由差别的。在绝对平等的"大锅饭"的思想指导下，人们并不需要努力，人们的努力也不会得到相应的激励和报酬。因此等级差别是企业中客观存在的，也是合理的。机会均等为每一个人的客观努力提供了发展的条件，承认差别的存在则为人们的努力创造了动力。

5. 提高效率与追求公平有效结合的效率唯一性理念　公平是社会职能，而效率则是企业的职能。企业为员工缴纳部分社会保险金是企业履行其社会职能的表现，但是建立社会保障制度则是政府职能。

6. 自我选择与契约化原则有效结合的制度至上理念　在法制社会里，强调自我的同时必须明确，人们的行为要遵守社会生活中的各种社会法制的约束，以及企业生活中的各种制度规则。进入企业工作和参与社会生活一样，意味着接受了其中的游戏规则。制度至上，是包括自己在内的所有人共同认可的规则，任何人不能随意破坏。

第二节　医院文化

一、医院文化的概念

医院文化是指社会文化和现代意识影响下所形成的具有医院特征的群体意识，是为全体医务人员所认同的行为准则和所奉行的价值观念，是企业文化在医疗服务行业的一种表现形式，是社会道德加职业特征的表现。

二、建设医院文化的根本动因

（一）医院服务能力相对和绝对过剩

随着医疗服务市场的不断开放，医疗服务能力提高，医疗服务资源呈现绝对的和相对的过剩状态，市场竞争在不断加剧。医院之间除了技术水平上的不同之外，服务态度、环境的舒适程度等其他方面的差异逐渐成为吸引患者就医的因素。医院开始认识到要全方位地塑造医院文化，对外树立鲜明的社会形象。

（二）患者的权利意识和对医院的选择权增加

1. 在城镇职工基本医疗保险制度下，规定患者可以选择 4 家定点医院作为自己享受城镇职工基本医疗保险的合同医院，而且可以每年更换医院。因此，患者对医院的选择不再受单位等方面的限制，选择权掌握在患者自己手中。患者依据来自各方面的信息，特别是自己的经验和别人的推荐做出选择。

2. 在选择医疗服务机构的过程中，患者根据他自己的价值观做出评价，分出第一名、第二名，最终选择了他认为最合适的医院。患者往往将医务人员的认真、耐心、细致、同情心及技术操作的熟练程度作为评价医疗质量的指标，也作为自己选择判断的依据。

3. 面对患者的选择，医院不论大小，要生存与发展，关键在于能否发现或创造出一个或几个第一来。必须依照医院目前所具备的条件，选择、提炼和创造出独有的而其他医院暂时无法比拟的优点，这种选择、提炼、创造的过程就是定位。建立在良好的医院文化建设基础上的医院有助于更好地完成社会形象的定位。

（三）企业文化理论在企业中的成功实践

医院文化源于企业文化理论。经过一个世纪的发展、演变和历练，企业文化已经发展成为一个比较成熟的学科体系，有一套比较完整的理论和方法。在企业文化理论引入我国之后，已经在我国的企业界迅速发展起来，改变了企业单纯追求经济利益的社会形象。为在医疗服务领域中引入企业文化的理论和方法提供了丰富的佐证。

（四）市场经济的社会环境与建设医院文化的迫切性

市场经济可以发挥积极作用的价值取向，例如：自主（主宰自己的命运，通过发挥主观能动性追求个人的正当利益）、平等（人与人之间是平等的，强化了价值主体的自我意识和自我利益）、效率（在同等的成本水平下，追求最大收益；同等收益下，追求最小成本）、竞争（优胜劣汰的形势下，以质量取胜，以信誉取胜）。但是，市场经济也有消极作用的价值取向，如不择手段追求个人利益。

传统的计划经济体制下的医德医风单纯强调医务人员为人民服务，忽略了全体社会成员，包括医务人员在内的个人利益。在社会转型下价值取向的转型必然使传统的道德观念受到影响。社会经济制度改革使医院由纯福利机构转变为独立的经济实体，医务人员在重视医疗技术效果的同时，开始重视服务的效益。社会环境的变化提示，务实的医院文化必须尊重个人的价值和利益，同时使员工利益与医院利益统一起来，将医院的长远利益作为员工个人的发展目标和方向。

三、医院文化的功能

1. 导向功能 医院文化规定了人们行为的价值取向，也就是对医院共同利益的选择和取舍，医院的全体工作人员通过具体的行动表达医院文化的内涵，使员工的行为表里如一。浙江医科大学对300位医务人员的调查发现，就医务人员收受"红包"问题，抱有"内心想收，别人收我也收"思想的人有25.9%，不收的占72.7%；认为"红包是对医务人员劳动价值承认的一种补偿"的占26.6%，认为是"对医德水平的检验"的占72.7%。两者吻合，说明医务人员行为与其道德认知之间具有相关性。

2. 约束功能 医院文化首先通过制度表达强制性地约束员工的行为，进而通过长期的反复的宣传和教育，使医院的价值观和服务理念逐渐变成员工的自觉认识，自觉约束自己的行为。是适用于所有员工的明确的行为准则。这种约束初期是外在的、强制性的，进而是内在的、自觉的。医院文化一旦形成，严格的规章制度就成为一种内在的、自觉的行为。

3. 同化功能 不同的文化特征通过一系列行为变量，例如语言、仪式等，发展出各自独特的特征，共同构造出一个团体中可接受的行为模式。这些要素组成了组织团结的工具。新员工进入到医院，首先感受到的是医院文化产生的潜移默化的影响。由于群体的共识和个人的从众心理，员工个人会采取与群体的价值取向相一致的行为。

4. 凝聚功能 医院文化是一家医院特有的价值观和精神理念的表达，可以使全体员工产生对目标、原则、观念的认同感，实现目标的使命感，以及对集体的归属感。这些主观感受是员工对自身工作感到满意的必不可少的影响因素，可以给员工以荣誉感和自信心，使大家在工作中心往一处想，劲往一处使，团结奋斗。

5. 激励功能 共同认可的组织文化可以提高工作绩效，医院文化促进经营业绩的原因在于：第一，在专业化程度很高、分工复杂的世界中，很难做到协调一致。医院文化能够带动员工树立明确的目标，并在为此目标奋斗的过程中保持一致的步调。第二，医院文化能够在员工中营造出非同寻常的积极性，成员贡献的价值观念和行为方式使得他们愿意为组织出力。第三，医院文化还提供了必要的组织结构和管理机制，从而产生了一个合适的、有利于激发创造的压力水平。IBM的前董事长汤姆·沃森1962年在哥伦比亚大学的一次讲演中总结说："就企业相关经营业绩来说，企业的基本思想、企业精神和企业目标远远比技术资源或经济资源、企业结构、发明创造及随机决策要重要得多。当然，所有这些因素都极大地影响着企业经营的业绩。但我认为，他们无一不是原自企业员工对企业基本价值概念的信仰程度，同时源自他们在实际经营中贯彻这些概念的可信程度。"

6. 调节功能　一个医院里的全体员工由于年龄、性格、家庭背景、文化水平等各个方面的差异，不可避免地会在工作中产生这样或那样的矛盾，在共同的医院文化作用下，员工可以求大同存小异，用最符合医院的价值观、最有利于医院的方式解决工作中的矛盾和冲突。

7. 辐射功能　医院希望与患者保持长期的服务合作关系，而医院文化恰恰可以通过各种途径影响到就诊的患者和医院所在的社区，在患者及社区中树立鲜明的医院形象。

四、医院文化建设的原则

1. 坚持实事求是，一切从实际出发的原则　建设医院文化是为了树立鲜明的医院形象，因此，每一个医院都应有属于自己的医院文化。不可以照搬照抄他人的成果，也不能只用一句社会通用的口号做代表，即使大的原则一样，也不可能在具体做法上完全一样。因此，建设医院文化应从医院实际情况出发，根据医院自身的特点，找到适合自己的文化内涵和表达方式。

2. 坚持可操作性的原则　医院文化不是一句单纯的口号，是用来指导实践的原则。因此医院文化应有一系列的具体目标和标准，可以用于实施、检查、评价和比较。

3. 坚持群众路线的原则　建设医院文化对医院内部工作的作用是为了培养内部的行为准则和价值观，因此，医院文化必须能够被全体员工所接受和执行。停留在纸面上的或挂在墙上的医院文化对工作不会产生任何积极的作用。建设医院文化必须完成从上而下的过程，最终落实到全体员工的思想和行为上。

4. 坚持实践的原则　一个价值观提出来以后，是不是能够为全体员工接受并使之成为医院文化，必须经过实践的检验。

5. 坚持扬弃的原则　没有医院文化不利于医院的发展，落后的医院文化同样不能起到积极的作用，反而可能束缚员工的思想。医院文化制定之后，需要随着实践的过程和认识的不断加深，不断地进行调整和修订，使医院文化的内涵与时代、与医院的发展保持一致。

6. 坚持领导以身作则的原则　在建设医院文化的过程中，领导层发挥着很大的作用。首先，领导负责确定和传播核心的价值观和原则，这些核心的价值和原则将作用于组织的行为方式，并指导医院的决策制定；其次，领导负责向全体员工宣传那些代表医院价值观和原则的行为，并通过模范作用和影响力来引导全体员工遵守医院文化。医院文化在建设之初，难免会有人怀疑其是否能够对医院工作产生积极影响。这时，领导层必须以身作则，率先垂范，才能要求全体员工遵守和执行。最后，只有领导层才能确保合适的监督系统处于合适的位置上，辨别并发扬可取的行为，惩罚不良的行为，无论这种监督系统是有形的还是无形的。

五、医院文化的表达

（一）医院文化的理念表达

医院文化的理念表达是用具体的语言将医院的价值观表达出来，而非抽象的、概念化的口号。价值观最好使用不同的语言来表达，避免彼此雷同。因为价值观既能够反映一个医院的基本特征，又能使其与另外一个机构区别开来。价值观的具体而富有个性的表达可以起到两方面的作用：一是使文化理念在全体员工心目中形成一个实实在在的概念，真正成为凝聚人心、支配行为的自觉意识；二是使员工产生与众不同的自豪感和归属感，使员工在整个行业的激烈竞争中保持旺盛的精神。

在计划经济时期，"救死扶伤，实行革命的人道主义"是医院普遍使用的概念，目前很多医院将"以患者为中心"作为医院宗旨。医院采用这样一个理念是完全正确的。但是，作为一种理念表达，这样一种表达方式使一家医院无法与另一家医院区别开来，是一种没有个性的理念表达形式。在现代企业中，已经逐渐形成了企业文化的个性表达。例如，海尔集团用"真诚到永远"作为国内宣传的长期的主导口号，反映了顾客至上、永远为顾客服务的企业文化；用"海尔中国造"作为对外宣传的主导口号，反映了立志成为跨国公司的国际化形象。分析不同企业的理念表达会发现，虽然他们会有同样的或者相似的内涵，但是不同的表达方式使他们彼此区别开来，从而树立了独特鲜明的企业形象。医院应该学习企业文化的表达方式，从而树立与众不同的、独特的医院文化的理念表达。

医院在建立了文化的理念表达之后，要通过反复的宣传教育使全体员工理解、领会、接受，并在工作中自觉运用医院文化，将医院的文化理念落实到医疗服务过程中。

医院的理念表达虽然具有相对的稳定性，但是也是随着医院的发展变化而不断发展变化的。从"救死扶伤，实行革命的人道主义"到"以患者为中心"，医院的价值观也应随着时代的变化、医院所处环境的变化而变化，不应成为僵硬的支配人们行为的教条。同时，在一个充满了变化的时代，一个机构还应注意到原有的主导价值观念之外的思想或者要求，防止墨守陈规而忽略了新的机会。

（二）医院文化的制度表达

当知识开始替代资本成为一个独立的经济实体最重要的战略资产时，传统的用作分配和控制财务资产的战略、结构和体系开始被能够更熟练地开发和拓展知识的公司模式所取代。企业文化在此进入了制度和行为的层面，它是一个较深层次、不易察觉的层面。

医院文化不能停留在理念或口号的层次上，需要用制度表达落实在全体员工的行动约束中。医院制度反映了医院管理者对员工真实的要求和导向，医院文化的制度表达也反映了医院管理者对医院文化的理解和执行。

规章制度能够起到促进、保证和强化医院文化的作用。在一些医院，之所以出现更换领导人之后行为方式变化很大的情况，是因为原有的医院文化没有转化成为全体员工遵守的规章制度，缺乏制度的支撑，使得医院整体的行为方式过分依赖领导人的个人影响力而存在。

在文化的理念表达与制度表达之间，人们最终会服从于制度表达的要求，而放弃与实际行为不符的口号。要实现医院文化的正确的制度表达，关键是要使制度对员工行为的导向作用与医院文化的内涵一致，即做到规章制度的表里如一。规章制度与医院倡导的行为准则不一致，员工就会放弃医院文化的口号，或仅仅将其视为表面文章。例如，医院一方面宣传"以患者为中心"，另一方面在院内规章制度上用药品提成、检查费提成等方法鼓励员工创收，则说明规章制度背离了医院的文化宗旨，"以患者为中心"在员工心目中不过是一句口号，员工不会为此做出实质性的努力。

（三）医院文化的形象表达

医院管理者通过各种规章制度向员工传达文化层面的要求和导向，同时文化的形象表达向患者以及患者家属传达医院的文化理念。医院文化的形象表达包括医务人员的服装、标牌，医院环境的色彩、风格等。

六、建立医院文化的步骤

过去建设一种文化传统要靠时间积累自然形成，现在可以通过人为的精心设计实现。关键是领导，要从头做起，从小事做起。

1. 创建使命宣言　对于一家已有若干年历史的医院来说，在审视自身原有的医院文化的时候，需要寻找一个契机建立新的医院文化。例如医院评审、创百佳医院等。广东省清远人民医院的改革契机是从原来的县医院改建为地级医院，提出了"服务在先，优质为本，发展医院，改善个人"的建设口号。这个口号明确了集体与个人的先后关系，与传统的政治思想教育相比，这个口号鼓励通过工作努力实现个人价值。

2. 建立一定的规章制度　如技术操作规程、服务规程、岗位责任制等，以及相应的奖惩制度。这些制度必须能够引导员工倡导和遵守医院文化所宣扬的价值观和行为理念。

3. 改善环境　营造温馨、舒适、和谐的心理环境和物理环境。例如广东省清远市人民医院改善医院内人际关系的两个步骤：第一步：融洽人际关系"四道"，即见面道好，委事道请，偏劳道谢，失礼道歉。第二步：加减乘除法，即加一点喜悦，减一点冷漠，乘（诚）以待人，除去猜疑。以此建立医院内部和谐、融洽、团结、协作的人际关系氛围。

4. 人员培训　创建使命宣言之后还特别需要反复、细致、耐心的思想工作，使医院文化深入人心，包括技术上的培训和服务方式上的培训。

七、医院形象设计

医院形象设计在包括医院的建筑设计、建筑规模、质量、形状、内外环境等客观条件之外，也包括医院的行为、医院的价值观以及各种活动的效果留给人们的总体印象。医院文化是医院形象设计的基础，医院形象是医院文化的外部表达。

1. 企业形象识别系统的概念（Corporate Identity System，CIS）　CI（CI：Corporate identity译为"企业形象"或"企业识别"）战略兴起于1960年代的美国，最早应用的是国际商用机器公司，即IBM。最初用于企业标志和商标的设计，逐渐形成完整的企业形象识别系统。

所谓CI战略，是指在对市场环境及企业内部进行充分的调查和研究的基础上，分别对企业的理念、行为、视觉传递三部分进行系统的、规范化的策划和设计，并制定CI手册和进行CI发布（对内和对外），据此持久地、一贯地予以执行的策略。其成功实施的必然结果是使社会公众（内部员工和外部社会群众）对该企业价值观产生一致的认同感，从而创造出最佳的经营环境。

形象设计的意义：①主要用于企业；②强烈的个性必然反映出鲜明的形象，必然有别于他人和容易被社会公众所识别；③其实质是针对增强某一组织的竞争力而提出的，有强烈的"指外性"或"吸外性"，即通过强化企业等团体的个性以改善其营销状况。

2. 形象识别系统的内容

（1）理念识别（Mind Identity，MI）：如目标、信念、宗旨等内在品质与精神。医院理念设计是对医院精神、价值观、目标等观念性的而又能体现医院个性的内容进行浓缩，通过简洁、精练的文字表达出来。例如："一切以患者为中心"就是目前最流行的医院经营理念，它表现在医院所有工作人员对外承担共同的责任，共同对医院的形象负责。医院的文化理念服从于、服务于医院的经营管理目标和战略,同样的一句"以患者为中心"会在不同的医院环境下有不同的表达。

(2) 行为识别（Behavior Identity, BI）：如机构、制度、奖惩、公关、宣传等,是贯彻理念的一切行为与态度的动态体现。医院行为设计主要包括医院的管理体制（权利行为）、各种制度（员工的行为规范,如医院用语和对员工的奖惩）及医院各项文化活动。对内的行为识别包括:各种规章制度、服务规范、技术操作规程等。医院所有工作人员在午饭时在大餐厅共同用餐这样一个简单的行为,是搞好人际关系的一个重要手段,大家不分职位高低,形成一种伙伴关系,可以向所有人员传递一种融洽、和谐、沟通的气氛。对外的行为识别包括:开放的办公环境,例如大玻璃窗没有铁栅栏的收费取药等服务窗口,病房里开放的呈180度或者360度设计的护士站。开放的办公环境有利于医患之间的沟通交流,让患者有说话的地方和说话的可能。各个岗位上的医务人员拘泥于小节,表现出严谨、礼貌、诚挚的态度可以给人以信任感。所有这些环境的特征和医务人员的行为特征都表达出医院尊重患者、服务患者的医院文化的价值观和经营理念。

(3) 视觉识别（Visual Identity, VI）：如名称、标志、环境等,是贯彻理念的一切视觉信息传递的静态统一。医院视觉设计是视觉信息传递的各种形式的统一表达。人凭感觉接触的外界信息83%来自视觉。任何一家医院要想把自己有效地推介给社会公众,都应该建立一套易于识别的符号系统,以便给社会公众留下广泛、深刻、统一的良好形象。名称、标志、色彩以及标准字体及其组合等组成基本视觉设计系统,由它们构成视觉传达的统一性要素,将它们用于医院的建筑外貌、交通工具、制服、医疗器械、胸牌、名牌、处方笺、广告、展示台等一切可用的媒体,每时每处都对公众产生作用,对塑造医院形象产生相乘累积的结果。医院视觉设计是医院经营理念的外在表现,医院理念是视觉识别的精神内涵。因此,视觉设计不同于简单的装饰。如:统一的着装,与众不同的医院徽标,艺术字体书写的医院院名,将医院经营理念以标语口号的形式写在医院的明显位置上,表明对患者的一种承诺,并且表示愿意为这种承诺做出努力。某中医院为了突出中医药特色,在新建的办公楼前用不同颜色的植物组成了大型的阴阳八卦图案,楼门两侧贴着用中药名编写的对联:"丹心厚朴君至生地胜熟地,杏林红花春来木香赛麝香"。优美的环境突出显示了医院的外在形象。

3. 医院形象设计的原则

(1) 系统性:将CI战略当作一项系统工程,对整个设计的内容作全面的通盘考虑,使各个部分务必保持总体上的一致性,体现出浑然一体的风格。例如医院的院歌、院徽和院旗。

(2) 长期性:整个设计围绕医院长远规划的核心内容。

(3) 以医院理念为核心:理念识别是CI系统的核心部分,所有设计要素都必须紧紧围绕医院理念的表达。

(4) 人性化:设计工作将医院内部职工和外部社会人群的感受作为基本点,使公众感到亲切和谐,表达出浓厚的人情味,树立医院人性化的形象。

(5) 与法律规定不相抵触:包括消费者权益保护法、广告法、商标法,以及涉及医疗卫生的法规等。

(冯　文)

第六章 医院诊疗管理

> **教学内容与教学目标**
>
> **教学内容**
> 1. 门诊管理。
> 2. 住院管理。
> 3. 院前急救管理。
> 4. 药事管理。
>
>   *   *   *   *
>
> **教学目标**
> 1. 熟悉作业流程管理的定义、原理。
> 2. 掌握对门诊流程的分析,包括门诊流程的核心环节、等待环节、逆流环节和再就诊环节的分析。
> 3. 了解门诊服务和住院服务的区别。
> 4. 熟悉住院管理中的业务管理、组织管理制度、患者管理制度。
> 5. 熟悉急救医疗服务的特点以及我国院前医疗急救模式的类型。
> 6. 掌握急救医疗服务中的检伤分类原则。
> 7. 掌握医院药事管理的概念及合理用药问题。

第一节 门诊管理

一、门诊管理的概念

门诊管理就是对门诊工作的全过程、门诊工作的诸要素以及参与门诊工作的各个部门进行计划、组织、协调、控制和评价。

二、与住院服务相比,门诊服务的基本特征

1. **地域性** 门诊服务的服务半径较小,一家医院门诊服务的患者群受居住和工作地点的地理位置,以及其他一些因素如自然条件、交通条件和行政区划的影响和限制。

2. **前沿性** 门诊服务是医院医疗工作的第一线,是患者接受住院服务的必经之路,绝大部分患者经过门诊服务的诊断进入住院服务环节。

3. **患者集中并且流量大** 门诊患者的数量远远大于住院患者,有些大医院日门诊量超

过10 000人次。同时，门诊服务中患者就诊时亲属陪诊数量也较大，在儿科尤其明显。据调查，平均就诊人数与陪诊人数之比是1/2。为此，北京市儿童医院曾经规定，诊室内只许一位家长陪同，但仍无法限制陪同到医院的家长人数。门诊患者的数量对门诊服务的就诊环境构成很大压力。

4. 不确定性　门诊服务中，医生没有特定的服务对象，要有独立面对各种临床问题的处理能力。

5. 限制医疗能力　门诊服务中，医患有效接触时间短，医务人员与患者处于松散的连接状态。医生观察到的是患者某一时点的暂时状态，对既往病史的认识凭借患者及其陪同人员的主观描述，也无法对患者做追踪观察，缺乏对疾病发展变化过程的连续观察；没有上级医生的分析指导，医生个人的知识和经验对医疗判断的影响较大，并要求临床判断一次完成。因此，门诊服务对医生个人的经验和能力要求较高。随着医疗技术水平的提高以及控制医疗费用增长的压力增大，一些原来在住院服务中完成的技术项目也逐渐转向门诊服务，使门诊服务的复杂性增加。

6. 资源消耗少　门诊服务以医生服务为主，对其他医务人员和医疗设施的需要相对较少，房屋、设备、人力的占用数量较少，医疗成本相对较低；患者到门诊看病，不脱离原有的工作和生活环境，患者时间、经济负担较小，精神压力较小。

7. 流程管理压力大　大量的门诊患者要在短时间内完成挂号、候诊、诊断、治疗、检验、交费、取药等多个环节，任何一个环节的局部的拥堵都可能造成整个门诊服务部门的拥挤、堵塞甚至混乱。因此，门诊服务中要加强门诊布局的合理分区、门诊患者流向的合理引导，以及就诊环节的卫生、整洁、有序和手续的简化。

三、流程管理

1. 作业流程的概念　作业流程是指为最终满足顾客的需要而设计和实施的一组通过信息、人员和/或物质相联系的业务活动。这组业务活动以一种或多种输入为基础，经过一系列步骤，到创造出顾客愿意购买的产出（产品、服务）为终点。

价值链是指把在作业流程中能够产生价值的各个作用点连接起来，形成一条价值链。

2. 作业流程管理的意义　流程管理是要使服务过程最大限度地符合组织机构的目标和战略。流程管理主要有两个切入点：一是在承认现有作业流程的基础上，考察服务是否沿流程模式单向、顺畅地流动，目的是消除各种重复和停顿。二是对比价值链和作业流程，考察服务流程与价值链是否一致，进行流程的调整与重组，尽量减少不产生价值的环节，提高服务的效率和价值，以实现服务效益的最大化。

完善的医疗服务流程管理要求患者在就诊过程中沿价值链顺畅地单向移动，缩短各种停顿和重复，尽可能地避免无效甚至损害系统价值的环节及现象，实现价值在价值链上的单向流动，取得成本和时间上的优势。

门诊服务环节中，医患之间的各个作用点连接起来形成了门诊服务流程。把在这个流程中能够产生价值的各个作用点连接起来，形成一条价值链。医院要通过这些服务环节实现医疗活动的社会效益和经济效益。因此，沿着门诊服务流程的箭头方向进行，应该是一个服务价值的增值过程。如果出现逆向流动，说明前面的服务过程没有完成，是时间、人力、物力等各种资源的浪费。所以，根据流程管理的原则，应突出核心环节，减少非核心环节和无价值的环节，避免流程中的停顿和重复。

四、门诊服务流程管理

1. 门诊服务流程图（图6-1）

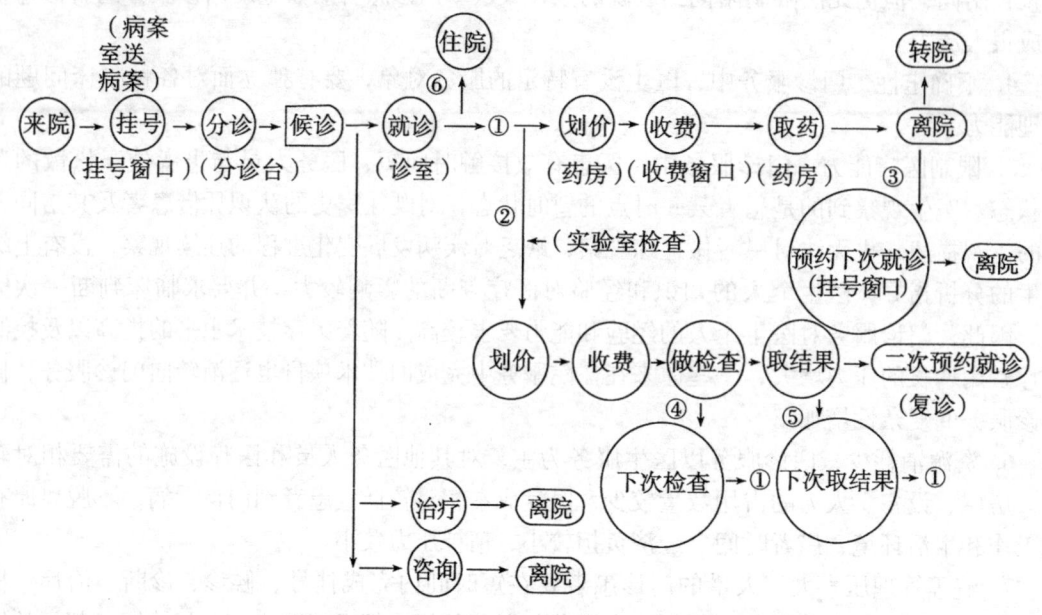

图6-1 门诊服务流程图

2. 门诊流程分析

（1）门诊流程的核心环节：在门诊服务中，患者以寻求医疗服务为目的，因此在一系列服务环节中，就诊是门诊服务的核心环节。诊前和诊后的各个环节加在一起构成了门诊服务的全过程。门诊流程管理要保证各环节的顺利进行，仅仅关注就诊环节是不够的。

（2）门诊等待环节分析：上述流程图中的就诊之外的任何一个环节都需要等待。各种各样的等待使患者占用医院的时间和设施，缺少直接的效益，还会有副作用。例如，在候诊环节，大量患者长时间集中在候诊室中，由于等待时间长、空气不新鲜等因素容易使患者产生烦躁情绪，甚至交叉感染。患者之间交流的信息除了疾病信息以外，更容易交流彼此的不满意和对医院的厌烦情绪。此外，由于患者通常是通过自己的不断询问来了解就诊的进展，不知道何时才能够排到自己，难以把握时间，这种进程的不确定性特别是对于时间紧的患者更难以承受。因此，虽然候诊环节是患者进入诊室之前必不可少的，但是等候环节给患者造成的心理压力很大，对医院的负面作用大于积极作用。

（3）门诊流程的逆流分析：一些患者在门诊服务过程中，会遇到一些重复某个环节的情况，即门诊环节存在逆流。因药物处方问题造成的逆流是医院中最常见的不合理的逆流现象。例如，药房已经没有处方上的药品，需要医生重新换药；或者处方药品的剂量、包装与药房药品不符，需要医生更改；或者由于医生字迹潦草，导致抓错了药，需要医生重新更改处方、重新划价取药，等等，都是患者常常会遇到的现象。

（4）门诊再次就诊环节分析：造成再次就诊的情况有：①预约二次就诊，一般是跟踪病情发展的需要，或者治疗措施的需要，比如牙科治疗龋齿和制作义齿，不能一次完成，需要患者再来就诊。②预约实验室检查：一些实验室检查不能当时做，需要预约患者几日之后再来检查。其原因一是患者多，实验室人员设备周转不开，需要患者排队。二是检查项目的需要，比如需要患者空腹等。③取实验室检查结果：一些实验室检查不能当时报告结果，需要患者再次就诊。可能是由于完成检查本身所需时间，比如一些生化检查有时间要求。但可能是有些医院做某些实验室检查时，由于需要使用一定剂量的试剂盒，要等凑够一定数量的样品之后才开机，患者有时要等上一周才能拿到检查结果。④其他原因造成的二次就诊情况，例如有的医院中药汤剂药房与门诊科室同时下班，有些患者在看完病、划完价、交完费之后再取药时，汤剂药房认为已经下班或者接近下班时间，让患者留下药方，下午或者第二天再取药。现在，很多都开设了周六门诊，方便患者就医。但是，一些检查科室不开诊，患者无法完成实验室检查或者无法预约。一些情况复杂的患者，甚至需要三次、四次就诊才可以完成门诊服务过程。由此可见，再次就诊有些是合理的，有些是不尽合理的。

（5）患者就诊高峰分析：突发的患者就诊高峰主要是由于季节性疾病的爆发流行，存在一定的偶然性和周期性。例如，流感爆发流行的时候，有的医院里一个医生一个门诊单元（半天）要看100多个同类疾病的患者。除了突发因素外，某些病种的患者在不同的季节会有一定幅度的波动，例如冬季呼吸道疾病的患者增加，而夏季消化道疾病患者增加。在一天的就诊时间里，患者数量也会呈现波动趋势，一般上午的患者多于下午，这是周期性的，是各个科室普遍存在的情况。

（6）三长一短门诊诊疗模式分析：通过上述分析可以看出，由于患者流程复杂，在患者流量大的时候容易形成三长一短的门诊诊疗模式，即挂号时间长、候诊时间长、取药时间长、就诊时间短。以挂号为例，挂号时间长是因为门诊的全天号集中从早晨7点开始的2个多小时的时间里，大量的挂号人员堆在门诊挂号大厅。虽然大多数医院除了口腔科等个别科室外，普通号一般都不限号，但是人们仍然会尽早来挂号。人越多，人们主观感觉挂号的压力就越大，人们会感觉到焦虑、烦躁，心情越不好，对时间的主观耐受程度就越差。在整个门诊服务过程中，要排的队很多，而相比之下，在诊室的就诊时间在整个门诊时间中所占的比例很小。即使看专家号，医生在患者身上花的时间相对较多，有的近20分钟，但比起排各种各样的队花的3~4个小时来说，也是太短了。三长一短直接导致了患者长时间等待和环境拥挤，就诊环境混乱。

（7）医院内部工作流程：医院除了直接面对患者的服务流程之外，还有内部工作流程，例如病历传递流程、检验报告传递流程等。内部流程不畅也可能造成患者的停滞，甚至无效服务。例如，一般医院规定患者在门诊大厅的问讯处查找检验报告，如果报告没有及时送到问讯处，患者就拿不到报告，也就无法进行下面的诊疗程序。

所以，门诊管理必须尽量缩短等待时间，避免重复路线，提高门诊工作效率。要减少患者的就诊程序，减少中间环节，避免患者在门诊过程中产生厌烦情绪，避免患者在某一环节的拥堵滞留。合理安排门诊医技力量，及时分流患者，保证良好的医疗秩序是门诊管理的重要内容。疏导患者人流的工作必须做得耐心细致。

五、保障和改善门诊服务流程的措施

1. 建筑环境的改造　医院在建院之初，应对门诊服务的布局有合理的设计，应能做到：医院建筑符合卫生学特点（特别要注意儿科和传染科诊室的特点，并做到与一般诊室之间的隔离，以防止交叉感染）；服务流程；路线最短；无重复；减少患者逆流；避免相互穿行；相关科室彼此靠近，以分诊台为中心向周围辐射。如果为"工"字形建筑，两侧均有楼梯，中间为走廊，中间走廊的房屋安排应避免患者拥堵在通道上。

2. 服务设施的改造　在门诊服务场所添加一些设备，可以缓解门诊服务中患者的紧张情绪。例如在公共候诊室，放上电视，播放一些科普、健康教育节目或者接收电视节目，有助于患者消除紧张情绪，缓解长时间等待给患者带来的烦躁不安的情绪。在一些大医院里，分诊台安装有了门诊就诊号码显示屏幕或者显示牌，标明几号正在几诊室就诊，既可以增加门诊服务的透明度，又可以给患者以明确的时间概念，减少患者的焦虑，使就诊患者对时间做到心中有数，可以更好地安排自己的活动，增加患者的自主权。需要患者交费的环节较多，在服务量大的楼层分设收费处，可以避免患者反复到一层收费处交费，既避免了患者过分集中，也减少了患者在医院中的奔波。

3. 改善导诊条件　门诊导医应做到图（平面图）、文（指示牌）、声（导医护士）、像（触摸式电子显示屏）有机结合，使患者能够得到清楚的指示。导诊提供的信息应全面、真实，最大程度上为患者提供导诊服务，减少患者的盲目性。

4. 加强药剂、医技科室与临床科室的沟通　药剂科应通过药讯等方式，及时将药品变化信息传达给医生，包括药品的商品名、化学名、包装、剂量、价格等。检验科室也应及时与医生沟通医院中开设的检查项目、价格、预约时间的长短等。医生也应主动了解有关情况，避免因医院内部的信息不畅给患者带来不必要的麻烦。

5. 减少流程环节　一些医院取消了集中挂号的环节，而请患者直接到科室挂号就诊，使各个科室的患者不必很早就集中在门诊大厅。

6. 注重营造舒适、轻松的门诊服务环境　各种形式的导医服务栏和健康教育宣传栏都能够起到缓解患者紧张情绪的作用。变封闭式窗口为开放式窗口，可以增加医疗工作的透明度，增进医患之间的理解。

7. 加强规章制度的执行　加大规章制度的执行力度，避免部门间推诿患者的情况发生。例如首诊负责制、各岗位的岗位责任制。如药房人员的岗位责任制包括定期向医务人员传达药品信息。同时，规定医务人员有责任按时查阅药房送达的药品信息，避免患者因处方药品没有、不同厂家的商品名有变更、药品包装变化等问题返回诊室修改处方。制定明确具体的规定后，如出现处方问题，应分析是药房传达信息不及时，还是医务人员未及时了解变化的信息，然后追究有关人员责任。目前，很多医院开始推行首问负责制，要求每个员工对医院的形象负责，必须对医院有全方位的了解，做到有问必答。

8. 提高服务水平，减少患者重复　医生应注意提高服务水平，例如清晰地书写处方就可以减少处方处理过程中的错误。

9. 树立全员服务的思想　门诊服务中的导诊工作不应该被视为仅仅是导诊人员的业务，是应该被看做全体工作人员的工作内容。例如门诊患者经常会询问电梯工有关服务地点的问题，应该要求电梯工掌握门诊楼的科室位置，给患者明确的指引。

10. 加强技术改造，改进服务流程　如计算机技术的引入使很多管理环节变得简单、清晰而且明确。但技术改造需要较长时间才能实现，伴随着其他学科的发展。也包括管理技术的进步和思想观念的转变。例如，目前一些医院可以做到划价和收费一次完成，是计算机技术的应用为这种管理变革提供了条件。

11. 合理调整窗口安排　根据患者早9点以前挂号窗口拥挤、交费窗口轻松，而9点以后挂号窗口人员较少、交费窗口患者逐渐增加的特点，医院可以增加窗口设置的灵活性，调整不同时间点的窗口数量，减少患者等待，尽快分流患者。

12. 延长服务时间，缓解服务压力　目前，很多医院开设了周六门诊、周日门诊、晚间门诊等，延长了门诊服务时间，缓解了门诊集中就诊的压力，也缓解了非工作日急诊服务的压力，方便了患者就诊，特别是方便了白天不能请假看病的患者。

13. 根据患者流量合理调整医生数量　对于疾病爆发流行造成的拥挤，医院应做出积极的反应，采取措施疏导分散患者。可以临时性地增加诊室、增加门诊医生数量，从病房或者其他二级科室临时性地抽调医生增强门诊服务能力。

14. 树立流程重组的思想，不断优化门诊流程　服务流程重组（Business Process Reengineering）首先来自观念和机制上的更新，对原有流程进行清晰地分析。同时，引入各种管理手段，使用清除、简化、合并、自动化等方法改造原有流程，优化门诊流程。

15. 其他措施　如政府部门加大政策力度，利用调整价格、城镇职工医疗保险报销比例等政策手段合理分流患者。

六、门诊医生的管理模式

1. 业务科室领导形式　门诊医生仍由医生所在业务科室管理，门诊部只起到协调、监督和检查的作用。在这种管理模式下，门诊部对医生的约束力弱，管理力度弱。在目标管理责任制下，目标、指标按科室划分，门诊部主任对医生没有经济管理权，对门诊投诉和门诊脱岗、空岗没有制约能力和手段。优点是门诊和病房联络紧密，医生可以在门诊和病房之间调剂，也有助于及时了解病房的床位信息，有利于安排患者入院。

2. 门诊部领导形式　在门诊工作的医生全部交由门诊部管理，门诊出诊医生多的科室设门诊组长，负责管理本科医生，并直接对门诊部负责。这种模式的优点是门诊部对医生的管理力度大，特别是有经济约束的权利，可以保证门诊医生的出勤和服务质量。缺点是医生在门诊与病房之间的流动弹性差，调度的灵活性差。

3. 双重领导形式　医院对门诊医生采取双重管理的方法，即门诊医生的人事劳资关系仍由原业务科室管理，在门诊服务的岗位津贴、奖金等由门诊部掌握。

后两种管理办法都使门诊部对门诊医生有了人权和财权，增加了门诊部的管理力度，对不合格处方、门诊投诉、门诊出勤率的约束力大大增加，使门诊服务更加规范，有利于提高门诊服务质量。

第二节　住院诊疗管理

一、住院诊疗管理的概念

与门诊管理相对而言，住院诊疗管理指对入院接受诊疗服务的患者提供医疗、护理，以及生活服务的管理过程和方法。

住院诊疗管理是医院管理的重要内容，虽然各个病房的服务内容不同，但在组织结构和业务管理上有其共同之处。住院诊疗管理包括对住院诊疗组织结构的设计、对病房诊疗工作各个环节的业务管理、对诊疗工作的标准化建设和质量控制、对医务人员实施诊疗过程的操作规程和行为规范的要求，对诊疗水平的组织规划和目标管理，也包括了对医院医务工勤各类人员的组织协调和实行以病房管理为中心的全过程管理活动。

二、住院服务的特点（与门诊服务相比较）

1. 病情的复杂性　门诊患者大多病情较轻，住院患者大都病情较重，甚至有的科室均为危重患者或其他一些需要特殊服务的重点患者，如重症监护病房、干部病房等。重点患者包括：危重患者、疑难病患者、社会知名人士、老老人（大于80岁）和精神异常者（如并发脑病的患者，晚期癌症患者长期服药产生某些神经精神症状的患者等）。

2. 诊疗的系统性　大多数门诊服务一般只提供诊断和处方，有些门诊科室提供在医院进行的治疗服务，大部分门诊服务的预后医生并不直接掌握。但住院服务是包括诊断、治疗、康复全过程的医疗服务，医务人员可以直接观察医疗服务的结果和患者预后。

3. 工作的协同性　科间协作、科内协作和医护协作。门诊看病大多是医生个人的工作，要求医生个人在短暂的接触时间里判断出并解决患者的问题。而住院服务过程中，医生可以充分请教其他医生、上级医生，征求其他医务人员的意见，如采用查房、会诊、病例讨论等形式。

4. 服务的综合性　门诊服务只处理医疗问题，而住院服务不仅要处理医疗、护理、心理、健康教育等各个方面问题，还要做好与患者家属沟通的工作。住院服务涉及的服务范围和内容更广泛，也就要求医务人员有更加全面的能力，特别是人际沟通和协调的能力。

5. 心态的多样性　患者来自各种环境，带着各种各样的社会文化色彩。尤其是大医院常见的外地患者，可能有着非常不熟悉的道德文化伦理观念和习惯，患者会把自身的文化特征带到医院中来，有可能会影响到周围的患者。此外，患者处于疾病的不同阶段，也会有不同的心理状态。因此，医务人员既要考虑到并充分尊重患者个人的生活习惯，又要注意针对其特点进行心理治疗。

6. 医院要提供必要的诊疗条件和环境　①为患者创造安静、舒适、整洁、安全的住院环境；②为患者提供各种生活照料及其相应的特殊服务；③做好患者的心理治疗和咨询，使患者保持良好的心理状态，积极接受和配合各种诊疗工作。患者的依从对产生良好的医疗结果有重要作用。

三、住院诊疗管理的任务

1. 为住院患者提供优质的诊疗服务　提供诊疗服务是患者接受住院服务的核心内容。在住院服务的过程中，医院通过三级医生负责制管理患者的诊疗过程，而患者在此过程中完成诊断和系统治疗。在住院服务中，由于采用病历的形式记录医疗服务过程，患者疾病资料完整，保留时间长，通常作为评价医院医疗技术水平的重要环节和依据。

2. 为住院患者提供良好的诊疗条件和生活环境　医院不仅要为住院患者提供医疗服务，还要为他们提供良好的生活服务。因此，不仅要求医务人员有较高的诊疗水平，还要求后勤支持系统有较好的工作能力，能提供良好的诊疗设备、建筑环境以及正常的运行及优良的服务，包括生活服务。例如，病房的热水供应、伙食条件、电梯服务，并防止交叉感染等等。医院是否能够为患者提供舒适、安静、整洁的住院环境已经是服务质量的评价的重要内容，也是影响患者对住院服务满意度的重要内容。

3. 为医务人员和医学生提供临床实践的场所　在教学医院，医学生和进修医生可以在病房系统地观察患者的病情变化和治疗后的疾病转归，可以有固定的带教医生的指导，因此病房是医学生和进修医生主要的学习场所。对于新毕业的医学生，由于临床经验不足，还不能胜任独立的临床工作,病房工作是他们重要的积累业务经验的地方,可以在上级医生的指导下迅速提高业务水平。因此,一些医院规定低年资住院医生不能独立从事门诊服务。

4. 为开展临床科研提供重要基地　临床科研工作是很多医院重要的工作内容之一,由于患者治疗的连续性和可观察的特点,医务人员通常将住院病房作为科研工作的基地,系统地观察和记录患者情况的变化。在新药和新的仪器设备的临床试验阶段,也通常在住院服务中进行,以便于收集数据、观察患者。

四、医疗业务管理制度

1. 检诊　检诊的重要性主要体现在对新收治患者的处理上。对于新收治的患者来说,可能时间不允许当时完成大病历,但是必须对患者和病情进行初步了解,并给患者开出必须的检查和治疗医嘱,以保证患者在第一时间接受治疗。

2. 查房制度　三级查房制度是查房制度的主要内容,此外一些医院还有包括院长查房等上级医师和管理部门查房的管理制度。三级医师查房是指主管医师(通常是住院医师)、上级医师(通常是主治医师)和主任医师共同查房。通常情况下,住院医师、主治医师和主任医师组成一个医疗小组,共同完成对患者的诊断治疗工作,同时完成年轻医师的培养工作。该制度体现了医生对患者的三级负责制,是保证住院医疗服务质量的重要手段。关键在于必须严格记录查房内容。

3. 会诊　包括院内会诊和院外会诊。请求会诊的一方使用会诊通知单通知对方,紧急情况下也可用电话请求会诊。会诊有急会诊和一般会诊之分。急会诊要求当时出诊,一般会诊可以2天内出诊。要求具有主治医师以上技术职称的医务人员才有资格出会诊。会诊为住院服务中的多专业协作提供了制度保证。

4. 病例讨论制度　包括疑难病例讨论制度、手术病例讨论制度和死亡病例讨论制度等。病例讨论是提高医疗服务质量的手段,在病例讨论过程中,应当本着实事求是的原则,客观地分析患者的病情和医疗需要。此外,还应该注意病例讨论应及时进行,避免延误患者的治疗,也能够及时提高医务人员的技术水平。

五、医疗服务组织管理制度

1. 交接班制度　日班医生和夜班医生之间通过交接班了解患者的病情变化。夜间由于医生数量较少,关注的重点在危重患者身上,因此,夜班医生需要重点了解病情变化较大的患者的情况以及危重患者的情况。

2. 转诊制度　转诊包括转科、转院。转诊需在保证患者基本生命体征平稳的情况下进行,如果转院患者仍处于危险期要有专人护送。

3. 总住院医师制度　在科主任的领导下,病房中的总住院医师协助科主任做好科室一级的各项业务和日常医疗行政管理工作。一般由将要晋升为主治医师的高年住院医生担任,对医生的诊疗技术与管理水平的提高均有较大的作用,帮助住院医师由单纯的医疗技术服务向医疗服务的组织管理过渡。

4. 医院总值班制度　医院总值班制度是由院领导与行政管理人员主要负责,主要承担抢救、会诊等院一级的指挥、组织协调等管理工作,如发生多脏器损伤者的抢救需要多个科室协调的时候,医院接诊大批患者需要超常调动医院资源的时候。

六、病房管理制度

1. 探视制度　医院通常规定对于住院患者，只允许其亲友在规定的时间里探视，其目的是保证医疗活动时间、保证患者的充分休息，以及避免交叉感染。

2. 陪护制度　病房在护理人员不足或者患者病情危重、患者生活不能自理、患者处于病情急剧变化的危险期，以及儿童患者家属要求等特殊情况下，可以同意安排患者的亲友或其他人员进行陪护。陪护人员的主要工作是照顾患者的生活起居，以及在患者病情变化的时候及时报告医务人员。但是陪护人员不能替代护士或医生完成应由医务人员完成的服务工作。

3. 手术、重大检查知情同意制度　为保证患者的知情权和选择权，在住院患者进行重大检查、治疗以及手术时，须经患者家属或患者本人签字同意方可实施。

4. 住院费用管理制度　包括患者欠费的管理。目前，很多医院采用设立欠费警报线的方式提示住院患者的押金使用情况。

5. 住院时间管理制度　平均住院日（Length of Stay）是对患者住院时间进行管理的主要内容。对平均住院日深入研究的总体结论是缩短平均住院日，可以降低患者费用；增加有效住院日，提高医院日均收入；提高患者周转率，提高医院总体业务收入。

七、病房管理的管理角色

1. 科主任　病房的主要管理角色。医院实行院、科两级管理制度。科主任具体负责本科室的业务和行政事务管理。科主任管理权限的大小在于院级规章制度的约束程度。院级规章制度越严格、越严密，科主任操作的空间就越小，科室之间的差别就越小。反之，科主任的操作空间和权力就越大，科室之间的差别可能就会比较大。

2. 住院总　即为总住院值班医生。协助科主任进行科室内部人员和病人、床位的安排调度。

3. 护士长　病房的另一个主要管理角色。主要管理病房所有的护理工作及护理人员的安排调度。除此之外，一些科室的护士长还负责科室的收支台账的记录、科室消耗品的管理等工作。

4. 医务处　是医院范围内协调科室关系、医患关系的院级管理部门。医务处对临床科室进行业务上的行政管理，是医疗活动的组织者。

5. 住院部　是医院范围内掌握医院住院服务资源与服务量、服务潜力的部门，一般归医务处管理，是医务处管理住院事务的下设机构。

八、住院评价指标

1. 服务规模指标　如床位数、实际开放床位数。
2. 服务数量指标　如年出院人次数。
3. 服务效率指标　如病床使用率、病床周转次数、平均住院日。
4. 服务质量指标　如治愈率、好转率、医院感染发生率。
5. 服务效益指标　年住院收入、例均住院收入。

第三节　急救医疗管理

急救医疗服务体系（EMSS）包括院前急救、医院急诊室急救和重症监护三个彼此独立又相互联系的部分。

一、基本概念

1. 院前急救 亦称为首援（first aid），指在出现急危重症患者的现场以及转运途中对患者进行的紧急状态下的初步的医疗抢救，是通常所说的急救。院前急救系统不仅承担居民的日常急性病的现场救治，而且承担各种意外伤害、灾害事故，以及各种重大活动的现场医疗急救任务。

2. 院内急救 在医院急诊科内对处于急危重症的患者进行的医疗抢救，是通常所说的急诊。1980年10月30日，卫生部发出《关于加强城市急救工作的意见》，1984年6月11日，又发出"关于发布《医院急诊科（室）建设方案（试行）》的通知"，全国县级以上综合医院普遍开始建立急诊室或者急诊科，院内急救逐步发展起来。

3. 危重症救治 亦称重症监护、重症治疗、重症护理、加强监护（ICU）。

人们通常认为EMSS由院前急救、院内急救和ICU组成。但ICU本身是指一种有特殊功能的病房，它与现代急救从概念、组织体系、功能任务、运转方式、管理要素等各个方面都非常不同。把它归于急救服务遵循的是临床医疗技术的传统，是从它同属于危急重症的救治这一临床医学角度来谈的。从管理角度来说，它与院内急救、院前急救都非常不同，它更多地服从于医院临床科室管理的一般规律，同时在学科建设上有自己的特点。所以本节不把医院ICU的管理作为一部分内容。

划分院内与院前急救的界限是医院的大门，在医院外完成的急救叫院前急救，在医院内一个特定科室完成的急救叫院内急救。院前与院内急救组成的急救医疗系统更多地体现了医疗服务的社会特征。由院前急救衍生拓展出来的概念是灾害医学和救援医学。这两个概念的范围更大，强调的是向一个特定的人群提供的医疗服务。本节的主要内容是院前急救医疗服务。

二、急救医疗服务的性质

由政府主办的、非营利性的公益事业，是社会保障体系的重要组成部分，是基本医疗的提供者，是卫生行业的窗口。

三、急救医疗服务系统的目的

急救医疗服务就是要通过专门的手段提高对突发、急危重症患者的抢救成功率，降低患者的伤残率和死亡率。这里所说的专门手段强调的是院前急救。研究人员认为，心源性猝死的最有效抢救时间为4~10分钟，期间每延长1分钟，复苏成功率下降7%~10%，长于10分钟很难有成功复苏希望。调查显示，开展就地抢救后，患者能在30分钟内得到抢救的比例由原来的23.8%提高到94%。在无院前急救的情况下，急性心肌梗死的死亡率是26.1%，有院前急救的情况下，急性心肌梗死的死亡率是4.29%。现场的心肺复苏使患者存活率提高。

所以，EMSS管理的核心概念是及时，即及时救治急危重症患者。正确完成治疗是对医务人员的基本要求，不能算作EMSS的特点。网络化是实现及时的必要手段。也可以说EMSS的管理核心是急救医疗网络的建立与管理。

四、急救医疗服务特点

1. **使患者得到最大的健康收益** 从患者发病或遭受意外创伤之初,即可以在较短的时间里得到初步及时处理,可以防止病情加重,增加挽救生命的机会,减少病死率和伤残率,使患者获得最大的健康效益。

2. **有效利用医疗服务资源** 医疗服务资源是有限的,有效的医疗资源必须首先运用到最需要的患者身上。在急救医疗服务体系中,通过各种方式使急危重症患者享有诊断治疗的优先权,以保证有效的医疗资源实现最大的人群健康效益。

3. **需要有严密的指挥** 急救医疗服务之所以可以对患者的急危重症情况实现快速反应,是因为有一套指挥调度系统实现医务人员与患者、救护车与医务人员、救护车与医院急诊科、医院急诊科与重症监护病房的人员、设备的指挥和安排,使各个环节在最短的时间里组织起来。急救医疗服务系统工作的效率往往取决于指挥调度的效率。

4. **急救医疗服务时间性强** 对工作人员的体力和脑力压力大;而且急救工作责任重大,社会影响大。因此,急救医疗服务体系的功能好坏往往体现了医疗服务的综合实力。

5. **急救医疗服务的社会化** 院前急救医疗服务较之其他医疗服务活动更具有社会化倾向。急救系统的社会化、抢救技术的普及、现场急救的全民化已经成为未来院前急救的发展方向,一些地区甚至提出了"社会联动"的口号。我国很多地区也在积极在社会人群中推广院前急救技术,特别是针对一些重点行业从业人员的培训活动非常活跃,例如对警察、出租车司机、公交乘务人员、民航铁路的乘务人员、宾馆或商场的服务员等进行培训。

6. **医疗手段有限** 急救治疗工作趋向于标准化、程序化,集中在针对危急生命的症状、体征做对症处理,医务人员提供的是生命支持疗法,不是针对一个疾病的完整治疗过程,包括检伤分类、心肺复苏、骨折固定、止血、气管插管、气管切开、清创术等。

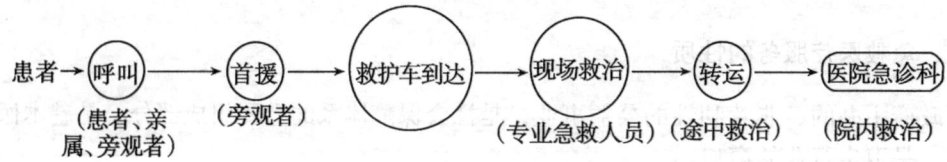

图 6-2 急诊服务流程图

五、院前急救服务流程(图 6-2)

出现伤病员需要急救服务的情况以后,医疗救援工作一般分为三个阶段:首先是首援服务,主要由社区志愿者进行,也包括急救通讯中心利用电话对患者及其家属进行指导下完成的现场救护。第二阶段是指由专业急救医师进行现场的院前急救和安全转运,主要是维持伤病员的生命和初步急救、心肺复苏、止血、骨折固定等。第三阶段是指由急诊专科医师进行的院内急救。医院急诊科在接到有危重患者即将到达的通知后,做好急救准备。急救车由医院的急救车专用通道进入,患者直接进入抢救室,稳定病情之后,患者被送到各专科病房或重症监护病房。患者在急诊科停留时间一般不超过 24 小时。在整个服务过程中突出的是时间概念。

1. **快呼叫** 首先患者或者患者周围的人发现患者后要尽早地呼叫。在我国,医疗急救服务的专线电话是 120,全国通用,但目前,并不是所有的城市都开通了急救专线电话,而且只有少量城市的120急救电话覆盖郊县。

2. 快传递　在急救调度系统中，接线员接到急救呼叫电话，记录呼叫者的地址、电话、主要症状，然后立即将呼叫信息传递给急救运输系统。为了保证在城市的任何地方，至少是大部分地方，发生急救呼叫后，救护车都能在最短时间内到达，调度中心的指令只发给距离呼叫地点最近的急救站，因此，理想状态下调度中心只有一个，急救站在按照区域规划呈网状分布。

3. 快到达　急救运输系统接到指令后派出救护车，随车的包括急救医师、急救护士和急救药品器械。救护车要尽早地到达呼叫地点，因此，急救站的车辆、人员、药品、设备必须处于24小时待命状态，能够随时出发。2001年11月在我国举行的"中国急救医学发展国际研讨会"上，与会代表认为目前我国合理而且可行的抢救半径是3~5公里，反应时间为10分钟。

4. 快救治　现场救治要尽可能快地完成，现场完成的救治服务项目包括建立静脉通道、心肺复苏、气管插管、创伤肢体固定。紧急救治要求医务人员判断准确且动作正确迅速，而且能够适应院外现场的各种复杂工作环境。因此强调对急救医务人员的再培训，即对急救服务项目的定期强化培训，以保证急救工作万无一失。

5. 快转运　救护车还要尽快把需要进一步治疗的患者送到医院里，在转运途中维持患者生命体征的稳定，转运的距离应该尽可能短。

六、我国院前急救医疗服务模式

在我国，主要的院前急救组织模式有四种。不同的院前急救医疗服务模式在世界各国有很大区别，不同运行模式的形成也各有其历史原因，但关键是要满足当地院前急救医疗服务的需要，在保证反应速度的同时保证当地的经济发展条件可以承受的运行成本。2001年，全国进行的急救中心（站）调查显示，不同模式在各地都有不同程度的分布，其中采用最多的是重庆模式，即急救中心依托于一家大医院建设的模式（表6-1）。

表6-1　2001年全国153家急救中心（站）普查结果

	数量	构成比（％）	特点
重庆模式	73	47.7	依附
上海模式	39	25.5	院前急救
北京模式	36	23.5	院前急救+院内急诊
广州模式	5	3.3	指挥调度
合计	153	100.0	—

1. 独立型（北京模式）　即独立的急救中心，急救中心除了有急救车、医务人员外，还有自己的病床。城市同时存在有急救站，但急救站不能直接接收120急救呼叫专线电话，只接收从急救中心发来的调度指令。急救中心有自己的病床，有时出于经济利益的考虑不愿意把患者送到其他医院，院内与院前急救衔接不紧密，人为地延长了抢救时间。这种形式的急救中心病床属ICU性质，建设成本较高。

2. 网络型（上海模式）　独立的急救中心和急救站，120呼叫中央调度系统集中在急救中心。急救中心和急救站均有急救车辆和医务人员，所有呼叫信息由急救中心的中央调度系统根据管辖地区的划分传递给急救中心或急救站，呼叫患者经院前急救后，转送到协作医院。也可根据患者要求送到指定医院。上海的急救中心根据与十几家大医院签订的急救协议，负责接受急救中心和急救站转送的患者。该模式适用于大中城市，抢救半径小，易于快速反应，车辆与接收患者的医院的调度余地大，能保证给患者最大可能的院前急救，并且用最短的时间把患者送到合适医院。

3. 依附型（重庆模式） 城市的急救中心建在一家大医院内，一个机构两块牌子，对内是医院的急诊科，对外是城市急救中心。接收全市的120呼叫电话，派出急救车，患者经院前急救后送回本院治疗。该模式服务中间环节少，反应迅速，院前与院内急救配合密切，但呼叫地点可能距离急救中心较远，适用于中小规模的城市和城镇。

4. 分散型（广州模式） 城市设有附属于卫生局的急救通讯指挥系统——广州市急救指挥中心，接收全市的120急救呼叫。将呼叫讯息根据区域规划传达给25家医院，由各医院承担具体的急救任务。这一模式的主要问题是医院急诊科接受双重领导，通讯指挥系统与医院之间没有形成紧密的制约关系，医院往往无专人值班提供急救服务，对执行急救服务任务并不积极，反应时间长，医院普通临床医生随车出诊，倾向于专科思维模式，急救服务有名无实。优点在于投资少，院内与院前急救结合紧密。

七、院前急救医疗服务系统的组成

1. 急救医疗运输系统 指包括急救设备和药品的急救车辆。按不同的呼叫病种携带不同的药品设备组合是一个重要的管理内容。药品和设备组合是按照标准化诊疗规范和抢救方案设计的，按固定位置放置在急救包中，急救包放置在急救准备室或者直接放在救护车上的固定位置，药品和消毒器具根据消耗和有效期随时更新。救护车上一般带有氧气、心脏除颤器、心电监护仪、气管插管包、静脉输液包、全身各部位骨折固定装置等。车辆、设备和药品与急救医师一样，24小时待命。在国外比较完善的急救运输系统，救护车是有等级之分的，一类车配有高级生命支持救护系统，只用于急危重症患者的救护。另一类车配备一般的生命支持系统，用于患者的转送。这种划分的出发点是资源的有限性和需求的矛盾。我国的急救中心车况不是太好，可靠性差，曾经出现过救护车中途抛锚的事件。所以，做好车辆的日常维修与维护是保障急救运输系统正常工作的必备条件。一些发达国家，除了救护车服务外，还有空中急救服务，提供远距离的快速医疗救援。北京市曾提出过发展空中急救服务。上海曾明确表示，卫生系统和普通居民尚无力承担空中救援服务的高昂费用。德国空中救援使用的直升飞机来自空军、空中救援组织和私人公司。

2. 急救医疗调度系统（急救医疗指挥系统） 由急救医疗通讯系统和指挥机构组成。在常规情况下，急救电话的接线员就是调度员，负责下达派出指令。在出现大的灾害或者事故的情况下，由卫生局或者市委、市政府，或者其他指定部门人员完成指挥工作。

3. 急救医疗通讯系统 包括公共通讯系统和系统内部通讯系统。公共通讯系统指24小时值班的医疗急救呼叫电话，是公共有线电话网的一部分。1986年，我国开通全国性的急救专线电话"120"，调度员接到呼叫电话，记录患者的姓名、电话、地址及病情之后，通过内部通讯系统派出急救车和急救医师。内部通讯系统包括固定的系统内部通讯设备和随车的无线电移动通讯设备。在急救指挥车上有车载台，用于大型灾害事故的现场指挥。每辆急救车上都应该配有无线电话，一方面与调度中心保持联络，另一方面与医院急诊科联络，告诉急诊科即将送来的患者的简要病情、已经做了哪些处理,以便急诊科提前做好救治准备。卫星追踪通讯定位系统能够随时显示各辆救护车所在的位置。

目前开通的"120"急救专线电话存在的主要问题是错误率高,有地方统计只有10%的电话是真正的急救电话,经常有一些以"120"数字结尾的电话打进去,还有故意的,如在寒暑假期间,电话错误率就会上升,有一些孩子不懂事,打着玩。在国外,由于医疗急救与警察公安系统合署办公,接到错误的急救电话后,警察会上门提出警告,恶作剧的现象会少一些。

目前,国内设备较为先进的急救中心在急救指挥调度系统中采用 GSM/GPS(数据移动网络/综合卫星定位系统)技术,即电话通讯、救护车辆导航、调度功能于一体,专门用于120急救中心车辆的调度指挥及整个系统的管理,调度并引导急救车辆迅速赶往出事地点进行抢救,以最快的速度挽救患者的生命。

4. 急救医疗信息系统　在急救呼叫当时指呼叫信息的传输和现场信息的传递,其后指呼叫信息的收集、整理、分析等。在发生灾害事故的情况下,信息系统是正确调动急救资源的重要依据。

5. 急救医疗服务系统　包括医务人员和标准化诊疗规范及抢救方案。从事急救医疗服务的医务人员要现场处理各种急性损伤,不是医疗专科思维方式。不过从事急救服务的医务人员仍需要专科轮训,以加强对病因、病程和病理机制的理解。在医院急诊科工作的人员尤其如此,因为医院的急诊科与后续的院内治疗联系密切。但在我国,急救医疗服务尚不是一个独立的临床医学专业,没有独立的职称系列,医务人员要晋职称,只能依托其他临床专业,如内科、外科。急救医学在临床教育中也不是一门独立专业课程,仅有少数医学院校开设了急救医学选修课。所以说,目前我国的急救医学的人员队伍还不能满足服务需要。

八、急救医疗服务管理原则

1. 分级设置与管理原则　很多国家的政府承诺对生命救援负有责任,同时规定不同级别的政府部门责任不同。在澳大利亚,从联邦、州、市到社区都设有急救管理协调指挥组织,但各级政府的职责有所不同。联邦卫生与家庭服务部内设有卫生减灾委员会,负责协调有关部委的活动,并负责急救人员的国家级培训。州政府对当地的医疗救援工作负主要责任,包括建立专业急救网络,制定救援预案。市与社区的专业机构负责具体的业务工作。

2. 区域设置与管理原则　为实现尽快到达患者现场以及尽快转运的目的,急救医疗中心的设置是有区域性的。以澳大利亚首都堪培拉市为例,服务范围2 500平方公里,人口31万,设一个急救车服务调度中心和4个分中心。机构建设的目标是急救车反应时间为6~8分钟。维多利亚州有400万人口,该州打破行政区划,以20万人口为一区域设置急救车服务分中心。投入的空中医师服务更是如此。澳大利亚共有15个空中医师服务中心,40架飞机,服务覆盖澳洲2/3的土地,最多2小时即可把患者送到距离最近的医院进行救治。美国华盛顿州农村地区设有创伤中心和医疗急救机构,95%的救护车转运往返里程在38英里以内,急救车到达现场的时间平均5分钟。法国根据区域规划设置了105个医疗救援服务机构和320个急救与复苏服务系统。

3. 资源共享和统一指挥原则　作为社会紧急公共事务服务的一部分,在很多地方将急救医疗服务与警察、消防等服务资源进行联合,实现资源共享。在澳大利亚,警察、消防、医疗急救服务三位一体,急救服务通讯系统是国家公众安全系统的组成部分之一。警察、消防、医疗急救三个部门共用一个通讯基地,不仅通讯设备先进,利用率高,覆盖面广,而且做到信息互通，资源共享。澳洲法律规定，发生重大灾害时，当地警察总监作为救灾总指挥，负责全面协调救灾工作。通讯资源共享和救灾指挥中心的建立为灾害救援赢得了宝贵的时间。近年来，北京市已经实行110、119、120、122四个社会紧急事务服务电话合署办公，呼叫者只要拨通其中一个电话，就可以得到所需的各种救援服务。例如交通伤亡事故发生后，只要拨通其中任何一个号码，交通警和救护车会一并到达现场。不同部门之间的协调和信息传递靠内部通讯系统完成。按照这种趋势，我国今后有可能发展警察、消防、医疗救援三位一体的服务模式。

4. 急救车服务系统独立设置原则　急救车服务系统的独立设置是指急救车服务系统是独立于医院外的医疗机构。很多国家的急救医疗服务都是独立设置的，一个重要的原因是将急救医疗服务列为国家或者社会向公民提供的基本医疗保障范畴。这也是在很多国家急救服务和急诊室服务滥用的重要原因，如美国政府规定，当患者需要急诊室服务时，医院不得以经济原因拒绝服务，在患者病情稳定之前，不得让患者离开急诊室。所以，美国医院的急诊室是社会底层贫困人群就医的地方。

5. 追求人群的最大健康效益原则（检伤分类：triage）　很多国家不论是在灾害事故大批伤病员的救护中，还是在医院急诊科患者的救治中，普遍实行检伤分类制度，遵循最大限度地挽救生命和最大限度地减少死亡的原则，追求人群的最大健康收益。检伤分类就是根据伤情对患者进行分类，国际通行的做法是用将患者分为四类，然后分类安置，分类治疗，分类转送。检伤分类制度规定，伤病员分为4组。第一组为需立即救治的伤病员，有危及生命的创伤，且经过及时抢救可以挽救生命，佩带红色标志；第二组为需及时救治的伤病员，身体有严重创伤，但不致危及生命，佩带黄色标志；第三组为需救治的伤病员，身体有不很严重的创伤，可暂缓救治，佩带绿色标志；第四组为濒危、无救治希望的患者或已死亡的人，只进行姑息处理，佩带黑色标志。各组患者佩带不同颜色的标志。如果等候时间超过限制，应对患者进行重新评估。不论等候时间长短，医师严格按照优先级决定提供救护和治疗的先后顺序。

不论是院前急救服务还是在医院急诊科的工作中，目前，我国在实行检伤分类制度方面还与国外有较大差距。由于各个医院普遍对到急诊科就诊的患者没有明确的病种和病情的限制，急诊科的患者较多，特别是在没有门诊的晚间和节假日，急诊科普遍存在过分拥挤的现象，有研究显示，急诊科的非急诊患者比例高达1/4~1/2。在不实行检伤分类的情况下，值班医生和分诊护士对所有患者的病情没有整体了解和把握，不利于人力资源的合理安排和调度，容易使医务人员在轻症患者中纠缠不清，而对真正的危重患者的及时治疗得不到保证。大量非急诊患者的存在，不仅影响正常的工作秩序，也容易造成急诊医护人员的松懈。

实行检伤分类制度，应该首先明确单独设立急救中心（站）或医院急诊室的目的是在医疗资源有限的情况下，保证人群的最大健康收益，因此，通过制度安排使个人健康收益服从于人群的健康收益。在医院急诊科实行检伤分类制度，目的是将患者按病情轻重分类，根据患者病情的危重程度安排医疗工作和医务人员，特别是根据病情轻重而不是到达的时间先后安排患者接受诊治的先后顺序。危重患者优先且立即治疗，轻症患者或者没有生命威胁的患者则必须等待，否则急诊室在有限的工作条件下无法保证对急危重症患者的抢救。

实行检伤分类制度，需要具备一定的工作条件。检伤分类工作大都由急诊护士完成，因此该工作对护士的要求较高，应选择有相当工作经验的护士完成。分诊护士首先要对病情做出判断，将最为危重的患者优先安排接受诊治和医疗处理。但是，危重患者的病情往往变化较快，随时可能发生生命危险，因此，分检护士还要对在等候之列的患者每隔一定时间（如半小时）重新评估一次，以保证及时发现患者的病情变化，避免延误治疗。应该强调分检护士对患者面对面的观察，而不是在护士站或窗口里观察患者。其次，在检伤分类的过程中，所有的分检和评估工作都应该在病历记录中有所体现，因此，必须同时建立急诊患者分检等级制度和标示制度，用简单、明显、全国统一的色块等标志符号来区分不同病情等级的患者。当然，在医院急诊科实行检伤分类最好还有一定的场地条件，来分别安排不同病情等级的患者，以免轻症患者由于不愿意长时间等候而干扰危重患者的救治。同时，安排患者家属休息，避免其干扰医务人员的救治工作。在检伤分类的过程中，应该注意区别患者本人及其家属的紧张情绪造成的疾病表现和病情本身十分危重两种情况，还要注意对情绪紧张、焦虑的患者及其家属做好心理上的安抚工作。

九、急救医疗服务中的相关问题

（一）质量评价

反应时间、反应半径或者说急救半径、医技力量、救护车数量和分布、通讯灵敏度等指标是评价院前医疗急救能力的重要指标。

反应时间是评价医疗急救系统服务能力的重要指标。反应时间是指从患者急救呼叫到救护车到达现场的时间间隔。影响反应时间的因素有通讯的灵敏程度、救护车辆的性能、城市交通状况等，最基本的因素是急救服务半径。急救服务半径是指一个急救中心、站的救护车行程覆盖范围。

提高反应速度，缩短反应时间的首要问题就是急救网的建设，也就是急救中心、站的布局。在20世纪80年代末，西德的急救服务半径是5公里。相比而言，我国大部分的急救中心、站都处于超负荷运转状态，服务半径大，工作量大，覆盖人口多，工作难度大。在80年代末，北京市区的急救反应时间是16分钟，西德5~9分钟，东京是5分钟，深圳是10~44分钟。

（二）人力管理

在我国，目前还没有急救医师这一专业技术职称，从事急救工作的医务人员大部分走内科医师职称系列。这种人事管理制度否定了急救医学作为独立学科的专业地位，不利于学科的发展。现在，建立独立的专业技术职称的呼声比较高，可能有希望成为一个独立专业，有些地区已经自行确定了急救医师职称系列。在美国、澳大利亚等一些国家，急救医学是一门独立学科，有自己的培训体系，高中毕业后经过2~4年的专业培训，培训项目包括医学基础科、急救医学专业科以及急救医学专业实习，通过专业资格认证取得急救医师资格的人员才可以随救护车参加院前急救。急救医师被称为paramedic。在急诊科、急救中心和急救站的人员管理中，需强调的是人员的技术培训和再培训，以及人员的相对稳定性。

（三）医患关系

不论是院前急救还是院内急救，医务人员常常要在一种不是很有秩序的环境下工作，是容易引发医疗纠纷的部门，甚至是引发医院暴力事件的主要场所。但是，纠纷第一位的原因不是因为治疗不当，而是因为患者家属认为救治不及时。第二位的原因是医务人员对病情交代不清，对病情的转归和预后缺乏充分的估计，草率向患者家属承诺，对病情的突变及应变乏力，使家属对患者状况的突然恶化缺乏心理准备，将病情发展归咎于医务人员。因此，急诊医务人员必须保证技术精湛，谨言慎行。

(四) 急救服务中的医嘱问题

院前急救医疗服务往往在医院外的患者发病现场进行，没有条件在当时完成书面病历。口头医嘱在执行时，由执行护士复述，抢救过后，及时完成病历。在意外伤害患者的救治中，病历很可能成为日后受害人要求经济赔偿的法律依据。因此，病历书写必须及时、准确、清楚、完整。患者由急救中心送到医院时，救护车上的病历要同时交接。

(五) 急救重大事件报告制度

凡出现大批外伤、中毒、意外伤害的患者必须上报医院，然后上报卫生局或公安局等部门。在涉及到法律及纠纷问题时，需随时与公安、司法部门联系。

(六) 急救医疗知识的社会化教育与培训

现场急救是赢得救治时间，提高救治成功率的关键。在我国，由于群众普遍缺乏现场救护、患者搬运的知识，没有实施现场急救的能力，使现场首援工作不得力，院前死亡率居高不下，而且常常造成无法挽回的健康后果。有研究显示，院前急救工作的效果决定于人群中受过培训的人员的比例。首援应该是一个医务人员与非医务人员相结合，共同完成的过程。因为现场目击者是比救护车更早出现在患者身边的人，他们实施抢救有比医务人员更好的时间条件。社区首援力量作为成为提供紧急救护的第一人，对降低患者的伤残率，改善预后有重要作用。

社会化培训的对象分两类，一类是行业性的，如司机、警察、消防队员、铁路部门的乘务员、饭店餐馆的服务员、民航乘务人员，这些行业的服务对象如果突发疾病，工作人员应该能够实施最基本的应对措施；另一类培训对象是普通的社区公众。社会化培训只是传授诸如保持身体平衡、患者的搬运移动、呼叫等基本知识，避免患者在创伤发生后医疗措施实施之前加重损伤或者发生二次损伤。社区的宣传还包括提高"120"专线电话的知情率，提高人们拨打专线急救电话的意识，提高群众的自救互救能力。急救部门对社区志愿者的培训可以与红十字等组织结合在一起进行，还通过电视、报纸等新闻媒介宣传灾害事故的预防和紧急反应知识。欧美的一些国家，已将心肺复苏列入中学生必修科。北京市红十字卫生救护培训中心曾经开设了面向社会普通人的16小时的现场救护培训，8小时的心肺复苏内容包括发现心梗患者后，含服硝酸甘油，患者就地平卧或半卧，徒手复苏。

(七) 社会急救网络的建设

急救医疗服务部门与消防、民航、铁路、航运等灾害事故多发部门合作，建立紧急救援网络，培训工作人员，配备简单急救设备，建立急救专线联络等，举行模拟演练，提高事故多发部门的医疗救援能力。法国实行消防与医疗急救一体化，但是原来人员有分工，近年来加强对消防人员的培训，目的在消除人员双重制，使工作人员同时承担消防和医疗急救任务。

(八) 急救医学的专业组织

1980年8月全国危重病急救医学学术会议，1986年12月1日中华医学会正式批准成立"中华医学会急诊医学学会"。

第四节　药事管理

一、医院药事管理的概念

医院药事管理是指医院内以临床药学为指导，促进临床合理用药的药学技术服务和相关的药品管理工作。

二、医院药事管理的任务

1. 临床药品供应的管理　包括采购、进货、质控、调配、分发等环节的工作。医院的药学部门要掌握药品动态和市场信息，编制药品采购计划，医院药品采购实行公开招标采购或集中招标采购。药学部门要参与药品采购工作，执行药品进货查验制度，药品必须经检验合格后方可入、出库，对购入的药品质量负责，不得购进不符合规定的药品。

2. 临床药品应用的管理　临床用药是应用药物进行预防、诊断和治疗疾病的医疗过程，包括诊断、开处方、写标签、包装、分发、患者遵医嘱服药的全过程。

3. 临床药品调剂管理　临床药品调剂是指药学专业人员根据药品处方发放药品的过程。医院的药学专业技术人员必须严格执行操作规程和处方制度，认真审查和核对，确保发出药品的准确、无误。

4. 临床制剂管理　医院自行配制制剂，须经所在省、自治区、直辖市人民政府卫生行政部门审核同意，由省级药品监督管理部门批准，取得《医院制剂许可证》。

5. 药品质量监控管理　药学部门必须建立健全技术操作规程和保证药品检验质量的规章制度。制定自配制剂质量标准，负责自配制剂原料和成品的质量检验；抽检购入、储存和调配药品的质量。

6. 药品不良反应监测　在药品临床应用的过程中，医生、护士和药剂师有责任发现并及时报告药品使用过程中发生的药品不良反应。

7. 药学保健（Pharmaceutical Care）　世界卫生组织对药学保健的定义是："药学保健是以患者的利益为药事活动中心的行为哲学。药学保健以患者的保健、生活质量和完全达到治疗效果为目的，以实施药物治疗时药师的行为、参与、关心、伦理、知识、责任以及技能为焦点。"美国医疗药师学会（ASHP）对药学保健的定义为："药师的使命是提供药学保健。药学保健是以改善患者的生活质量为目的，由药师直接提供的，并负有责任的关于药物治疗的医疗行业。"药学保健是国际上对医疗机构内的药事服务的新的发展趋势，但在我国开展得尚不普遍。

8. 药学研究　药学研究必须尊重受试者的隐私权和知情权，不得损害受试者的利益。

9. 医院药品服务相关信息的收集、整理、分析。

10. 药品管理法律、法规的执行、监督。

三、医院药事服务中存在的问题

2000 年美国研究人员调查发现，每家医院由于药事服务中存在的问题每年导致的成本平均为 2 500~3 500 美元/床位，则一家 450 张床位的医院由于药事服务中的问题一年要增加支出 160 万美元。按照临床服务的程序，药事服务中的错误主要发生在以下 4 个阶段。

1. 处方错误——由医生造成的（占 56%）　指错误的处方或者选药错误（如使用了已知患者有过敏的药物）。

2. 配药错误——由护理人员造成的（占 34%）　指计量错误、药品管理错误、用药时间错误、用药方式/途径错误。

3. 药品处方抄写错误——由助理人员（在我国是护士）造成的（占 6%）　指药品使用频率错误或者由于抄写错误造成的漏掉药品。

4. 发药错误——由药房工作人员造成的（占4%） 指时间错误（如药品没有按照患者处方上的时间按时送到）、药品错误、计量错误。

研究已经证实35%的药事错误是管理的问题。针对上述问题，一些国家开发制定了药事管理解决方案。目前，在不同医院的临床工作中，药事管理还不是一个有着相同的技术程序的过程，更多的依赖相关工作人员之间的口头或书面的交流，这就造成了明显的出错的机会。药事管理解决方案包括一些过程：处方、临床查对、药品分配、自动化的药品分发设备、医疗地点（指具体的医疗活动/行为发生的地点）、通过条形码进行的实际的患者－药品查对、药事管理文件、费用管理、供应链管理、错误或者结果的分析。美国的一家荣军医院安装药事管理电子监控系统以后，比最后一年使用书面的药事管理系统，错误率降低了64%。而且原来的错误率还可能是过低估计了，因为原来是依靠人们主动报告错误事件。美国盐湖城的一家医院在使用精密的计算机分析之后发现的药物不良反应增加了80倍。当然，很少有医院有这样的数据库和计算机系统来进行这一工作，也很难说服医院的行政管理人员投资进行这样的工作，除非让他们相信医院可以从这样的投资中获益。

四、合理用药

1. 合理用药的概念　合理用药要求患者接受的药物适合他们的临床需要，药物的剂量符合他们的个体需要，疗程足够，药价对患者及其社区最为低廉（世界卫生组织1985年内罗毕会议）。

不合理用药指不适当、无效和不经济的医疗用药问题。在世界各国，特别是发展中国家，不合理用药问题普遍存在。只有在购药经费短缺，或必须为提高药品使用的成本－效益采取行动时，决策者和管理者才对药品的合理使用问题引起重视。

2. 合理用药的含义　安全、有效、经济。
3. 合理用药的生物学标准
(1) 药物正确无误；
(2) 用药指征适宜；
(3) 疗效、安全性、使用、价格对患者适宜；
(4) 剂量、用法、疗程妥当；
(5) 用药对象适宜，无禁忌证，不良反应小；
(6) 调配无误（包括信息提供）；
(7) 患者顺应性良好。
4. 合理用药的判断依据
(1) 药品说明书：由药典和生产厂家提供。
(2) 药物治疗指南（Guideline）、临床路径（Clinical Pathway）：由专业学会、医院或卫生行政部门制定。
(3) 公认的参考书、数据库或研究文献。
(4) 专家委员会讨论。
5. 合理处方　合理用药要求有合理处方。

处方过程包括以下步骤：确定患者的问题所在（或明确诊断）；确定有效及安全的治疗措施（药物的和非药物的）；选择适当的药物种类、剂量疗程；书写处方；给患者提供足够的信息；安排随访及观察疗效等。

合理处方的标准：

（1）适当的适应证：处方药物的决定完全符合医学原理，并且该药物治疗是安全有效的。例如：感冒的合理处方问题，腹泻的口服补液盐与抗生素的使用问题。

（2）适当的药物：药物的选择是基于疗效、安全性、适宜性和价格的考虑；目前的主要问题是处方医生缺乏对药品价格及患者经济承受能力的考虑。

（3）适当的患者：患者无用药禁忌证，发生不良反应的可能性最小，患者能接受该药。

（4）适当的信息：给患者提供与其疾病和处方药物相关的、准确的、重要的和清楚的信息。主要问题是医务人员（包括医生、护士、药剂人员）缺乏对患者进行药品的作用、使用方法的临床教育和宣传，使患者在用药的过程中经常处于茫然无知的状态。患者看不懂说明书，说明书不准确或模棱两可等问题，都导致了患者不能正确使用药品。

（5）适当的观察：应该恰当地观察预料中的和意外的药物作用。该步骤通常在门诊服务中很难实现，但在住院服务中又容易被医务人员忽视。

6. 不合理处方的表现形式

（1）使用药物而没有适应证：如对上呼吸道感染使用抗生素，对非特异性儿童腹泻过多使用抗生素和止泻药。

（2）在需要药物治疗时使用错误的药物。

（3）使用药效可疑或未证实疗效的药物。

（4）使用安全性不肯定的药物。

（5）不能给予可供应的、安全有效的药物。

（6）正确选择了用药，但给药方式、剂量及疗程不正确。如在可以使用口服制剂时不加区别地使用针剂、静脉点滴。在一些非洲国家，曾经也有过一段时间注射用药的频率很高，但由于害怕艾滋病的传播而减少了使用。

（7）不适当的联合用药：如多种药物处方。1987年在印度尼西亚进行的一次调查发现，在5岁以下年龄组和5岁及以上年龄组均为50%以上的处方有3~4种药，而且不论病种（上呼吸道感染、腹泻、皮肤病等）均如此。

（8）使用不必要的昂贵药物。

7. 不合理用药的后果

（1）药物疗法的效果下降：可导致治疗延误、失败，发病率、死亡率上升。

（2）医疗资源浪费：患者、国家不必要的医疗费用支出增加。

（3）传达不正确的信息：不合理用药一方面向患者传达了不正确的用药信息，另一方面也向药品的生产者、经营者（包括药品批发企业和医疗机构）传达了不正确的药品市场供求信息，导致不正常的药品生产和消费。

（4）非期望效应的风险增加：药物不良反应、药源性疾病和耐药菌株等的出现，如疟疾和结核菌的多重耐药。

（5）道德损害带来社会信誉危机：医院和医生信誉受损，患者投诉，医疗纠纷增加。

8. 合理用药的评价指标　每处方药品数量、使用抗生素的处方数量、肌内注射用药/静脉注射用药比例等。

9. 改善用药合理性的制约因素

（1）患者缺乏正确的信息引导，对用药提出不适当的要求；患者从各种社会媒体中获得药品疗效的信息，但是对药品信息没有判断能力。我国从2001年4月1日起开始禁止处方药在大众媒体上做广告，但是非处方药的广告管理仍然较混乱。

（2）医生的自我保护意识增强导致使用过度的保护性医疗措施。

（3）尚缺乏药品合理使用的强制性规范。

（4）医院的创收动机给医生的驱动力量。据统计报告，我国大陆地区医院药品收入占医院总收入（包括业务收入和差额拨款收入）的40%~50%，台湾30%，日本25%，美国10%。

（5）药品供应系统的经济驱动力量。我国对药品生产企业的质量认证尚处于起步阶段，药品生产企业多而且混乱的局面没有根本改观，药品市场混乱，一些药品处于供大于求的状况。

（6）政府药品定价机制的不合理经济导向，而且药品价格调整频繁，但是对药品合理价格/成本价格缺乏科学的评价。

（7）相关政府管理制度尚未落实，例如药品招标采购制度，城镇职工医疗保险制度对药品使用存在一定的制约作用。

五、改善用药的实践

1. 改变药品使用问题的过程　包括：

（1）检查：采用描述性定量研究对现行的实践进行测算。

（2）诊断：需要使用深入的定量和定性研究确定具体的问题和原因。

（3）治疗：需要涉及实施干预措施，还要收集资料测算干预措施的效果。

（4）随访：需要利用定性和定量的评价来测量改变的结果。（图6-3）

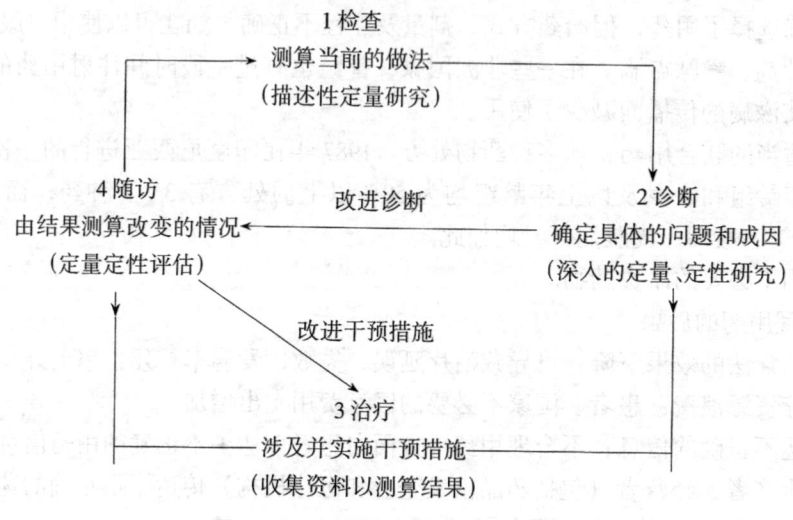

图6-3　改善药品使用的技术路线

2. 干预措施　主要分为教育方法、管理方法、规章制度三类（表6-2）。

表6-2 合理用药的干预措施

战略	战术	技术措施
教育方法——使其获得正确信息或进行说服教育	培训处方者和调剂员	上岗前培训
		在职培训
	印刷教材	处方集和治疗手册
		通讯、药物通报、临床文献
		配插图的劝说材料（传单、壁报）
	面对面的教育/劝说	在职学习讲座或研讨会
		一对一或小组范围的公共卫生"详谈"
		上级医师查房或咨询
		在开处方和发药时给患者提供咨询
	以媒体为中心的宣教	报纸、广播、电视的公共卫生节目
		针对患者的音像磁带
管理方法——组织、引导的决策	选药和购药	基本药物目录/药物处方集
		基于发病率的量化资料指导药品供应
		药品采购数量及时向管理人员反馈
		制式药箱[1]的流通
	处方和发药	结构化的处方签（打勾处方）
		标准化的治疗方案[2]
		药物利用审计和对处方者的信息"反馈"
		有效的临床指导
		改进包装和药品标识
	资金筹措	有差别的药品定价
		患者分担费用/药品经费周转
规章制度——约束决策	市场管理	限制药品注册或淘汰某些药品
		改变药品注册状况
	处方和调配管理	限定公立医疗单位的用药目录
		限制较高层次医疗使用的特殊药品
		要求以通用名开处方
		允许通用名药品代替品牌药品
		限制给患者每次开药的数量

注：1. 制式药箱是指固定种类、限制数量的药品供应方式，多用于边远地区的药品供应或用于医疗急救。

2. 标准化的诊疗方案是指导医务人员按患者的临床症状和体征采取最恰当措施的决策规则。在培训不甚熟练者依据特定规则进行鉴别诊断时特别有效，如儿童急性上呼吸道感染、儿童急性腹泻的标准化治疗方案。

六、我国药品管理的法律法规

1. 中华人民共和国药品管理法　2001年12月1日实施。
2. 处方药/非处方药制度（OTC）。
3. 药品专营制度。
4. 医院药事组织——药事管理委员会

（1）管理委员会：委员由相应技术职务任职资格的药学、临床医学、医院感染管理和医疗行政管理等方面的专家组成。

（2）临床药师制度：根据《预防医学、全科医学、药学、护理、其他卫生技术等专业技术资格考试暂行规定》和《临床医学、预防医学、全科医学、药学、护理、其他卫生技术等专业资格考试实施办法》的规定，临床药师由具有本科以上学历并取得中级以上药学专业技术资格的人员担任。

（3）临床药师的主要职责
- 深入临床了解药物应用情况，对药物临床应用提出改进意见；
- 参与查房和会诊，参加危重患者的救治和病案讨论，对药物治疗提出建议；
- 进行治疗药物检测，设计个体化给药方案；
- 协助并指导护士做好药品请领、保管和正确使用的工作；
- 新药上市后临床观察，收集、整理、分析、反馈药品安全信息；
- 提供有关药物咨询服务，给予合理用药知识；
- 结合临床用药，开展药物评价和药物利用研究。

（冯　文）

第七章 医疗服务质量管理

教学内容与教学目标

教学内容
1. 医疗服务质量及其观念、内容。
2. 医院质量管理概念及主要内容。
3. 医院质量管理体系。
4. 医院医疗服务质量的评审。
5. 医疗服务质量管理采用的方法。

*　　　　*　　　　*　　　　*

教学目标
1. 掌握医疗服务质量的主要观点及内容。
2. 掌握医院质量管理概念及主要内容。
3. 熟悉医院质量管理体系的主要结构。
4. 熟悉医疗服务质量管理采用的方法。
5. 了解医院医疗服务质量评审的主要内容。

医院医疗服务质量管理是医院管理的核心内容之一,它以医院各个工作岗位和服务流程的质量管理为基础,涉及到医院管理的各个方面,是一项综合性管理。因此建立和完善医院服务质量管理体系,对做好医疗服务质量的组织实施工作,确实保障患者的医疗安全具有十分重要的意义。

在过去的若干年里,医疗机构将医疗服务质量管理的重点集中在医疗技术质量方面,过分强调医学专家对医疗质量的评价,而忽视了患者对于医疗服务质量的感受,随着医院医疗服务意识的增强,现在许多医疗机构对医疗质量的关注重点已经转移到了患者对医疗服务的评价和认可方面,从提高患者对医疗服务满意度着手,建立"以患者为中心"的医疗服务体系和质量评价指标。

在当今竞争日趋激烈的医疗服务市场环境中,高品质的医疗服务决不仅仅意味着只是"高水平的医疗技术,及时的诊断与治疗"等传统意义上的医疗质量,而是意味着医院还要有温馨、舒适的就医环境,高效的医疗服务流程,良好的医患沟通,适宜的医疗服务价格以及良好的服务态度。这些因素对一个医疗机构的成功与否至关重要。

第一节 对服务质量的认识

要明确医疗服务质量的定义,首先要看一下人们对有关质量问题的认识。

一、对质量的认识

人们对质量的认识多种多样,传统的质量定义大多偏重于从服务的基础设施、服务过程、服务效果等专业角度进行定义,现在专家们在定义服务或产品质量时更注重消费者的感受,有些质量管理专家认为质量应该是由顾客定义的。他们认为质量的价值在于顾客的认同和满意。比如患者去医院就医时,他对医院质量的感受是通过他在医院里接受服务得出的,所有为其提供服务的医院工作人员——医生、护士、各窗口服务人员、接待人员的服务态度、服务水平都会成为患者判断医院服务质量的依据,而患者的这些感觉将会影响他本人或他周围的人今后的就医行为。因此对于质量的认识一方面是要重视服务的设施、服务过程、服务效果,但更要重视消费者如何感受质量。现代医院越来越多地以患者如何体验质量来对质量进行定义,而不是像以前那样力求达到某些专家或行业制定的标准。

新的观点认为,在对质量进行定义时,首先应该考虑以下因素:

1．患者对服务质量的要求。只有患者选择并购买了医院的服务,才能使医院服务的价值得以体现。

2．员工对质量的建议。

3．竞争对手如何定义质量。

4．质量管理专家的建议。

质量管理与改进并不只是质量管理部门的事,而是要由医院的最高管理层,即医院领导层的推动和医院内各个工作岗位的参与才有可能奏效。因此,专家们认为提高质量应从以下几个方面努力。

1．高层管理者的决心和参与;

2．群策群力的团队精神;

3．通过对员工的培训来提高质量意识;

4．对于质量改进的技术培训;

5．制定衡量质量的尺度标准;

6．对质量成本的分析及认识;

7．对质量进行持续改进;

8．各级员工的参与。

二、质量管理的原则

医院实行质量管理是为了向患者提供优质的服务,从而保证医院自身持续、稳定的发展。管理者在制定医院质量管理原则时应考虑以下几个方面。

1．以患者需求为导向　医院的生存与发展完全依存于患者。因此,医院应当理解患者当前的和未来的需求,满足患者要求并争取超越患者期望。在市场经济条件下,患者是医院生存的基础,医院在确定其医疗服务质量战略时必须把患者的要求放在第一位。医院要明确谁是自己的患者,调查患者的需求,研究怎样满足患者的需求。因此,医院应该转变传统的单纯重视医疗技术质量的做法，采取必要的措施，改进医疗服务，以适应市场经济条件下患者对医疗质量的要求，满足患者不断增长的要求和期望，使自己的服务处于领先的地位。

2. 医院领导在质量管理中的作用　医院高层领导的重视与参与，对于医院建立和保持高水平的医疗服务质量至关重要。领导者应当创造并保持使员工能充分参与实现医院目标的内部环境。正如 ISO 标准所倡导的："最高管理者的领导作用、承诺和积极参与，对建立并保持一个高效的质量管理体系，并使所有相关方获益是必不可少的"。领导者可以通过制定部门的工作准则，工作程序及其他活动来规范医院的质量。

3. 全员参与　医院的质量管理不仅需要管理者的正确领导，还有赖于全体员工的参与，并通过员工的工作得以落实。所以医院要对员工进行质量意识、职业道德、以患者为中心的培训以及敬业精神的教育。此外，员工还应具备足够的知识、技能和经验，才能胜任工作，实现充分参与质量控制与管理的目标。

4. 重视过程　任何利用资源并通过管理，将输入转化为输出的活动，均可视为过程。对于过程的管理可以规范医疗服务的产出，预防有可能出现的质量问题。重视过程的目的是可以通过识别医院内影响质量的关键程序，加以重点管理并进行持续改进来达到患者满意。

5. 质量必须以系统的方法进行管理　所谓系统，就是"相互关联或相互作用的一组要素"。在质量管理中采用系统方法，就是要把质量管理作为一个完整的体系，对组成质量管理体系的各个过程加以规范和管理，以达到实现医院的质量方针和质量目标的目的。

6. 持续改进　持续改进是"增强患者对质量要求的循环活动"。为了不断提高医院的整体服务质量，医院应不断改进其服务水平，优化过程，提高质量管理体系及质量管理过程的有效性和效率，以满足患者日益增长和不断变化的需求与期望。医疗服务质量的持续改进是医院服务质量管理的精髓，只有坚持持续改进，医院才能不断进步。

7. 基于事实证据的决策方法　有效决策必须建立在对医疗服务质量的数据和信息分析的基础之上。通过有意识地收集与质量管理目标相关的各种数据和信息，用于质量管理的决策活动，可以极大地减少决策失误的风险。

三、质量观念的发展

人们对质量的认识是不断发展和更新的，从早期的以产品或服务标准为基准逐步发展到以患者的需求为基准，人们对质量的观念发生了重大变化。

1. 符合质量标准　早期质量管理的侧重点都是围绕着特定的质量标准展开的，人们在衡量服务或产品是否合格时首先考虑的是他们是否符合行业的标准。我国的医疗服务在相当长的一段时间即是采用这种方法来衡量医疗服务质量的，受计划经济体制下卖方市场的影响，长期以来医院一直是以医疗服务与标准的符合性来评价医疗服务质量的。由于受质量标准的理念、标准的更新周期和标准本身存在的局限性的影响，标准规范的内容往往滞后于民众和社会发展的需要。因此，很多医疗机构即使是按照要求向患者提供完全符合标准的服务，也无法满足患者的需要。

2. 市场适用性质量　在市场经济体制下，医疗服务的竞争进一步加剧，很多地区的医疗服务市场已经由卖方市场转化为买方市场，因此，医疗服务质量更多的是以能否满足患者的要求，使患者满意来评价的。如果医院不引入相应的医疗服务质量标准，转变质量观念，医院就无法向患者提供符合患者需要的医疗服务，医院也就不会有生存和发展的空间，最终只能被淘汰。

3. 医疗服务质量的社会性　随着社会的进步，法制的完善，讲医疗服务质量时，只重视满足患者需要和医院获利是不够的。医院在向患者提供医疗服务时，还必须履行其社会责任（如为低收入患者提供低收费或免费的医疗服务，承担政府和社会机构委托的公益性医疗活动，保证医疗安全，不伤害患者的身心健康等），这些社会要求往往通过法律法规、政策的形式体现在质量管理的要求之中。

4. 质量的经济性　在市场经济体制下，医院提供医疗服务是为了满足患者和社会的需求，同时也要考虑自身发展的需要，即取得必要的经济效益以维持医院的生存和发展。为此，医院在提供医疗服务时要考虑质量成本，在满足患者需要的前提下，不应盲目追求高质量，而宜根据患者的需求为其提供适度质量的医疗服务，因为对质量的进一步要求一般意味着成本的增大，会加大患者的经济负担。因此，必须从价值工程的角度和医院的服务定位来研究适度质量的含义。从这个意义上说追求"质量精益求精"，并不一定能给医院带来好的效果。毫无疑问，不断地改进医疗服务质量及其管理是正确而合理的方向，但不能不考虑这种改进所伴随的质量成本增加是否能为市场和患者所接受。

综上所述，现代医院的质量观念是将符合质量标准、市场适用性质量、医疗服务质量的社会性和质量的经济性四个方面的要求综合起来考虑并予以满足，同时兼顾医院、患者和社会的利益，以期达到最佳效果。

对质量赋予的现代观念，是指导医院建立质量体系的重要依据。在质量体系建立、实施和改进的过程中，应不断地按照现代质量观的要求加以落实。

医院在制定医疗服务的质量方针和目标时，必须充分体现患者的期望和需求，并将患者最关注的质量特性，纳入医院的质量目标，并实施动态管理。

四、医疗服务质量

医疗服务质量关系到患者的生命健康，因此，医学界对于医疗服务的质量要求更为严谨。但对于医疗服务质量的定义，不同的机构和质量管理专家有不同的见解。

美国医学会（AMA）对医疗服务质量的表述为：有益于改善或保持患者健康，给予患者及时的医疗服务，患者能够参与与其自身诊断、治疗相关的活动，医院提供的服务应具有人性化且关心患者的心理感受。

美国医学研究所（IOM）认为：医疗服务质量是利用已有的最新医学技术和知识，为个人和居民提供医疗服务，并达到理想医疗结果可能性的程度。

美国医疗机构联合评审委员会（JCAHO）将医疗质量定义为：对于特定的服务、过程、诊断及临床问题，遵守良好的职业规范，达到预期的结果。

人们对医疗服务质量的认识有一个转变的过程，希波克拉底誓言（Hippocratic Oath）中最重要的信条就是要为患者谋利益。早期对良好医疗服务比较全面的论述是 R Lee 和 L Jones（1933）提出的八项原则：即①医疗服务要以医学科学为基础；②强调预防为主；③全面了解患者病情；④为患者提供现代科学的，而且是必要的医疗服务；⑤各种医疗活动要互相配合；⑥医生与患者之间保持良好的沟通；⑦医疗服务措施与社会福利事业发展水平相协调；⑧医务人员要与社会公众进行良好的合作。

P Sanazoro 和 R Worth（1978）提出良好的医疗服务应符合下列要求：①对疾病的诊断和记录应客观、详实；②为内科患者提供科学有效的治疗，手术患者要有适当的手术指征；③任何诊断、治疗不得有不当行为，尽量减少可能出现的并发症。

A Donabedian（1980）提出医疗服务质量受医疗机构的组成结构、医疗服务过程与医疗结果三者的综合影响，他提出好的医疗服务应该是以最小的风险和最低的成本为患者提供最适宜的服务。

相对来说，医院和医务人员在评价医疗服务质量时往往较为关注医疗服务的技术方面，而患者则更重视医院、医疗服务中的人际关系。随着人们观念的转变，越来越多的医疗机构和质量管理专家强调患者对医疗服务质量评价的重要性。例如对于老年人和临终患者来说，医疗技术所能解决的问题是非常有限的，在这种情况下，医患之间的人际关系就成了患者对医疗服务是否满意的主要因素。至于对医院的就医环境是否舒适以及就医的方便程度等质量指标的评价，只能依据患者的判断了。因此，所谓的医疗质量应当是医疗设备、医务人员的知识与技术、医疗服务的艺术三方面的有机结合，才能促进医院的组织结构、服务过程及诊疗结果三个层面的质量提升，并减少不恰当医疗行为的发生。

综上所述，我们认为判断医院医疗服务质量的优劣应该从以下几个方面进行综合评价：

1. 患者疾病的转归，患者的治疗结果应达到或超越临床预期的转归；
2. 医疗机构应该具备良好、高效的医疗服务流程；
3. 对于疾病应该采用适宜的医疗诊断和治疗技术；
4. 医疗机构具备良好的医疗服务设施，医务人员具有良好的服务态度；
5. 合理的诊疗费用；
6. 患者满意；
7. 无不必要或过度的医疗服务。

第二节　医院质量管理

一、医院质量管理的定义

医院质量管理（Hospital Quality Management）是指医院在确定质量方针、目标和职责，以及在质量体系中进行的诸如质量策划、质量控制、质量保证和质量改进等措施，使医院提供的服务质量达到规范要求和患者满意的全部管理职能活动。

根据医院质量管理的定义，可以将医院质量管理理解为：

1. 医院质量管理的主要职能是依据医院的服务定位和质量战略制定和实施医疗服务质量方针，把质量方针的制定、培训、贯彻落实到各个部门和各有关岗位，并由医院质量管理部门进行监督、检查，对质量实行全过程的有效管理，务求质量方针取得预期的效果。

2. 对影响医疗服务质量的各个工作环节，实施有效的管理。医疗服务质量涉及到医院的各个工作岗位和服务环节，例如直接为患者服务的医院各服务窗口，医生和护士，以及间接为患者服务的临床检查、化验室，不同的岗位对服务质量的要求有所不同，直接为患者服务的岗位工作人员，不但要求其具有娴熟的技术，而且要求其具备良好的医患沟通技巧和服务态度，间接为患者服务岗位的工作人员应更注重技能和结果的准确性。

3. 医院质量管理必须由院长或主管副院长领导，各级管理者各负其责，落实到人。医院质量管理最重要的是领导的重视与支持，医院必须具备整体的质量管理体系和质量管理计划，将各个工作岗位的日常质量管理工作落实到人，对于容易出现质量问题的岗位和工作环节应重点管理，并有针对性地建立质量预警系统，出现问题及时发现，及时纠正。

4. 在质量管理中要考虑到医疗服务的质量成本和质量管理成本。医疗服务质量及其管理是有成本的，这些成本包括为改善医疗服务质量本身增加的成本，如添置仪器设备、改善环境、人员技术培训等项目的支出，和为强化质量管理而增加的工作岗位、人员和劳动成本。在工作中，有必要对医院的各项质量管理工作进行成本效益或成本效果分析，结合医院的市场定位和患者的经济承受能力制定适合的质量管理战略。

5. 根据医院的质量管理战略制订量化的医院整体质量目标和各工作岗位的质量目标，制定相应质量管理职责作为医院医疗服务质量管理的基本内容。医院的质量目标和职责是落实质量方针的关键。

6. 医院必须建立完善的质量保障体系，注重质量保障机制的建设，使机制在日常工作中发挥作用。对于质量方针、目标、职责的制定和实施等质量管理工作都要在医院的质量体系中加以贯彻、落实。

7. 医院的质量管理要采用现代化的管理方法，如质量策划、质量控制、质量保证和质量改进等，引入计算机信息系统，在开展医疗服务的过程中快速、准确地收集质量管理相关信息，对医院医疗服务质量实施动态监控，发现问题及时解决。

8. 医院医疗服务的质量改进应该是一个持续的过程，医疗服务质量的持续改进是医院质量管理的精髓。

二、医院质量管理的主要内容

医院质量管理主要是围绕医院的日常工作进行，其主要内容包括以下一些方面。

（一）制定医疗服务质量方针

医院的医疗服务质量方针是指导医院质量管理工作的核心，这项工作要求负有执行职责的医院管理者以书面方式加以体现。质量方针是医院经营方针的重要组成部分，因此，要与医院的经营目标和市场定位相适应，并且要符合患者的期望和要求，医院的服务质量方针要在医院组织内正式发布，同时应得到医院各个层次工作人员的理解和支持。

医院医疗服务质量管理者必须阐明医院质量方针、质量目标的内涵。为使这些内容能够被全体员工理解，医院应对所有员工，包括新雇用的、兼职的和临时的员工进行培训，使他们都能理解医院的质量方针和目标以及医院为实现这些目标所做的承诺。质量方针规定的内容应该简洁和精确，质量目标必须满足以下要求：①切实可行，能够落到实处的。②质量目标应该是在规定的期限内可以达到的。③质量目标必须是可以测量的，或是可以定性的。如有特殊要求时，可对已经实现的目标进行评价。④目标之间不可以相互矛盾，宜按优先次序对目标进行排列。⑤医院应该随时根据政策、法规和竞争环境等方面的变化修订其质量目标。

为了满足医院质量目标的要求，医疗质量管理者应制定并随时根据需要修订质量计划。管理者可以通过以下活动，验证和考察其质量目标是否适合医院的质量方针，并达到医院对医疗服务质量的承诺：

1. 确保医院的员工理解并实施质量方针。
2. 确保医院的员工具有与医院整体目标相一致的质量目标。
3. 推动质量方针、目标的实施，将质量方针、目标落实到医院各工作环节和岗位中，对质量方针、目标实施的情况进行跟踪。

4. 不允许医院内部的任何部门或任何个人有偏离质量方针的现象发生；对偏离方针的行为应坚决抵制。

5. 为保障质量体系的建立和实施，医院应提供相应的资源和人员，并对人员进行培训。

（二）明确医疗服务质量管理者的职责、权限和相互关系

医院内所有涉及医疗服务质量的管理人员、执行人员和检验人员，包括负有执行职责的管理者，应明确他们被授予的职责和权限，特别是要明确对控制医疗服务质量体系的所有要素和过程负有决定职责和权限的人员，规范他们的工作要求并形成文件。这些内容应该在医院的质量体系组织结构图、质量体系要素与各部门职能的关系表和岗位职责中体现出来。这项工作重点体现以下工作内容。

1. 采取预防措施，防止医疗服务、过程或质量体系中可能出现的服务差错。

2. 记录医疗服务过程中出现的质量问题和患者投诉，并通畅地反映到质量管理部门。

3. 确保医院质量体系中采取的各种质量保障措施和办法行之有效。

4. 查验改善质量的办法是否被执行，解决的结果是否能预防不规范事件再次发生。

5. 监督和控制不合格的医疗服务，直到不满意的状况得到纠正。

（三）对医疗服务质量资源进行管理

为了实现医院的质量方针和目标，满足患者的需要和期望，医院管理者应根据质量要求配置并合理使用资源。明确达到医院既定质量目标对资源的需求，包括医院的建筑要求、环境要求、仪器设备、服务设施、服务流程、人员培训的内容和形式、员工的作业指导和工作方式，并据此制定相应的资源配置计划，按计划加以实施。为此，管理者应考虑以下几项内容：

1. 培训从事医疗服务质量策划、管理、执行和检验活动的人员，使之具备相应的质量管理技能和经验，能够胜任其从事的质量管理工作。

2. 提供实现质量目标必需的资源、技术和方法。资源是医院建立质量管理体系、实现质量方针和质量目标的必要条件，包括人力资源、仪器设备、基础设施和工作环境等。

3. 对医院的服务流程和工作程序进行策划，以保证提供的服务符合质量要求。

（四）监控医疗服务过程

质量管理体系的每一个过程都直接或间接地影响到医疗服务的质量，因此必须采用适当的措施对医院的服务过程进行监控和评价，以确保医疗服务过程的准确和高效。对医疗服务过程进行监控的目的是为了保证医疗服务按照预定的流程和规范运行，及时发现可能存在的质量隐患，并采取措施加以改进。由于质量管理体系中需要监控的过程很多，而且不同的过程有不同的特点，因此对过程的监控应采用不同的监测方式和监测指标，并确保这些方法和指标是有效的。

（五）持续改进质量

医疗服务质量的持续改进是医院质量管理的重要工作。持续改进的对象可以是质量管理体系、过程和医疗服务等，质量的持续改进体系可以在医院的各个过程中使用PDCA循环的方法实现。对于医院出现的特定质量问题，可以组成质量改进小组进行专项研究，提出改进意见。

（六）建立和完善医院质量管理文件

医院质量管理文件是指导和规范医院医疗服务和管理工作的指导性文件，包括各项标准和规范，这些文件是医院质量管理体系正常运行的保证。在医院质量管理中要规定对哪些医

疗服务过程、医院工作形成文件，以及形成文件的形式、载体等内容，以文件的形式对医院质量管理体系中的内容进行固定。文件的价值在于存储和传递保证医疗服务质量所需的信息，利用这些信息指导和规范医院工作人员完成质量管理的各项工作。文件的详略程度可因医院的类型、规模、过程的复杂程度和相互作用、患者的要求、医疗服务的复杂性等不同进行规定。医院质量管理文件的类型通常有国家和行业制定的标准和规范、医院的质量管理计划、医院质量管理过程中形成的程序、作业指导书、质量记录等。

（七）医疗质量的经济考虑

在市场经济体制下，医院提供医疗服务是为了满足患者和社会的需求，同时也要考虑自身发展的需要，即取得必要的经济效益以维持医院的生存和发展。为此，医院在提供医疗服务时要讲究质量成本，在满足患者需要的前提下，不应盲目追求高质量，而宜根据患者的需求为其提供适度质量的医疗服务，因为对质量的进一步要求一般意味着成本的增高，会加大患者的经济负担。因此，必须从价值工程的角度来研究适度质量的含义。从这个意义上说，追求"质量精益求精"，并不一定能给医院带来好的效果。毫无疑问，不断地改进医疗服务质量及其管理是正确而合理的方向，但不能不考虑这种改进所伴随的成本的增加是否能为市场和患者所接受。在对医疗质量进行评价时，不仅要求其技术上具备科学性和先进性，而且要求在经济上也是合理的。医院提供给患者的医疗服务不能脱离开社会的经济发展水平和居民的经济承受能力，孤立地谈论医疗服务质量的水平。医院医疗服务质量的定位一定要根据医疗服务市场和患者的需求来确定，定位过高会导致需要治疗的患者无法承受，定位过低会导致患者对医疗质量不满意，从而失去患者。

医疗质量成本主要由质量管理成本和质量管理失误产生的成本两部分组成。

质量管理成本：包括医院实施质量规划、质量过程控制、质量数据的收集与分析、员工的质量培训、服务个性化、质量管理系统的完善、质量问题报告、质量改进措施等质量管理活动形成的成本。

质量管理失误产生的成本：包括内部失误造成的成本消耗，如医疗服务过程中出现的浪费、由于服务质量达不到要求造成的返工、工作失误造成重复检查、仪器设备损坏、医疗差错、额外的住院天数等；外部失误造成的成本，如医疗纠纷的处理、法律诉讼等。

图7-1和7-2分别列出了在质量管理不善和理想的质量管理条件下质量成本支出及其构成。从图中可见，虽然理想的质量管理增加了质量管理成本，但由于降低了质量管理失误产生的成本，其质量成本总支出明显低于质量管理不善条件下的总支出。

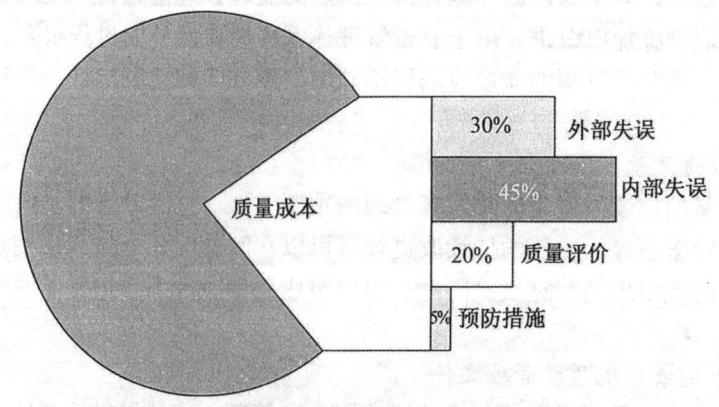

图7-1 质量管理不善条件下的质量成本

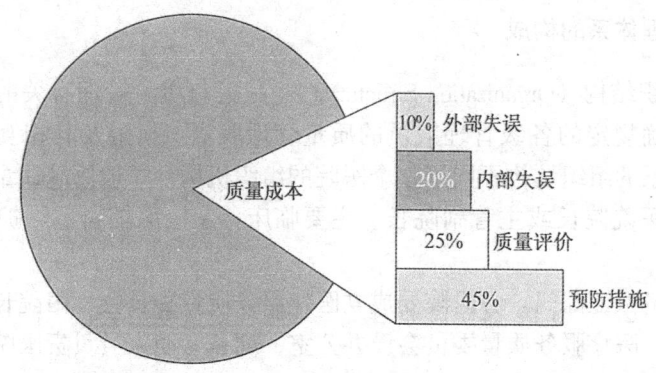

图 7-2 理想质量管理条件下的质量成本

第三节 医院质量管理体系

一、概述

医院质量管理体系是运用系统论的观点和系统工程的方法,设计建立的医疗服务质量管理系统。医院质量管理体系是从系统的角度对医院质量管理系统进行优化和规范,因而使医疗服务质量管理有了"质"的飞跃,建立和实施医院质量管理体系已成为现代化医院质量管理的一个重要的标志。

医院质量管理体系是一种客观存在的实体,它既是实施质量管理的基础,又是质量管理的技术和手段。建立质量体系的目的是促使医院将质量管理工作作为医院的自觉行动,意在提高医院质量管理的有效性,其最终目的是要服从和服务于医院的整体质量方针和目标。

医院质量管理体系建立和实施有赖于医院管理者和员工对医院医疗服务质量的共识,只有当医院的员工认识到质量体系的作用及其如何运行(特别是与体系其他部分接口处的质量如何运行)并按照质量管理规范执行时,医院才能最有效地实施质量体系。

二、医院质量管理体系的定义

医院质量管理体系是指医院为了达到既定的医疗服务质量目标,在组织上、制度上和物质技术条件上对医院的组织结构、工作程序、服务流程和管理资源进行优化,以保障医院提供医疗服务的质量达到预期要求的系统。医院质量管理体系是以医院服务过程为基础,对医疗服务每个过程的输入、输出、工作交接环节、反馈、修正等进行有效的控制,使整个医院的服务质量满足医院的预定质量目标。

医院质量管理体系应达到以下要求:

1. 医院质量管理体系的内容与功能应以满足医院质量目标的要求为准。

2. 医院质量管理体系是为满足医院整体质量管理的需要而设计的。它应该比患者的要求更广泛,患者的要求仅能反映出质量体系中的一部分内容。

3. 为了确认医院质量管理体系能够满足医院质量管理的要求,应对质量体系进行外部评审或聘请专家进行验证。

三、医院质量管理体系的构成

1. 质量体系的组织结构（Organization Structure） 是指与质量管理有关的机构设置、部门职能分配，以及明确规定的各级管理人员的质量管理职责、权限及其相互关系。应该指出，医院质量管理体系的组织结构不同于整个医院的组织机构。一般医院质量管理体系组织机构的组成人员包括医院院长或主管副院长、主要临床科室、医辅科室、护理部的主管人员。

建立医院内的质量保证部门。各医院要成立医疗服务质量委员会，由院长或主管副院长负责，各科主任参加。医疗服务质量委员会设办公室，配备专职人员负责医院医疗服务质量的日常性管理和监测。其工作方式有以下几种：

（1）动态收集医院医疗服务质量相关资料，对资料进行分析整理，对于发现的问题应及时反馈给相应的工作部门或个人，并协助解决。定期向医院质量委员会报告医院存在的质量问题及改进措施。

（2）动态监控医疗服务过程，与相关部门一起处理患者的质量投诉，提出整改意见并监督实施。

（3）对于涉及多部门、多工作岗位的服务质量问题或医院发生的重大质量问题，医疗服务质量委员会应协调有关部门进行专题调查研究，找出原因，提出改进措施，落实到人，追踪改进的效果。这种医院的质量动态管理方式，能及时发现并改进医院日常工作中的服务质量问题。为方便管理，国内医院的质量管理体系一般由院级质量管理、科室质量管理和各个工作岗位质量管理三级组成，分别承担和行使着各自的质量管理职能。

院级质量管理 主要由医院医疗服务质量委员会负责，其主要职责是制定医院的质量目标，医疗服务质量的管理制度，组织协调医院质量管理的实施，监督、检查医疗服务质量，协调各部门、科室之间的关系，负责调查、分析医院发生的重大医疗服务质量问题的原因，制定改进或控制措施。

科室质量管理 主要由医院的各个科室负责，由科室的主管领导负责。科室质量管理的主要职责是负责本科室人员落实质量管理的各项规章制度，并结合科室的质量实际情况制定有针对性的质量管理措施，发现问题，及时纠正。此外，科室应建立医疗服务质量问题报告制度，收集并上报科室工作人员出现的质量问题和患者的投诉。科室服务质量问题报告制度的着眼点应放在如何发现工作中存在的质量问题，制定相应措施鼓励员工报告出现的问题。质量问题报告制度切忌以罚为主，因为这样做有可能使一些影响医院医疗服务质量的问题无法反映到质量管理部门。

2. 医疗服务过程管理 包含两方面的内容：一是对于医疗服务工作流程的优化和重组；二是对医疗服务过程进行动态监控和管理，结合医疗服务工作，建立切实可行的质量保证机制，预防和减少对患者造成的身心伤害。

（1）医疗服务工作流程：是指为开展某项医疗服务所规定的工作路径和完成相应工作所需要的时间。医疗服务流程的优化和规范是保障医疗服务质量的重要措施，流程规范可以有效地减少医疗服务中的不确定因素，保障质量的稳定。医院应审核现有的医疗服务流程，对于效率低下，容易出现问题或患者投诉多的医疗服务流程进行简化、优化或重组，使医院流程满足医疗服务和患者的要求。

分析医院现有服务流程时，应对流程进行分解，明确流程每个环节的医疗意义，并加以规范。要重视医疗服务流程中的每一个环节的质量管理,首先必须将每一个环节分解到最小单元,即具体内容,对于可有可无的流程环节,应予以简化或去除,才能真正达到医疗流程质量管理的目的。

(2) 医疗服务过程管理:是指将医疗输入转化为输出的一组彼此相关的医疗工作和医疗活动,包括在医疗服务过程中采取不同的诊断、治疗方案或措施。医院服务质量体系的过程,包括在医疗服务质量形成全过程的各个环节所进行的操作和质量活动过程。对于医疗服务过程的管理应注重以下几个方面:

- 制订医院的医疗规范(Practice Guidelines),按照规范实施医疗服务。
- 对于临床医疗服务中的关键路径(Critical Pathways)应进行重点监控,保证其按规范运行。
- 监测医院的日常质量管理过程,发现问题及时纠正。
- 授予在医院工作的员工一定范围的质量管理权限,如授予员工与其工作相关的服务过程或流程的质量检测管理权。
- 采用现代化的质量管理方式和机制管理医疗服务过程,如使用流程图、原因-效果图对医疗服务过程进行分析。引入同行评议的方法对即将实施的医疗服务进行把关。

医院服务质量体系强调"所有医疗服务工作都是通过过程来实现的",促使医院质量管理从以往的以终末质量管理为主的方式向实时的过程管理发展。质量体系要求的过程化评价手段,将对医院的标准、计量等方面提出新的要求。

对医疗服务过程进行管理,可以及时发现不当的情况并随时给予纠正。与终末质量管理相比较,过程管理具有事前(即造成患者伤害之前)管理的意义。审查服务过程中的情况也含有保证质量的意义。对医疗服务过程进行审查的方法可以有两种,一种是直接观察医疗服务的过程;另一种是查阅有关医疗活动的记录。前者在实施过程中耗费的人力、物力较多,后者反馈的时间略有延迟。对医疗服务过程进行动态监测能及时了解医疗服务质量,并有督促作用,但也存在一些弊端。美国学者Osborne和Payne(1976)发现采用对医疗服务过程进行审核会促使医生增加诊疗措施。

3. 医疗终末质量的监控 医疗服务效果是对医疗服务质量最直接、最确实的评价,也是传统的、行之有效的方法。医疗终末质量主要是以临床医疗服务的结果为依据综合评价医疗终末效果的优劣,终末质量管理虽然是事后检查,但从医院整体来讲仍然起到质量反馈控制的作用。衡量医疗服务效果是对已完成的医疗服务进行回顾性检查。如对患者的疾病转归、健康状况和满意程度进行评估,也可以是对患者的病历资料,从病情、医疗项目和疗效等相互关系判断医疗服务质量,为改进今后工作提供依据。

(1) 病历医疗质量评价:传统的病历医疗质量评价是由美国外科学会开始研究并建立起来的。他们提出以医院病历和其他医疗记录作为资料,按诊疗过程和结果进行评价,将实际的治疗结果与临床预期的结果进行比较。通过对病历的检查,审定医生在诊断、治疗等医疗过程是否及时、正确,技术上有无错误。对病历的检查由熟悉业务的医疗质量检查员或医院质量委员会负责,这种评价方法虽然对每个病历来说是事后检查,但从医院整体来说仍然起到质量管理及反馈控制的作用。以病历资料为质量评价依据,医师写好病历即可,不必填写额外的表格,不增加医生工作负担。

(2) 医院质量统计指标评价:医疗终末质量也可以通过收集医院相关统计指标进行评

估。涉及医院终末质量的统计指标主要有：医院病床使用率、患者平均住院天数、患者疾病转归、患者死亡率、医院手术并发症发生率、无菌伤口感染率、不必要的手术率、会诊率等。

为了反映医院的特殊质量问题，可以将上述这些质量指标进一步细划，以达到质量评估的目的。如患者平均住院天数可以进一步分为单病种平均住院天数。疾病诊断符合率可以分为入院与出院诊断符合率、术前术后诊断符合率、临床诊断与病理诊断符合率等。患者死亡率可以分为医院死亡率、麻醉死亡率、手术死亡率、分娩死亡率、新生儿死亡率等。

4. 医疗服务质量相关资源管理　通常情况下，医院管理者要承担保持医疗服务质量的责任，即按照医疗服务质量形成的规律，提供必要的资源（人力、物力、财力）并进行管理。医院管理者对质量的管理，首先表现在所有这些为保证医疗服务质量所做的努力。这已成为医疗服务质量管理的主要趋势。

与医疗服务质量相关资源是指医院的工作人员，资金、设施（医疗用房、配套设施等）、设备（CT、MRI、自动生化分析仪等），技术和方法。在这里资源的概念是广义的，首先强调的是具有相应资质的工作人员，资金、设施、设备、技术和方法等硬件条件，也包括质量管理的软件条件。

对医疗服务质量相关资源的管理首先是要对医院工作人员的从业资格、岗位配置、各种专业人员的比例，满足医疗质量要求的医疗器材、设施、建筑和组织情况（如质量管理职责、分工协作、规章制度等）进行规划与配置。这些医院的基本结构是形成医疗服务质量的前提，没有必要的基本条件，医疗服务质量无从谈起，但是有了良好的条件，并不一定能取得良好的医疗服务质量。

第四节　医院医疗服务质量的评审

医院医疗服务质量评审是医院按照一定的质量管理体系或质量管理规范的要求与自身的质量管理工作进行对比，以确定其服务质量和质量管理体系及其内容是否符合标准的要求。

医院医疗服务质量评审分医院内部质量评审和医院外部质量评审。医院内部质量评审是医院质量管理工作的重要内容之一。医院外部质量评审是由中立的第三方依照一定的标准体系对医院是否满足要求进行的质量评审。

一、医院内部质量评审

1. 医院质量评审的要求　医院医疗服务质量委员会或医院的质量管理者应该按照规定的时间间隔和程序对医院质量体系进行评审，评审时要明确以下一些内容。

（1）质量评审是医院质量体系自我完善的重要内容，是医院保障其医疗服务质量的重要保证；

（2）质量评审的对象不仅是医院质量体系本身，也包括对医院质量方针和目标的评审，可以涉及医院质量管理的全部内容，以便确定质量体系能否确保实现质量方针和目标，以及质量方针和目标是否适应变化着的内、外部环境。

（3）质量评审是一项有计划、有系统开展的评审活动。医院应按照规定的时间间隔进行，一般每年进行一次，但当医疗服务市场和医院组织内部发生较大变化时，或连续出现重大质量事故时，或被患者投诉时，应及时进行质量评审。

(4) 质量评审的输出是医院医疗服务质量的改进。

2. 质量评审的内容　对医院质量体系进行评审的内容包括以下几个方面。

● 组织机构（包括人员和其他资源）的适宜性。
● 医院所选择的质量保障体系与各项标准的符合程度，质量体系是否有效。
● 质量方针、目标的贯彻情况。
● 适应医院发展的应变能力。
● 对医院服务质量的内、外部反馈信息（包括患者投诉、报怨）以及医院所采取的纠正和预防措施的信息进行分析、评价。
● 医院医疗服务质量状况。
● 医院内部质量审核的有效性及发现的重大问题。

3. 质量评审的间隔及注意事项　通常医院的内部质量评审在每年的年初或年末进行。外部质量评审每两至三年进行一次。质量评审要按期进行，以确保质量体系的持续适宜性和有效性。质量评审的过程、频次应根据实际情况而定。当医院内、外部环境有较大变化时，应及时进行评审。

医院管理者应注意医院质量体系中可能出现问题的部分，特别是那些经常发生质量问题的区域。应落实质量评审的后续管理工作，对质量评审中发现的问题应及时采取措施，进行改进，并对改进工作的有效性进行评价。

医院应完整保存每次质量评审的各项记录，如质量评审的计划，医院组织内部各部门关于质量体系运行的报告（包括医疗服务质量状况），质量评审的报告（质量评审的决议和有关的质量改进），质量评审会议的原始记录。

二、医院外部质量评审

（一）美国的医院评审

美国的医院评审是专门针对医疗机构服务质量制定的标准和评价体系，因此具有很强的针对性。在世界各国开展的医院评审工作中，美国的医院评审做得最好，也做得最早。

早在1913年，美国外科学会即已正式发表宣言，指出医院必须发展一套医院及医疗工作标准，才能提高医疗服务质量，防止对患者的伤害。为此该学会于1917年制定出美国第一套《医院评审最低要求标准》，并于1918年组成评审委员会，一年内评审了700家100张床以上的医院，但却只有89家医院符合这一标准；评审结果公布后，引起美国医院极大的震动。各级医院莫不比照该项标准作自我检讨，力求改善。至1951年，全美已有3 000家以上的医院达到了《医院评审最低要求标准》。1951年，在美国外科学会的发起下，美国内科学会、美国医学会、美国医院协会和加拿大医学会五个团体共同组成"美国医院联合评审委员会（JCAH）"。其后加拿大医学会退出医院评审联合会独立开展医院评审工作。之后美国牙科学会加入了美国医院评审联合会。至1981年，美国医院评审标准已经改为目标导向的原则性要求，不再在细节上斤斤计较，评审有效期自1982年起由原定的两年延长为三年。1988年，美国医院联合评审委员会（JCAH）更名为美国医疗机构联合评审委员会（JCAHO）。目前，美国医疗机构联合评审委员会的评审对象已经涵盖了与医疗、护理服务相关的各类医疗机构，如综合医院、精神病医院、慢性病医院、诊所、检验中心、护理院等。评审标准每两年修订一次。美国的医院评审虽然是自愿申请，但评审结果却获得了普遍的认可，拥有良好的社会信誉。

1998年美国医疗机构联合评审委员会正式建立了国际部（JCI），并制定了针对世界上不同国家通用的《国际医院评审标准》（*Joint Commission International Accreditation Standards for Hospital*）。目前，该标准的最新版本是2003年1月开始实行的第2版，其主要内容包括以下几个部分：

医疗服务的可及性和连续性（Access to Care and Continuity of Care）；

患者及其家属的权利（Patient and Family Rights）；

患者病情的评估（Assessment of Patient）；

患者的治疗（Care of Patient）；

患者及其家属的教育（Patient and Family Education）；

质量改进与患者安全（Quality Improvement and Patient Safety）；

感染的预防与控制（Prevention and Control of Infections）；

管理体制、领导和指导（Governance, Leadership, and Direction）；

设施管理与安全（Facility Management and Safety）；

员工的资质与教育（Staff Qualification and Education）；

信息的管理（Management of Information）。

美国的医院评审工作为自愿参与，而非政府强制，是否参加评审由各医疗机构自己决定，但申请评审的医疗机构非常多，美国目前共有19 000多所医疗机构申请了评审，占美国医疗机构总床位数的98%。

美国医院评审的实施由一位医师、一位医院管理专家、一位护士和一位技师执行。这些成员不但要依照标准实地评估医院，访问医院有关人员，同时还要指导及协助医院改善质量。

美国医疗机构评审分四个步骤进行：即现场考察、资料汇总、计算评分、做出决定。现场考察依据评审标准中的项目逐项考察并打分。每一个项目采用5分制评分法判断医疗机构实际情况与标准的符合程度。1分为完全符合，5分为完全不符合。评审标准对每一个项目的1~5分都分别做出明确的说明，调查员根据标准给分，还必须明确说明给分的理由。

评审完成后，JCAHO总部的专家将依据评审员的报告书，做成决定建议书，转给评审委员会做最后决定。然后正式通知受评医院是否合格及应改进的部分。

JCAHO的评审结果分为：

合格——发给合格证书；有条件合格——质量有缺点，而这些缺点尚未达到不合格的程度，但必须在规定时间内或下次评审前改善；不合格——有严重缺陷。在报告和建议书送到评审委员会之前，JCAHO会事先邀请医院主管前往，并说明不合格的理由及讨论改善事宜，若医院不服，可申请举行听证会。

JCAHO的评审合格证书有效期为3年，因此，医院每隔3年必须再度申请评审，若未能继续达到标准的要求将会被取消合格资格。

（二）ISO9000质量认证

ISO9000系列标准是国际标准组织（ISO）制定的质量管理标准，早期主要用于产品制造业，1991年国际标准化组织颁布了ISO9004-2标准，这是ISO专门针对服务业制定的第一个标准，到目前为止ISO还没有专门针对医疗服务领域的标准。

ISO9000族标准可以分为指导性标准、质量保证模式标准和质量体系标准三类。ISO9000

属于指导性标准。它表述质量管理体系基本原理并规定质量管理体系术语；ISO9001系列属质量保证模式标准，用于组织证实其具有提供满足顾客要求和适用的法规要求的产品能力。ISO9004系列为质量体系标准，目的在于为管理者提供质量体系的应用指南，从而改进组织的整体业绩。

ISO9004-2的标准是以ISO8402和ISO9000系列标准为基础制定的。ISO9004-2标准阐述了其适用范围、引用标准、涉及的主要术语以及服务和提供服务的特性；并阐述了质量体系的三个要素，即管理部门的职责、人员和资源、质量体系结构三个方面如何以顾客为中心来开展质量活动，对"质量体系结构"中的服务质量环节进行了论述。把服务分为：市场开发过程、设计过程、提供服务过程和服务绩效的分析改进四个部分。

机构是否达到ISO9000标准的要求，必须由ISO认可的认证机构进行认证。

我国医疗行业在20世纪90年代末期引入了ISO9000管理体系认证服务，对于改进和提高医院的医疗服务质量具有一定的积极作用。

ISO9000质量管理体系认证方法主要包括：

(1) 制定质量管理工作计划，确立符合医院建设的质量方针与目标。
(2) 对工作人员进行系统培训。
(3) 确定医院诊疗过程存在的质量问题。
(4) 编制医院质量管理体系文件，包括医院质量手册、质量管理体系程序文件、质量计划和规范、标准、作业指导书等。
(5) 医院质量管理体系的实施。
(6) 进行质量管理体系审核和管理评审、认证。

由于ISO9000标准中尚未有专门针对医院医疗服务质量的标准，因此，在认证过程中还无法针对医院的特点制定有效的质量管理和改进措施，特别是医疗服务过程中所要求的诊断、治疗质量要求。ISO9000标准主要侧重于机构内部质量体系和质量过程的规范，对于医疗服务行业的一些关键需要，如患者权益保护、医疗安全控制、医疗风险管理等特殊要求还无法进行规范和提出要求。

第五节 医疗服务质量管理常用的方法

一、流程图

流程图是通过图示的方法将医院各项工作程序和医疗服务的完整过程表示出来。建立医院工作和医疗服务流程图可以有效地帮助医院质量管理人员优化服务过程，提高医院服务质量。

流程图是由其有特定的标识及其意义的图标组成。表7-1为流程图例，图7-3为医院门诊医疗服务流程图。

表 7-1 流程图例

标识	含义	定义
○	执行节点	某一工作或服务在某地完成
⇨	方向/传递	提案动向
◗	延误节点	在预先计划好的工作中出现暂停或干扰现象
□	审查节点	决议接受某一提案
▽	贮藏量	在服务过程开始、进行中或完成后的预计贮藏量
⌭	数据库	存储数据
▱	终止节点	流程终止

在绘制和分析流程图时必须考虑以下问题：

- 某些操作过程能否被省略或合并？
- 某些操作能否由其他人员执行（在有适当的培训前提下）？
- 操作地点、操作人员、设备仪器或其他资源能否变动？
- 流程能否省略或简化？
- 是什么原因引起工作或服务延误，如何减少或消除？
- 工作或服务中的重复操作或核查能否省略？
- 目前流程中的"瓶颈"有哪些？它们是如何发生的？发生的时间和地点。
- 完成各项服务营运程序所花费的平均时间是多少？其变异程度（标准差）有多大？
- 是否存在时间、材料或步骤的浪费？

二、排列图

排列图也叫巴雷特图，即主次因素排列图。它是找出影响医疗服务质量存在的主要问题的一种有效方法。通过排列图，就能从影响服务质量的许多因素中，找出影响服务质量的主要因素。其形式如图7-4所示。

排列图左边的纵轴表示事件发生的频数或发生频数所占的百分比，横轴表示影响质量的各个因素，按影响程度的大小从左至右排列。直方图的高度表示某个因素影响的大小。曲线表示各影响因素大小的累计百分数，这样的曲线称为巴雷特曲线，也称之为排列曲线。

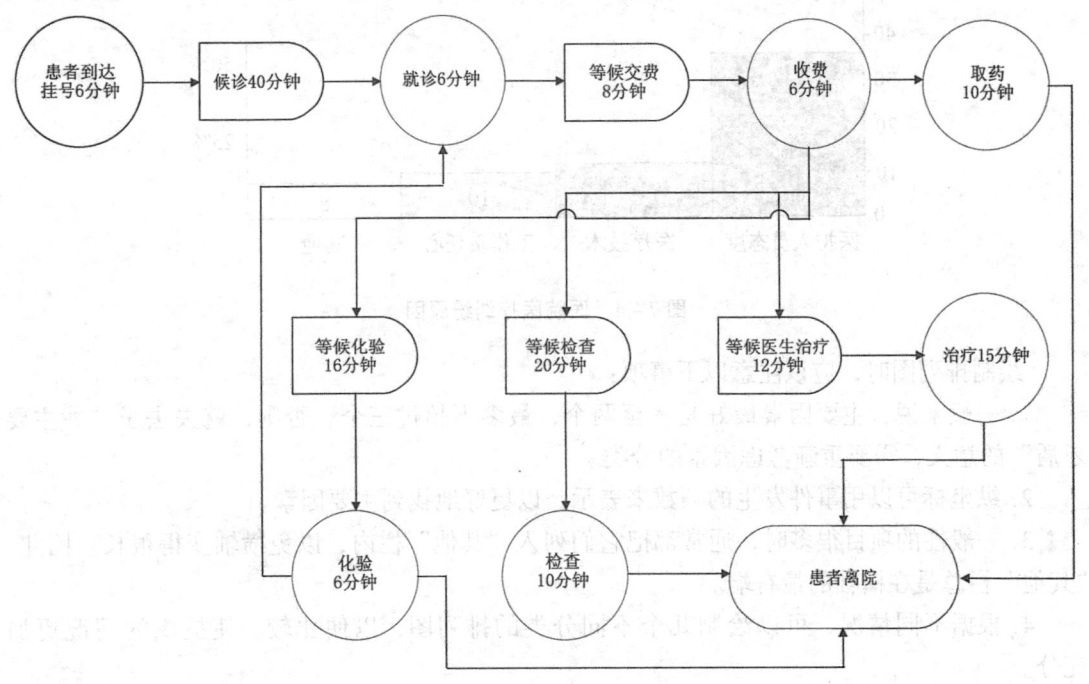

图7-3 医院门诊医疗服务流程

巴雷特图通常把累计百分数分为三类：0~80%为A类，是累计百分数在80%以内的因素，是主要因素，即关键因素；累计百分数在80%~90%的为B类，是次要因素；累计百分数在90%~100%的为C类，为一般因素。

例如某家医院在一段时间内出现的医疗纠纷较多，经过对所有在这一时期的纠纷进行调查以后，发现有几个方面的原因导致了纠纷的增多，如表7-2所示。

表7-2 医疗纠纷原因汇总表

原因	频数	占总纠纷的百分比	累计百分比
医护人员态度	36	54.5	54.5
医疗技术	12	18.2	72.7
工作责任心	10	15.2	87.9
其他	8	12.1	100.0
合计	66	100.0	100.0

根据表7-2的汇总资料，就可以画出它的排列图，如图7-4所示。

从表7-2中可以明显看出，在发生的医疗纠纷中，由于医护人员态度不适当造成的纠纷占总纠纷数量的54.5%，医疗技术原因占18.2%，工作责任心不强占15.2%，上述三项原因所造成的纠纷占所有纠纷的87.9%，所以这三个原因是造成医院医疗纠纷的主要影响因素。

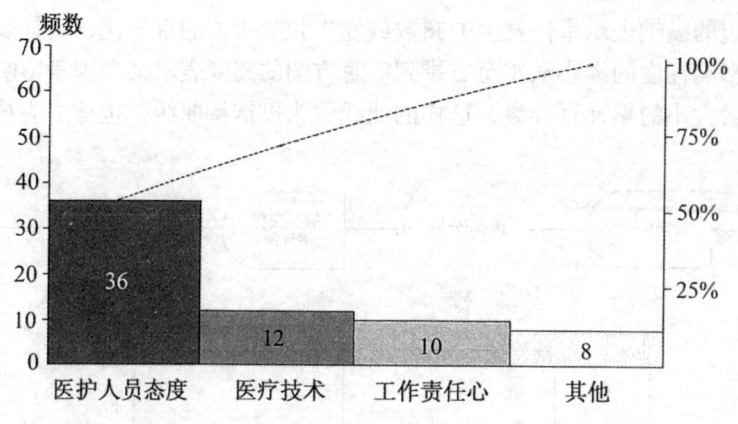

图 7-4 医院医疗纠纷原因

绘制排列图时，应该注意以下事项：

1. 一般来说，主要因素最好是一至两个，最多不超过三个。否则，就失去了"找主要矛盾"的意义，需要重新考虑因素的分类。

2. 纵坐标可以用事件发生的频数来表示，以更好地找到主要因素。

3. 一般性的项目很多时，通常都把它们列入"其他"栏内，以免横轴变得很长。因此，"其他"栏总是在横轴的最右端。

4. 根据不同情况，可以绘制几个不同分类的排列图，以便比较，使提供的情况更加充分。

三、分层图

分层（又叫分类）是进行数据整理的一种重要方法，也是分析影响服务质量原因的一种基本方法。目的是通过分层把性质不同的数据以及错综复杂的影响质量的原因及其责任划分清楚，理出头绪，找出解决的办法。分类不是简单地对收集到的数据进行分组，而是把收集来的数据按照不同的目的区分开来，按照造成质量问题的原因或其他规律，把性质相同或相似的数据归在一起。这样把数据进行处理以后，可以使数据反映的事实、原因、责任等变得更明了、更突出，便于找出影响医院医疗服务质量的问题症结，对症下药。

分层图的形式和做法，同排列图一样。对数据进行分层时，应抓住事件的主要性质进行分类，通常可以按照以下几种方式划分：

1. 按不同时期或不同原因等进行分层；
2. 按不同工作岗位、不同部门进行分层；
3. 按人员分层；
4. 按使用的仪器、设备分层。

四、因果分析图

因果分析图（简称因果图），又因其形状而称为鱼骨图（Fishbone）。因果图主要是为了寻找产生某种质量问题的原因，采用召开相关人员调查会的办法，集思广益，将员工的意见反映在因果图上。探讨一个问题产生的原因要从主要原因到次要原因，从大到小，从粗到细,寻根究底,直至能具体采取措施为止。因果分析图是分析和寻找影响质量问题原因的一种简便而有效的方法。其形式如图7-5所示。

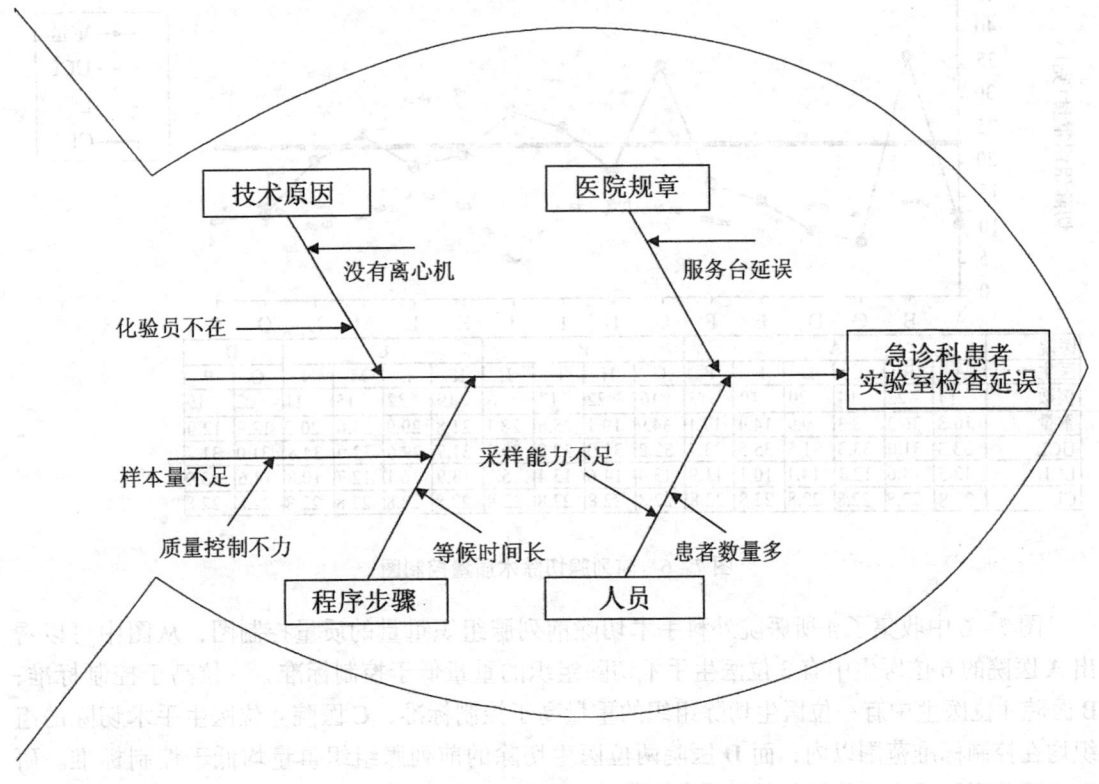

图7-5 急诊科实验室检查延误因果分析图

绘制因果分析图时应该注意以下事项:

1. 影响质量问题的主要原因,通常有5个方面:即人员、仪器设备、材料、方法和环境。
2. 要充分发扬民主,集思广益。
3. 原因分析应当细到能采取措施为止。
4. 主要原因又包括许多具体原因,因此,必须层层深入,找到具体关键环节。主要原因可用画排列图或其他方法来确定。
5. 画出因果分析图,找出主要原因后,再定出措施去解决。
6. 措施采用后,还应再用排列图检查其效果。

五、控制图

控制图又称管理图。利用这种画有控制界限的图形来反映医疗服务过程中的质量监控指标的动态变化,可以及时了解医疗服务质量情况,以便发现问题,分析原因,采取措施,进行控制。实际上控制图如同体温表一样,对医疗服务过程中出现的异常情况起控制和警示作用。

1. 控制图的基本格式 控制图的形式如图7-6所示,横坐标表示发生的事件,纵坐标表示质量要求值。与横坐标并行的一般有三条线,中间一条实线叫中心线(CL)或均线(Average Line),由质量控制指标的平均值或要达到的质量目标来决定,中心线上面的一条虚线叫上控制线（UCL），下面的一条虚线叫下控制线（LCL），分别由均数的3倍标准差或标准误确定。

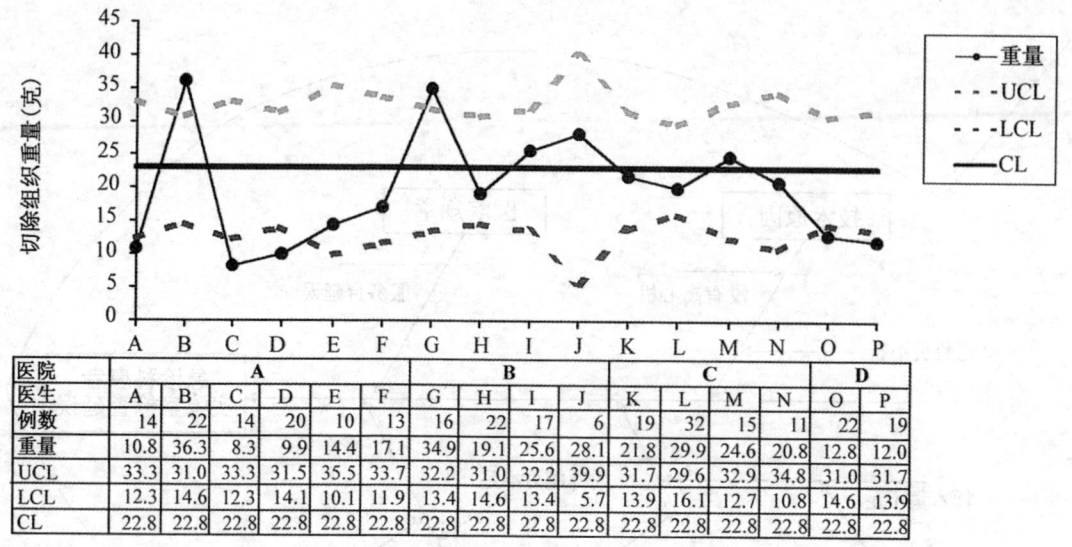

图7-6 前列腺切除术质量控制图

图7-6中收集了4所医院外科手术切除前列腺组织重量的质量控制图，从图中可以看出A医院的6位医生中有3位医生手术切除组织的重量低于控制标准，一位高于控制标准；B医院4位医生中有一位医生切除组织的重量高于控制标准；C医院4位医生手术切除的组织均在控制标准范围以内；而D医院两位医生切除的前列腺组织重量均低于控制标准。研究表明前列腺手术切除组织的重量与患者术后发生尿道狭窄的几率呈明显的负相关，即手术切除组织的重量越小，患者术后发生尿道狭窄的几率越大。因此，通过对图7-6的分析，可以有针对性地对4所医院中的5名医生进行重点监控，进一步找出其前列腺手术切除组织重量偏低的原因，加以改正，从而减少患者将来有可能发生的痛苦。

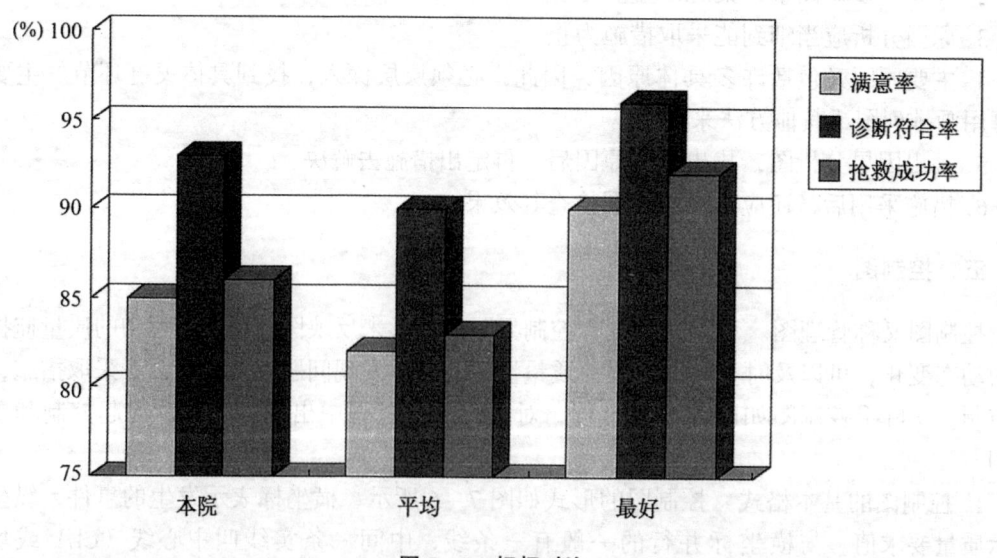

图7-7 标杆对比

六、标杆对比

标杆对比（Benchmark），或标杆学习是指把自己医院的质量指标或工作效果与同行业或其他行业中做得最好的企业或机构进行比较，以找出医院的差距，加以改进。如可以把医院的医疗服务质量指标量化为患者满意率、出入院诊断符合率、危重患者抢救成功率等指标与本地区的最佳医院的相应指标进行对比，以确定自己的差距。

此外，标杆对比还可以与其他企业和服务业相关指标进行对比、学习，如星级宾馆的服务和环境、企业流水线工作的规范等。

七、临床路径

1. 临床路径的概念　临床路径（Clinical Pathway，CP）是美国20世纪80年代兴起的针对特定病种或手术制定的临床诊断、治疗的规范性流程和操作步骤，以起到规范医疗行为、控制医疗服务差异、降低成本、保障质量的作用。

临床路径与传统医疗模式的主要区别在于传统的医疗模式是每一位医师依据自己的经验进行临床工作，由于医生所受教育和经验的不同，因此，最终产生的医疗效果也有所不同，其医疗质量通常由质量管理委员会进行评估，作为一种同行评议（Peer Review），由于没有统一的标准，结果造成质量差异，使得医疗服务质量改进比较困难。而临床路径是综合多数临床医学专家的意见，制定出一个公认的标准路径，要求大家尽量依此标准路径来进行医疗工作，因此在很大程度上控制了每个医生医疗工作的不确定性，保证了医疗服务质量的稳定。

2. 制定临床路径需要注意的问题
- 临床路径应由从事临床工作的医生、护士和管理人员组成的专家小组制定；
- 使用流程图描述各个临床工作流程；
- 确定每个临床工作过程的合理时间；
- 减少不同医务人员之间的诊断、治疗差异；
- 减少不必要的实验室诊断和流程；
- 缩短各个工作流程时间；
- 降低诊断、治疗成本和其他服务、管理成本；
- 提高医疗服务质量；
- 合理划分医务人员责任和权限。

临床路径的制定要根据医院的规模和具体情况确定。临床路径的制定可以是依靠医院自己的力量，也可以依靠国内有经验的专家。制定临床路径可以参照以往的病历，国家或本专业有关的疾病诊断治疗标准或临床规范。临床路径的格式多种多样，一般是一个临床工作流程，其中特定的工作依流程以表格的形式列出来。临床路径通常有开发医师和患者两种。

临床路径实施以后，应进行及时评价，包括对工作效率、医疗质量、经济指标以及患者满意率等方面进行评价，此外还应对患者再住院率、并发症发生率等指标进行评价。对实施中发现的问题要及时调整。

3. 临床路径的作用

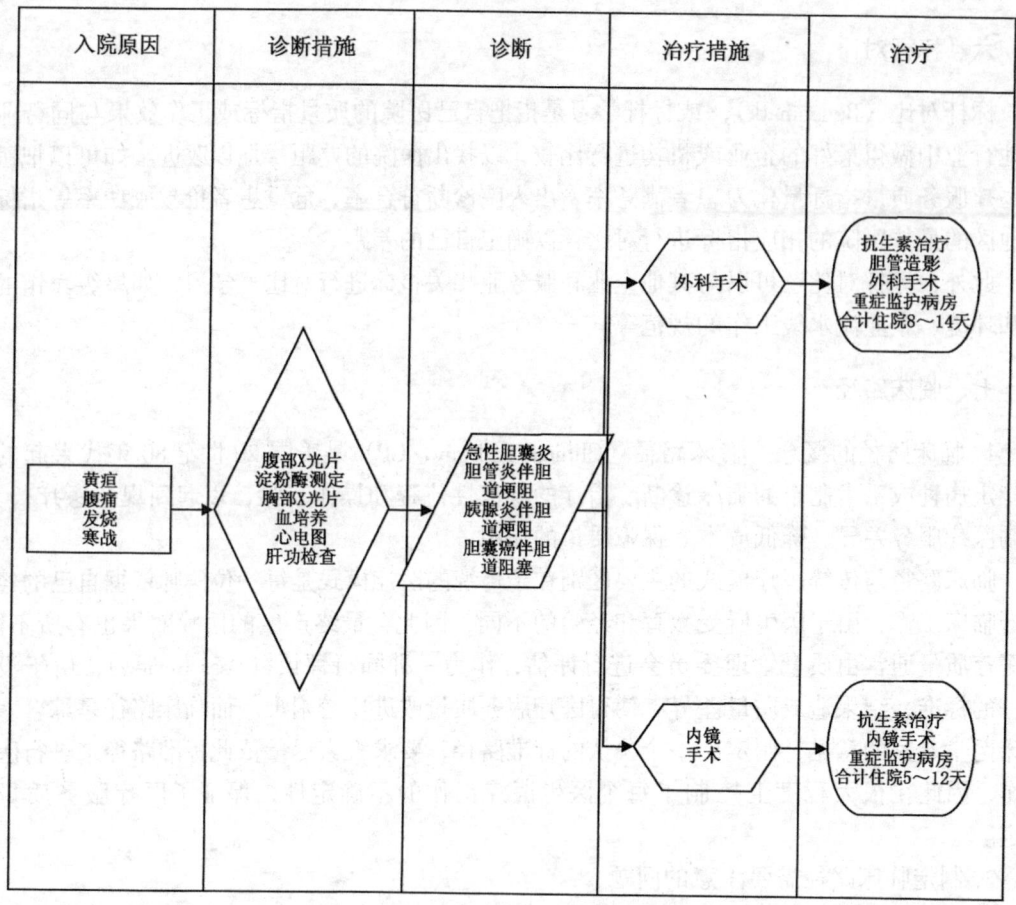

图 7-8 胆道手术患者临床路径

(1) 临床路径可以提高工作效率,降低平均住院日:临床路径通过明确医疗职责,减少治疗环节间的瓶颈,提高工作效率。另外,路径使临床过程程序化,明确规定了患者检查与治疗的时间安排,避免了各种原因造成的时间浪费,有效地降低了住院患者的平均住院日。

(2) 提高医疗护理质量,减少医疗差错发生:临床路径是由专家共同研究而制定的,它使医务人员工作有章可循,提醒医务人员什么时间应该做什么,怎样做,避免了医生个人在制定治疗方案时的随意性,有利于提高医疗服务质量,减少医疗差错的发生。

(3) 减少资源浪费,降低医疗费用:通过临床路径,规范了医生行为,减少了医疗行为的随意性,进而减少了浪费,降低了医疗成本。通过减少医疗服务差异来帮助改善资源利用。

实践证明,临床路径可以有效地减少医疗资源的浪费,降低医疗成本,减少住院天数,同时保证治疗效果,增加患者满意度。

(周子君)

第八章 医院人力资源管理

教学内容与教学目标

教学内容
1. 人力资源的特性及内容。
2. 人力资源管理的概念、主要内容及影响因素。
3. 医院人力资源管理的基本内容。

　　　　*　　　　*　　　　*　　　　*

教学目标
1. 掌握人力资源管理的概念和基本内容。
2. 掌握医院人力资源管理的基本概念和基本内容。
3. 熟悉人力资源的特性和内容。
4. 了解医院人力资源管理的基本方法和手段。
5. 了解医院人才管理的概念和内容。

第一节 医院人力资源管理的基本概念

一、人力资源管理的概念

1. 资源和人力资源

资源（Resources）是经济学术语，泛指社会财富的源泉，亦即能给人类带来新的使用价值的客观存在物。迄今为止，人们普遍认为地球上的资源包括以下几类，即人力、物力、财力、信息和时间。

人力资源（Human Resources）一词从 20 世纪 70 年代才开始广泛使用。其中"资源"二字反映了把人力当作财富的价值观。人力资源是人本身所具备的学识、智力、体力、观念、技术等内在能力的综合体现，在管理诸要素中，人力资源是最重要的要素。美国管理学权威彼得·杜拉克认为："企业或事业单位唯一的真正资源是人。管理就是充分开发人力资源，以做好工作……"许多管理者可能都曾经在计划、组织和控制等职能不健全的情况下成功地进行了管理，其之所以成功，恰恰是因为这些管理者掌握了如何雇用恰当的人来承担相应的工作，并对他们进行激励、评价与能力开发的技巧。正如一位总裁所说："……我认为真正构成生产瓶颈的是劳动力以及公司在招募及留住优秀劳动力方面的无能……"

在生产力诸因素中最积极、最活跃的因素是人，组织的所有生产活动和管理工作都要靠人来完成。这里面包括两层含义：第一，人力资源管理的目的是通过科学的方法充分挖掘人的潜能，不断开发人力资源，使之为组织的发展服务。第二，组织通过不断吸收和选拔人员，并将其融合到组织之中，激励并保持其对组织的忠诚和热情，以实现组织的目标。

2. 人力资源的特性　人力资源具有质、量、时、空的属性，这是其自然的生理特征所决定的。

(1) 人力资源的主观能动性：人具有主观能动性，人能对其所采取的行为、运用的手段及产生的结果进行有意识的分析、判断和预测。人在社会生产过程中始终处于主体地位。

(2) 人力资源的时效性：人力资源的形成、开发和利用始终受到时间的限制。首先，人作为一种生物，有自然的生命周期，其劳动工作能力在各阶段是不相同的；其次，社会所需各种人才的培养和使用要有培训、成长和成熟等不同阶段。因此，人力资源管理必须遵循其内在规律，使之处于一种动态平衡之中。

(3) 人力资源的智力性：人是知识的载体，人通过自己的智力和实践，不断加强和扩大自身的能力。人们通过学习，一代代不断吸取先辈们在生产生活中总结、积累的知识来丰富完善自身；同时通过进一步的传承，使后一代的人力资源比前一代更具价值和使用价值。

(4) 人力资源的两重性：人不仅是生产者，同时还是消费者，人们工作的最终目的就是为了不断改善人们的物质和精神生活。从人的消费性考虑，要求我们要重视对人口数量的控制；从人的生产性考虑，就要重视人力资源的开发和人才的培养。

(5) 人力资源的可再生性：人可以通过自然繁衍而再生，这种再生性保证了人类自身的延续和发展。由于存在着人的再生性，使人力资源的再生性得以实现。

3. 人力资源管理的主要内容　管理专家们普遍认为，任何管理者都要执行五种基本的管理职能：计划、组织、人事、领导和控制。本书主要介绍的是这些管理职能在医院管理中的应用，而在本章中，我们将重点讨论有关人事管理的内容。

人事管理（Personnel Management）现在通常叫做人力资源管理（HRM），是指为了完成管理工作中涉及人或人事方面的任务所需要掌握的各种概念和技术，主要包括人力资源规划、员工的招聘和选拔、考核与绩效评估、工资报酬、培训与开发、个人职业生涯发展与组织发展，以及劳资关系等内容，本章中将针对以上内容，结合医院管理的具体实践有侧重地加以介绍。

二、人力资源管理的影响因素

影响人力资源管理的因素主要有人力资源的外部环境、人力资源的内部环境、人力资源管理活动和人力资源管理的结果，下面分别加以简单介绍。

(一) 人力资源管理的外部环境

影响人力资源管理活动进展和效果的外部因素主要有政治、经济、劳动力市场、科学技术及社会文化。

1. 政治因素　是指人力资源管理应在一定的政治体制中进行。主要的政治因素有：未来政治环境中有关人力资源发展的法律制度（职业法、劳动法等）及政治民主化进程（机会均等、择业自主、言论自由、人格尊重等）。

2. 经济因素　反映的是国民经济状况，在市场经济中，就业、利率、通货膨胀、税收政策，甚至股票市场行情，都有可能对人力资源管理活动产生影响。其主要作用于组织对人力资源管理活动的经济投入、人力资源规模和结构及人员的工资、福利待遇等。

3. 劳动力市场　决定了一定时期社会总的劳动力供应的数量和质量，直接影响组织选择和招聘人员的决策。

4. 科学技术的发展使现有的职业不断地更新或淘汰，需要新技术、新知识、新技能的职业和工作岗位不断产生；同时，随着分科的越来越细，一专多能的情况越来越不太可能产生，因此需要不同专业人员协作工作的情况越来越多。

5. 文化是在一定历史条件下通过社会实践所形成并为组织全体成员所接受的共同意识、价值观、道德、行为规范和准则的总和，其影响人的心理活动、动机和行为。

（二）人力资源管理的内部环境

人力资源管理内部环境包含两个层次：一是组织整体战略与组织结构；二是具体的人力资源管理活动的主体和影响因素。组织战略、结构和人力资源管理关系极为密切，人力资源管理应符合组织战略和组织结构。战略发挥指导作用，结构发挥支持作用，人力资源管理活动也反过来影响战略的制定和组织结构的设计。

（三）人力资源管理活动

人力资源管理活动包括人力资源规划、工作分析、个体差异分析、招聘与选拔、培训与开发、绩效评价、保持与激励、工资与福利、沟通与交往等，这些是具体的人力资源管理内容，将在下面几节较详细地介绍。

（四）人力资源管理的结果

人力资源管理的结果可以从两个方面来衡量：一是员工绩效，二是组织绩效。

员工绩效：我们可以通过测量员工的工作满足感来反映。工作满足感既是员工对工作结果的体验，也是激发员工从事后续工作的重要动力之一。

组织绩效：涉及组织生产率和效益的变化，人力资源管理活动的最佳目的是提高员工和组织的工作绩效和效益，在实现组织目标的基础上，努力实现员工的个人目标，使组织与员工实现共同发展。

在评价员工绩效和组织绩效的基础上，不断调整和完善组织的人力资源管理的计划和方法，最终达到不断提高员工绩效和组织绩效的目的。

三、医院人力资源管理

医院人力资源管理是指医院管理工作者为充分发挥医院各类工作人员的能力和技术，使之积极工作，不断提高工作效率，同时对医院人力资源进行合理分配和计划、组织、控制、评价的过程。其目的是最大限度的满足人群对医疗服务的客观需要。

医院人力资源管理是一种行业内部特殊的人力资源管理，除具有一般组织人力资源管理普遍的性质外，还具有自身行业的特点。其所具有的特殊性表现为：

1. 医院人力资源是一种知识性、高素质的人力资源，其发展需要有长期的准备期，否则很难在劳务市场上获得。由于医学实践的直接对象是人，关系到人的生命；在实践中绝不能有一丝一毫的差错。因此，这种独特的专业技能，要求医院人才具有较长的培养期。

2. 医院人力资源依靠医学教育供给，卫生系统和教育系统都是学术性、专业性较强的知识密集性系统，在科学与技术上同样具有相对的权威性和稳定性，一般不会受系统外其他因素的影响而迅速发生变化。

3. 由于上述两种原因，医院人力资源需要提前在数量、种类上做好规划和准备，必须以发展的眼光考虑和培养医院人力资源。

第二节 医院人力资源管理的基本内容

一、医院人力资源规划

医院为了实现其社会和经济目标,在其发展的每一个阶段都需要拥有与医院各项工作相适应的员工,这种适应包括了量和质以及结构等方面的要求。为此,需要对医院人力资源进行科学合理的规划。医院人力资源规划是整个医院规划的重要组成部分,是各项具体医院人力资源管理活动的依据,它直接影响着医院人力资源管理的效率。

(一) 医院人力资源规划的任务

1. 含义　医院人力资源规划是医院为实现其社会和经济目标,根据医院发展的内外条件和需要,运用科学的方法,对短期或长期内医院人力资源的需求及供给状况进行分析、评估后,编制的医院各项具体人力资源管理方面的职能性计划。其目的是确定医院在什么时期,需要什么样的、多少人力资源,来实现医院的何种目标及为满足这方面的需求所采取的相应措施。医院人力资源规划的任务,是实现医院人力资源的最佳配置,使组织和员工双方的需要都能得到满足。

2. 作用　医院为了生存和发展需要进行医院规划,其目的是对医院的各种资源进行优化配置,从而实现医院的社会效益和经济效益。医院属知识高度密集的组织,人力资源是其最具决定性、最活跃的要素,因此,医院人力资源规划在整个医院规划中起着关键性作用。

对医院各项具体的人力资源管理活动而言,医院人力资源规划具有先导性和全局性,同时,它可以不断地有意调整医院人力资源的政策和措施,指导医院各项人力资源管理活动的开展。具体来讲,医院人力资源规划主要体现以下四个方面的作用。

- 确保医院人力资源满足医院动态发展的需要。
- 确保医院人力资源管理有秩序地开展。
- 是医院制定一定时期内医院人事政策的依据。
- 能够使医院合理地使用人才,更好地控制人工成本。

3. 制定的原则
- 要充分调查和分析医院内外环境的现况及变化,努力做到规划与医院所处环境相适应。这里的环境包括了所有社会政治、经济、法律、文化以及医院文化、医院定位、医院经营理念等。
- 要注意与医院战略的衔接。在医院发展的每一阶段,都应有相应的医院人力资源规划做支持,尽量做到按计划提前招聘,提前培训,合理储备,适时使用。

医院人力资源规划涉及的范围很广,既可以适用于整个医院,也可以局限于某个科室。可以分为整个医院的系统制定和单独科室的独立制定。不论何种形式,都必须与医院的总体发展战略相衔接,这样才能保证医院人力资源规划的准确性和有效性。

- 医院人力资源规划要能确保医院及其员工的共同发展。现实社会中,工作不再仅仅是一种谋生的手段,它还是员工实现自我价值的一种方式。医院员工更重视的是自身事业上的成功和发展。

4. 规划的分类
- 按所规划时间的长短可以分为短期规划和长期规划。一般把1年以内的规划叫做短期规划,而把3年以上的规划称为长期规划。
- 按所规划的内容可以分为总体规划和具体规划。医院人力资源总体规划是指在计划期内医院人力资源发展的总目标、总政策、总步骤和总预算的安排;具体计划是总计划的分解,包括职务计划、人员配置计划、人员需求计划、人员供给计划、教育培训计划、职务发展计划、工作激励计划等。

(二)医院人力资源规划的制定

1. 规划的内容 医院人力资源规划是对医院人力资源开发与管理的预先设计和安排,其与医院人事政策密切相关,是医院各项具体人力资源管理活动的依据。内容有以下几个方面。

(1)人员补充计划:医院不同科室什么时间、需要什么样的、需要多少相应的人员。

(2)培训开发计划:对于现有或新招聘的人员按计划、有目的、分阶段加以培训,使之胜任所担负的工作。

(3)人员配备计划:医院内部人员的流动应是一种有计划的流动,它决定了医院员工在未来职位上的安排和使用,这种医院人员的流动计划称为人员配备计划。

(4)薪资激励计划:医院员工的薪资总额应该取决于医院的总绩效,同时也取决于医院内员工的分布结构和工作绩效。

(5)人员晋升计划:晋升既是员工个人利益的实现,更意味着其工作责任及挑战的增加。晋升计划一般包括晋升条件、晋升比率、晋升时间等。

(6)员工职业发展计划:医院对有发展前途的员工要千方百计地将其留下,使其成为医院的宝贵财产。为防止这部分员工流失,就必须为他们制定成长和发展的计划,有目的地使他们在工作中得到锻炼和提高。

此外,医院人力资源规划中还应包括劳动关系计划、退休解聘计划等具体的计划。

2. 制定规划的秩序 医院的人力资源规划工作是一个调查、分析、发现问题,提出解决办法并加以实施的过程。有以下一些具体环节:

(1)收集和整理相关信息,包括对影响医院人力资源管理所有因素的调查和整理,即所谓的知己知彼。

(2)了解医院现有的人力资源情况,包括现有员工的数量、质量、结构和分布状况,还应包括所有人员个人的详细资料及工作态度、绩效表现等。

(3)分析影响医院人力资源需求和供给的因素,可以根据调查的结果,采用定性或定量的方法,对医院未来人力资源的供求进行分析和推断,务必准确。

(4)结合实际,在充分考虑现有条件和调查分析结果的基础上,制定平衡医院人力资源关系的总规划和各项具体计划及实施的政策措施。

(5)对医院人力资源规划进行控制和评价,适时调整和完善。医院周围环境和内部环境处在不断的变化过程中,所制定的规划是根据变化之前的调查分析做出的。因此,需要根据变化情况,对规划进行必要的评价,不断调整与控制规划的实施,使之不断完善。

二、职务管理

医院人力需求具体体现在对医院不同职务任职人员的需求,对这种需求的分析是进行医院人力资源规划的依据。在医院提供医疗服务的整个过程中,需要设立什么职务,设立多少职务,由此确定需要什么员工和多少员工。医院员工通过他所从事的职务工作发挥其在医中的作用，因此应对各种职务做详细的说明。因此，可以这样认为，职务管理是医院人力资源管理的一项基础性工作。

(一) 职务分析

1. 职务分析的一些基本概念

职务分析（Job Analysis）也称工作分析。美国劳工部对此的定义是"通过观察和研究，确定关于某种特定职务性质的确切情报并（向上级）报告的一种程序。"具体来讲，医院职务分析就是在对医院中各种职务的工作性质、内容、责任、方式及相应人员任职资格等进行详细调查研究的基础上，对具体职务进行系统准确的描述，为医院的职务管理提供客观依据。医院职务分析是医院职务管理的前提。

进行医院职务分析可以从以下几方面入手：

工作要素（Element）：工作活动的最小单位。包含三层含意：①是细分和描述工作内容的最小元素；②包括了工作中的身体动作；③所有工作活动都涉及的一般特征，如工作环境、工作条件等。

工作任务（Task）：通常表现为工作要素的集合。一般来讲，它是指员工为了明确的医院目的所进行的工作活动。比如护士为患者输一次液，医生开一个处方等，都是一项任务。

工作职责（Duty）：医院成员担负工作任务的集合，员工个体必须完成。比如主治医生看门诊和查房等。

工作职位（Position）：也可以称为工作岗位，是一个医院成员在一定时间内所担负的具有相互联系职责的集合，与医院成员的数量相对应。比如医院中心血管内科主任医师、主治医师、住院医师等。一般来讲，有多少职位，就应该有多少员工。

工作职务（Job）：若干相关或相似职位构成的集合。职务与职位不同，一个职位只有一个员工，一个职务则可能有若干个员工。比如在一所医院中，主任医师可以有很多。

职务分析包括职务调查和职务描述两方面的内容。

职务调查一般从两个角度入手，一是从职务的职责要求出发，对职务进行分析和解释；二是从正在从事这一职务员工的实际工作入手，对这一职务进行概括和整理。职务调查的对象可以用 7W 表示，即工作内容（what 做什么？）、工作主体（who 谁来做？）、工作时间（when 什么时间开始和结束？）、工作地点（where 在什么地方做？）、工作方式（how 怎样来做？）、工作原因（why 为什么要做？）和工作来源（for whom 由谁下达的工作指令？）。

职务描述是指通过进行职务调查，对其结果加以规范性界定，用以说明工作的范围、任务、责任、权力、工作关系和工作环境等。职务描述应该包括：工作名称及主要任务；工作职责和职权；工作关系（包括业务关系，人际关系等）；工作的步骤及所需设备；工作环境和工作条件。

2. 职务分析的任务　职务分析的目的在于能够说明工作的四大特征。

工作的输出特征是指一次工作最终结果的表现形式，如医生的工作是能够对患者病情做出明确的诊断并进行合理的处理，表现形式是医嘱。我们用工作的输出特征来界定工作任务和工作责任，同时用以确定工作的绩效标准。

工作的输入特征是指为达到上述结果所要输入的内容，包括物质、信息、规范、条件等，它反映的是工作的来源和具备的条件。

工作的转换特征反映了一项工作从输入转换为输出的情况，包括转化的程序、技术、方法以及在转换过程中人的行为活动，它是界定工作方式的基础。

工作的关联特征表示的是每项职务在医院中的位置及其职责、职权，同时也反映了工作对人的体力、智力的要求，这是界定工作关系和任职资格的基础。

3. 职务分析的作用　职务分析是医院人力资源管理中具有非常重要作用的工作，医院人力资源管理的每一项工作，几乎都要利用职务分析的结果。比如在招聘与录用过程中，要通过职务分析明确一项工作的具体内容以及该工作与其他工作的关系，从而确定从事这项工作的人员所必需的任职资格；而培训开发则是通过职务分析明确从事一项工作所必备的知识、技能、资格要求等，确定培训方案、培训内容和受培训人员，评估培训效果；绩效评估可以利用职务分析为考核提供合理的标准和依据；在薪资管理工作中，职务分析可以为不同类型的职务确定合理的待遇；调配安置是人力资源管理过程中一项具体工作，它是根据职务分析结果建立起规范的工作程序和标准，并以此为依据，判断一个人是否适合某项工作，从而为员工提供转换工作的机会，提高人事匹配程度，使每位员工都能充分发挥自己的潜力。职务分析是医院人力资源管理的基础工作，分析结果的可靠性直接影响着各项具体工作的结果。

4. 职务分析的步骤

首先，要明确职务分析的目的。在进行职务分析之前，先要明确此次职务分析的结果将用来做什么，它决定着你所收集信息的类别及方法。

其次，要确定由专业人员负责职务分析工作。职务分析是一项专业性较强的工作，需要由专业人士来完成。可以由医院人力资源部专业人员担任，也可以聘用专业人力资源管理公司人员承担。

第三，选择进行职务分析的适当样本，找出具有代表性的关键职务进行分析，可以在达到效果的同时，做到省时、省力。

第四，收集职务分析的信息。不同的职务分析目的决定了所要收集信息的不同，因此要明确收集信息的范围。

最后，编写职务说明书和职务规范。职务分析的结果，一般用职务说明书和职务规范来加以说明和确定。

(二) 职务说明书

1. 职务说明书的内容　职务说明书通常依据职务分析的结果制定，是职务管理的规范性文件。职务说明书的内容包括以下几个方面。

职务名称：按《职位分类大辞典》等国家规定的内容进行。

工作概要：简明扼要，明确目的、理由。

工作职责：指该职位有义务完成的工作内容，对工作职责的确定，是职务说明书的中心内容。

工作方式：指履行工作职责所应具备的条件及其行为方式。

任职资格：是对担任该职位的工作者提出的素质和能力方面的要求，包括体力、智力、技能、经验等。

职务规范也是职务说明书的组成部分，它主要是对职务任职资格的具体规定，包括体力要求、智力水平（自主能力、判断能力、应变能力、敏感能力）、技能水平（也叫职业技能）、工作经验等。

2. 职务说明书的制定　职务说明书的制定，反映了管理者对于相关职务了解和控制的水平。在编写职务说明书过程中，应遵循以下几项原则。

统一规范：对于其中的重要项目，必须建立统一的格式要求，否则职务说明书难以发挥职务管理作用。

清晰具体：应使所有相关人员都可以理解、可以操作、可以反馈。

共同参与：考虑各方面的意见，制定出各方面都能接受的说明书，才能使其发挥作用。

三、人员招聘和选拔

根据职务特点和职务要求招聘和选拔符合职位条件的员工，是人力资源管理的关键。不论是从外部招聘，还是从内部选拔，都涉及人员的甄选问题。人员甄选是一个复杂的过程，首先要确定职务空缺，然后是选择招聘方式并确定录用标准，最后根据标准进行人员的招聘或选拔。该过程中的每一步都需要进行认真分析、合理安排，只有这样才能录用到所需要的合适人员。所谓甄选或选拔，是指通过各种方法、技术及考核面试，将选择范围逐步缩小，最终确定合格人员的过程。

(一) 人事匹配

配备员工是一种双向选择和匹配得过程。在此过程中，个人寻找自己心目中合适的单位，而单位寻找适合组织发展需要的雇员，双方通过接触和了解，在不断的磨合之后建立起劳动雇佣关系。在此过程中组织和个人都应该主动积极，双方都要认真对待、准确理解和把握对彼此的要求。

人事匹配是指个人与职位之间的匹配情况，有四个方面需要引起重视：①每个岗位都有其特殊要求；②个人为得到职位，首先必须具备所需的知识、技能和才干，还要有从事此项工作的动力；③工作岗位的特征同个人特征相互协调与否可用匹配适宜度评定；④对每一人事匹配，都意味着会有某种结果。

每项工作岗位都有其特定的要求和相应的报酬，而每位应聘岗位的个人各有其特别的素质和动机。个人和组织间通过一定的渠道进行双向选择，以达到人事匹配。匹配得如何，可由合作对人力资源管理的影响后果评价。如匹配良好，组织可以吸引合格的求职者，雇员也会表现得积极肯干，工作出色，为组织和个人创造较好的绩效，双方都感到满意，雇佣关系才能得以长期维持。

我们可以将上述文字用一个人事匹配模型来表示（图 8-1）。

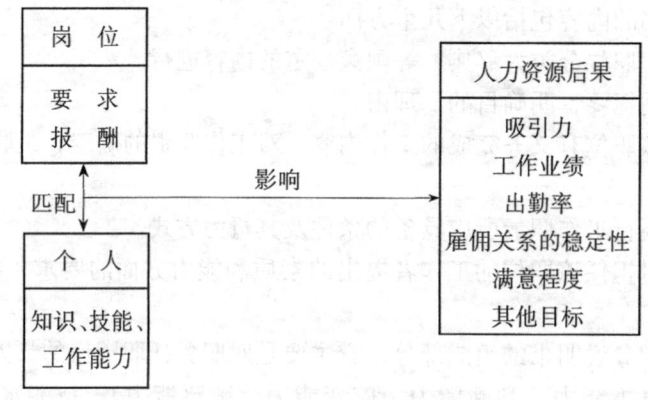

图 8-1 人事匹配模型

人事匹配包含了两层意思，一是岗位要求与个人素质相匹配；二是工作报酬与个人动力相匹配。

（二）内部选拔和外部招聘

一般来讲，医院内现有人员常常是医院最大的人员选拔来源。有报道显示，90%以上的管理职位的承担者都是从组织内部选拔的。

内部选拔有几个方面的优点：①内部选拔可以鼓励其他雇员提高士气和绩效；②被选拔者对组织有认同感，不会轻易辞职；③对所选拔的人更了解，并已有了精确的评价；④内部选拔人员适应工作更容易，较少需要培训。但也有不理想的一面。假如一个雇员申请某种职务未被批准，将影响他的工作热情。因此，有必要将其未被批准的原因明确告之，并提出其今后努力之方向。另外，内部选拔的最大弊端可能在于近亲繁殖的问题，这种情况的发生可能会严重影响组织的创新能力。

外部招聘是医院没有足够或称职的内部候选人时，采取的通过一定的方式寻求在医院外部招募适当人员的办法。招聘的目的是迅速地、合法地、有效地找到一群合适的求职者。招募是一项十分重要的活动，申请工作的人越多，招募者进行雇佣决策时的选择余地就越大。如果拟招聘的空缺职位是2个，只来2人和来10~20人选择的空间是绝对不一样的。

一般来讲，外部招聘主要限于入门水平的工作，高于入门水平的工作通常通过晋升的方法用目前的雇员来补充。高于入门水平的外部招聘通常仅限于以下情形：需要外部人员给医院带来新的理念和创新；没有合格的内部候选人申请；医院需要增加它在某个特殊的、未被充分使用的群体中的雇员百分比；开展新技术，需从外部招聘高技术人员。

总之，人员需求的变化是医院招聘或晋升员工的基础。

（三）录用标准

所谓录用标准是医院对所空缺岗位所需人员的特定素质和行为特征的规范化要求，是测量并评价求职人员素质和行为对所应聘岗位适应性的依据。其素质和行为特征包括知识、心智能力和个性特征等。

1. 知识

（1）知识是需要不断积累的系统化信息，分为记忆、理解和应用三个不同层次。知识可以从各个方面（如书本、课堂、实践）不断进行扩充，从而形成个人所拥有的、可控制的信息系统。

（2）知识分为普通知识和专业知识两种。普通知识一般称为常识，是日常生活的反映。专业知识必须通过专业学习才能获得。专业知识是个体之间知识结构分化的标志，是个体所掌握知识系统中的重要组成部分，也是能否胜任工作岗位必备的条件。确定录用标准时还应考虑实践能力，它是对所学知识的运用能力，也是学习的目的。

（3）知识水平是个体对所学知识掌握情况的反映。拥有同等学力和同等成绩的不同个体，也同样存在着知识水平的差异。采用试用期，可以通过实践来判断一个人真实的知识水平和工作能力。

2. 心智能力

（1）我们把一个人完成某种活动所必备的心理特征叫做心智能力。参与者参加任何活动都应具备一定的能力。能力可分为体能、智能、技能三类；也可分为基本能力和综合能力两类。

（2）一个人的能力由遗传性能力和获得性能力两部分构成。遗传性能力与人的先天气质有关，一般分为血质（活泼型）、胆汁质（兴奋型）、粘液质（安静型）、抑郁质（抑郁型）等四种。

获得性能力是个体通过学习和实践所获得的能力，遗传性能力对它有一定的影响和限制。典型的获得性能力包括记忆能力、联想能力和推理能力。

（3）一般用测试来检验和评判一个人的能力。通过测量一个人以何种方式对给定的刺激做出反应，可以评定其活动能量和潜能。这种测试可分为四类：即 A. 认知能力测试，包括记忆、推理、观念表达等；B. 体力测试，包括暴发力、平衡力和耐久力；C. 心理驱动能力测试，是人的心理活动与身体活动之间的关联能力，包括反应的速度和时间、手臂动作的稳定性和控制的准确度等；D. 感知洞察能力测试，即所谓的直觉能力。

能力测试可以用来判断一个人的能力优势和成功发展的可能性，可以为职业选择、人员招聘等提供科学可靠的依据。

3. 个性特征　个体在认知、情感、意志等心理活动过程中所表现出来的相对稳定而又区别于他人的心理特点，叫做个性特征，包括需要、动机、价值观、气质、情绪、自我知觉、角色行为、态度等。

心理学家约翰·霍兰德指出，员工对工作的满意度和离职的倾向性，取决于个体的个性与职业环境的匹配程度。他将个性特征划分为以下六种基本类型（图8-3）。

（1）现实型：这类人的个性特点是真诚、持久、稳定、顺从和实际，偏好那些需要技能、力量、协调性的活动。此类型人才适合于机械师、钻井操作工、装配线工人、农场主等工作。

（2）研究型：这类人个性特点是好奇心强，善于分析，富于创造性，独立性强，偏好那些需要思考、探索和理解的活动。此类型人才适合于自然科学家、经济学家和新闻记者等职业。

（3）社会型：这类人具有社会交际能力强、友好合作、理解力强的个性特征，偏好能够帮助和提高别人的活动。此类型人才适合于社会工作者、教师、临床心理学家等职业。

（4）传统型：这类人个性特点表现为顺从、高效、实际，但缺乏想像力，缺少灵活性，偏好规范、有序、清楚、明确的活动。此类型人才的最佳职业是会计、银行出纳员和档案管理员。

（5）企业型：这类人的个性特点表现为自信、进取、精力充沛，但盛气凌人、让人难以接近，偏好能够影响他人和获得权力的活动。此类型人才适合的职业是法官、房地产经纪人和企业主等。

（6）艺术型：这类人富于想像力、无序、理想化、情绪化、且不实际，偏好创造性但无规则可循的活动。此类型人才一般是画家、音乐家、作家和装饰家。

四、医院员工的培训

医院是一个具有特殊的组织体系和自己独特文化、管理风格的组织，每种工作都有特定的技能要求和分工协作方式，并且在不断的发展变化过程中。每位员工进入医院之后，要有一个逐步适应的过程，都将随着医院的发展而不断改进自己。为此，医院应不断对新老员工进行必要的培训。

（一）培训的含义

培训（Training）就是医院给新雇员或现有雇员传授其完成本职工作所需要的基本技能的过程，包括各种技术的培训及医院文化和精神的培训。其目的是改善医院员工的行为，增进其绩效,更好地实现医院目标。医院培训管理是医院管理者和培训专家依据医院战略目标制定培训政策、筹划培训项目,并付诸实施的过程。培训具有不同的含义:①医院员工培训是为实现医院目标服务的;②医院员工培训能够促进医院员工的职业发展;③培训本身就是一种管理工作;④医院员工培训也是医院一种重要的投资方式。

(二) 培训的意义

1. 培训能使医院员工更深刻地理解和体会医院文化和医院目标,并能培养和增强员工对医院的认同感。

2. 培训能使医院员工了解所在岗位的要求,并通过提高自身各方面的职业素养和专业技术水平,达到任职资格的要求,从而不断提高个人和组织的绩效。

3. 培训能改进医院员工的工作行为,提高其完成任务的质量,使管理者不再陷入补救错误、更正失误的日常琐碎的事务中,有更充足的时间从事更重要的管理工作。

4. 培训在培养医院员工相关技能的同时还是促进观念转变的极其有效的方法,医院在准备推行变革时,这种培训尤显重要。

5. 培训是一种很好的激励方法。医院员工接受一项合适的培训时,会感觉到自己被重视。在经过培训后,他们将主动应用所学的新技能,提高个人和医院的绩效。

(三) 培训的对象

培训对象应该包括医院各层次、各种类别的员工。根据其不同的侧重点可以划分为不同的培训对象。①按员工进入医院的先后顺序可分为老员工和新员工;②按员工在医院中的地位和作用,可分成医院领导培训、基层管理人员培训、专业人员培训和一般员工培训。

(四) 培训的类型

针对不同的培训对象和培训内容,需要确定不同的培训方式,为此产生了不同的培训类型。医院员工培训的全部内容就是从知识、技能、态度等方面对所培训的医院员工的行为方式加以引导或影响,以求改进员工的行为方式,使之达到医院所期望的行为标准。培训包括知识培训:基本知识和专业知识;技能培训:一般技能和特殊技能;态度培训:团队精神、归属感和荣誉感。

(五) 培训的方式

1. 学习模型　培训活动是一个学习和促进学习的过程。在人力资源管理中,学习不仅仅

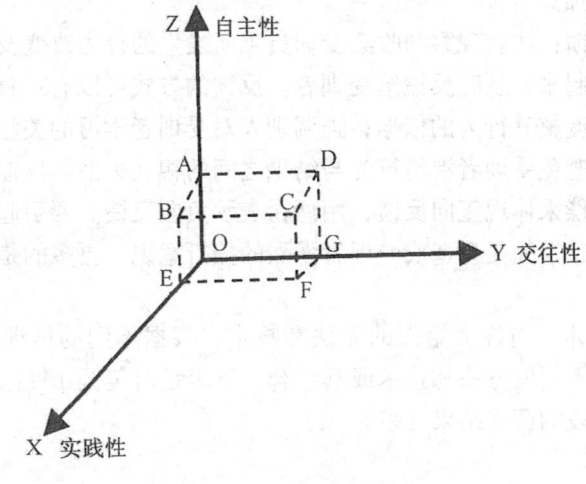

图 8-2　学习模型图

是简单地陈述事实或传授知识，它是指由经验引起的在知识、技能、理念、态度和行为方面产生的相对持久的改变。为了有效地进行学习，我们参考管理心理学家费奥和博迈森提出的学习立方体模型(图8-2)，并用此模型的三个维度说明不同培训工作方式的特点和侧重面。

(1) 自主性：沿 Z 轴方向，离 O 点越近，越表现为是在教师或培训员的监控下进行学习；离 O 点越远，越能表现为学员在更大程度上脱离了教师或书本的指导，自己去独立完成。

(2) 实践性：沿 X 轴越靠近 O 点，培训内容越抽象化、概念化和理论化；离 O 点越远，学习内容越具体化和可操作化。

(3) 交往性：沿 Y 轴越靠近 O 点，越倾向于远离他人，靠个人独立完成学习任务；反之，则学习内容越需要互相讨论，一般多采用小组或集体学习的形式。

在此三维模型的立方体中，我们很容易发现，图中的8个交点分别代表了8种典型的教学模式。

2. 培训规则　医院员工培训是一种特殊的学习活动，有其特定规律，掌握这些规律，可以提高培训活动的效率。我们在医院员工培训工作中，要注意以下几个方面。

(1) 明确培训目标：高标准目标比低标准目标更容易导致高水平的绩效。培训的重要任务首先是使受训者认同培训项目的目标。在确定培训目标时，要注意培训内容的难度，一方面应让受训者花费一定的气力才能达到，另一方面培训内容也不可过难，而使受训者无法达到培训目的。要既有挑战性，又不致因其难度而使受训者产生挫折感，从而影响医院员工的学习信心。

(2) 榜样行为示范：人们经常通过设立榜样来表明什么是理想的和恰当的行为方式。对榜样的行为给予某种奖励和补偿（晋升、提薪等），必然会强化这种与榜样类似的行为。在医院员工培训过程中，要注意所树立的榜样与学习者在各方面的条件相似，这样可以增加受训者对榜样的认同感。

(3) 案例资料选择：对具体案例的讨论可以让受训者产生丰富的联想，更容易使受训者理解和接受所培训的内容。

(4) 亲自参加实践：要能够提供与培训内容相关的实践活动，通过充分的实践，所培训的行为方式才能成为医院员工的自然行为习惯，使受训者真正掌握所培训的内容，但这种做法将使培训的成本增加。

(5) 培训效果反馈：注意观察和收集受训员工所发生的行为改变及其产生的结果，并将行为与结果紧密联系起来，及时反馈给受训者。反馈的方式可以有：直接说明受训者某行为正确与否，提供今后调整其行为的依据；强调别人对受训者学习的关注，增强其学习的动力和信心；及时反馈，避免受训者混淆行为与结果之间的相互关系。反馈可以分为正向反馈和负向反馈，一般用补偿来体现正向反馈，用惩罚表示负向反馈。要引起注意的是，在培训过程中，惩罚性的负向反馈往往会造成受训者强烈的挫折意识，更多的是提倡运用正向反馈来激励受训者。

3. 培训方法和技术　有许多培训的方法和技术，根据不同的培训目的、内容、受训者及培训人，往往应用不同的方法和技术或其组合。下表是对美国100家拥有100名以上员工的企业所采用培训手段的调查结果（表8-1）。

表8-1 培训手段及其应用程度

培训方法	使用这种方法的组织所占的比重（%）	培训方法	使用这种方法的组织所占的比重（%）
录像带	92	演讲	90
一对一教学	79	角色扮演	62
游戏/模拟	54	录音带	51
幻灯片	46	电影	43
案例研究	41	自我评价/自我测试	41
非计算机的自学	27	多媒体	17
远程电话会议	11	远程可视会议	10
计算机联网会议	3		

4. 培训项目的开展　培训项目的开展是在了解有无培训需求的基础上，制定有针对性的培训计划，实施相应的培训措施，在培训过程中及培训终止时对培训效果进行评价。

培训需求分析的目的在于确定需要培训的医院员工及需要培训的内容。通常进行培训都是针对改善工作业绩、提升和晋级、开拓新市场、招收新雇员、引进新技术、解决新问题等开展的。培训需求分析大致包括以下内容：组织状况分析；工作状况分析；人员状况分析。

有一个简单的公式可以从绩效的角度反映培训的需求情况：

任职者培训需求 = 职位工作所需达到的绩效 - 任职者目前的工作绩效

制定培训计划包括以下内容：确定培训目标，并保证每个目标都是可测量的；选择能达到培训目标的培训内容并进行设计，包括使用教材、案例、媒体等；确定恰当的培训方式；确定必要的控制措施，使培训情况能够做到及时反馈；决定可行的评估方式，分阶段对培训的过程和结果进行评估。

在实施培训措施时要考虑的问题是：确定培训的时间和地点；准备好培训的资料；安排合适的培训教师。

对培训效果进行评估可以采用下面几种方法：对受训者进行考试；调查受训者的反馈意见；了解受训者的行为变化情况；进行培训工作的投入/产出分析。

五、医院员工的绩效评价

医院员工绩效评价是指医院对其员工的工作进行客观测定和评价的一项人力资源管理活动，以此为鼓励先进、奖优罚劣提供依据。

(一) 医院员工绩效评价的性质

1. 何谓绩效　对绩效的理解有多种，针对不同理解会有不同的定义。有认为应着眼于结果的；也有认为在着眼于结果的同时，还应注意医院员工的不同工作过程和行为方式，综合加以考虑；更进一步有人认为，绩效是个体或群体工作表现、直接成绩、最终效益的统一。

影响绩效的因素很多，包括：技能、动机、环境和机会等，可以说，医院员工绩效是医院员工个人素质和医院工作环境共同作用的结果。我们用以下函数来反映这种共同作用的关系：

$$P = f(s、o、m、e)$$

其中 P (Performance) 表示绩效，s (Skill) 表示技能，o (Occasion) 表示机会，m (Motivation）表示动机，e（Environment）表示环境，f 表示绩效是技能、机会、动机和环境的函数。

技能指的是员工的工作能力，它是员工的基本素质；动机是指员工对工作的态度，影响因素有工作积极性和价值观等。上述两方面反映了员工的主观原因，这是创造良好绩效的主观因素。环境和机会是影响绩效的外部制约因素，属客观原因。其中环境是指员工开展工作的客观条件，有物质、规章制度、人际关系等；机会则是指创造良好绩效的可能性或机遇，主要是环境的变化造成的。

2. 绩效评价的作用　医院员工的绩效评价可以使医院管理者充分了解和掌握医院成员的工作情况，有助于医院管理者对医院人力资源进行更有效的控制和使用。

绩效评价的作用主要涉及以下几个方面的内容包括：为确定员工的薪资报酬提供依据；绩效评价结果决定了员工的升降调配；可以通过绩效评价了解员工的培训需求，有针对性地开展员工培训和开发；能够加强组织与员工的相互沟通，促进其共同远景的建立。

3. 绩效考评的原则　医院员工绩效评价应遵循以下原则：①要保证评价的全面性和合理性，从德、能、勤、绩等各方面对员工进行综合性的评价。②要注意统一性与特殊性相结合，要根据不同的岗位和工作环境等影响因素，公正、公开、公平地对每一位员工进行有针对性的评价。这要求在考评标准上做到统一和不偏不倚；同时，必须设计出对不同的职务和员工具有针对性的评价项目。③要考虑实用性与操作性的协调问题，应当将评价的项目分解为单个的、可以具体度量的指标。④要建立系统性和规范性的评价制度，必须使每一位员工都能充分了解这些制度规定。

4. 绩效评价的程序　绩效评价一般包括以下四个步骤，即制定绩效评价标准，要求必须是准确化、具体化、定量化的标准；开展实际的绩效评价工作；对绩效评价的结果进行整理和反馈，使被评价员工及时了解对其工作的评价结果；针对每位员工的绩效评价结果，提出有针对性的、具体的改进绩效的办法。

（二）绩效评价的方法

1. 目标管理法

目标管理法（Management by Objectives）是目前较为流行的一种绩效评价方法。由管理学大师彼得·德鲁克在《管理实践》一书中首先提出。德鲁克认为："每一项工作都必须为达到总目标而展开"。衡量一个员工是否合格，关键要看他对组织目标的贡献如何。

目标管理是领导者与下属之间双向互动的过程。在制定目标时，上下级都要依据经验和手中的材料，确定各自的目标，之后进行双向沟通，找出两者之间的差距并分析产生差距的原因，提出相应的解决办法。这是一个循序渐进的过程，要不断地确定目标，不断地进行沟通和讨论，直至最终取得一致。

目标一旦被确定，双方就必须严格按照目标执行，并对执行情况进行定期考查和互相督促。如果出现意外变动情况，双方应马上进行相互沟通，根据实际情况及时对目标进行调整。

2. 行为锚定等级法

行为锚定等级法（Behaviorally Anchored Rating Scale）指的是对在同一种工作职务中可能发生的所有典型行为进行评分度量，并建立一个锚定评分表。以此为评分标准，对员工在工作中的实际表现进行测评、给分的绩效评价办法。一般将关键事件称为"行为锚"。

虽然行为锚定等级法在设计评分表时需要耗费较多的时间，且使用起来较为复杂，但其所具有的绩效评价比较客观、明确和具有良好的沟通、反馈效果的优点是其他方法难以比拟的。

3. 关键业绩指标法

关键业绩指标法（Key Performance Index, KPI）是指运用关键业绩指标进行绩效评价的方法。这种方法的关键是建立合理的关键业绩指标。一般来讲，在制定关键业绩指标的过程中，要认真研究组织内部所有工作流程的输入和输出情况，从中确定关键参数，通过对这些参数的测量，制定评价绩效的关键业绩指标。

关键业绩指标法符合管理学中一个重要原理——"二八原理"。该原理是指在一个组织的价值创造中，存在着20/80的规律，即组织内20%的骨干员工创造了组织80%的价值。在每位员工身上，同样体现着"二八原理"，即其80%的工作任务是由其20%的关键行为完成的。为此，只要抓住20%的关键行为，并对之进行分析和衡量，就可以抓住绩效评价的重心，使之达到事半功倍的效果。

六、薪资报酬

医院员工的工作是一种职业性活动，是有偿劳动，应该取得劳动报酬，薪资就是劳动报酬的一种主要形式。

薪资是劳动力价值的体现，组织通过薪资这一特定形式获得劳动力使用权，并把其投入到生产过程中，以便创造生产经营效益；薪资还是对员工劳动成果的回报，员工是通过薪资报酬形式分享自己的劳动成果的；薪资本身就是一种重要的管理手段，组织通过薪资报酬的分配，用以调动员工的积极性，从而提高组织的经济效益。

（一）薪资分配的理论

薪资是市场经济的产物，是人类出现雇佣劳动以来出现的。不同时期，各类经济学家或心理学家提出了各种各样的薪资理论，围绕薪资问题，人们进行了种种探索。下面分别对其代表人物加以简单介绍。

1. 早期薪资理论

（1）威廉·配第提出了最低工资理论：其理论认为，薪资应满足工人基本的生活消费需求。该理论指出，最低工资不单单是工人用以维持生存的基本条件，它还是雇主生产经营过程中不可或缺的必要条件，低于最低工资水平时，就无法继续进行劳动力的再生产和维持社会的稳定与发展。因此，政府应对最低工资运用立法，加以规范。

（2）约翰·斯图亚特·穆勒创立了工资基金理论：其理论认为，在一个社会的一定时期中，其社会用于工资的资本总额是一定的，该工资总额就是该社会的工资基金。工资基金的多少，取决于人力成本与其他生产成本之间的比例大小。工资基金确定之后，个别工人工资的变动必然导致另一些工人工资的反向变动。若是工资基金非正常增加，将会导致组织其他生产资本的减少，最终必然影响生产的发展。

（3）亚当·斯密创造的工资差别理论：亚当·斯密认为，造成工资差别的原因一是不同的职业性质，二是不同的工资政策。亚当·斯密提出了职业性质与工资差别之间的联系，实际上奠定了现代组织职务工资制的基础。

2. 近代工资理论

（1）边际生产率工资理论：主要代表人物是英国的经济学家马歇尔，其解释了工资的短期波动和长期变动趋势。该理论认为，在一个完全自由的市场中，组织的最终目的是获得最大的利润，为此就要进行生产要素的最佳配置，这时付给工人的工资应该等于这些雇佣工人的边际产出。因此，工资水平取决于所有员工提供的边际生产率。边际生产率大时，会增加雇用员工；反之，边际生产率减少，就会裁减员工；只有在两者相等时，工资支付才是最有效、最经济的。

(2) 集体交涉工资理论：代表人物是英国的经济学家莫里斯·多布。这一理论侧重的是政治方面的解释，认为工资水平反映的是组织与员工间的利益关系，工资的多少是由组织与员工之间的力量对比所决定的，集体谈判是一种双方协调利益、共同决定工资水平的形式。一般都是由工会组织代表员工的利益与雇主谈判。

3. 现代工资理论

(1) 激励理论：激励是现代人力资源管理理论中的一个十分重要的概念。激励理论认为，组织的绩效决定于每位员工的绩效，而员工的绩效水平与实施的激励程度相关。其具体表现可用以下公式表示：

员工绩效 = 员工能力 × 激励程度

该公式表明，在员工具备一定能力的情况下，其所受到的激励水平越高，绩效表现水平也越高。不考虑培训提高的情况，我们可以认为在一定的时期内，员工的能力基本是不变的，那么在此时期内，决定员工绩效的就只有激励水平的高低。提高薪资报酬，是一种较常用的激励手段。

(2) 公平理论：雇员对工作不满意往往是他（她）感到不公平造成的。公平理论认为，员工会将自己对工作的付出和收入之比，与从事相似工作的其他人对工作的付出与收入之比进行比较。如果两者的比例相等，他（她）就会感到公平；反之，如果两者的比例不相等，尤其是当自己的付出与得到的收入之比低于别人的比例之时，他（她）就会感到不公平，并将试图通过采取各种办法纠正这个比例。该理论关心的是组织内部的工资结构、工资差别、工资关系。

(3) 人力资本理论：人力资本认为，雇员所受教育的水平越高，其人力资本的含量也越高，表现其劳动生产率水平也越高，这样其在劳动力市场上也应该得到更高的薪酬。

(二) 薪资报酬的形式

1. 薪资的内容　关于薪资有多种说法，其名词很多，如工资、薪水、薪金、奖酬、报酬、奖金、福利等。

一般来讲，薪资是员工为组织工作而从组织获得的物质利益回报，包括工资、奖金和福利三个部分。工资是在员工收入中比较固定的部分，一般由基础工资、职务工资、技能工资、工龄工资以及若干种国家政策性津贴构成，属于组织的成本性支出。奖金一般也叫绩效工资，它具有很强的激励性作用，可以分为全员奖励、团队成员奖励和单个员工奖励几种形式。福利包括住房补贴、交通补贴（或班车）、工作午餐、带薪休假、子女教育津贴、医疗与人身保险等，具有促进组织凝聚力的重要作用。

2. 薪资的标准　薪资计算标准是根据不同劳动的特点及不同组织的政策来决定的，包括计时工资，它是工资体系中比较重视职务价值、任职资格和员工技能的一种工资形式，其对员工具有短期的激励作用，但相对较弱。一般分为小时工资、周工资、月工资及年工资几种。计量工资也称计件工资，是在制造业中广泛流行的一种工资形式，其有很强的激励作用。绩效工资是一种建立在系统的业绩考核与管理程序基础上的工资体系，工资总额与组织的经营效益直接挂钩，其本质上是一种分享经营效益的形式，它要求根据对员工的绩效评价结果进行工资分配,是当前比较流行的工资体系。在1991年世界500强企业中,35%的企业实行了此种工资体系。岗位技能工资主要考虑的是员工劳动能力的价值。其依据为劳动技能、劳动责任、劳动强度、劳动环境等要素,在对不同岗位或职务进行比较分析的基础上,做出相应的职位价值测定,进而确定不同职位的工资水平。此种工资形式可以激励员工不断学习和提高自身的职业能力,不断提高劳动力价值。

(三) 薪资管理的原则

医院在制定自己的薪资政策时,需要注意以下五项原则。

合法原则:即医院所制定的薪资政策应符合当时的国家关于薪资方面的法律法规,不能超范围的发放。

公平原则:包括外部公平和内部公平两部分。外部公平体现的是该医院的薪资水平与劳动力市场上相似医院的薪资水平相当;内部公平体现的是在一个医院内,每位员工所得薪资与其他从事相似工作员工所得薪资相比,应是公平合理的。

效益原则:薪资应是医院提高效益的一种助推器。

激励原则:医院的薪资政策应能不断激励员工提高绩效。

相符原则:在制定医院的薪资政策时,要注意货币工资与实际工资是否相符,一般来讲,实际工资应等于货币工资与通货膨胀率的乘积。

七、职业发展

职业发展是指组织为员工创造必要的条件,使员工能够通过组织获得较大的职业成就的一种人力资源管理工作。在现代人力资源管理中,职业发展占有比较重要的地位。一个医院能否为员工的职业发展创造条件,使员工通过在医院的工作而获得被人认可的职业成就,是该医院能否具有充沛活力和强大凝聚力的一个基本条件。

(一) 职业选择

1. 职业的性质及特点　职业是人们为获得物质报酬而从事的连续性的社会活动,是人们从事的相对稳定的、有收入的、专门类别的工作,是人的社会角色的一个极为重要的方面。职业具有专业性、经济性、社会性和稳定性的特点,比如医护人员和教师的准入制体现了职业的专业性;没有经济报酬的工作,不属于职业工作,由此体现职业的经济性;职业是一种社会分工,是人们社会角色的表现,体现了职业的社会性;职业是一种相对稳定的工作,临时工作不能称为一个人的职业,体现了职业的稳定性特点。

2. 职业期望　职业期望又称职业意向,是一个人对某项职业的向往或是希望自己从事某项职业的态度倾向。职业期望只来自劳动者个体方面。职业期望不应是一种空想,应该是一种劳动者的主动追求;劳动者将自身的兴趣、价值观、能力等与社会需要、就业机会等进行比较协调后,确定其职业期望,并力求在实际工作中实现个人的社会活动目标。职业期望不是职业声望,但人们所追求或希望从事的职业,往往是社会声望较高的职业。

职业期望反映的是人们的职业价值观。

美国社会学家萨柏将影响职业价值观的因素概括为15种类型,包括助人、美学、创造、智力刺激、独立、成就感、声望、管理、经济报酬、安全、环境优美、与上级的关系、社交、多样化、生活方式等。

日本NHK设计了7种价值取向,包括能推动社会发展的职业;助人、为社会服务的职业;得到人们高度评价的职业;受到尊敬的职业;能赚钱的职业;虽平凡但有固定收入的职业；若不为人所用，就自谋职业。

3. 职业选择 职业选择是指劳动者根据自己的职业期望和兴趣，凭借自身能力挑选职业，使自身素质与职业要求相符合的过程。它包含三层意思：职业选择是劳动者的一种主动行为，劳动者是职业选择的主体；劳动者不能随心所欲地选择职业，每项职业都有其特定要求；各种职业的性质决定了职业作为客体也要筛选劳动者。

根据职业选择的特点，人们提出了不同的职业选择理论。下面简单地加以介绍。

● 职业-人匹配论。该理论是美国波士顿大学教授帕森斯提出来的，具有两方面的要求：技能匹配和个性匹配。技能匹配是指劳动者所具备的技术能力完全可以胜任此项工作；个性匹配是说劳动者的个性特征符合此项工作对劳动者个性的要求。

● 人业互择理论。该理论是由约翰·霍兰德提出的，强调的是劳动者与职业间的相互适应。霍兰德以大量的调研资料为依据，把劳动者分为六大类型，相对地把社会上的职业也分成六种（图8-3）。

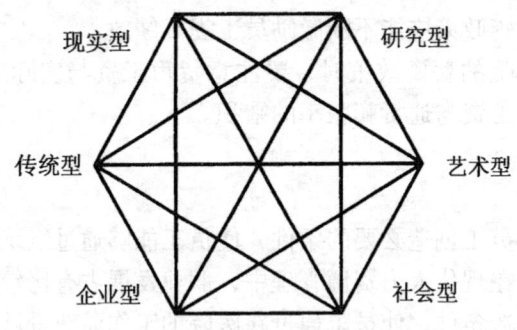

图8-3 职业匹配类型图

上图中的六个角分别代表六种职业类型和六种劳动者类型。每种类型的劳动者（或职业）与每种类型的职业（或劳动者）相互关联，其相关性用两者之间的连线表示。连线距离越短，两种类型的人业相关系数越大，其适应程度也就越高。当连线距离为零时，劳动者类型与职业类型高度相关，统一在一个点上（六个角的顶端），表明该类型劳动者从事着同一类型职业、人业配置最适宜，是最好的职业选择。

● 择业动机理论。由佛隆提出，它是针对在常规型职业中不同的劳动者如何选择相应的职业。比如有会计员、出纳员、统计员、文书、秘书、办公室人员等职业，劳动者会如何选择呢？它是由佛隆的期望理论决定的。佛隆的期望理论用公式可以表示为：

$$F = V \cdot E$$

其中：F表示动机强度，它表明个体为达到目标而付出努力的程度；V为效价，是指个体对目标重要性的主观评价；E为期望值，是指个体对自己实现目标可能性（目标实现概率）大小的估计。从公式中我们能够发现效价越大，期望值越高，员工的行为动机就会越强烈。

佛隆利用上述期望理论来解释个人的职业选择行为，就形成了择业动机理论。在应用该理论时，即个人在进行职业选择时，一般分两步来进行。第一步是确定择业动机：择业动机等于职业效价乘以职业概率，其中的职业效价反映的是择业者的职业价值观和择业者对某项具体职业要素如劳动条件、工资、职业声望等的评估，即职业效价等于职业价值观乘以职业要素评估。而职业概率决定于以下四个条件：某项职业的需要量、择业者的竞争能力、竞争系数（谋求同一职业劳动者人数的多寡）及其他随机因素。从而可以得到如下公式：职业概率＝职业需求量×竞争能力×竞争系数×随机性。第二步是对职业选择进行决策，以确定具体的职业选择。

（二）职业发展

1. 职业生涯　职业生涯是指一个人从其职业学习开始到其职业最后结束的整个职业的工作和生活历程。

2. 职业生涯发展　美国社会学家施恩针对人生不同阶段所面临的职业问题和职业工作的主要任务，将职业生涯分为以下9个阶段。

（1）成长、探索阶段（0～21岁）：主要任务是发现和发展自己的需要、兴趣、能力和才干；学习职业知识；接受教育和培训，培养职业素质和能力。

（2）进入工作岗位阶段（16～25岁）：进入劳动力市场，谋取可能成为其职业基础的第一项工作。

（3）基础培训阶段（16～25岁）：接受进入组织后的职业培训。

（4）获得正式成员资格阶段（17～30岁）：有一个相对稳定的工作。

（5）职业中期阶段（25～40岁）：主要任务是选定主攻专业或进入组织的核心；保持职业竞争力，努力在自己选择的领域成为一名专家或内行；承担较大责任，确定自己在组织中的地位；开发个人的长期职业计划。

（6）职业中期危险阶段（35～45岁）：主要任务是实事求是地评价自己的进步、职业抱负及个人前途；在看得见的其他前途与接受现状之间做出选择；确立他人的师长地位。

（7）职业后期阶段（＞45岁直到退休）：此时，可以成为一名良师，发挥影响和指导、指挥别人；扩大、发展和深化自己技能，以提高自己才干，准备担负更重大的责任；若想求安稳，那么就此停滞，要正视和接受自己影响力和挑战能力下降的现实。

（8）衰退和离职阶段（＞50岁）：应能够接受权力、责任、地位的下降事实；随着竞争力和进取心的下降，应学会逐渐把自己变成职业活动和组织群体中的二类角色；回顾和评价自己的职业生涯，准备退休。

（9）离开组织和职业阶段——退休：要保持一种对自身角色变化的认同感，要适应变化的角色，生活方式和生活标准都将发生急剧变化；保持自己完整的自我价值观，运用自己的经验和智慧，以各种合适的角色和方式，做到传、帮、带，继续发挥自己的价值。

3. 个人职业发展中医院的任务　在医院里，职工个人的职业发展，不仅仅是其个人的事情，它也是医院的事情，是医院人力资源管理工作中的一项重要任务。医院应在以下几个方面开展有助于职工职业生涯发展的人力资源管理工作。

（1）确定不同员工、不同职业生涯期的相关职业管理任务，比如进入医院阶段、早期职业阶段、中期职业阶段和后期职业阶段等不同时期的职业管理问题。

（2）对员工进行有效的职业指导，包括就业指导、生计指导等。

职业指导有狭义与广义之分。不同国家有不同的称谓，日本把狭义的职业指导叫做"出路指导"；而前苏联则叫"职业定向教育"指导。它是指帮助劳动者了解自己与职业活动有关的生理、心理特点，结合就业机会及职业工作的特点，帮助个人选择和获得最合适的职业。实行职业指导的主体是医院，被指导的客体是求职者。职业指导的目的是帮助求职者选择到适合的和满意的职业岗位。

广义的职业指导范围更广一些。美国职业指导学会所下的定义是："职业指导是协助个人选择职业，准备就业，安置就业，并在职业上获得成功的过程。"职业指导包括就业前职业指导和就业后的职业指导。

(3) 为员工职业发展开辟必要的通道。帮助员工制定和实施自己的职业生涯规划，确定职业发展目标，执行为达此目标所制定的计划、在执行计划的过程中不断对计划进行评估与修订；为员工设置职业通道，职业通道也称工作阶梯，是员工实现自己职业理想和达到职业生涯目标的制度性路径；为员工疏通职业通道，创造有利于其发展的良好环境。

(三) 职业流动

1. 职业流动的性质　职业流动是指劳动者职务位置的变化情况，它反映的是劳动者与工作职务之间的动态结合。从宏观上看，职业流动有利于劳动力资源在全社会的各产业、行业、职业间进行更加合理的配置，从而有利于产业结构的调整与发展。从涉及医院层面的微观来讲，职业流动的意义在于可以促进医院改革的深化，逐渐达到使医院人转化成社会人的目的；职业流动能够满足医院新设岗位或急需补充岗位对不同类型人力资源的需要，保证医院各项工作的正常开展和争取效益最大化的实现；职业流动可以促使医院对人力资源进行动态管理，在变化中实现配置方式的合理化、高效化；职业流动还有利于调动员工的积极性，发挥其创造性，改善疲顿倾向（心理学研究表明，一般人都有墨守成规的弱点，若长期从事一种固定工作，不论他原来多么富有创造性，都会逐渐丧失对工作内容的敏感，逐渐变得疲沓，流于照章办事）；职业流动可以激发医院活力，不断提高医院工作效率。

2. 职业流动管理　职业流动管理是指对医院内的职业流动进行的计划、组织、指挥和控制活动，其目的是使医院内部的职业流动有序地进行。医院内部的职业流动管理应遵循以下原则：用人所长和量才而用；坚持职业流动的合理性；应有利于医院各项工作的正常进行；要使医院内外的职业流动相互结合起来，管好入口，开放出口；职业流动管理应能够达到稳定队伍，防止人才流失效果。

第三节　医院人才管理

一、医院人才的概念

医院是以医护人员为主体组成的知识密集型组织，其担负的主要任务是救死扶伤、治病救人，其追求的最大利益是社会效益和经济效益的统一。所有这一切的顺利实现，都要求医院不仅要有一支良好、团结的领导队伍，更重要的是要有一支能够胜任本职工作，并能够不断创新的医护人员队伍。在此队伍中还应有能够为广大患者所信任或推崇的各科专家学者。

随着医学科学技术的不断发展，医院已经成为多学科、多层次、多功能的组织机构。其用人是否得当，直接关系着医学事业的发展和医学技术的进步，关系着患者的生命安危和千家万户的幸福。一个科室有一个或几个被行业或社会所认可的学术专家，可以使一个学科赶超或保持先进水平；一所医院如果能有一个或一组这样的科室，将使该医院在越来越激烈的竞争环境中，处于有利的竞争位置。可以说，未来医院的成败，关键取决于医院吸引或储备人才数量的多少和质量的好坏。

人才是医院的资本和财富，是医院发展的重要条件，其数量和质量是医院发展的决定因素。说到底，医院之间的竞争就是人才的竞争。

因此，各级医院管理者都应重视医院的人才管理，树立人才观念，不断研究和总结医院的用人之道，提高医院的用人水平，为医院人才的脱颖而出创造良好的学习和工作环境。

我们首先讨论一下医院人才的概念。《辞海》中是这样解释人才的："人材，亦作'人才'。德才兼备的人。也指人的才能……"我国人才专家王通讯将"人才"解释为：为社会发展和人类进步进行了创造性劳动，在某一领域，某一行业，或某一工作岗位上做出较大贡献的人。据此，我们可以认为，人才首先应具备基本的道德修养，这种道德标准是为社会所公认的、比一般人所达到的层次更高的标准。其次，人才所具有的知识技能在本行业或一定领域中处于领先的水平，其愿意并已经为自己所处行业或领域做出了一定的贡献，为社会创造了应有的价值。故此我们说，医院人才就是在本医院中进行创造性劳动，在本职工作上做出较大贡献的人。

这里我们所说的人才，不单单是指医院内的高级专家，还包括能够适应医院改革和建设的，能够为医院创造更大价值的各个层次、各个方面的人才，也就是医院的每个科室或部门中能够为其发展而进行创造性劳动并努力工作的人。

医院人才既包括已显露出才能并得到社会承认的临床专家和具有某项技术专长的人才；也包括现阶段尚未得到社会承认，但在临床或医技科室努力工作，正在或已经做出成绩的人才。对前一种人的正确使用，叫做合理使用人才；而对后一种人才的使用，是谓人才的开发和利用。我们不仅强调对人才正确合理的使用，更主张不断地发现人才，培养人才，使人才不断的涌现。

二、医院人才的开发和选拔

在一所医院的整个发展过程中，可能永远也不会出现一位诺贝尔奖获得者，也可能若干年内都不会培养出一位大医学家。但是医院往往是靠群体的才华和智慧，圆满出色地完成医疗任务的。因此，在医院人才开发和选拔过程中，要树立才能人人皆有的观念，使每位员工都能胜任自己的角色，并随着事业的发展不断发展自己，使自己逐渐成为本专业或本领域的合格人才。

医院人才的开发包括对人才的了解、选拔、使用、教育和培养。为此，医院应有严格并切合实际的各项规章制度，合理的分配原则，文明的院风，公开、公平、公正的绩效评估方法及严格的奖惩制度等。

在医院人才的开发过程中，首先医院要为人才的出现创造良好的成才环境。不同时期，人才所需要的成才环境不尽相同。一般包括：能够满足人才不同层次的、合理的需要；整个医院处于珍惜人才、正确使用人才的良好氛围中；为人才提供团结协作的团队及能够不断提高自身素质的培训条件等。

很多管理学书籍中都会提到美国社会学家马斯洛（A.H.Maslow）的"需求层次理论"。该理论认为，人在基本达到满足维持其生理需求的必要条件之后（衣食住行等），就会产生和追求更高层次的需求（自尊心、名誉地位、事业成就等），人们这种追求更高层次需求的努力，激励着人们不断进取。人们最高层次的需求是"自我实现的需要"，他们希望自己的事业有所成就，最大限度地发挥自己的潜力。人们不只简单地依赖于物质刺激才发挥自己的能量。

管理学家弗鲁姆（V.Vroom）认为，一个人做一项工作动力的大小，是由其自身需求程度和达到需求目标的可能性决定的，即：努力程度＝期望程度×达到目标的概率。据此可以说明，在一个人的成才过程中，为成才所付出努力的程度不仅决定于需求目标的高低，还决定于能否成才的可能性大小。当目标确定后，努力的程度完全取决于达到目标的可能性。而该可能性中包括人力资源管理理论中涉及的职位及提供的培训等概念，当没有岗位可供人们努力争取时，人们就不会过分地努力；反过来也一样，即当人们发现如果不努力将失去自己所在岗位时，他将会努力工作。但人们对失去工作岗位的努力程度不会大于希望得到更高一级岗位的努力程度。医院给人才创造良好的成才环境，应从设置更多、更高级岗位以吸引人才努力的角度去考虑。

医院人才开发不是领导者的一时心血来潮，也不是为赶时髦而为之，它应是一种制度性的安排，必须深入到医院每位员工的内心，使大家都认识到人才决定着医院的兴衰成败。医院要确定一种制度，从根本上解决问题，才能使每位员工的积极性、创造性得到充分的发挥。

医院人才的开发要通过了解、设计、培训、上岗等步骤进行，就是要知人善任，任人唯贤，惟才是举。医院员工从进入医院的那天起，医院各级领导就应开始对其各方面进行全面的了解，从德、智、能、敏及协作精神、创新能力等各方面观察考验，确定其是否有培养的希望和可能。还要考虑人的性格与要从事的工作是否匹配及本人是否有成才的愿望。在发现其为可造之才时，要对其未来的职业发展做出切实可行的设计安排，要让本人知晓，要与本人协商，共同设计、认可。根据设计要求，有针对性地对其进行必要的培训，使之尽快掌握新岗位所需要的知识、技能，尽快达到岗位要求。在完成必要的知识技能储备之后，一旦岗位空缺，就能马上胜任。还有一种人才的发现就是其能在本职工作上做得很好，本人也愿意继续做好本职工作，这时可以进行培训，使之在本职岗位上更进一步。这种做法也可避免帕金斯定律产生的效应。

总之，医院人才的开发和选拔需要的是领导者观念的更新和进化，要有全局意识，要有无私精神。这方面内容各类管理学书籍介绍了许多，大家可以参考。

（崔　涛）

第九章 医院经济管理

教学内容与教学目标

教学内容
1. 医院的财务管理。
2. 医院财务制度。
3. 医院的会计制度。
4. 医院预算编制。
5. 医院成本管理。

*　　　　*　　　　*　　　　*

教学目标
1. 掌握医院财务管理的基本内容与基本概念。
2. 掌握医院成本管理的概念与方法。
3. 熟悉医院财务制度。
4. 了解医院的会计制度及其主要内容。
5. 了解医院预算编制的主要内容与过程。

我国的大部分医院属非营利性医疗机构，这些医院建立的目的都是为了向患者提供医疗服务，由于近些年来医疗费用逐年增高，因此医院的经营、筹资、理财等经济活动在医院管理中的作用日益增加，医院必须妥善经营，合理使用资金，控制医疗服务成本，才不致在财务上发生困难。

医院必须建立良好的财务管理和内部审计制度，使医疗服务成本维持在较低水平，这就要求医院的经济管理人员，包括医院院长和财务主管，要经常注意医院的财务状况，精于成本分析、编制预算及内部控制等医院的经济管理工作。

医院的经济管理是指医院按照财务、会计、审计等制度要求，对医院日常运营中的经济活动进行计划、制定预算、控制成本、监督、审计等项工作的过程。医院的经济管理活动包括医院的财务管理和内部控制机制。

第一节 医院的财务管理

一、医院的代理问题

在现代医院中，大多数医院所有权的拥有者并不直接管理医院。医院的日常经营管理工作经常由医院院长负责，而院长通常不拥有对该医院占支配地位的控股权。严格上讲，院长们是医院所有者的代理人，而非医院的所有者，但事实上他们对医院具有控制权。因此医院所有者与医院院长之间存在着潜在的利益冲突，医院所有者希望院长代表其利益行事，而院长则有其自身的利益，这就导致了所谓的"代理问题"，代理问题往往出现在业主与其代理人之间出现利益相悖的时候。

一些专家对院长及其与医院所有者的关系提出过透彻的分析说明。他们认为，当一个院长并不占有医院大部分股份时，代理问题就会产生。这种分离的所有权会导致院长工作不尽力，并且要求更多的额外东西，如豪华的办公室、办公家具、汽车等，但如果他们被迫自己负担这笔费用则不然。

为解决这种代理问题就需要增设医院管理、监督机制来加以控制，如设立限制这种行为的医院内部审计系统，医院与院长签订相关的协议，以避免滥用职权的事情发生，建立医院的监控机制以限制院长任意行事的能力。

二、医院财务在组织结构中的位置与作用

由于财务在医院经济管理决策中起核心作用，财务主管在医院组织层次中地位较高。一般医院里专门设有主管财务的副院长，大型综合性医院可以在主管财务的副院长之下设立总会计师和医院财务主管，负责制定医院的主要财务政策。

医院具体的财务管理职能通常划分为财务和会计两部分。财务的主要职责是资金的筹集和管理，与商业银行和投资银行联系，就医院日常现金状况和营运资本状况做出报告，同时财务也负责制定现金预算。会计的职责范围包括记账、编写财务报告和费用使用控制，涉及医院预算和财务报表的准备，工资支付、税收和内部审计等。在小型医院中，医院院长也许兼任财务管理工作，或者一个财务主管兼任财务会计两方面的职能。

一般而言，财务职能与医院组织结构中的最高层紧密相关，因为财务决策对医院的生存与发展具有举足轻重的意义。在医院的所有重要决策中都涉及到财务的决策，如医院扩建、购置大型仪器设备、兼并医院等。这些决策对于医院的长期发展具有持久的影响，因此需要医院的最高管理层考虑。

三、医院财务管理的职能

医院财务管理可以用财务管理的职能以及责任来界定。尽管不同医院之间的具体情况有所差异，但医院的主要财务职能都包括筹资、投资和经济活动决策，即将医院从不同渠道筹集来的资金合理配置到不同用途上。财务管理主要职责是计划、筹措和使用资金，一个成功的医院要达到医疗服务的高增长率通常需要医院增加投资来支持。财务管理必须确定适宜的医疗服务增长率，如果涉及到医疗服务项目的投资问题，如购置大型医疗设备、收购兼并医疗机构等，医院财务主管必须做出投资的可行性方案，帮助决定投资的具体数量和筹措该笔投资的渠道，如资金的来源是医院内部资金还是外部资金，是借债还是使用医院自有资金，是使用长期融资还是短期融资等，并在此基础上做出抉择。医院做出的所有决策都会涉及到财务问题，如影响到医疗服务项目的决策，必然会改变投资需求。

总之，医院财务管理的核心职责同医院的投资决策以及如何筹资相关。在履行这些职能时，财务管理对医院的关键决策负有直接的责任。

四、医院的财务制度

为了规范医院财务行为,加强医院财务管理,国家财政部和卫生部联合颁布了我国的《医院财务制度》(简称《制度》)。《制度》规定"医院财务管理的基本原则是:执行国家有关法律法规和财务规章制度;坚持厉行节约、勤俭办事业、制止奢侈浪费的方针,在以社会效益为主的原则下讲求经济效益。""医院财务管理的主要任务是:合理编制医院预算,如实反映财务状况;依法组织收入,努力节约支出;建立健全内部财务管理制度,加强经济核算,提高资金使用效益;加强国有资产管理,防止国有资产流失;对医院经济活动进行财务控制和监督。"我国的医院财务制度主要包括以下内容。

1. 医院预算管理 医院预算是指医院根据事业发展计划和任务编制的年度财务收支计划,由收入预算和支出预算两部分组成。收入预算参照以前年度预算执行情况,根据预算年度收入的增减因素和措施进行编制;支出预算根据医院事业发展的需要、医院业务活动需要和财力可能进行编制。医院编制收支预算必须坚持以收定支、收支平衡、统筹兼顾、保证重点的原则。医院不得编制赤字预算,并逐步采用零基预算方法编制预算,医院所有收支应全部纳入预算管理。国家对医院实行"核定收支,定额或定项补助,超支不补,结余留用"的预算管理办法进行管理。大中型医院一般以定项补助为主,小型医院一般以定额补助为主。

2. 医院收入管理 医院收入是指医院为开展业务及其他相关活动依法取得的非偿还性资金,医院收入包括以下几个方面。

(1) 政府财政补助收入:即医院从主管部门或主办单位取得的财政性事业经费(包括定额和定项补助)。

(2) 上级补助收入:即医院从主管部门或主办单位取得的非财政性补助收入。

(3) 医疗收入:即医院在开展医疗业务活动中所取得的收入,包括挂号收入、床位收入、诊察收入、检查收入、治疗收入、手术收入、化验收入、护理收入和其他医疗收入。

(4) 药品收入:即医院在开展医疗业务活动中取得的药品收入。

(5) 其他收入:即上述规定范围以外的各项收入,包括医院的培训收入、救护车收入、废品变价收入、不受用途限制的捐赠和对外投资收益、利息收入等。

3. 医院支出管理 医院支出是指医院在开展业务及其他活动中发生的资金耗费和损失,医院支出包括:

(1) 医疗支出:即医院在医疗过程中发生的支出,包括在开展医疗业务活动中的基本工资、补助工资、其他工资、职工福利费、社会保障费、公务费、业务费、卫生材料费、修缮费、设备购置费和其他费用。

(2) 药品支出:即医院在药品采购、管理过程中发生的支出。

(3) 其他支出:即医疗、药品支出以外的支出,包括被没收的财物支出、各项罚款、赞助、捐赠支出、财产物资盘亏损失、与医院医疗业务无关的基础性科研支出、医疗赔偿支出等。

(4) 财政专项支出:即财政专项补助支出。

4. 医院成本费用管理 医院实行成本核算,包括医疗成本核算和药品成本核算。成本费用分为直接费用和间接费用。

(1) 直接费用:是指医院在开展业务活动中可以直接计入医疗支出或药品支出的费用,包括医疗科室和药品部门开支的基本工资、补助工资、其他工资、职工福利费、社会保障费、公务费、业务费、卫生材料费、药品费、修缮费、购置费和其他费用。

辅助科室中能明确为医疗或药品服务的科室或班组的费用支出，如一般医院的营养食堂、洗衣房等的支出，基本上是为医疗业务服务的，可直接计入医疗支出。

医院提取的修购基金应按固定资产使用部门分别计入医疗支出、药品支出。

(2) 间接费用是指不能直接计入医疗支出或药品支出的管理费用，包括医院行政管理部门和后勤部门发生的各项支出，以及职工教育费、咨询诉讼费、坏账准备、科研费、报刊杂志费、租赁费、无形资产摊销、利息支出、银行手续费、汇兑损益等。

间接费用按医疗科室和药品部门的人员比例进行分摊，并按支出明细项目逐项进行分配。

5. 医院结余资金及分配的管理　医院收支结余是指医院收入与支出相抵后的余额。医院业务收支结余、药品收支结余和财政专项补助结余要求分别计算。

医院收支结余按照以下公式计算：

业务收支结余 = 财政补助收入中经常性补助 + 上级补助收入 + 医疗收入 + 药品收入 + 其他收入 − 医疗支出 − 药品支出 − 其他支出

财政专项补助结余 = 财政专项补助上年结余 + 财政补助收入中专项补助 − 财政专项支出

医院年末业务收支如有结余首先支付超收上缴款。支付超收上缴款后的收支结余为负数的应由事业基金弥补，不得进行其他分配；事业基金不足以弥补的，保留待分配结余；为正数的，按规定提取职工集体福利基金，记入专用基金，剩余部分转入事业基金。财政专项补助结余按规定结转下年继续使用。

6. 医院流动资产管理　医院流动资产是指可以在一年内变现或者耗用的资产。医院的流动资产包括现金、各种存款、应收款项、库存物资、药品等。

(1) 医院应收款：项包括应收医疗款、应收在院患者医药费和其他应收款等。医院对应收款项应及时清理和结算，对期限超过3年，确认无法收回的应收医疗款应作为坏账处理。医院在年度终了按照年末应收医疗款和应收在院患者医药费科目余额的3%～5%计提坏账准备。

(2) 医院库存物资：指医院为开展业务活动及其他活动而储存的材料、燃料、包装物和低值易耗品等。医院购入的库存物资要按照实际购入价计价，自制的库存物资按制造过程中的实际支出计价，盘盈的按同类品种价格计价。

(3) 医院药品：指医院为了开展医疗活动而储存的各类药品。药品管理要严格执行《药品管理法》、药品价格政策和职工基本医疗保险制度的有关规定，并遵循"计划采购、定额管理、加速周转、保证供应"的原则。

医院药品要求按零售价进行核算，其实际购进价与零售价的差额为进销差价。月末按当月药品销售额和药品综合加成率（或综合差价率）计算药品销售成本。

医院自制药品按规定的零售价入库，成本与零售价的差额计入药品进销差价。有条件的医院应设置分类账，分类分批核算制剂成本。

7. 医院固定资产管理　医院固定资产是指一般设备单位价值在500元以上，专业设备单位价值在800元以上，使用期限在一年以上，并在使用过程中基本保持原有物质形态的资产。单位价值虽未达到规定标准，但耐用时间在一年以上的大批同类物资，应作为固定资产管理。

(1) 医院固定资产分类：医院固定资产分为五类：房屋及建筑物、专业设备、一般设备、图书和其他固定资产。

(2) 医院固定资产账务处理：医院购入固定资产应按购入价格、包装费用、运输装卸费用、安装调试费用和进口设备的进口税金等计价。

医院新建的房屋建筑物，按固定资产交付使用前发生的实际支出计价。在原有基础上进行改建、扩建的房屋、建筑物，按其原值加上改建、扩建发生的实际支出，减去改、扩建过程中发生的拆除的固定资产原值和固定资产变价收入后的余额计价。

医院自制的固定资产按照制造过程中发生的实际成本计价。

医院借款购建的固定资产在其安装完毕交付使用前发生的借款利息也应计入相应的固定资产价值。

医院接受捐赠的固定资产，按市场同类固定资产的价格计价。接受固定资产时发生的各项费用计入固定资产价值。

无偿调拨或由于医院撤并转入的固定资产，按原单位账面原值计价。

盘盈的固定资产，按重置完全价值计价。

医院固定资产按账面价值的一定比率提取修购基金，修购基金的提取年限按照相关规定执行。修购基金用于固定资产的更新。

医院应定期或不定期地对固定资产进行清查盘点。年度终了前应当进行一次全面清查盘点。

医院固定资产盘盈，经主管部门批准后按同类固定资产价值或重置完全价值增加固定资产和固定基金。固定资产盘亏及毁损，在按规定的审批程序报经主管部门批准后，冲减固定基金。

医院固定资产清理报废和转让，须经单位负责人批准后核销。大型精密贵重的设备、仪器报废和转让应经有关部门鉴定，报经主管部门、财政部门批准后，其变价净收入转入修购基金。

(3) 医院固定资产管理：医院应设置专门管理机构或专人，使用部门应指定人员对固定资产实施管理，并建立健全各项管理制度。

建立健全医院固定资产三账一卡制度，即：财会部门负责总账和一级明细分类账，财产管理部门负责二级明细分类账，使用部门负责建卡（台账）。

大型贵重设备实行责任制，指定专人管理，制定操作规程，建立设备技术档案和使用情况报告制度。

财产物资管理部门要定期对固定资产进行清点、核实，按期报废，并与财会部门核对，做到账账相符、账卡相符、账实相符。

8. 医院无形资产及开办费管理

(1) 医院无形资产管理：医院无形资产是指不具有实物形态而能为使用者提供某种权利的资产，包括专利权、著作权、版权、土地使用权、非专利技术、商誉及其他财产权利等。

医院购入的无形资产，按照实际支付的价款计价；自行开发并依法申请取得的无形资产，按依法取得时发生的注册费、聘请律师费等支出计价，在开发过程中发生的研究开发费用，计入管理费用；接受捐赠的无形资产，按捐赠方提供的资料或同类无形资产估价计价；商誉除合作外，不得作价入账。

无形资产从开始使用之日起,在规定的有效使用期内平均摊入管理费用。没有规定的按照不少于10年的期限摊销。

医院转让无形资产应按有关规定进行资产评估,取得的收入,除国家另有规定的,计入其他收入。医院转让无形资产的成本也计入其他支出。

(2) 医院开办费管理:医院开办费是指医院筹建期间发生的费用,包括筹建期间人员工资、办公费、培训费、差旅费、印刷费以及不计入固定资产和无形资产购建成本的其他支出。

开办费从医院开业的下一个月起,按照不短于5年的期限分期摊入管理费用。

9. 医院对外投资管理　医院对外投资是指医院以货币资金、实物、无形资产等向其他单位或院办独立核算企、事业单位的投资和购买国家债券。医院对外投资按照投资回收期的长短分为长期投资和短期投资。投资回收期一年以上的为长期投资,不足一年的为短期投资。

医院以实物、无形资产对外投资的,应按照国家有关规定进行资产评估,评估确认的价值与账面净值的差额,计入事业基金。医院认购的国家债券,按实际支付的金额作价。

医院投资取得的收益,计入其他收入。收回的对外投资与投资账户账面价值的差额,冲减其他收入。

10. 医院负债管理　医院负债是指医院所承担的能以货币计量,需要以资产或者劳务偿还的债务,包括流动负债和长期负债。流动负债是指偿还期为一年以内的短期借款、应付账款、医疗预收款、预提费用、应付社会保障费、应交超收款等。长期负债是指偿还期在一年以上的长期借款、长期应付款等。

医院应对不同性质的负债分别管理,及时清理并按照规定办理结算,保证各项负债在规定期限内归还。因债权人特殊原因确实无法偿还的负债,经上级主管部门批准可计入其他收入。

11. 医院净资产管理　医院净资产是指医院资产减去负债后的余额。包括:

(1) 事业基金:即未限定用途的基金,包括滚存结余资金、主办单位以国有资产形式投入医院未限定专门用途的资金、资产评估增值等转入形成的基金。

(2) 固定基金:即单位固定资产占用的基金。其主要来源于国家基建拨款、专项经费拨款、单位事业基金和专项基金。

(3) 专用基金:即医院按照规定提取或者设置的有专门用途的资金,包括:

①修购基金:即医院按固定资产一定比率提取的用于固定资产更新、大型修缮的资金。

②职工福利基金:即医院按规定提取的和结余分配形成的用于职工福利的资金。

③其他基金:即医院按照有关规定提取或设置的住房基金、留本基金等其他专用资金。

专用基金要专款专用,不得擅自改变用途。专项基金使用形成的固定资产价值转入固定基金。

(4) 财政专项补助结余:即需结转下年继续使用的未完工项目的财政专项补助。

(5) 待分配结余。

12. 医院财务清算　经国家有关部门批准宣布医院撤销时,应当在主管部门和财政部门的监督指导下,由各级政府授权主管部门或主办单位负责按有关规定组成清算机构对医院进行清算。清算机构负责制订清算方案,对医院的财产、债权、债务进行全面的清理,对现有资产进行重新估价,编制资产负债表和财产清单、债权清单、债务清单,通知所有的债权人在规定期限内向清算机构申报债权，提出财产作价依据和债权、债务处理办法，做好国有资产的移交、接收、划转和管理工作，并妥善处理各项遗留问题。清算期间，未经清算机构同意，任何组织机构和个人不得处理医院财产。

医院财产包括宣布清算时的全部财产和清算期间取得的财产。清算期间发生的财产盘盈、盘亏或变卖，无力归还的债务，无法收回的应收账款等计入清算损益。

医院清偿的顺序为：
(1) 清算期间发生的费用；
(2) 应付未付的医院职工的工资、社会保障费等；
(3) 债权人的各项债务；
(4) 剩余资产经主管部门和财政部门核准后并入接收单位或上交主管部门。

医院被清算财产不足以清偿的，应按照比例进行清偿。医院清算完毕，清算机构应当提出清算报告，编制清算期间的收支报表，验证后，报送主管部门和财政部门或主办单位审查备案。

13. 医院财务报告与分析　医院财务报告是指反映医院一定时期的财务状况和业务开展成果的总括性书面文件，包括资产负债表、收入支出总表、医疗收支明细表、药品收支明细表、基金变动表和财务情况说明书。

财务情况说明书主要说明医院的业务开展情况、结余实现与分配、资金增减与周转、财务收支、财产变动、财务分析评价等情况，对本期或下期财务状况发生重大影响的事项，专项资金的使用情况以及其他需要说明的事项。

医院财务分析评价的主要内容包括：医院业务开展情况分析、财务状况分析、医院结余情况分析、劳动生产率分析、医院效益分析和财产物资利用分析等。

医院财务分析指标一般包括：人员经费占总费用的比例、管理费用占总费用百分比、人均门诊人次、人均住院床日、人均业务收入、平均每门诊次收费水平、平均每住院床日收费水平、病床使用率和周转次数、出院患者平均住院日、流动资金周转次数、资产负债率、流动比率、速动比率、百元固定资产业务收入等。

医院应当按月份、季度、年度向主管部门或主办单位提供财务报告。

第二节　医院的会计制度

医院会计手续的一切过程应尽量简化，在遵守必要制度的基础上尽量简化不必要的手续，以免浪费人力和物力。例如取消不必要的记录、签章，减少不必要的财务审批手续等影响效率的环节。

由于医院的大小、性质及实际情况的差异，医院在设立会计制度时应结合医院的实际情况实施，各种制度都不能脱离医院的实际情况盲目采用，医院财会人员的配置应按照国家的有关规定由受过专门训练的人员担任。

一、会计准则

1. 会计准则的概念　会计准则是指为会计工作制定的规范，是会计行为或实务所赖以确立的基础。美国注册会计师协会认为一般公认的会计准则包括对"何种经济资源及义务应当作资产及负债入账，资产及负债之何种变动应予入账，这些变动应在何时入账，资产及负债及其间的变动应如何衡量,何种情况下财务信息予以披露,以及应如何披露,乃至应编制何种财务报表等。"

2. 会计准则　大体上可从两个方面来理解:一是从广义方面理解,即会计准则是从会计理论到会计方法和程序的一种指导方针;二是从狭义方面理解,会计准则是恰当地进行会计工作的规范,即指导会计实践的指南,更具体地说,就是关于资产负债及其变化如何确认、计量、记录和揭示的规范。

会计准则具有以下两方面的意义,一是指导会计人员恰当地处理会计事务,使之有一个统一的认识;二是使会计信息的指导具有一定程度的一致性和可比性,便于财务报表的使用者更好地利用会计信息。

3. 会计准则的结构　会计准则结构是指形成会计准则条目的各个要素之间的相互关系,即各要素如何相互联结、相互依赖,构成一个完整、严密的体系。由于会计准则是关于价值确认、计量和报告的规范,因此,会计准则在确认、计量和报告这三个环节之间,在资产、负债、权益等存量,以及收入、费用、收益等流量之间都有相互依赖、相互作用的关系,因此,会计准则的内在本质决定会计准则应具有一定的结构。

从世界范围看会计准则的结构存在两种模式。一种是采取固定结构的方式,如日本的《企业会计原则》就分成一般原则、收益表原则和资产负债表原则三部分,具有明显的结构特征;另一种是不分层次的结构,即按照不同专题分别制定。采用这种方式的有国际会计准则、美国的《财务会计准则公告》以及英国的《标准会计惯例公告》。值得我们注意的是,近来各国在会计准则的制定过程中呈现这样一种趋势,即普遍关注会计准则的理论基础和内在逻辑问题。

我国的会计准则可以从纵向和横向两个方面看,从纵向上看,会计准则可以分为两个层次,即基本会计准则和具体会计准则。基本会计准则主要是对会计核算的一般要求和会计核算的主要方面做出原则性的规定,为具体会计准则和会计制度的制定提供基本架构。具体会计准则则根据基本会计准则的要求,就经济业务的会计处理及其程序做出具体规定。具体会计准则又可以分为通用业务会计准则、财务报表会计准则、特殊业务会计准则和特殊行业会计准则。从横向上看,一个具体的会计准则一般包括:引言(准则范围)、定义(某准则涉及的概念)、一般确认原则、一般计量方法、一般报告原则、一般提示事项、附则(解释权和生效日期)等几个部分。

二、我国的医院会计制度

1999年财政部颁布了《医院会计制度》,为我国的医院会计工作制定了规范。

1. 医院会计制度原则　结合我国《事业单位会计准则》和《医院会计制度》,归纳医院会计制度原则主要有以下几个方面。

(1) 会计核算应当以实际发生的经济业务为依据,客观真实地记录、反映各项收支情况和结果。

(2) 会计处理方法应前后各期一致,不得随意变更。如确有必要变更,应将变更的情况、原因和对单位财务收支情况及结果的影响在会计报告中说明。

(3) 会计核算应当及时进行。

(4) 会计记录和会计报表应当清晰明了,便于理解和运用。

(5) 医院会计核算采用权责发生制。

(6) 对于国家指定用途的资金,应当按规定的用途使用,并单独核算反映。

(7) 各项财产物资应当按照取得或购建时的实际成本计价。除国家另有规定者外,不得自行调整其账面价值。

(8) 会计核算应当划分会计期间,分期结算账目和编制会计报表。会计期间分为年度、季度和月份。会计年度、季度和月份的起讫日期采用公历日期。

(9) 会计核算以人民币为记账本位币。发生外币收支的,应当折算为人民币核算。

(10) 会计记账采用借贷记账法。

2. 医院会计科目 医院会计科目包括:

序号	编号	会计科目名称
（一）资产类		
01	101	现金
02	102	银行存款
03	109	其他货币资金
04	111	应收在院患者医药费
05	113	应收医疗款
06	114	坏账准备
07	119	其他应收款
08	121	药品
09	122	药品进销差价
10	123	库存物资
11	125	在加工材料
12	131	待摊费用
13	141	对外投资
14	151	固定资产
15	153	在建工程
16	161	无形资产
17	171	开办费
18	181	待处理财产损益
（二）负债类		
19	201	短期借款
20	202	应付账款
21	204	预收医疗款
22	205	应付工资
23	207	应付社会保障金
24	209	其他应付款
25	211	应缴超收款
26	221	预提费用
27	231	长期借款
28	241	长期应付款
（三）净资产类		
29	301	事业基金
30	302	固定基金
31	303	专用基金
32	305	收支结余

续表

序号	编号	会计科目名称
33	306	结余分配
（四）收支类		
34	401	财政补助收入
35	402	上级补助收入
36	403	医疗收入
37	404	药品收入
38	409	其他收入
39	411	医疗支出
40	412	药品支出
41	415	管理费用
42	416	财政专项支出
43	419	其他支出

医院应当按照规定运用会计科目：

（1）医院须按照规定的会计科目及其编号，编制会计凭证，登记账簿，查阅账目，实行会计电算化。医院不得随意改变或打乱重编。

（2）医院应按照规定设置和使用会计科目。明细科目的设置，除本制度已有规定的外，在不违反统一会计核算要求的前提下，医院可按根据需要，自行规定。

（3）医院在制作会计凭证、登记账簿时，应填列会计科目的名称和编号，不应只填列科目编号，不填列科目名称。

3．医院财务报告

（1）医院的财务报告由会计报表和财务情况说明书组成。医院对外提供的财务报告的内容、会计报表种类和格式等，按照制度规定执行；医院内部管理需要的会计报表由医院自行规定。

（2）医院提供的会计报表包括：①资产负债表；②收入支出总表；③基金变动情况表；④有关附表。

资产负债表是反映医院在某一特定日期财务状况的报表。资产负债表的项目应当按会计要素的类别，分别列示。

收入支出表是反映事业单位在一定期间的收支结余及其分配情况的报表。收入支出表的项目，应当按收支的构成和结余分配情况分项列示。

会计报表可以采用前后期对比方式编列。上期项目分类和内容与本期不一致的，应当将上期数按本期项目和内容进行调整，必要时需加以说明。

（3）医院的财务报告应当报送财政部门和主管部门，报送时间由各省、自治区、直辖市财政部门和卫生部门规定。

（4）医院会计报表，以人民币"元"为金额单位，"元"以下填至"分"。

（5）医院向外提供的会计报表应依次编定页数，加具封面，装订成册，加盖公章。封面上应注明：医院名称、地址、报表所属年度、月份、送出日期等，并由医院法定代表人、总会计师（或代行总会计师职权的人员）和会计机构负责人签名或盖章。

第三节 医院预算编制

预算和预算编制的过程涉及到医院管理的各个方面，除了作为医院的经营计划，预算还在配置资源、确定工作流程瓶颈、进行沟通和授权等的协调运作、激励和指导具体实施过程、为控制活动提供指南、管理现金流量以及完善业绩评价的标准等方面起着重要作用。

一、预算的概念

预算（Budget）是指医院根据事业发展计划和任务编制的年度财务收支计划。它确定医院在预算期内为实现医院目标所需的资源和应进行的活动。预算包括计划活动的财务和非财务两个方面。一段时期的预算可以作为预算期间经营活动的指南和经营成果的目标。准备预算的过程叫做预算编制（Budgeting）。

编制预算的意义是使用预算有助于医院平稳运作并取得更好的成果。在编制预算时，医院的管理层应依据医院的发展目标预见医院的未来状况。预算编制可以使医院的管理者研究未来医院可能面临的各种问题，这样就可以使医院能够将未来的不确定因素可能对医院经营造成的负面影响降到最小。由于医院各部门想法各异，不可能对经营活动进行同样的计划，因此，编制包括医院内部所有单位的预算就需要对所有预算单位的经营活动进行协调，使不同部门的经营活动和谐发展。

预算有助于管理者找出经营中现存的和潜在的瓶颈，集中医院的关键性资源加以解决，防止它们成为医院实现预算目标的障碍。

预算是对于未来活动进行计划的正式表达形式，它可以作为医院内部沟通的工具。通过预算，医院的高层管理者可以将医院的计划和目标传达给各个有关部门。每个部门也可以由此确定需要做什么工作来履行对其他部门的责任。预算表明了在一定期间内医院对所有部门和所有人员的期望和要求。

预算也是一种激励机制。根据预算目标，医院员工可以了解医院希望他们怎么做，这会使员工有一个明确的目标，并不断地朝着这个目标努力。如果一个医院的预算在制订时有全部或大部分员工参与其中，那么这个预算就能够得到员工的认同，因此也就能起到激励员工去追求预算目标的作用。

在医院的经营过程中，预算可以提供一个参照框架。它可以指导经营活动，提供管理、控制活动的标准。

在经营期末，医院预算还可以作为业绩评价的标准。预算代表了在预算期间内对医院职员和部门行为结果的期望和要求，可以用它来评价医院各个部门的实际工作业绩。

二、预算的种类

预算可以根据不同的管理要求分为不同的种类：如资本预算（Capital Budget）、全面预算（Master Budget）、收入预算、支出预算、零基预算（Zero-base Budget）等。

1. 资本预算是医院长期项目如购置新设备、扩建或兼并医院、增加新的医疗服务项目的资金计划，它是一种对医院具有长远影响的主要支出计划。资本预算需根据医院的长期发展计划和市场预测所必需的医院经营能力来编制。

2. 医院全面预算是为预算期内医院的经营活动所作的，它为医院所有主要的经营活动设立目标，为财务资源的获得和使用做出预算期内各个部门的详细计划。

医院全面预算通过使用有限的资源来实现医院的既定目标，所以在使用资源时必须明确医院的经营方向，全面预算必须与医院的战略和长期计划设立的目标相一致。全面预算也有别于医院的长期计划，主要体现在以下两方面：全面预算是医院的短期经营预算，预算期通常是一年；长期计划则涵盖较长的期间，如3年到5年。另外，全面预算的核心主要是责任中心，而长期计划更多的是以战略经营单位、医疗服务项目、医院经营活动为对象。

在编制全面预算并选择已有的行动方案的过程中，医院近期（包括当年）的经营成果会对预算的编制和选择过程产生约束，近期的经营成果和预计未来的状况都会影响医院的战略目标和长期计划。

全面预算是医院及其所属部门对下一年度经营活动所作的预算和计划的全面综合的财务表述。经营预算（Operating Budgets）是明确医院所有的日常经营活动如医院行政管理，临床、医技科室提供医疗服务，医院后勤保障服务等需要多少资源以及如何获得这些资源的计划。财务预算（Financial Budgets）是确定经营活动所需资金的来源以及在预算期内如何将资金用于预算活动的计划。财务预算通常包括现金预算、营业收入预算和财务状况预算。所以，全面预算包括了医院下一经营年度所有的计划活动及经营、财务决策的结果。

3．收入预算　收入预算是指医院未来财政年度的收入计划。收入预算应当根据医院上年度实际收入水平，结合当年的业务计划及医疗收费标准调整情况来确定。收入预算包括医院的财政补助收入、上级补助收入、医疗收入、药品收入和医院其他收入。

医院收入预算需经主管部门审核并报财政部门核定。

4．支出预算　支出预算是指医院未来财政年度的支出计划。支出预算的编制应本着保证医疗业务正常运行、合理使用的原则，以计划年度事业发展计划、工作任务、人员编制、开支定额和标准、物价因素等为依据制订。

医疗支出预算的编制：

- 医院人员经费支出部分应根据医疗业务科室计划、年度平均职工人数、上年度人均支出水平、国家有关工资福利政策等计算编列。
- 公用经费支出部分，对公务费应以上年度人均实际支出水平为基础，按计划年度医疗业务科室平均职工人数、业务发展计划、经费开支定额计算。
- 业务费可在上年度实际开支的基础上，根据年度业务工作计划合理计算。
- 设备购置费根据计划年度固定资产购置计划，修购基金提取方法、比率计算编制。
- 修缮费可根据需要和财力可能编制。
- 药品支出预算的编制：药品销售成本应根据药品收入预算和上年度的药品综合加成率（或综合差价率）及药品价格政策等因素计算确定，其他项目编制方法与医疗支出基本相同。
- 财政专项支出预算的编制，应根据计划年度财政预计安排的专项补助，结合项目的完工程度编制。
- 其他支出预算的编制，参考上年度实际开支情况，考虑计划年度内可能发生的相关因素，正确预计编制。

为了确保预算的顺利完成，医院可以将预算分解成部门预算，并加强对各项支出的事前和事中控制，对支出预算执行情况进行分析，抓住关键问题，制订对策，降低医院成本，保证医院工作的顺利进行。

5. 零基预算（Zero-base Budgeting） 是一种要求医院预算制定者以零为基础编制预算的方法。零基预算的项目中包括管理者认为确实需要开展的活动和承担的职能。零基预算要求管理者和预算编制人员对所有的预算项目进行认真的研究和分析，确定与医院发展目标相适应的预算项目，并制订预算。这种预算方法有利于管理者发现已经失效的或只是浪费资源的活动和职能。用零基预算方法编制的预算常常是严谨、高效的。

好的预算方法应该遵循零基预算的基本观念。也就是说，医院应该周期性地复查医院的各项活动和职能。但编制零基预算费时费力，对医院来讲每年从零基水平复查各项活动和功能存在很多困难。医院可以采取零基预算与传统预算结合的方式，周期性地进行零基预算或每年在不同的部门或项目进行零基预算。如医院可以实施3年一次的零基预算，每年对不同的活动和职能进行核查。

三、预算的编制程序

在小医院，预算的编制可以简单随意到几天之内就能够完成。大医院的预算要复杂得多，通常需要几个月甚至超过一年的时间来完成。

预算编制程序包括成立预算编制委员会、确定预算期、明确预算原则、编制预算草案、预算协调、预算复议和审批、预算修正等环节。

1. 成立预算编制委员会 大多数医院在编制预算时都会成立预算委员会来管理有关预算事项。预算委员会由医院的高级管理人员组成。典型的预算委员会由医院院长、一个或多个副院长、医院主要业务科室的负责人、财务主管等人组成。委员会的大小取决于医院的规模、预算所涉及人数、预算过程中医院内部单位的参与程度及院长的管理风格等。在一些医院里，所有事项都由院长决定，根本没有预算委员会。

预算委员会的主要职责是设定和批准医院及主要部门的预算目标，解决预算编制过程中可能出现的冲突和分歧，批准最终的预算，在预算期开始后监控预算的实施并在预算期末评价医院经营效果。预算委员会还审批预算期内对预算的重大调整。

2. 确定预算期 预算的编制通常与医院的会计年度一致，以一年为一个预算期。许多医院编制季度和月度财务报表，所以也编制季度和月度预算。医院预算期与会计期的协调便于比较预算数与实际经营的成果。

3. 明确预算原则 医院预算委员会的职责之一就是确定预算原则来规范预算、管理预算编制过程。所有的预算单位在编制预算时都应遵循这一原则。

确定预算原则的起点是明确医院的战略目标。在确定预算原则时，预算委员会应当考虑以下因素：采用预算后医院可能发生的变化、医疗服务市场环境与市场前景、预算期内医院要实现的目标，以及迄今为止医院的经营业绩。

4. 编制预算草案 每个预算单位应该依据预算原则编制各自的预算草案。预算单位在编制预算草案时应考虑以下内部影响因素：

- 医院医疗仪器设备的变动；
- 新开展的医疗服务项目；
- 医院管理程序和现有医疗服务项目的变化；
- 新技术、新方法的引进；
- 与预算单位工作相关联的材料、药品、耗材的预期变化。

在编制预算草案时应考虑的外部因素：
- 医疗服务人才市场的变化；
- 医用材料、配件、维修、药品的可得性及它们的价格变化；
- 近期内医疗服务行业的动向；
- 竞争对手的行动。

5. 预算协调　上一级预算单位应该审查、协调预算草案，看它是否符合预算原则。上一级预算单位还应查看预算目标是否能够实现，是否与上一级预算单位的目标一致，其内容是否与其他预算单位的预算内容协调，这些单位包括直接或间接受本单位活动影响的单位。每个预算单位都应与上级单位共同商议预算草案中的变更。

6. 预算的复议与审批　预算单位通过了自己的预算之后，此项预算会沿着医院的组织层级送达到预算委员会，这些单位预算合并之后便形成了整个医院的预算。预算委员会评价并最后审批预算。预算委员会主要检查该预算是否符合预算原则、是否能达到短期的期望目标、是否符合医院的发展计划。

7. 预算调整　由于经营环境、政府政策、医疗服务市场变化等医院无法预测的事件不会像医院预计的那样进行，因此，当实际情况与医院的预期出现重大差异时，医院必须调整已经通过的预算，这样可以使医院在动态的经营环境中获益。

如何对医院已经通过的预算进行调整，各医院的做法有所不同。有些医院只允许在特殊的情况下调整预算；有些执行动态更新预算的医院是按季度或按月调整预算，动态更新的预算能够更好地指导医院的经营活动。

第四节　医院成本管理

医院的成本管理与成本控制是医疗机构经济管理的重要内容之一，医院实行成本核算可以有效地利用卫生资源，降低医疗服务成本，从而提高医院的社会效益和经济效益。医院的成本核算结果也是制订医院收费标准的重要依据。

一、医院成本的概念

1. 医疗服务成本　医疗服务成本是指医院在提供医疗服务的过程中所消耗的资源价值，医疗服务成本包括医院向患者提供医疗服务时所消耗的人工、材料、药品、服务、资产折旧、管理等。

2. 医疗服务成本内容　医院医疗服务成本费用分为直接费用和间接费用。

（1）直接费用：包括医院在开展业务活动中可以直接计入医疗支出或药品支出的费用，如医院临床、医技、药品科室开支的基本工资、补助工资、其他工资、职工福利费、社会保障费、公务费、业务费、卫生材料费、药品费、修缮费、购置费和其他费用。

辅助科室中能明确为医疗或药品服务的科室或班组的费用支出，如医院的营养食堂、洗衣房等的支出，基本上是为医疗业务服务的，可直接计入医疗支出。

提取修购基金应按固定资产使用部门分别计入医疗支出、药品支出。

（2）间接费用：即不能直接计入医疗支出或药品支出的管理费用，包括医院行政管理部门和后勤部门发生的各项支出，以及职工教育费、咨询诉讼费、坏账准备、科研费、报纸杂志费、租赁费、无形资产摊销、利息支出、银行手续费、汇兑损益等。

间接费用按医院临床、医技、药品科室的人员比例进行分摊，并按支出明细项目逐项进行分配。

二、医院成本核算

1. 建立医院成本核算的组织体系　要做好成本管理工作，医院应当首先建立健全医院、科室、班组三级成本核算组织体系。医院成立成本管理小组，成员由医院主管领导、各临床科室、财务科、总务科、设备科等组成，主要负责医院的成本管理和核算工作的组织、领导和落实。医院财务科（或医院经济核算办公室）应配备专职的成本核算人员，由专业会计人员担任，负责具体的成本核算工作。业务科室和后勤班组应配备兼职的成本核算员，负责基础资料的统计编报工作。

2. 完善医院成本核算的基础工作　医院的成本核算贯穿于医院医疗服务工作的全过程，涉及到医院内的所有部门和人员。必须做好与成本核算有关的各项基础工作，建立健全与成本核算有关的各项原始记录，保证成本核算原始资料真实、完整。

建立健全医院固定资产、消耗药品、材料、低值易耗品、制剂等各项财产物资的计量、计价、验收、领退、转移、报废、清查、盘点制度，并实行定额管理。对水、电、气消耗等做到设表计量管理；对工作人员实行定编、定岗、定员管理。

3. 确定医院成本核算对象　医院成本核算的对象包括医院总成本、科室成本、项目总成本和单位项目成本四个层次。医院成本核算的最终目标是实行医疗服务项目成本核算，在目前条件下，应先以科室成本核算开始，逐步向医疗服务项目成本核算过渡。

医院成本核算以科室为具体核算单位，根据医院的内部组织结构可以分为：各临床、医技科室、药剂科室、制剂室、血库、供氧中心、后勤服务科室等。

4. 成本费用的归集和分摊　成本费用归集是指根据医院各个成本核算中心原始资料提供的数据将费用直接计入有关的账户。由于在医疗服务活动中所发生的费用不能够一次计算完成，因而在归集这些费用时应做到及时、准确、完整。

成本费用的分摊就是通过一定的分摊方法将费用分配到各成本核算对象。

医院成本费用的归集和分摊应当遵循"直接费用直接计入成本，间接费用分配计入成本"的原则。

成本费用归集可以从以下层次进行：

①按照成本核算中心计算成本

各成本核算中心需要归集的直接成本包括人员经费、消耗的卫生材料费、低值易耗品、药品费等本中心直接消耗的成本。

成本费用的分摊：医院间接成本的分摊按照各个成本核算中心人员占医院总人员的百分比、使用房屋面积占医院总房屋面积的百分比等分摊系数从医院间接成本分摊到各个成本核算中心。

②按照医疗服务项目核算成本

按医疗服务项目核算成本是以医院提供的医疗服务项目为核算单位，归集该项目发生的费用计算成本的方法。

医疗服务项目包括医院提供的所有服务，如挂号服务、超声、心电、脑电、病理、内镜、注射、换药、理疗、同位素、各个化验检查项目、各放射诊断治疗项目、各手术项目等。

按医疗服务项目核算成本的具体方法与按照成本核算中心计算成本的方法相似,只是两者的核算单位不同。

5. 医院成本计算的方法　医院成本的计算方法:建立医院各个成本核算中心或成本核算项目的成本核算明细账,将各个成本核算中心或成本核算项目发生的直接成本费用计入各自的明细账内,间接费用计入待摊成本明细账内,期末根据医院间接费用分配表将间接费用分摊到各个成本核算中心或成本核算项目的相关明细账内,并结出各成本核算中心或成本核算项目的总成本。

医院成本计算的公式为:

直接成本 + 分摊的间接成本 = 总成本

三、成本分析

成本分析是医院成本管理工作的一项重要内容,它是利用成本核算及其相关资料,研究医院成本的形成和变动情况,寻求降低医疗服务成本途径的一种成本管理活动。进行成本分析的目的主要是及时发现医院超成本计划的原因,控制成本的不合理变动,降低医疗服务成本,从而提高医院的社会效益和经济效益。

成本分析的主要方法有比较分析法、标准成本分析法和本量利分析法等。

1. 比较分析法　是将医院的成本费用情况与相关的数值进行比较,以确定医院成本管理方面存在的问题。如可以将医院的成本费用情况与其他医院的成本进行比较,将医院的成本计划与实际发生的成本进行对比,或将医院本期发生的成本与上期成本进行对比等。

2. 标准成本分析法　是根据同行业中相关的服务项目标准成本为基础,将医院实际发生的成本与其比较,以揭示医院成本与标准成本的差异,找出成本管理中的问题加以改进。

3. 本量利分析法　是在医院既定的成本水平和结构条件下,找出医疗服务工作量、医疗服务成本和医院收益三者的最佳平衡点,使医院以较少的成本支出获得较大的收益。

医院的成本分析结果可以为医院的医疗资源分配和投资效益分析等经营决策提供依据,也可以作为医院管理者评价医院营运绩效及控制成本的依据。

四、成本控制

成本控制对医院的经营非常重要。医院可以通过以下方法控制医疗服务成本。

1. 提高医院工作效率,取消不必要的医疗服务环节,或优化医疗服务流程来降低医疗服务成本。

2. 对医院发生的医疗成本数据进行动态监控,将各项医疗服务成本控制在预定范围内,如发现成本超出医院预定的范围,应立刻通知该部门的主管,促使其分析原因并采取有效措施加以控制。

3. 利用医院计算机信息系统实现医院服务成本的实时动态管理。

第五节　医院内部控制

自从 20 世纪初期开始,医院的发展及成长非常迅速,医院的经营也随之大为改变,医院管理者在监控医院财务运行方面必须依靠现代化的管理手段和监控机制进行管理。医院的内部控制就是保证医院经营正常开展的措施之一。

医院建立完善的内部控制机制能够有效地保护医院资产，提高经营效力，核对会计资料的正确及可靠性，鼓励各医院员工遵守各种规则。医院院长可以利用完善的内部控制来管理医院，使医院降低经营成本，防止和发现医院经营过程中出现的错误或舞弊行为，提高医院的经营管理水平。

一、医院内部控制的概念

1. 医院内部控制的概念　医院内部控制是指医院在内部工作岗位、职能设置上互相牵制，通过责任的分工、账钱物分管、审批手续、复核制度等形成的管理制度或规范。内部控制是任何组织管理系统中不可缺少的组织部分，其目的在于查错防弊，以保证组织机构的财产安全和会计资料的正确。随着科学管理方法的日益完善，内部牵制的范围逐渐从财务方面扩展到管理的各个方面。

医院的内部控制制度可以分为两类：一类是针对医院财务会计的内部控制制度；另一类是医院内部管理的控制制度，或称为行政内部控制制度。医院财务会计的内部控制制度是保护医院财产安全、保证医院财务记录完整、可靠的组织保障。

2. 医院内部控制的原则　美国医院会计协会曾订立了下列内部控制的原则：

（1）医院应采用最经济的方法，制定财务会计手续，使每位职员的日常工作自动地被他人复检。

（2）每经过一段时间，医院必须作抽样盘点或实地盘存，以证明各种记录确实无误。

（3）尽量添置各种安全设施，使医院的财产不易被移动偷走。

（4）医院应指派出纳（收付款）以外的人员查对每月的银行存款。

（5）直接或间接负责管理现款的人员，应有适当的方法来管制。

（6）所有的手续，无论对会计、医院工作人员以及患者，皆应简便明了。

（7）医院应有适当的组织计划，适当的财务审批制度和记录手续，以及适当人数的优秀工作人员。

（8）绝对不能让单独一人或单独一个部门，从头到尾地处理任何一件过账手续。假使有两人以上参与过账手续，则伪造文书或携款潜逃的机会就可减少。相反地，假使单独一人从头到尾处理记账手续，则记账的错误或伪造文书的行为就更难以防止或被发现了。

3. 建立医院内部控制制度的意义　大量的实践经验证明，医院提供的财会信息的真实、完整与否，与医院是否存在良好的内部控制系统关系极为密切。如果医院的内部控制系统比较健全且有效，则医院的经济活动及其信息资料可靠程度就高，发生错误的情况就少。

二、对医院内部控制的评价

对医院内部控制进行评价就是对医院内部控制系统是否健全、有效进行审查。医院内部控制评价的内容主要有以下几个方面。

1. 评价医院内部控制系统的健全性　通过对医院内部控制系统的调查和描述，来测试医院内部控制的控制环节和措施是否健全。调查内容包括内部控制环境、会计制度和控制程序。调查所用的方法主要是查阅被审计单位有关的规章制度，组织机构系统图，审阅以前的审计档案，与有关人员座谈、询问及实地观察等。对医院内部控制系统健全性的评价主要是评价医院内部控制应有的控制环节是否设置齐全，在内部控制系统的关键点上是否建立了有效的内部控制措施,医院内部控制系统是否还存在薄弱环节。

2. 对医院内部控制系统的合理性评价　对医院内部控制系统合理性的评价主要是分析内部控制系统的布局是否合理,有无多余的和不必要的控制,控制职能是否划分清楚,人员间的分工和牵制是否恰当,成本和效率是否匹配等。

三、医院专项审计

1. 医院现金的审计　医院现金审计是指对医院库存现金、银行存款、外币、挂号处、收费处、住院处等资金的审查监督。医院现金审计的主要目的是证实医院现金余额的真实存在性、完整性,有无虚列和故意漏记,证实现金收、付业务的合法性,业务计算和账务处理的正确性,是否按医院会计制度规定正确计入相应账户中。

2. 医院库存物资审计　库存物资是指医院为开展业务活动而储存的资产,包括材料、燃料、包装物和低值易耗品等。库存物资是医院流动资产的重要组成部分。审查医院库存物资的目的,主要是确认库存物资的真实存在性、完整性,有无虚列和漏列库存物资,医院财务报表反映的库存物资情况是否完整、准确,查实库存物资计价、分类和账务处理是否正确。

医院库存物资审计的内容主要包括:查阅医院关于物资采购、保管、领用等方面的规章制度,实地考察采购部门、仓库及财会部门的库存物资管理流程,了解内控制度的建立和执行情况。

3. 医院药品审计　对医院药品的审计主要是查阅医院的药品管理制度,医院药剂科、住院处、收费处、财务科有关药品进、销、存的管理流程及核算控制环节,并进行实地观察,对药品内控制度的健全性、有效性进行客观评价,分析薄弱环节,提出改进工作建议。

4. 医院固定资产审计　审计医院固定资产主要是证实医院固定资产的真实存在性、完整性,审查固定资产的实际数量与价值,防止虚挂账或遗漏,确定固定资产所有权的归属,剔除无产权的固定资产,核实医院固定资产分类、计价、修购基金提取及账务处理的正确性。

医院固定资产的审计内容主要包括审阅医院固定资产管理制度、固定资产盘点表及有关文件,实地观察、了解医院内部固定资产的管理情况,核实医院固定资产的真实存在性和完整性。

5. 医院业务收入审计　医院业务收入审计是对医院提供医疗服务过程中收取费用的真实性、合法性、合理性进行审查。

审查的内容包括医院有关的规章制度、医院业务收入流程及主要控制环节,实地观察制度落实和环节控制情况,评价医院业务收入内部控制系统的健全性、有效性。

6. 医院业务支出审计　医院业务支出审计是对医院支出的管理制度、手续、开支标准和范围,资金渠道的划分和资金使用效果等进行审计,以判断支出管理的真实性、合法性、效益性。

医院业务支出审计内容主要有查阅医院有关业务支出的规章制度,询问财务科有关人员,了解医院业务支出的流程、主要控制环节和授权情况,并考察制度落实情况,评价内部控制系统的健全性、有效性。

7. 医院往来业务审计　医院在医疗服务的经济活动中,需要和患者、药品供应商、协作单位等不同对象形成债权、债务关系。医院往来业务主要包括医院的应收、应付账款,审查往来业务的目的是要确认这些债权、债务的真实存在性，确认往来账项金额的准确性和账务处理的正确性。

医院往来业务审计的主要内容有查阅医院有关规章制度、医院账务，检查医院对往来业务财务核算的内部控制系统是否健全和有效。

（周子君）

第十章　医院信息管理

教学内容与教学目标

教学内容
1. 医院信息及其管理的概念、内容、方法。
2. 医院信息系统的概念及组成。
3. 医院计算机信息网络的相关知识。
4. 医院信息系统及其主要子系统。
5. 医院信息系统标准、安全。

　　　　＊　　　　　　＊　　　　　　＊　　　　　　＊

教学目标
1. 掌握医院信息及其管理的相关概念。
2. 掌握医院信息系统的主要子系统及其包含的功能。
3. 熟悉医院信息系统采用的标准。
4. 了解医院计算机信息网络的相关知识。
5. 了解医院信息系统安全防范措施与方法。
6. 了解医院信息系统的结构,开发过程的主要内容及其要求。

医院的信息管理过程,实质上就是对患者医疗服务信息和医院运行信息的收集、整理、分析和决策过程。其目的是全面提高医院医疗服务质量和管理水平,控制医疗服务成本,提高医院效率,增加医院效益,更好地为患者服务。随着计算机技术和通信技术的不断发展,计算机信息管理已经在医院的医疗、教学、科研和管理的各个方面发挥着越来越重要的作用。

第一节　医院的信息管理

一、信息的概念与作用

信息是指人和事物本身或在其运动过程中发出的消息、情报、指令、数据和信号的表现内容。信息被称为当代社会的三大资源之一。信息及其信息管理技术的发展已经日益深刻地影响到社会的发展和人们的日常生活。

信息化主要是指以计算机与通讯技术为核心来产生、获取、处理和利用信息。信息系统的两大支柱是计算机技术和通信技术。

医院管理信息是信息系统的重要组成部分。管理信息主要指与医院日常运行相关的工作量、人员物资、财务等信息。这些信息不是数据与资料的自然反映，而是经过加工整理的、对医院经营活动有影响的数据和资料。像医院中的规划，计划指标，文件，服务项目，医生、护士工作效率，设备使用效率，医疗服务质量，医疗差错，规章制度等，这些信息可以直接用于医院管理决策。

信息是制定规划、计划和进行经济决策的重要依据。只有及时、准确地掌握足够数量的信息，才能制定切实可行的计划和合理的目标，选择正确的决策。一所医院如果不重视信息的作用，或者信息反馈不灵，信息实效性差，将会严重影响医院的发展。无论医院的宏观管理信息，还是微观管理信息，都能帮助加快医院物资、材料、资金的周转速度，提高资源利用率，降低消耗，减少差错，节约管理费用，并带来巨大的经济和社会效益。

二、医院信息及其特点

医院是一个复杂的服务系统，其产生的信息不但数量大，而且复杂。根据管理的需要，可以将医院的各种信息分为临床医疗信息和管理信息两类。

（一）医疗信息

医疗信息是指医护人员在对患者进行诊断、治疗时，采集的与患者治疗相关的医学信息。这些信息包括：与患者治疗有关的个人信息，病情发生、发展、变化的信息，患者病史，体检所见，检查化验报告，医学影像报告，临床治疗方案，医嘱，用药，手术等。

医疗信息具有以下特点：①信息的类型多：医疗信息不仅包括患者与疾病有关的信息，还涉及其社会、家庭等方面的信息。②信息获取困难：医疗信息能够直接获得的很少，往往要结合医务人员自身的知识和经验进行收集，如患者的疾病家族史、遗传史，患者的药物过敏史，很多信息需要医务人员耐心询问才能得到。③信息模糊、不精确：患者的医疗信息多数是由语言表述的，因此有较强的主观性，如不同患者在描述相同症状时可能会有不同的表述。有些症状由于患者的感受，生活背景不同，会影响到信息的描述，如疼痛的性质、程度。此外，医务人员自身的技术和经验也会影响到对信息的判断，不同的医生可能会对同一检查结果做出不同的结论。④时效性强：医疗信息有较强的时效性，由于患者的病情和症状随时都在变化，因此，临床总是需要最新的医疗信息。⑤医疗信息收集要有连续性：患者病情的发展变化是一个连续的过程，医务人员必须连续记录病情的变化，才能有针对性地制定诊疗方案。

（二）管理信息

1. 管理信息的作用　信息是医院管理的基础要素；信息是医院工作计划和决策的依据；信息是对工作过程进行监督和控制的有效工具；信息交流是协调医院各部门运作的纽带。

2. 医院管理信息分类体系　医院管理信息可以分为：医院决策辅助信息；医疗管理信息；护理管理信息；科教管理信息；药品管理信息；器械设备管理信息；物资材料管理信息；环境卫生管理信息；情报资料管理信息；财会管理信息；医院经营管理信息；人事工资管理信息等。

三、医院的信息流与物流

在医院这个大系统的经营管理中，自始至终存在着信息流和物流。所谓医院的物流，就是物资在系统内进行物理的形态变化和生物化学变化的运动过程，它表现为设备、材料等物资的投入（输入）到服务产出（输出）的全过程。

所谓信息流,就是随着物资的投入、使用、消耗,产生的相应数据、信号、指令、情报等信息在医院的各个服务环节和部门之间的传递。

信息流和物流是互为联系、互为条件的。物流是产生信息流的基础,信息流作用并影响物流。物流是医院内最主要的也是最基本的运动过程。医院管理的各种职能,各部门、各服务环节的工作,都是为了保证和促进物流以尽快的速度流动。加快物资流动,尽量减少各种物资的储备时间,努力把物资的非生产性流动时间压缩到最低限度,在保证医疗服务正常进行的情况下,使物流量减少到最低限度。加快物资流动,可以加速资金周转,提高劳动生产率,降低成本,增加利润,获得好的经济效益。所以说,物流的快慢与医院经营管理工作中是否掌握医疗服务规律,进行有效的组织、计划、控制有关,并与信息流的质量和数量有着直接的关系。

信息流起着规划、调节物流的数量、方向、速度的作用,使物流有规则地运动,并尽快达到预定的目标。信息流要促进物流的运行,必须在经营管理中,起到应有的主导作用。信息管理的水平和质量较高,物流在畅通的基础上就不断加快。所以说,要保证物流的正常运动,就必须保证信息流的畅通。要保证物流的不断加快,就必须不断提高信息流的质量。

信息流最显著的特点是双向性和滞后性。信息流的双向性是指信息流存在信息反馈,即输入信息到达了信息输出端后,再返回到输入端。这种反馈信息影响和改变着下一次信息输入的内容或数量。

信息的管理过程就是信息经过输入、转换、输出、反馈,然后进行再一次更高一级的输入的循环过程。一般将这样每一次循环过程的延续时间,称为管理周期。管理周期的长短,反映了医院管理形式和管理水平以及管理工作的效率。没有信息反馈,就不存在管理,要提高管理水平,必须加速信息反馈。合理的决策依靠正确的反馈信息。正确地掌握医院信息流的双向性,进行信息反馈,才能做出及时、合理的决策。

信息的滞后性:理想的信息流与物流应该同步,但在实际工作中,信息流总是滞后于物流。产生信息滞后的原因,一是信息流产生于物流之后;二是信息反馈、分析、整理和决策制订都需要有一定的过程,占用一定的时间。在现代计算机管理的方式下,信息处理的效率极大地提高,信息处理需要的时间缩短,而采用传统方式进行管理,信息处理的效率明显要低。不管那种管理方式,这一过程都需要一定时间。因此信息流在时间和空间上比物流有一定的滞后,而不能保持实时。

信息流这种滞后性越大,说明管理越落后。由事后管理向实时管理,再做到事前预测,必须采用现代化的管理方法和手段,使医院管理工作条理化、规范化。只有这样,才能不断加快信息流,逐步使信息流与物流接近。

四、医院的信息处理

(一) 医院信息处理的内容

医院管理信息处理包括原始数据的收集、加工整理、传输、存贮、更新、检索、输出等一系列过程。原始数据的收集是医院管理信息处理重要的一步,也是医院信息收集的基础。

1. 原始数据收集　原始数据收集得完整、真实、及时将会提高信息的质量。医院原始数据收集存在于医院的各个医疗、管理部门和工作环节,如门诊药房的药剂师要为处方划价,为患者配药和发药;门诊收费处则要完成划价收费业务,将各种处方、化验、检查单上的患者信息和费用信息录入计算机系统。病房的医生要定期为住院患者开出医嘱,护士要不断地整理医嘱、摆药单、领药单、注射单、治疗单、化验检查单等，并执行这些医嘱。人事处要为医院职工办理工资的调整与变动。总务处要负责医院各部门的物资、材料、办公用品、低值易耗品的供应、采购和发放。在医院的各个工作环节都会产生大量的信息，因此信息收集过程应当与医院日常的医疗、管理工作有机地结合起来。信息的收集过程可以是人工数据输入，也可以是仪器设备的自动录入，前者是工作人员利用计算机等信息管理工具将信息人工输入信息系统，后者是指一些自动化的仪器设备直接将产生的电子数据输入到信息系统。数据收集之后需要对其进行分类，检错，以避免出现错误数据。数据收集必须建立一套规章制度，这样有助于提高收集数据的质量。

2. 信息的加工整理　　包括对数据的处理，如分类、比较、合并和核对，也包括对数据的统计分析。医院管理信息根据管理目标的不同对数据进行加工整理和统计分析。如医院的医务处要进行全院的医疗动态监管、控制，医疗质量检查。人事处负责全院人力资源的配置与调整，考勤考核，人员工资。护理部负责全院护理工作的组织实施，护理质量的管理，护理人员的管理等。随着这些管理级工作的日趋科学化，管理科室会越来越多地依赖于从基层收集上来的基本数据进行汇总、统计与分析，用以制定工作计划，评价各临床科室、管理部门及个人的工作情况。科室级的信息系统要能够定期自动地从基层科室收集数据，按照需要，及时进行各种加工处理，产生出能够支持管理科室日常工作的分类统计报表和报告。例如，能生成来自住院处的患者的汇总信息，汇总收费处患者的交费信息、病案室的有关住院患者的诊断、手术等临床数据，定期的产生住院患者的动态报告，床位使用情况报告和单病种分析报告。

3. 信息传输　　又称信息传递。医院通过信息传递，形成医院的信息流。医院信息流是伴随着各式各样业务处理过程发生的，这些业务处理可能是医院人、财、物的行政管理业务，也可能是有关门、急诊患者，住院患者的医疗事务。这些信息的传递使得医院各部门、各环节形成一个有机的信息交换整体。医院内部信息有条不紊地流动，是依靠数据发送方和数据接收方的协调一致完成的。医院正常的经营管理活动也是靠医院各个部门之间的信息传递来维持的。由于医院工作的重要性，医院信息系统一旦开始运行，就必须保证其7天24小时不间断运行。

4. 信息的存储与更新　　信息经过处理以后，不管是即时使用还是以后使用，都要进行保存。对于动态更新的数据也要及时进行存储，并更新数据库中的相关数据。

5. 信息的检索　　由于存储的信息数量庞大而复杂，查找起来非常困难，因此信息查询必须有一套专门的数据搜寻手段和方法，即信息的检索，以加快信息的查找速度。

6. 信息的输出　　在医院医疗及管理过程中产生的大量数据经过分析整理后，将形成各种各样的计划、统计报表、技术文件等，这些信息按照管理工作的要求，提供给相关的职能部门和管理人员、工作人员。

(二) 医院管理信息的要求

由于现代化医院的规模大，分工细，服务过程复杂，自动化水平高，加之信息贯穿于医院医疗、服务管理的全过程，所以，信息管理必须达到及时、准确、适用、经济、合理、高质量的要求。

1. 信息必须及时　　医院管理信息必须及时，对于瞬间即逝或因某种原因未能捕获的信息要记录在案，同时，信息的加工、检索、传递也应做到及时、准确，使信息能及时提供给有关部门。

2. 信息必须准确　　虚假和错误的信息会造成医疗诊断、治疗的错误，对患者造成伤害，也可能造成决策的失误，它比无信息产生的影响更糟。同一个信息，要有统一性，要确保信息必须准确。

3. 信息必须适用　　现代医院里，每日产生的信息数量巨大。因此各职能部门、管理部门必须按照自己工作所需要的信息范围、内容和精确度，向信息管理部门提出要求，并取得与工作相关的信息。

4. 信息必须经济　　现代医院规模大、人员多、工作流程复杂，对计划使用的信息处理方法和技术手段要进行技术可行性分析和成本效益分析，以采取经济效益最好的方案收集和管理信息。

5. 信息必须合理　　现代管理对于信息的依赖程度越来越大，对信息输入、获取方式的要求也日益提高，因此信息要考虑其输入、获取在时间、空间和经济上的合理性。

6. 信息必须是高质量的　　现代信息管理技术日趋复杂，要求数据在收集、传输、存储、输出等环节都必须做到准确、及时、无误。

医院管理信息的及时性、准确性、适用性、经济性、合理性与高质量是统一的，不宜单独强调某一点或某几点。

(三) 信息处理的方式

在医院管理中，进行信息处理一般有手工处理和计算机处理两种方式。

1. 手工处理方式　　就是在信息处理的过程中，主要依靠人来收集、整理、分析、存储信息，编制报表、文件。

2. 计算机处理方式　　是利用计算机进行数据的收集和处理，计算机在处理信息的过程中，大量采用各种统计分析方法和数学模型，使得信息处理的速度大大加快，解决了许多传统手工处理方式无法解决的问题，极大地加快了管理决策的速度和准确性。

(四) 计算机应用于信息管理的发展阶段

由于计算机技术的不断发展，计算机在信息管理中的作用也在扩大和深入，计算机应用于信息管理领域大体上经历了以下几个发展阶段。

1. 计算机单机数据处理阶段　　这是计算机应用于信息管理的初级阶段，它对应于计算机发展过程中的个人计算机应用阶段。在这一阶段，计算机主要用于人员管理、职工考勤、工资发放、编制计划、制作统计报表、财务记账等，这个阶段的信息管理只是发挥了计算机的基本功能，其主要工作就是进行数据分类、整理、加工，即数据的处理。在这个阶段，计算机只是局部地代替了人的手工劳动，使用计算机的优越性还不太明显，但为计算机的进一步使用打下了良好的基础。

2. 小型网络综合数据处理阶段　　在此阶段，计算机已用于组成简单的管理系统，并具有一定的反馈功能。网络由多个终端设备通过网线与一台主机相联接，构成了一个联机系统。它可以把一定范围内的单位联接起来，并汇集、交换信息，从而使一台计算机经过运算处理后输出的数据可实时传送到使用场所。这不仅使计算机的使用效率大为提高，而且也推动了医院管理向实时、集中的网络发展。

3. 信息管理系统阶段　　它对应于计算机本身发展阶段中的多服务器网络阶段，即医院管理从日常工作的计划、管理到患者临床诊疗信息的管理全面地使用计算机，计算机在医院内部形成医院管理信息系统，涵盖了医院的主要管理职能和主要管理工作。但它还不是一个完全的医院信息系统，而是由计算机收集信息、整理分析信息和为医院管理决策提供建议。

这个阶段的一个重要特点，就是大型数据库的出现和应用，它能够有效地提高数据的共享，不但简化了信息输入的工作量，而且也保证了医院各个管理系统使用数据的一致性。

五、计算机信息管理技术对医院医疗服务工作的影响

由于计算机在信息收集、整理、查询方面所具有的特殊优势，医院信息的日常收集、管理工作已广泛地由医院信息系统承担。计算机通讯技术在医院的应用不但可以解脱和替代大量的人工处理信息，而且极大地提高了信息处理效率，改善了医疗服务质量，随着医院规模的日益扩大、工作日益复杂，医院信息系统的作用和优势日渐显著。与传统方式相比，计算机系统在医院管理方面有以下优势：

1. 有效地提高效率，改善医院的医疗服务　借助计算机信息管理系统，医院的各类工作人员可以把以往需要人工抄录、书写、统计等费时的工作交由计算机处理，而专心于患者的医疗服务，这样不仅可以节省工作人员在这方面的时间，还可减少往返奔波，有效地提高了工作人员的生产效率，缩短了患者的住院时间，从而提高了医院的经营效益。

2. 改善医院内部的信息传输　医院内日常事务处理，通过计算机网络系统的辅助，可以极大地提高处理效率，各种数据在产生或变动时，可以存储于计算机系统之中，方便其他部门和人员查询。信息存储于计算机系统不会造成遗漏、延时或误解，各部门利用终端互相通信及查询数据既迅速又准确，还可避免无谓的人力、物力浪费。

3. 实时监控、掌握医院的运行状况　医院计算机系统可以实时地处理医院产生的各种数据，对于医院日常运行中出现的问题可以随时掌握，通过信息系统的统计分析功能，找出问题的根源，制定有针对性的处理方案或决策提供给医院管理者参考。

4. 增进医疗资源的有效利用　诊所、社区医院通过与中、大型医院的计算机联网，可以随时了解它们的病床和设备使用状况，从而充分利用中、大医院的剩余医疗诊断、治疗资源，方便患者的医疗，提高医疗质量。同时也可以扩大医院间的合作与交流，增进医疗资源与信息的共享，全面提高医院的医疗服务质量。

第二节　医院信息系统相关知识

一、医院信息系统概念及其构成

（一）医院信息系统概念

医院信息系统（Hospital Information System，HIS）是指利用计算机及其网络通讯技术，为患者提供诊疗和行政管理信息的收集、整理分析、存储、交换、信息提取等满足用户需求的系统。

（二）医院信息系统的组成

医院信息系统是由医院管理信息系统（Hospital Management Information System，HMIS）、临床信息系统（Clinical Information System，CIS）、办公管理系统（Office Administration，OA），以及其他相关子系统组成的。

1. 医院管理信息系统　主要功能是辅助医院的行政管理，减轻管理人员的劳动强度，协助高层领导决策，提高医院的工作效率。医院管理信息系统包括门诊预约、挂号、门/急诊患者信息管理、住院患者及床位信息管理、计价/收费、药库/药房信息管理、病案信息管

理、医院信息统计、人事/工资管理、财务管理、科室成本管理、医院固定资产及设备管理、医院后勤及物流管理、信息综合查询及决策支持等功能。

2. **临床信息系统**（Clinical Information System，CIS） 主要功能是满足医院医护人员对临床医疗服务工作的需求，收集和处理患者的临床医疗信息，提供临床咨询、辅助诊疗、辅助临床决策，提高医护人员的工作效率。临床信息系统包括门诊医生工作站、住院患者医嘱处理、护理信息管理、多媒体智能化的电子病历、患者生命指征监护、手术室监控、临床实验室检查报告、医学影像诊断报告处理、功能检查信息管理、病理图片及报告、血库管理、营养配餐管理、临床用药咨询等内容。

3. **办公管理系统**（Office Administration，OA） 是指借助计算机和网络通信技术来处理医院的日常事务，其核心在于为医务管理人员办公提供先进的信息处理和信息传输手段，以及完备的信息管理手段。

4. **其他相关的子系统** 还包括：远程医疗、远程教学服务、科研/教学支持、档案管理、医学相关信息查询等，这些子系统需要高效、安全的信息交换通道，支持图形、图像、语音信息。由于这些系统涉及对外连接，因此对系统的安全性要求较高。此外，医院信息系统还应包括医院信息系统的支持与维护系统，如数据备份、数据恢复、数据库管理、用户管理、系统安全管理、系统日常维护等。

由于医院及其工作性质的特殊性，因此医院信息系统必须满足如下要求：
- 能够及时、准确地收集、整理和存储医院的全部数据；
- 满足医院临床医疗和管理的各项要求；
- 具有与医院规模及工作量相适应的计算机信息系统硬件和软件；
- 7天24小时快速信息处理能力；
- 信息系统应具有较高的安全性、可扩充性；
- 友善的用户界面。

二、医院信息系统网络结构及其硬件、软件组成

（一）计算机网络及其分类

1. **计算机网络** 计算机网络是指由计算机和通信系统组成的，具有独立功能的多个计算机应用模块或系统，通过通讯设备和线路相互连接，实现不同地点数据信息传输和网络资源共享的系统。

2. **计算机网络分类** 按照其通信范围、网络拓扑结构、信息传输介质带宽、信息交换方式等特点可以分为以下几类。
- 按网络通信范围可以分为广域网、城域网和局域网；
- 按网络拓扑结构可分为星形网、树形网、环形网和总线网；
- 按信息传输介质带宽可以分为基带网络和宽带网络；
- 按信息交换方式可以分为线路交换网络、分组交换网络及综合交换网络；
- 按网络传输介质可以分为双绞线网、同轴电缆网、光纤网、无线网和卫星网等；
- 按使用目标分类可以分为专用网络和公共网络。

计算机通讯网络较为常见的分类是以网络通信范围来划分的，即分为局域网、城域网和广域网。

（1）局域网（Local Area Network，LAN）：局域网是一种在小区域范围内（如几个相邻的

建筑物、校园、医院）使用的、由多个计算机、终端与外部设备互连组成的网络。局域网可以进一步按照其采用的技术、应用范围和协议标准的不同分为三类：局域网（LAN）、高速局域网（HSLN）和计算机交换分机（CBX）。医院信息系统大多采用局域网技术，局域网的信息传输距离相对较近，为1~4公里。

（2）城域网（Metropolitan Area Network，MAN）：城域网顾名思义是指在一个城市范围内建立并进行信息通讯的网络。城域网是介于广域网与局域网之间的一种大范围的高速网络。城域网的主要目的是满足几十公里范围内的企事业单位、学校、医院、机关、公司等计算机联网要求，实现多用户、多种数据信息传输的综合信息网络。城域网多采用IEEE802.6协议标准与技术规范。城域网的作用范围在WAN和LAN之间，其运行方式与LAN相似，但距离可以到5~50公里。

（3）广域网（Wide Area Network，WAN）：广域网也称远程网。它所覆盖的距离范围从几十公里到几千公里，可以满足城市之间、国家之间的信息交换。广域网主要使用分组交换技术，利用电信部门提供的公用分组交换网、微波通信网、卫星通信网等网络将分布在不同地区的计算机信息系统互连起来，达到资源共享。

（二）医院信息网络结构

医院信息系统采用的技术绝大多数都为局域网技术，因此，医院信息系统的组成在很大程度上与局域网相同。

医院信息网络是由两个以上的计算机通过高速连接而形成的在医院范围内的计算机网络。其运行速度可以达到10MB/s、100MB/s，甚至1000MB/s。决定医院信息网络性能的主要技术因素有：网络拓扑结构、网络传输介质与介质访问控制方法。

医院信息网络在设计上，主要考虑的因素是能够在医院范围内更好地满足医院医疗服务及其管理工作的需要，如医院管理信息交换、患者诊疗信息（医嘱、检查化验结果、医学影像资料、声音资料）传递、信息资料的安全性以及如何降低医院信息网络的维护成本。

医院信息系统的通信方式主要有主机－终端方式、客户端－服务器方式等。在主机－终端方式下，主机查询终端的每个输入信息在主机上进行处理，在终端上显示。客户端－服务器应用是现代局域网的又一个重要应用方面。目前主要用于数据库系统中。客户程序在工作站中运行，它申请使用网络服务器中SQL数据库中的信息，服务器响应这些请求，并回送信息。

医院信息网络的拓扑结构

拓扑（Topology）是几何学的一个分支，是一种研究与大小、形状无关的线和面的方法。医院信息网络的拓扑结构是指医院信息网络中的线路和结点的几何排列，反映网络的整体结构及各功能模块间的组合关系。医院信息网络一般有五种基本的网络拓扑结构，即星形、树形、环形、分布式及总线型结构。医院信息网络常用的主要有三种拓扑结构——总线形、环形和星形。

（1）总线型拓扑结构：总线型拓扑结构是将网络中的各个节点和一根总线相连，网络中的所有节点都通过总线进行信息交换。任何一个节点发出的信号都沿着传输线路传送，而且能被所有节点接收。总线拓扑结构的优点是：总线结构简单灵活，扩充性好，可靠性高，节点间响应速度快，所用通信线的长度少；缺点是：通信线路的总线长度不能太长，出现故障诊断较为困难。

（2）环形拓扑结构：环形拓扑结构中的各个节点是通过一条首尾相连的通信线路连接起

来形成一个闭合的环形结构，网络中的信息沿着固定的方向单向流动。环形拓扑结构的优点是通信线路短，增加或减少工作站时仅需要简单的连接；缺点是一个节点的故障会引起全网的故障，检测故障困难。

(3) 星形拓扑结构：星形拓扑结构是将各个工作站以星形方式连接起来，网络中有一个中心节点，其他节点设备都以中心节点为中心进行连接。当网络中的任意两个节点进行通信时，发送节点都必须先将数据发向中心节点，然后由中心节点转发至接收节点。星形拓扑结构的优点是控制简单，网络故障容易发现；缺点是网络的可靠性差，中心节点的负荷较大，所需通信线路较长且安装复杂。

(三) 医院信息网络的硬件组成

医院信息网络是由计算机、通讯设备和网络的硬件、软件以及通信协议标准组成。构成医院信息系统的网络硬件设备包括：服务器、工作站、网络适配器、中继器、终端、网桥、路由器、网关等硬件设备。

医院信息网络常用的网络硬件设备包括：服务器、工作站、终端、网络适配器、中继器、网桥、路由器、网关以及连接网络设备的传输介质。

1. 网络服务器（Server） 网络服务器在医院信息网络中承担着核心作用，它负责整个网络的信息储存、调取、查询、管理、通讯等项工作。根据服务器在医院信息网络中承担的具体任务可以将其分为文件服务器、通信服务器和数据库服务器等。这些服务器功能可以由一台计算机完成，也可由多台计算机完成。

2. 工作站（Workstation） 工作站是连接在医院信息网络上供用户使用的微型计算机，工作站通过网卡和传输介质连接网络服务器。每个工作站都有自己独立的操作系统和相应的网络软件。工作站分为有盘工作站和无盘工作站。有盘工作站是指承担工作站任务的微机上装有软盘驱动器或硬盘。无盘工作站则不带任何软盘驱动器或硬盘，它是靠安装在网卡上的远程复位 EPROM 芯片完成与服务器连接的。

3. 网络适配器（Network Adapter） 网络适配器也称网卡，它是计算机连接网络的必须设备。网络适配器在 PC 机上使用的主要有 PCI 总线和 ISA 总线两种，现在计算机使用的绝大多数为采用 PCI 总线的网络适配器。网络适配器根据其数据传输数据可以有 10MB、100MB 或 10MB/100MB 自适应几种类型。

4. 集线器（HUB） 集线器是一个信号转发的设备，是一种特殊的中继器，可以用作网络传输介质间的节点连接。多个计算机用户可以通过集线器端口连接到医院信息网络。集线器通常具有 4 个以上的连接端口，每个端口相互独立，一个端口的故障不会影响其他端口的连接。

5. 中继器（Repeater） 中继器的主要功能是延长网络传输距离。在对网络进行规划时，如果网段已超过规定的最大距离，就要用中继器来延伸，一个中继器可以连接两个以上的网段。中继器只起信号放大作用，用来增大信号在介质上的传输距离。

6. 网桥（Network Bridge） 网桥是一种存储转发设备，用来连接两个类型相同或相似的局域网络，即当两个采用相同或相似网络协议的网络进行连接时必须通过网桥进行连接，网桥在数据链接层运行，具有寻址和路径选择的逻辑功能。网桥有内桥和外桥之分。内桥一般由服务器兼任，外桥采用专门的一台微机做两个网络的连接设备。

7. 网关（Gateway） 网关是一种网络互联设备，它可以将使用不同网络通讯协议的网络进行互联，以使信息在不同的网络之间传递，网关可以完成不同协议之间的转换，所以网关也称为协议转换器。网关一般是由一台计算机和协议转换软件组成的。

8. 传输介质　传输介质是连接计算机网络进行数据通信的电缆，按其性质可以分为双绞线、同轴电缆、光纤等等。

（四）医院信息网络的软件

不同的医院信息网络可以使用不同的网络软件。网络软件包括网络操作系统（NOS）软件、网络数据库软件、网络通信软件、网络协议软件以及业务应用软件。

1. 网络操作系统软件　网络操作系统软件是对计算机网络进行管理的软件，它可以管理和协调服务器和其他与网络相连接设备的资源利用，对网络用户的请求做出确认和应答，对于用户的网络访问和通信、网络资源的分配与共享、数据保护以及差错控制进行管理。网络操作系统应具备的功能包括多程序处理能力、网络中各主机之间的进程同步、远程的控制、支持网络资源共享。

目前使用的网络操作系统主要有 UNIX 系统，Novell 网络操作系统，IBM 的 OS/2，以及微软公司 Windows 2000。

2. 网络数据库软件　网络数据库软件是存储和管理网络数据信息的应用软件，数据库软件按照一定的方式对网络生成的数据进行存储，并可以进行查询、排序、重组和其他操作，按照用户要求调取数据。网络数据记录可以以一种以上的方式与另一记录建立关联关系。

目前应用较多的网络数据库软件有 Oracle, Sybase, DB2, SQL Server, Catch 等。

3. 网络通信软件　网络通信软件主要用于管理各个计算机之间的信息传输，如实现传输层与网络层功能的网络驱动程序等。网络协议软件主要用来实现物理层和数据链层的某些功能，如局域网中各种网卡上实现的软件。

4. 网络应用软件　网络应用软件是根据用户的业务需要，用开发工具编写的辅助日常工作的计算机应用程序。医院信息系统中使用的各种软件就属于应用软件。

第三节　医院信息系统开发

医院信息系统开发是一项复杂的系统工程，它包括信息系统计划、分析、设计、运行直到建成新的医院信息系统。医院信息系统的开发过程，大致可以分为四步：系统计划、系统分析、系统设计、系统实现与运行。

医院信息系统应满足如下要求：

- 联机事务处理能力（OLTP），具备高峰期数据处理能力，7 天 24 小时运行。
- 采用业界公认的信息传输标准和编码标准，如 HL7、DICOM、ICD-9 等。
- 采用计算机通讯的主流、成熟技术。
- 系统具备开放性和可移植性，适应不同的软硬件平台。
- 采用模块化结构设计，可以根据医院的业务需要进行扩充。
- 安全，可靠，保密性好。
- 数据容量满足医院 3~5 年的需要。
- 能够实现高水平的区域医疗信息共享，满足系统与医疗保险机构、银行之间的业务结算要求。
- 具有易学易用、友善的人机界面。

一、系统计划

医院信息系统的开发，首先要进行系统计划。系统计划中应确定系统目标和实现目标的初步方案，并进行技术经济比较和做可行性研究，最后确定系统开发实施方案。

系统计划中首先应制定医院信息系统的开发规划，明确系统的目标，包括系统的需求目标、功能目标和技术目标。其次，需要根据医院的规模和信息需求确定系统的规模和类型。第三，要确定系统的开发实施方法，是购买已有的医院信息系统产品，还是自行开发；是准备一次性建立完整的医院信息系统，还是分期、分批在几年之内完成。

上述决策确立以后，需要就一些具体问题进行量化的分析，如医院信息的需求分析，系统调查，涉及到的服务、岗位、人员、工作流程、信息流程、设备、硬件、软件等进行调查，从管理的角度研究系统建立对涉及上述各个方面的影响，在设计系统时，充分考虑各个部门的权限、人员关系、相互制约关系和功能分配。最后提出医院信息系统的整体方案。

医院信息系统整体方案确定以后，要进行方案的可行性研究。可行性研究一般要考虑方案的成本经济效益，技术力量强弱，管理水平高低，资金、场地等制约条件，以及同行业组织在开发信息系统方面的经验教训。

在可行性研究基础上形成医院信息系统可行性研究报告，包括概况叙述、系统拟解决的问题、系统的目标和制约条件、系统的方案、对系统分析的建议、预期效果。

二、系统分析

医院信息系统分析要在批准的可行性报告基础上，收集数据，进行数据定量分析，确定系统实施方案。

数据收集的原则是从实际出发，收集系统分析所要用到的一切资料。要注意收集各种类型的数据和收集数据的来源。收集的方法可以有面谈调查、发调查表、开会、资料研究、观察、测定、抽样等。

收集上来的数据进行整理以后就可以进行系统分析了。系统分析，一般是用一系列图表来明确表达数据的性质、流程、流量等。系统分析要依据系统的目标，系统的环境，现行体制和组织结构，系统的业务流程，把收集的资料转化为通俗易懂的图形，分析数据特征、数据流程，以得出合理的系统流程。同时还要分析数据之间的关系和处理的内容。

三、系统设计

在系统分析的基础上，医院信息系统开发的下一个步骤是进行系统设计和编写程序。

在这一阶段中，首先要确定系统方案，或称系统初步设计。进行系统设计需要有完善的数据流程，把系统表达成计算机处理的方式，确定计算机系统的组成，在计算机系统的可靠、维护、兼容、标准、通用、方便和可扩充、对环境的适应等方面进行比较和优选。其次进行系统的详细设计。其程序是把系统分解成细小的子系统，进行计算机流程设计，形成计算机软件设计的初步形式，进行数据库的设计和计算机程序流程的设计，提出设计说明书，拟出系统实现方案。再次是编写计算机程序。

四、医院信息系统的实现与运行

有了计算机程序和计算机网络的硬件设施，经过调试、测试、试运行阶段，医院的信息系统基本建成。经过一段时间的运行，对系统进行评价，医院信息系统的开发工作就基本上完成了。

对于购买现有信息系统产品的医院，应该要求厂商根据医院的业务流、数据流和需求分析对其产品进行"本地化"的二次开发，以满足医院的实际需要。

第四节 医院信息系统的基本功能及其子系统

如上一节所述，医院信息系统是由医院管理信息系统、临床信息系统、办公管理系统以及其他相关子系统组成的。医院信息系统在各个子系统、分系统之间应有符合医院信息交换标准（如 HL7）的接口，以便于今后信息系统的扩充和与其他医疗机构、保险机构、政府主管部门进行有效的信息交换。

一、医院信息系统的基本功能

医院信息系统具有对数据和信息的收集、存储、处理、传递等基本功能，满足所有授权用户对信息的需求和对医院各项业务处理的功能需求。

1. 医院数据和信息的采集功能 医院原始数据和信息的收集是医院信息系统的一项主要功能，在医院各项业务处理的一线，如收费窗口、库房、病房、医技科室等都应设立信息系统的采集终端，这样才能保证数据的实时性和真实性。

原始数据和信息的采集方法和手段根据采集数据的性质和生成方式不同而有所不同。大部分数据的采集是通过窗口工作人员的键盘录入。少部分是通过各种形式的卡，如磁卡、IC 卡、条码卡等方式录入。近年来，随着部分医疗仪器设备的数字化和标准化，一些采用信息标准的实验室设备、图像处理设备可以做到自动将患者的检查结果和医学影像传送到医院信息网中，从而节省了信息二次输入的人力和物力，提高了信息的效率和准确性。

2. 医院数据和信息的存储功能 医院的数据信息对医疗服务、管理、科研和教学工作具有重要意义。医院的各项业务和工作每天都产生大量的信息。这些信息的存储应由医院信息系统完成，信息系统在设计时，要考虑到数据的存储量、信息格式、存储方式、使用方式和安全保密等问题。

数据的存储介质一般都是硬盘，由于医院数据量大，因而会出现随着数据量的增长，系统运行速度降低的现象，因此，医院一般应有两个数据库，一个是当前数据库，信息系统日常所产生的数据和各个子系统的运行都对着这个库；另一个是历史数据库，历史数据的查询功能对着历史库。医院信息系统应有完善的数据复制（备份）功能。为防止意外事故对医院信息系统造成的损害，备份的数据资料最好做到异地存放。

3. 信息的加工处理功能 信息的加工处理是指系统对已经收集到的信息进行各种各样的统计处理，以完成系统承担的各项业务，使信息能反映出实际工作中出现的问题。随着医院管理工作的日趋科学化，医院行政管理科室会越来越多地依赖从基层收集来的基本数据进行汇总、统计与分析，并用来评价他们所管理的基层部门与个人的工作情况，并据此做出计划，督促执行，产生报告和做出决定。因此，医院信息系统要具备相应数据的收集、综合、汇总、分析的功能。科室级的信息系统要能够定期自动地从基层科室收集数据，按照需要，对数据进行各种加工处理，产生出能够支持医院行政管理科室日常工作的分类统计报表和报告。

4. 信息的传递功能 医院信息系统是全院范围内运行的一个整体，各个部门，各个子系统在系统上完成自身业务的同时，也都在为系统提供各种各样的信息和从系统获取工作所需要的各种信息，因此系统的数据信息传输功能显得非常重要。

在涉及信息的传递问题时，医院要考虑信息的流量、传输方式、网络带宽、交换机、网络结构等多方面的问题。信息的传递应与信息的存储、系统的结构结合在一起统筹考虑。

二、医院信息系统的子系统

一个完整的医院信息系统应该具有不同层次、不同方面的功能，同时要涵盖医院的全部业务，并且合理地协调各个业务部门的工作。医院信息系统设计的重要任务之一就是合理地划分子系统。

医院子系统的划分可以在三个层面上进行，一个是基于医院服务和管理的部门职能划分，一个是根据医疗服务和管理的功能划分，第三是根据医院的应用划分。医院信息子系统通常包含一群关系密切的功能模块，而一个模块则对应于一个部门或应用，也可以对应多个部门或应用。

子系统的划分要尽量与医院日常的医疗服务相吻合，同时兼顾信息系统流程的特点，每个子系统内部应该是由相互密切联系的功能模块组成，医院信息子系统的划分依据不同的应用可以有不同的划分方式。

1. 美国医院信息子系统的划分方式　　美国医院信息子系统的划分方式多采用按应用划分的方式划分子系统，其划分的结果与我国业界常用的方式相比有很大的不同。

美国医院信息子系统大多按下列应用划分：

(1) 患者信息管理子系统：包括患者个人及其医疗相关信息（住址、联系电话、联系人、工作单位、医疗保险等）的录入与管理，患者入院、出院、转院信息的管理等。

(2) 各类临床医嘱管理系统：包括临床开展的各类医疗服务，如手术、检查、化验、用药、医用材料及饮食等服务项目的医嘱管理。

(3) 临床各类信息查询子系统：此系统可以查询与患者医疗有关的信息和临床工作相关信息。

(4) 财务管理信息子系统：包括患者的账户管理，收费管理，医疗保险理赔、支付等管理工作。

(5) 临床检查、化验结果报告子系统：包括临床患者所做的各项检查、化验结果和相关报告的报送和管理。

(6) 主文件（Master Files）管理子系统：包括临床化验、检查正常值，各服务项目收费标准，DRG 分类，临床路径（临床诊疗规范），医务人员的诊疗权限等文件的维护与管理。

(7) 患者病案及医疗文档管理子系统：包括病案的传输、记录的增减，以及与患者病案相关的信息管理。

(8) 预约管理子系统：包括临床医疗服务的各项预约，患者就诊、住院、转院的预约管理。

(9) 患者医疗信息管理子系统：包括患者的就医医疗机构，接诊医生，患者诊断、治疗的内容，患者出院或转院病情报告等信息的管理。

(10) 医院实验室仪器设备自动化管理子系统：包括实验样品的管理，仪器、设备与医院信息系统的接口、通讯、数据传输、监控的管理。

(11) 人员管理子系统：包括医院工作人员的基本资料管理、职权范围、工作或诊疗权限的管理。

2. 我国医院信息系统的子系统　我国医院信息系统子系统的划分多数是按照医院工作的岗位和职能部门来划分的，因此其子系统的划分与美国的有较大的不同。

(1) 医院管理信息系统：医院管理信息系统的主要功能是辅助医院行政管理科室的日常管理工作，减轻管理人员的劳动强度，提高医院的工作效率。医院管理信息系统包括以下一些子系统：

- 门/急诊管理系统：其功能包括门/急诊患者信息管理，门/急诊导医，门/急诊患者挂号，门/急诊诊疗项目、药品划价收费，门/急诊收费单据打印，门/急诊药房管理等功能。
- 住院患者管理系统：其功能包括住院患者信息管理，患者入院、出院、转院的管理，住院床位管理，住院患者费用管理等。
- 病房管理系统　包括患者管理、医嘱管理、病房药品管理、药库管理、制剂管理等。
- 药房、药库管理系统：其功能包括药品采购，药品验收入库，库存控制，药品有效期管理，毒麻贵重药品管理，药品价格管理，药品价格、数量查询，药品数量、费用结算等。
- 病案管理、统计子系统：其功能应包括病案编码及患者信息管理，病案首页编写，病案出入库管理，病案信息查询，医院门/急诊工作统计，住院工作统计，医院医疗服务统计报表等。
- 人事工资管理子系统包括：医院员工个人信息管理，员工工资管理，员工工作经历、绩效考评信息管理。
- 医院财务管理子系统：包括会计凭证管理、账务管理、会计报表编制、成本核算、财务审计、医院资产管理。
- 物流、设备、材料管理子系统。
- 医院办公管理子系统。

(2) 医院临床信息系统：医院临床信息系统的主要功能是满足医院医护人员对临床医疗服务工作的需要，收集和处理患者的临床医疗信息，提供临床咨询、辅助诊疗、辅助临床决策，提高医护人员的工作效率。临床信息系统包括以下一些子系统。

- 门/急诊医生工作站：包括输入患者的门/急诊相关诊断、治疗、收费信息，转至有关部门执行。查询病房可用床位、患者既往病史和治疗及检验结果。医师开处方时，系统可提供参考标准处方、药物反应资料，作为治疗参考。急诊患者数据可优先处理，检验科、放射科、药房在收到请求时，可立刻办理并将结果返回。
- 病房医生工作站：其功能与门/急诊医生工作站功能相似，包括输入患者各项检查、化验、治疗医嘱。查询患者诊断、治疗信息，治疗及检验结果，护理报告及待执行的医疗服务等。
- 护士工作站：可以有效地执行医师所开的医嘱，执行患者的护理、治疗，监察患者病情变化，提供护理报告。
- 电子病案系统。
- 实验室信息系统：能适时安排患者检验，并迅速报告结果，按临床工作要求安排程序、打印出各种检验项目结果。

检验结果可利用光笔(Mark Sense)输入、光笔选择或借助于自动检验设备的电子数据转换器(Converter)直接将患者的检验信息送入计算机系统，存于数据库以备临床医师查询。

- 手术室信息系统。
- 放射科信息系统：所有放射、核医学的诊断及治疗请求均可以通过该系统传送到放射科和核医学科等相关部门，系统根据患者病情的需要，加以排序后通知护士或患者检查、治疗。待检查、治疗工作结束后，医生录入患者检查、治疗报告、医师意见、处理时间及待填数据等连同患者的影像资料送入医院的信息系统。

临床医生可以通过计算机的影像处理（Image Processing）系统调阅，查询与患者相关的医疗信息，并做出临床诊断。

- 病理科信息系统。

(3) 系统支持与维护系统：该系统主要负责医院信息系统的支持与维护工作，包括数据备份、数据恢复、数据库管理、用户管理、系统安全防护等。

第五节 医院信息系统应用应注意的问题

一、医院信息标准化

随着医院信息系统应用的日益广泛，医学信息标准化的问题越来越成为制约我国医院信息系统发展的瓶颈，大量医学信息标准化的问题进一步凸现出来。医学信息之所以能够交流和共享，一个最基本的前提条件就是信息的标准化，没有医学信息的标准化，任何信息系统都只能成为"信息孤岛"，医院内部、医院之间的信息交换也只能是梦想。

1. **医学信息标准化的定义** 医学信息标准化是指信息表达、传输、信息处理的技术与方法的标准化。信息标准化是有着明确的定义和分类的，不同层次和类别的标准其用途也不同，不应混淆。医院信息标准化从应用层面讲主要有信息表达的标准化，即信息的分类、编码和信息交换标准化。

2. **信息表达的标准化** 信息表达的标准化是信息标准化的基础，也是最常见的。如临床应用的各类分类编码、名称和内涵的标准化。这类医学信息的标准化称为分类（Classification）与编码（Coding System）标准化。如临床诊断用到的 ICD9、ICD10 系列分类与编码，医学术语所用的 SNOMED，临床检查化验用到的 LOINC 编码，以及医疗保险项目结算所用的 CPT4、CPT5 编码系列等均属于此类。分类与编码标准化是医学信息标准化的基础工作。

3. **信息交换的标准化** 信息交换是要解决医院产生的各类医学信息，患者的各类诊疗、费用信息在医院内不同部门之间、医院之间、医院与政府行政主管部门之间，以及医院与银行、与医疗保险机构之间的交换或共享问题。医院信息的交换标准往往要比信息的表达标准复杂，信息交换标准涉及到与网络通讯协议等底层标准的兼容与一致问题，如医学信息交换标准与 XML 协议的一致问题，信息交换的标准更注意信息的格式、顺序，信息在传输和交换时所必须遵循的协议。

随着医院信息与社会信息交换的要求日益增加，信息交换的标准也变得越来越重要。目前这类标准应用较多的有 HL7 和 DICOM。HL7 是美国国家标准局（ANSI）颁布的医药类信息交换标准之一，它是专门针对医药卫生行业信息交换制定的标准。HL7 基于国际标准化组织（ISO）制定的 OSI 应用层即第七层制定的信息交换协议。HL7 标准几乎涵盖了医药卫生领域的所有信息交换和应用，HL7 系列标准包括 HL7 信息交换协议，最新版本为 2.4 版；临床文档结构标准（CDA），即电子病案标准；临床应用界面集成标准（CCOW）；以及医学逻辑语法标准（Arden Syntax for Medical Logic Systems）。此外，涉及医学影像的表达方式、存储和信息交换的标准有美国放射学会制订的 DICOM 标准。

二、医院信息系统安全

医院信息网络涉及众多的不安全因素，如计算机病毒、网络硬件故障、黑客攻击等导致医院信息泄露、丢失、损坏等，其他的一些方式也会导致医院信息系统的瘫痪，如自然灾害、意外事故、断电等。这些人为和自然因素都会对医院计算机网络安全形成威胁，因此，采取单一的安全措施已无法保障医院信息网络的安全，必须建立一套整体医院信息安全体系。该体系包括：设备安全系统、防病毒系统、防火墙系统、数据备份和恢复系统、访问控制系统、安全管理制度等。

1. 计算机系统安全性的定义　计算机系统安全是指为计算机系统建立和采取的安全保护技术和管理措施，保护计算机网络系统中的硬件、软件及其数据不受偶然或者恶意原因而遭到破坏、更改、泄露，以保障计算机系统正常运行。计算机系统安全的根本目的就是要防止未经授权的人对计算机网络系统的非法使用，即防止医院信息系统的数据遭到窃取、篡改或破坏。所以，对网络信息进行过滤、防堵和保护将是网络运行管理中极其重要的内容。

医院信息系统的安全包括两个方面：一是系统的物理安全，二是逻辑安全。物理安全是指对系统设备及相关设施进行物理措施的保护，免于系统遭受破坏、信息丢失等；逻辑安全包括信息的完整性和保密性。

2. 网络安全　目前使用网络技术构建的网络安全和网络安全产品主要有两类：一类是开放型的（如数据加密）；一类是被动防卫型的（如防火墙）。它们主要是根据数据的保密性、数据的完整性、用户授权和用户不可抵赖、不可否认等方面进行系统防护。

数据的保密可以通过数据加密的方式实现，加密后的数据能够保证信息在传播、转换过程中不被他人非法获取。数据保密措施主要有数据传输加密和数据存储加密两种。

数据的完整是指数据在存储、传输过程中，不受未经授权的改变，即只有得到允许的人或机构才能修改数据，因此，系统需要并且能够判别出数据是否已被非法修改。要保证数据的完整性还应该综合运用多种预防性技术措施，如数据备份、建立镜像、网络监控、转储、系统自动恢复等手段来保证数据的完整性。

此外系统对于安全还有其他一些要求，如不可抵赖和不可否认，是指用户不能抵赖自己曾做出的行为，也不能否认曾经接到对方的信息，这在网络交易系统中十分重要。

3. 访问控制系统　访问控制是网络安全防范和保护的主要策略，其目的是防止对网络资源进行未授权的访问。如住院患者的病程记录只有经管医师和上级医师有权书写、修改，一旦患者出院任何人无权再修改病历。工作人员对系统的访问控制通常是由系统管理员根据用户的使用权限进行控制的，每个用户有自己的口令，通过口令对用户身份进行鉴别。

系统的访问控制包括为医院所有级别、部门的操作人员设置操作权限，设置和修改用户身份，操作口令或密码，以及用户身份识别。

4. 网络病毒及其防护系统　随着信息化社会的发展，计算机病毒的威胁日益严重，计算机病毒可以导致计算机资源的损失和破坏，还会造成资源和财富的巨大浪费。计算机病毒已经成为危害信息系统安全的一大隐患。

（1）计算机病毒的定义：计算机病毒是一组计算机指令或者程序代码，它能破坏计算机系统的正常运行、毁坏数据、泄露计算机信息、影响计算机使用等。

计算机病毒的破坏行为体现了病毒的杀伤能力。其激烈程度取决于病毒作者的主观愿望和他所具有的技术能量。病毒的种类数以万计，其破坏行为千奇百怪，根据现有的资料可以把病毒的破坏归纳为以下几类：

● 攻击系统数据区：包括硬盘主引导扇区、Boot 扇区、FAT 表、文件目录等。一般来说，攻击系统数据区的病毒是恶性病毒，受损的数据不易恢复。

● 攻击文件：病毒对文件的攻击方式很多，主要为删除、改名、替换内容、删除部分程序代码、假冒文件等。

● 攻击内存：内存是计算机病毒重点攻击的目标之一，病毒通过占用和消耗系统内存资源的方式，导致一些程序难以运行或运行速度减慢。病毒攻击内存的主要方式有占用、改变内存总量、禁止分配内存、蚕食内存等方式。

● 干扰系统运行：病毒会干扰系统的正常运行，如使系统不执行命令，干扰命令的执行，虚假报警，使文件打不开，占用特殊数据区，死机，扰乱串行口、并行口等。

● 攻击磁盘：攻击磁盘数据、不写盘、写操作变读操作、写盘时丢字节等。

● 扰乱屏幕显示：如字符跌落、环绕、倒置、滚屏、抖动、吃字符等。

● 攻击 CMOS：机器的 CMOS 区中，保存着系统的重要数据，例如系统时钟、磁盘类型、内存容量等。有的病毒能够对 CMOS 区的数据进行修改，破坏系统 CMOS 中的数据。

(2) 计算机病毒的预防、检测和解除：计算机病毒的防治要从防毒、查毒、解毒三方面来进行。

防毒是指根据系统特性，采取相应的系统安全措施预防病毒对计算机系统的侵袭。通过采取防毒措施，可以准确地监测和预警经由光盘、软盘、硬盘、局域网、因特网或其他形式的文件下载的病毒及其活动，并能够在病毒侵入系统时发出警报，记录并及时清除其中的病毒。对医院信息系统网络而言，防毒系统还应该能够向网络管理员发出病毒入侵警报，记录病毒入侵的工作站。

查毒是指计算机及其系统能够发现、追踪病毒来源，准确地报出病毒名称，以及病毒侵袭的环境，如内存、文件、引导区、网络等。通过查毒能够准确地发现计算机系统是否感染有病毒，并准确查找出病毒的来源，给出报告。

解毒是指针对不同类型病毒对系统进行的修改，从被感染对象中清除病毒，恢复被病毒感染前的原始信息。该恢复过程不能破坏未被病毒修改的内容。

(3) 医院信息系统网络病毒防制：相对于单机病毒的防护来说，网络病毒的防制具有更大的难度，网络病毒防制应与网络管理相结合。只有管理与防范相结合，才能保证系统的良好运行。网络管理是指网络设备的操作管理，包括 Hub、交换机、服务器、PC、Internet 网的接驳等所有病毒能够感染和传播的途径。

在网络环境下，病毒传播速度极快，仅用单机反病毒产品已经难以清除网络病毒，必须有适用于局域网、广域网的全方位反病毒产品。如在计算机网络系统上安装网络病毒防治服务器，在内部网络服务器上安装网络病毒防治软件，以及在单机上安装单机环境的反病毒软件等。

网络病毒防治服务器应满足以下主要功能：

● 保持 7 天 24 小时监控，实时扫描所有进出网络的文件。
● 具备强大的病毒查解功能，可以查杀绝大多数已知病毒和一定数量的未知病毒。
● 能提供网络管理功能和扫描日志，追踪并记录网络所有病毒的活动。

- 发现病毒可自行报警，并可追踪病毒来源。
- 能够检查和解除内存中驻留的病毒、包裹和压缩文件中的病毒。
- 及时、快速升级。

5. 防火墙（Firewall） 从网络安全角度讲，防火墙是一种安全有效的网络安全防范技术。它通过访问控制机制、安全策略和防止非法入侵措施，以保证特定的内部服务允许外部网络访问，从而阻挡外部网络的非法入侵。

防火墙是用来对两个或多个网络之间的互相访问实行强制性管理的安全系统，通过在内部网和外部网之间的界面上建立起来一个相应网络安全监测系统来隔离内部和外部网络，强制所有的访问或连接都必须经过这一监测系统的检查和连接，屏蔽未授权的外部访问，达到保护内部网络的目的。

防火墙可以分为三类：一是包过滤技术防火墙；二是应用网关技术；三是状态监控技术。

（1）包过滤防火墙：包过滤技术是在网络层中对数据包实施有选择的通过。包过滤器是一种基于过滤规则的数据包过滤设备，安装在路由器上，能检查、限定外部网流向内部网的数据包，按照访问控制协议的规定对进出的信息实行通信过滤。网络层防火墙的通信过滤是基于源地址、目标地址和每个IP包的传输协议三方面工作的。

（2）应用网关技术：是建立在网络应用层上的协议过滤、信息转发，主要采用应用协议代理服务来实施网络的安全保护。应用网关有时也被称为代理服务器，通过在服务器上运行代理的服务程序，直接对特定的应用层进行服务，应用代理服务器对代理客户与代理服务器之间的数据传输有绝对的控制权。应用网关比单一的包过滤技术更为可靠，能完全控制网络信息的交换和会话过程，具有较高的安全性。

（3）状态监控技术：状态监控技术属第三代网络安全技术，这种技术克服了以上两种技术的缺点，因此具有非常好的安全性。状态监控技术使用了一个在网关上执行网络安全策略的软件模块称之为监测引擎。引擎在不影响网络正常运行的前提下，以抽取数据的方式对网络通信的各层实施监测，并动态地保存其监测信息。采用这种技术防火墙的优点是通过对网络各个层次进行监测，有效地保证网络安全。

6. 医院信息网络应该采取的其他安全措施

（1）信息网络设备安全：为保障医院信息系统的安全运行，信息系统的服务器、主交换机等设备应该设置两套，以保证在系统出现故障时启动备用设备运行。

为了系统的安全运行，医院信息系统应采用不间断电源（UPS）或备用发电机组。一旦出现停电的情况，不间断电源或备用发电机组可以利用自身的电池给计算机系统继续供电。

静电防护是计算机房建设的重要问题，静电会影响磁盘设备的正常工作，损坏磁媒介上所存储的数据。因此，机房设计要求有一个良好的接地系统与大多数电子设备连接。

（2）系统数据安全：医院信息、数据是医院运营的核心资源，因此对数据的保护格外重要，常见的数据保护措施有数据库备份与恢复、备份事务日志、增量数据备份等。数据库备份可以分为自动定时数据备份、程序备份和手工操作备份。通过备份数据库和事务日志可以在意外发生时有效地实现数据库的恢复，所有在意外发生时已经完成的事务都可以恢复。增量数据备份是一种可以增加备份操作速度，从而减少备份时间的备份策略。增量备份同全面备份不一样，增量备份只备份自上次全面备份以来，数据库又发生的一系列新的变化。

（周子君）

第十一章 医院后勤和设备管理

> **教学内容与教学目标**
>
> **教学内容**
> 1. 医院后勤管理的概念和基本内容。
> 2. 医院设备管理的概念和基本内容。
>
> *　　　　　*　　　　　*　　　　　*
>
> **教学目标**
> 1. 掌握医院后勤管理的概念、范围和特点以及任务和要求。
> 2. 掌握医院设备管理的基本概念、特点及原则。
> 3. 了解医院后勤管理的主要内容和管理组织。
> 4. 了解医院设备管理的主要内容及方法。
> 5. 了解医院物流管理的概念和内容。

第一节 医院后勤管理

医院后勤管理是医院围绕医疗这个中心任务,对医院的能源供给、物资供应、环境卫生、绿化美化、保养维修、房屋修缮、车辆调度、生活服务等各项支持工作进行的计划、组织、协调和控制的过程,目的是保障医院正常医、教、研工作的顺利进行。医院后勤工作涉及医院的所有部门,属于医院的支持系统,其工作的开展是医院能否优质完成医疗、教学、科研各项工作的基本条件。因此,如何对医院后勤部门进行科学管理,是现代医院管理中的一个重要课题。

一、医院后勤管理的一般概念

1. **医院后勤管理的范围**　医院后勤管理涉及许多方面,其范围有广义与狭义之分。广义的医院后勤管理包括医院的总务管理、财务管理、建筑管理、医疗设备管理等内容;狭义的医院后勤管理仅指医院的总务管理。本章所讨论的医院后勤管理属于狭义的范围。

具体来讲,狭义的医院后勤管理包括:水、电、气及排水的管理;环境卫生,绿化、美化、净化,污水污物处理管理;被服装具的管理;患者和医院职工的膳食管理;物资管理;车辆调度和物资运输;通讯联络和门卫管理。

2. **医院后勤管理的特点**　医院后勤管理具有本身的特点和规律,具体表现在下面几个方面。

连续性(不可间断性):医院诊疗工作是一个连续性的过程,每时每刻都需要面对不同的患者，作为支持保证系统的医院后勤管理也需要随时处于运转待命状态，医院后勤管理部门应保证医疗设备和医院水、电、气及物资的连续、不间断的供给，否则就有可能危及患者的健康乃至生命。尤其对医院诸如抢救室、急诊科、手术室、监护室等特殊部门要予以重点保障。为此，要加强对医院后勤软硬件设施配置、人员配备、规章制度等方面的管理，确保医院后勤管理的连续，并在出现故障时能够保证及时修复。

技术性：现代医院后勤管理已不是传统意义上扫地、种树、管食堂、供水电等"打杂"的非技术性工作，随着社会科学技术的发展和医院的现代化进程，医院后勤管理及其服务设施越来越具有技术性和专业性的特点。现代化医院的给水排水系统、空气净化系统、供氧系统、供电系统、通讯系统、消防安全系统、采暖制冷系统等属于医院后勤保障的大规模设施，正在一座座医院建成并投入使用。这些系统的设计、安装、调试、运转、维护等都需要医院后勤管理人员具有一定的知识、技能和素质。因此，我们应该改变传统的落后观念和管理模式，使医院后勤管理能够在医院得到应有的尊重。

社会性：医院后勤管理是一种复杂琐碎的工作，长期以来由于全社会的后勤服务保障系统不健全，为保证后勤服务的连续性，医院后勤管理不得不采取"小而全"的模式，事无巨细、面面俱到。每所大医院基本上都建有自己的一套后勤保障系统，各类人员一应俱全，造成了所谓"医院办社会"现象的存在。这一方面使医院后勤管理的社会资源没有得到充分的利用和发挥，工作效率低下，医院后勤人员的积极性不能充分发挥；另一方面也给医院的进一步发展带来了沉重的负担。随着社会主义市场经济的发展，医疗市场中医院之间的竞争越来越激烈，医院为了降低成本、提高效率，把后勤工作推向社会乃是必由之路。同时随着医院后勤工作的技术性和专业性的加强，对医院后勤人员的素质和能力有了更高的要求，医院考虑到人力资源管理的压力，也必然推崇由社会专业人员来进行医院后勤管理，以确保医院的正常运作。

经济性：连续高效的医院后勤管理，有助于医院诊疗数量和质量的提高，它能直接或间接地为医院创造效益；而冗繁低效的医院后勤管理会增加医疗服务的成本，降低医院的效益。因此医院后勤管理必须合理配置后勤资源，提高后勤设施的使用率，避免资源的闲置或浪费；同时应做好设备的维修保养工作，在保证质量的前提下努力延长医院后勤设施的使用年限；另外，要大力开展节能降耗工作，降低医院的经营成本。

安全性：医院后勤管理的安全性包括两方面的含义，其一是医院后勤部门自身的安全，如用电、煤气、锅炉、消防等的安全；其二是后勤管理对保障医疗工作安全的重要影响。在医院后勤管理中，要注意对可能发生危险的后勤部门的严格管理，制订各项规章制度并组织落实。

3．医院后勤管理的任务和要求　医院后勤管理的中心任务是以医院的医疗服务为中心，对医院的医、教、研等工作提供及时、安全、有效、全面的保障和服务；努力改善医院职工的工作生活环境和患者的诊疗环境；实行科学化的医院后勤管理，在保证医院顺利开展诊疗工作的前提下，做到节约资源，降低成本。

医院后勤管理的基本要求包括提供完善的、及时主动的保障服务，追求最佳的成本—效益和建立科学的管理制度等。

4．医院后勤管理组织　目前，在我国的医院中，一般都设立总务处（科）来具体负责医院的后勤管理工作。由于医院后勤管理种类繁多，为了更好地管理，一般将总务处（科）划分为专业科室（班组），诸如设置动力、维修、电梯、电话、库房、环卫、洗涤、司机、生活服务等部门。但这种方式用人较多，资源浪费比较严重。也有些医院采用混合管理的方法，将可以合并的项目统一组织在一个部门，或是采用一人担负几项工作的办法，解决用人过多问题。

随着医院后勤管理社会化的进程加快，医院后勤管理组织将来只保留一个负责日常管理和联络的办公室，同时在一些应急性较强的关键部门保留一部分专业人员，其他工作则可以交由社会后勤服务部门负责。

二、医院后勤管理的主要内容

1. 水电及供热管理

(1) 给排水管理：包括供水管理和排水管理。医院的供水管理是指医院除来自公用自来水系统的供水之外，为保证医院的连续供水，医院一般还自己建造储水塔或水池进行水的储备，以备应急之需。其中最为重要的是保证供水符合医用标准，要定期对供水进行严格的卫生学检测。医院的排水管理是指对医院污水排放的管理。医院的污水为含有病原体的污水，其来源于病房、手术室、化验室、病理解剖室、诊疗室和附属用房等，这是医院污水管理的重点；含有毒素的污水，主要来源于各种实验室、检验室和制剂室；含有放射性的污水，主要来自使用放射性同位素的科室；生活污水，主要来自医院办公室、宿舍、浴室、厨房等。为了避免医院污水随意排放，进入地面水域，引发城市水系污染，造成严重的公共卫生问题，医院应在排污前，对污水进行必要的净化与消毒处理，符合标准才可排放。

(2) 供电管理：对于保证医院正常医护工作起着极为重要的作用。医院供电管理具有自身的特点：必须保证每天 24 小时的连续供电，一般设两路进线，并配备有紧急供电系统，当正常供电发生故障时可对手术室、血库、监护室等部门进行紧急供电；现代医院有大量的精密仪器设备，对电压的稳定性有较高的要求；要保证医院充足的供电量。医院应有自己的电工进行 24 小时值班，确保医院电力稳定、连续的供应。

(3) 医院供热是指将锅炉产生的热量，经供热管道输送到使用部门的过程。主要用于食堂、洗衣间、开水间、供应室、消毒、烘干、冬季采暖、蒸馏水等。医院锅炉吨位的配备应根据医疗、生活等所需的每小时最大热量来计算，一般以每床 10~15 千克/小时为标准，即 100 张床可配 1.5~2.0 吨，北方寒冷地区可适当提高吨位数。医院应备有自己的锅炉间，并配备经过专业培训、取得正式司炉工上岗证的专门技术人员，实行 24 小时值班制度，保证热量的不间断供应。

2. 制冷及空调管理　在夏天，医院需要供冷的部门主要包括病房、临床各科室、医技室、检验室、太平间、储藏室等。制冷设备有两种：集中供冷，一般采用中央空调，其热功率按每平方米 100 千卡/小时（1 卡 = 4.184 焦）计算；分散供冷，多采用家用空调，其热功率的大小按每平方米 150 千卡/小时计算。

空调的使用应有专人负责，要制定严格的操作规程，完善日常检查维修和保养工作制度，确保其正常和安全的运行。

3. 医院被服装具管理　医院的被服装具包括医院工作人员的服装和各种敷料布、手术衣以及患者使用的医院病床用品和病号服装。医院被服装具密切接触医院内的致病因素，需要定期进行消毒处理，以减少交叉感染，促进患者的康复，并保障医院工作人员的身体健康。

(1) 被服装具洗换分为医院员工服装洗换和患者用被服装具洗换，两者要分开洗涤，并按科室进行分类收集和洗涤。在洗涤晒干后，进行平整熨烫，按科室分开叠放和分发。医院员工服装不但是职业标志，还是防护用具，要求端庄、整洁，并注意隔离、消毒，以防交叉感染。患者用的被服装具应每周更换1~2次，有污染时随时更新、消毒；对外科手术后患者应更换清洁衣服，以防感染。

(2) 洗衣房或被服间：医院洗衣房负责医院内被服装具的洗涤。应按照防止感染的物流途径，在内部分设污衣接受间、消毒间、洗涤间、烘干间、熨平间、缝纫间、存储间、发放间等，不能有交叉污染的环节。随着后勤社会化发展，可逐步将此交由社会合同经营或承包经营。

4. 车辆运输与通讯设备管理

(1) 车辆运输管理：医院自备车辆是用来运送物资和人员的，应视情况进行配备，并对车辆的使用进行必要的管理。医院车辆运输管理的主要任务包括制定岗位责任制，应保证值班司机和救护车司机连续值班制度的执行；全盘计划、统一安排车辆的使用计划；强化维修保养，保证车况良好；定期开展行车安全教育，管理好汽油和车库。

(2) 通讯设备管理：医院的信息交换量很大，要求的交换速度也很高。医院通讯是否灵敏，将直接影响医院的工作效率。加强医院的通讯设备管理，确保通讯通畅是医院后勤管理的一项重要工作。医院常见的通讯设备包括电话、电子音控对讲机、无线电呼叫系统等。要对电话总机操作人员进行相应的专业培训，要定期检修通讯设备，防患于未然。

5. 太平间管理　为避免给患者或家属造成负面心理影响，医院太平间应尽可能设置在避开患者及其家属的活动范围和可视范围的位置。最好是一独立建筑物，并有直接的对外通道。床位数一般按医院病床总数的1%~3%设计。

医院太平间实行24小时的专人值班；要注意房间内的通风、防腐、防虫、防蝇；建立健全严格的尸体存放、进出、核对、登记等制度；确保非传染性尸体与传染性尸体的分别存放。

6. 医院环境管理　良好的医院环境是医院文化的组成部分，它给患者和医院员工带来的是心灵的享受。同时，良好的医院环境还具有卫生学的意义，它可以改善医院因患者集中、人流量过大引起的环境污浊及各种病原体大量繁殖的医院空气质量，有利于患者的康复。搞好医院环境，为医护人员创造一个良好的工作环境，也是后勤管理的一项重要工作。

医院环境管理包括医院环境卫生管理和医院的园林绿化美化。医院环境卫生包括房间的采光、通风、照明、空气质量、整洁及环境噪声等各个方面，其中有取决于医院的选址和建筑总体设计的部分，更需要有医院的日常管理和保洁。具体要求是坚持每天的定时清扫，并应采用湿式清扫方式进行清扫；禁止在医院里出现私搭乱建、随处张贴、乱停乱放等现象；医院的垃圾和废弃物要有专人管理，严格按照医疗废弃物处理规定进行处理。

医院的园林绿化美化能给患者和员工带来清新舒适的环境，有助于患者康复，对防止空气污染、改善空气质量、预防院内感染的发生也有重要意义。其设计模式一般都体现着医院文化，也是医院宣传自己的阵地。医院应根据所处地带、气候环境、院落大小、建筑布局等因素因地制宜地进行园林绿化。医院绿化不应影响病室的采光和通风。

三、医院后勤管理体制改革

1. 我国医院现行的后勤管理体制　我国医院后勤管理体制目前仍普遍存在"小而全"（"医院办社会"）的形式，几乎所有的医院后勤服务都由医院自己解决。这种体制造成医院非医疗队伍的庞大、工作效率低下，使医院人、财、物的效用达不到最大的发挥，医院的资源配置和使用不尽合理。随着医药卫生体制改革的深入，医院后勤管理的社会化也提上了议事日程，但因种种原因，我国医院后勤管理社会化尚未普及。

西方发达国家具备一定的社会化服务基础，早已实现了医院后勤管理的社会化。日本的医院中，负责医院后勤的只有很少的几个人，主要负责就医院相关后勤服务需要与相应公司进行谈判，委托专业化公司全权代理相应的业务。日本做医院后勤服务的专业公司很多，医院可以自由选择，择优合作。当然，这些公司需要有主管部门的准入许可。

2．我国医院后勤管理的发展趋势　根据国内后勤管理改革起步较早、社会化程度较高的医院的经验，医院后勤管理改革宜采取多种形式。对于供水、供电、供气等需要连续不断服务的关键部门，可采取医院内部门承包方式；对于环境、保安、中央空调等服务，可采取与院外服务公司签订合同的方式；对于职工宿舍管理、院办托幼机构等，可成立相对独立的公司，从医院分离出去。通过各种社会化服务的改革，有利于减轻医院管理的负担，提高工作效率和服务质量，是国内大中型医院后勤管理改革的必然趋势。

第二节　医院设备管理

现代医学技术的发展，与先进的诊断和治疗仪器设备的开发、创新密切相关。从20世纪六七十年代以来，随着生物医学、工程技术学科的飞速发展，涌现了诸如CT、MRI、PET、SPECT、伽马刀等大量的现代化医疗设备并相继应用于临床，极大地提高了医院的诊断、治疗和教学、科研水平。

从成本管理的角度来看，在整个医院固定资产中，仪器设备所占比重不断增加，处于举足轻重的地位。因此，运用现代科学管理的理论方法加强对医院医疗设备的管理已成为医院完成医疗、教学、科研和预防任务的重要基础，也是提高医疗技术水平和医疗质量的必要条件。

医院设备管理是医院管理部门依据管理学的基本理论和方法，围绕医疗设备从规划、计划、论证、选购、建档、安装、调试、验收、使用、维修直至报废的全过程而开展的一系列工作的集合。加强科学有效的管理，最大限度地发挥医疗设备的作用，最大限度地提高医疗设备的投资效益，保证医疗、教学、科研工作的顺利进行，是医院设备管理工作的任务。

一、医院设备管理概论

1．设备管理的意义和作用　医疗设备配置水平的高低，反映了医院的竞争能力和开展新兴医疗的能力，医疗设备现代化是医院现代化的一个重要标志。医院的建设和发展既要有高水平的医学人才，也要有先进适宜的医疗仪器设备，只有这样，才能更好地满足人民群众日益增长的医疗需求，更好地完成时代赋予医院的使命。

(1) 医疗设备是开展医疗技术的重要支持条件：医院的"硬件"建设和"软件"建设构成了医院医疗技术建设的两个主要方面。硬件建设包括许多如房屋、通讯、诊疗环境等，其中，医疗设备装备是医院"硬件"建设中的关键项目。具备一流医疗技术水平的现代化医院，一定要装备反映现代化科学技术水平的医疗设备，同时还要装备具有必要医疗保证意义的医疗设备。

(2) 医疗设备是医生开展医疗服务的工具和手段：医院的最终目的是尽可能地为患者解

除因伤病所造成的痛苦，先进适宜的医疗设备，可以帮助医生达到准确定位、定性、定量诊治疾病的目的。医疗设备是医生开展一系列诊治技术的人体能力的延伸和发展，是开展和实施靠医生自身能力无法进行的医疗技术服务的辅助工具和手段。事实证明，在当今日新月异发展的医疗技术方法和先进适宜医疗设备的配合下，已打开了人类一个又一个"禁区"，大量疑难杂症得到了准确诊断和彻底治疗，这无疑给患者带来了难以置信的福音。

2. 现代医疗设备的特点　20世纪末，科学技术呈加速度发展，新学科、新技术、新发明不断涌现。在医疗技术领域，医疗设备的研发、制造，大量引进高新技术成果，推动了医学科学技术的向前发展。一般来讲，用高新技术装备起来的现代化医疗设备，多属于结构复杂、加工精细、技术精度高的仪器设备，大多具备以下特点。

（1）医疗设备技术上的综合化程度提高：是科学技术的高度专业化分工与不同学科间相互渗透和综合的结果，反映到医疗设备的制作过程中出现了所谓"专项测定"、"一次性使用"、"无维修设计"等中、小型医疗器械，它是科技分化的体现。而像CT、MRI、伽马刀、PET等集声、光、机、电、计算机、新材料等高新科技成果为一体的大型医疗设备，却是科学技术综合的产物。它们有精密的设计、复杂的结构、智能化的电脑控制、全自动的数据图像处理系统，使医疗设备具有技术精度高、运转速度快、操作程序化、数据处理自动化、稳定性和重复性好等特点。

（2）医疗设备的技术更新速度加快：现代科学技术的发展日新月异，使知识更新周期大大缩短，因此医疗设备的技术寿命也大大缩短。知识技术的更新，带来的是新技术、新型号、新品种的医疗设备，产品陈旧化的速度加快。以CT为例，从第一台样机临床试用至今，在短短20多年的时间里不断进行产品的改进，新产品的图像扫描时间已大大缩短，清晰度大大提高。同样，内镜的开发给许多肠道疾病患者带来了福音，现在随着摄像设备的精细化和无线发射、接收技术的发展，一种可吞食的肠道检查设备已被用于临床的检查，很好地解决了内镜的盲点问题。

（3）医疗设备的结构一体化和操作自动化：当前，医疗设备生产厂家更多采用了集成电路进行医疗设备一体化的结构设计、制造，使设备性能更趋稳定和可靠，维修起来也简便易行。同时，由于计算机的发展与普及，在医疗设备上大量采用了计算机控制，使操作的自动化程度大大提高。如全自动生化仪，把样品按规定输入后，仪器能根据设定的程序进行自动检测，并把处理好的数据打印在记录纸上。操作自动化已成为当今医疗设备发展的一个显著特点。

（4）医疗设备具有更好的性能价格比：一方面，随着科学技术的不断发展及大规模的自动化生产水平的提高，医疗设备在性能和质量上都有了较大的提高；另一方面，在市场竞争不断加剧的情况下，生产厂家不断降低制造成本和使用维护费用，使医疗设备的总体性能/价格比不断提高。这样的发展，对不断提高医院的医疗技术水平和减轻患者的经济负担都是十分有益的。

3. 医院设备管理的特点　由于医疗仪器设备是直接或间接地应用于人体，因此在医疗仪器设备的研制生产及临床应用（特别对疾病的诊疗）过程中，时刻要注意这些仪器设备对人体健康的各种影响，必须充分保证其安全性和有效性，保证其内在质量和计量准确。

（1）安全性和有效性是对医疗仪器设备的基本要求：生产厂家和医疗机构有义务保证被医疗仪器设备诊治人员的绝对安全，在此基础上，还要注重其有效性，保证用于临床的医疗仪器设备在检查治疗中达到其设计、生产过程中确定的临床诊治标准。因此必须严格制定质量控制标准，规范技术使用的范围和对象，进行严格的试用以保证其安全无害和有效。

(2) 医疗仪器设备应能够带来一定的效益：在医疗仪器设备安全、有效的前提下，要重视发挥其效益。医疗仪器设备的效益包括两个方面：一方面从学术、技术、疗效来讲，应有利于提高医院的诊疗水平和满足诊疗工作的需要；另一方面能给医院带来一定的经济收益，使医院收入增加，在市场竞争中处于优势。

(3) 对医疗仪器设备应进行准确的计量：要特别重视医疗仪器设备的计量工作，经常进行准确校验。一旦仪器设备的计量不准，就会影响诊疗结果的正确性，造成假阳性或假阴性的结果增加，给患者精神和躯体带来损害。因此，医院管理工作要特别对医疗仪器设备的计量管理加以重视，加强对其日常的维护保养工作，保证仪器设备时刻处于符合规定标准的状态。

(4) 医疗仪器设备的前瞻性管理：在进行医疗仪器设备的购置、安装、使用前，医院管理者要对医疗仪器设备预先做引进的可行性分析，包括仪器设备的性能和功能如何，诊治效果如何，效益如何，投资回报年限等；在决定购入时，要进行充分的准备，要充分考虑设备安装和配套的条件以及使用和维修上的困难。即对引进和使用某仪器设备的基本条件要有系统全面的分析，做到合理安排，确保最大限度地发挥效益。

4. 医院设备管理的原则

(1) 动态管理原则：动态管理原则就是根据具体的实际情况采用灵活应变的管理方式。可以针对不同类型、不同科室和不同性能，有时甚至要根据不同需要对仪器设备采取不同的有针对性的管理办法和政策。制定相应的管理政策要因时、因地、因人等的不同而采取适合的管理方式。

(2) 系统管理原则：医院管理是一项系统工程，医院设备管理是整个医院管理系统中的一个子系统，同时其处于比较重要的地位。要求设备管理应树立整体观念，克服部门所有的狭隘观念。要从最大限度地发挥设备的整体功能和效益的角度来考核仪器设备管理的成效。进行仪器设备的系统化管理，其目的是最大限度地防止医院不必要的资源浪费。

(3) 经济管理原则：经济管理原则是指在仪器设备管理过程中，必须遵守经济规律和价值规律，在仪器设备的购置、使用、保管、领取、维修、更新等一系列具体工作中，都应进行院级和科室级的成本核算，讲究经济效益，发挥资源效果。

5. 医院设备管理的主要内容　医院设备管理的主要内容包括装备管理、技术管理、经济管理和政策法规管理。

(1) 装备管理：是一种规划和计划的管理形式，是指在对整个医院中长期发展进行充分论证的基础上，根据不同时期医院业务的不同需要，适时引进或淘汰相应仪器设备的总体安排。

1) 中长期装备规划：从管理角度来说，各类医院都应有 3 年、5 年或更长期的远景规划，在此规划中应包括对医院未来规模、人员增减、科室发展、业务变化以及与此相适应的医疗仪器设备的更新、改造和更大投入等问题的说明。该规划与医院能否持续发展和不断改善医疗服务质量密切相关，是医院决策者不容忽视的重大问题。

2) 年度购置计划：年度购置计划是下一财政年度医院仪器设备的装备计划。一般是由医院领导层根据医院规划和下一年度具体的医、教、研目标，业务发展预测，各一线科室的需求以及医院总体资金情况，从整个医院发展全局考虑，综合平衡后确定的下一年度仪器设备的购置计划。制定该计划有利于医院的总体协调发展；有利于大型设备的更新、改造和再投入；有利于医院资金的合理安排和利用。

3）临时申购：在医院设备管理执行年度计划的过程中，可能会因为形势任务发生变化或有新的科研课题，需要对年度计划作必要的修正和适当的补充，这项工作要通过临时申购加以解决。具体做法是：由具体使用单位填报仪器设备申购表，写明用途、配套条件、人员培训、收费标准等事项，再由设备管理部门审核、提出意见，报医院领导批准后进行购置。

4）常规设备材料的计划管理：对如 X 线胶片、一次性输液器、注射器、敷料、试剂等使用量大且品种规格比较恒定的常规医疗材料，可由仪器设备管理部门的经办人员根据上年度全院使用情况，并在充分估计医院各项业务的变化后，按品种、规格、数量及估计金额等制订出月度和年度购置计划，经仪器设备管理部门审核并报医院领导批准后执行。对需要补充或增添不能确定计划的医疗材料时，可按临时申购办法，按审批权限报批后执行。

(2) 技术管理：技术管理是保证仪器设备始终处于良好工作状态的一项管理工作，包括购置前对欲装备仪器设备相应性能、先进程度、可靠性、临床使用效能的了解和技术评价；购置过程中对厂家、型号的选择；以及仪器设备到货后的安装、验收、分类、编号、建档、入库保管、使用、维修、计量、调剂、统计、报废等各个环节的管理。

(3) 经济管理：经济管理包括仪器设备的库存管理以及对仪器设备使用过程中的成本核算、效益分析和设备的折旧、报废等相关问题的管理。

6.医院设备管理的组织　医院医疗仪器设备的管理部门是医院设备科（处）。设备科（处）属于医院内在院长领导下的职能科室，具体在分管副院长领导下开展工作，是向院长提供医院仪器设备装备决策信息的组织协调部门。另外，医院还应成立以临床专家为主体的医院仪器设备管理委员会，以保证其购置的正确性和管理的有效性。

医院设备科（处）的主要职能是：

①根据医院总体发展规划和医疗、教学、科研工作需要，制订医院仪器设备的装备规划和阶段执行计划。

②根据各科室的请购计划和备用情况，编制年度采购计划，呈报院长或主管副院长批准后执行。

③制订全院仪器设备的管理规章制度、具体管理办法及实施细则。

④组织实施医院仪器设备的装备规划和执行计划，切实做好仪器设备管理过程中的采购、订货、验收入库、安装调试、领发使用、维修保养、调拨转让、更新改造、报损报废、计量检查、统计上报等一系列日常业务工作。

⑤收集整理有关医院仪器设备管理的信息资料，进行必要的综合、分析、保存，为不同人员和部门的检索及医院领导决策提供相关依据。

⑥组织和帮助相关医务人员掌握仪器设备的使用方法和要领，对医务人员进行有关医学工程技术方面知识的培训。

⑦协助推动医院有关人员开展仪器设备的技术开发和研究工作，加快医院仪器设备的更新。

二、医院仪器设备的装备管理

医院仪器设备的装备管理是指对仪器设备从具体部门提出需求，到落实资金和预算，经过综合平衡并制订购置计划，根据计划进行选型订货，直至设备到货为止的整个过程的管理。

1. 医疗仪器设备装备的一般原则　我国有各种不同类型和规模的医院几万家。各医院的任务、人员状况和技术条件各不相同，其仪器设备装备的标准也不可能完全一致，但应遵守一些基本的原则。

（1）有证的原则：欲购置的医疗仪器设备必须具有医疗器械产品注册证、生产许可证。所有产品必须是经医疗器械行政管理部门审核后，批准进入市场的合格产品。不能购买无证产品。

（2）技术先进、产品成熟、质量上乘的原则：

①技术先进：是指该产品应用的设计原理及其结构具有科学性、先进性，其主要技术参数在同类产品中处于领先地位。

②产品成熟：是指该产品属进行过系统、大量的临床实验或具有众多用户基础并正式批准生产的产品。对厂商推出的尚处试制阶段的产品应多听专家的意见，先行临床试用后，再慎重采用，不要过分听信厂商的宣传。

③质量上乘：是指产品的可靠性、安全性及耐用性在同类产品中是领先的。

（3）功能适用的原则：随着科学技术和制造工艺的不断发展，医疗仪器设备越来越多地采用专机化的设计制造方式，特别是在治疗设备上更是如此。但也有很多具有复合功能的仪器设备（如很多的检查设备）。在选购仪器设备时，一定要坚持功能适用的原则，做到物尽其用，最大限度地利用和发挥仪器设备的资源。摒弃那种在选购仪器设备过程中盲目追求功能越多越好的心态，从临床工作的实际出发，选择最具实用功能的仪器设备。过多地选择不常用的功能就是一种浪费。

（4）经济实用的原则：选购仪器设备时，应首先确定其应用的范围和对象，进一步确定所选仪器设备的功能，在此基础上，本着尽可能节约的原则，进行选购。具体有以下几个步骤：

①确定价位：根据对市场信息的深入调查分析，在掌握大量产品信息的基础上，比较同类产品的功能和价格，确定自己医院可以购买的价格，进一步确定准备购买的厂家。这里重要的是要考虑你自己拥有的资金。

②追求高性能价格比和低成本消耗：性价比的高低是决定医院是否购买的重要影响因素，它反映了产品的功能与价格之间的关系。功能越强，价格越低，其性价比越好。但是机器的性能同价格往往是一对矛盾，高性能一般都要高价格。在采购仪器设备时，应尽可能地选择高性价比的仪器设备。

另外，还需要考虑仪器设备投入使用后的维护成本问题，如水、电、气、人工、材料消耗等。特别要考虑消耗材料的来源与依赖性，尽可能选择使用容易购买且低成本消耗性材料的仪器设备，是另一条选购原则。

③灵活、优惠的付款方式：仪器设备订购过程中，涉及各种各样的付款方式。有分期付款或一次性付款；有预付定金或付全款；有货到后，经安装、调试、验收合格之后再付款。各种方式的选择是与厂商谈判的结果，应选择付款时间最晚的，使投资风险降到最低。

（5）能提供良好服务的原则：良好的服务不仅表现在售后服务上，还包括生产厂家能否提供对操作人员和维修人员分别进行的培训，能否提供完整详细的相关资料和维修手册以及及时供应零部件等。在售后服务方面，应考虑免费保修的时间长短及售后维修的响应时间、排除故障的能力等。

2. 医疗仪器设备的购置
(1) 采购方式

①集中采购：每年全国有几次国内外大型的医疗仪器设备的订货会或展示会，掌握这个情况后，可到会上采购，完成医院大部分仪器设备的购置计划。这种采购的好处是，一方面可以做到货比三家，更好地评价欲购仪器设备的性价比；另一方面，可以集中购货，享受相应的优惠，节省费用，特别是在展会后期往往可以得到更大的优惠。而进口医疗仪器设备可以在国际医疗器械展览会上，通过外贸公司的协助集中订货，由外贸公司帮助解决外汇等问题。

②商业采购和向生产公司订货：现在，医疗仪器设备基本实现了市场化运作。一方面有很多的医疗设备商业经营公司，他们提供了多种医疗仪器设备；另一方面，各种医疗仪器设备设计生产公司同时也具备独立销售权，可以自行销售自己的产品。因此，几乎所有医疗仪器设备都可以在市场里找到，并自由买卖。对于医院来讲，可以通过市场来寻找自己所需产品，反复比较之后，进行订货购置。

③协作和转让：有少量医院急需的医疗设备或配件，可能一时采购不到，不能满足医疗上的特殊需要，而其他医院有可能有暂时不用或库存的，这时可以通过协作或转让的方式加以解决。

(2) 订货方式：医院采购各种医疗设备具有几种方式，通常根据采取的不同采购形式适用不同的订货方式，大致有现货交易、合同订购及招标采购等。为防止不必要的问题出现，一般对大型医疗设备的采购宜提倡采用招标的方式，具体操作应完全符合国家有关招标的各项法律法规的要求。在单独医院购货较少，无法吸引更多投标者时，可以采取医院联合招标的形式，就像药品的集中采购一样。现货交易是零星采购中常用的方式，它以实际标价为依据，用现金或支票等结算，及时验收提货的一种直接交易方式。签订经济合同的形式是现阶段医院采购仪器设备过程中采用最多的一种购货方式，其目的是根据经济合同法规范买卖双方的行为，一经签字，双方就必须严格遵守和履行。

三、医院仪器设备的使用管理

医院仪器设备的使用管理是指对仪器设备到货后，在具体科室使用全过程的维护和管理，包括到货验收、登记建账和归档、使用情况调查、故障的排除和日常维护、直至申请报废等一系列工作。使用管理是整个仪器设备管理工作中重要的环节，可将其概括为两个方面：一是设备在使用过程中保持良好的运行状况及安全性；二是提高设备的使用率，追求更大的社会效益和经济效益。

1. 医院设备的常规管理

(1) 建立规范的账卡管理机制：为使医院仪器设备管理有序和账目清楚，要建立医院仪器设备的相应账、卡。一般由设备管理部门设立相应的设备账目，包括总账、分类账和分户账，其中总账应与财务部门固定资产总账内的设备账目相符（账账相符）。同时，为了便于对使用科室的设备进行清点和核对，要求对每台设备建立内容相同的设备卡片两张，分别由设备科（处）和使用部门保存，直至设备报废时，再将设备卡片和设备账目一同注销。每次清产核资，都应做到设备的账目、卡片与实物三相符（账、卡、物相符）。现在，随着医院信息管理系统的建设和完善，设备管理也大多纳入计算机化管理系统，但基本的内容没有改变，只是更方便快捷了。

（2）技术档案的归口管理：技术档案资料应包括请购审批文件、可行性论证报告、谈判计划及记录、购置合同及附件、到货装箱单、技术验收记录、使用说明书及图纸、使用维修记录及其他技术资料等。在设备使用阶段，设备技术档案可由设备管理部门按档案管理的相关规定进行归口管理。在设备报废处理后，将技术档案交档案管理部门装订成册，收藏管理。

（3）制定和完善设备管理的各项规章制度：规章制度是科学管理的重要依据，是评价管理效果的标准。只有不断完善医疗设备管理的各项规章制度，才能不断提高医疗设备的科学管理水平。

设备管理的规章制度应包括：医疗设备的购置申请和审批程序；采购、谈判、验收、仓储及供应制度；医疗设备技术档案管理规定；医疗设备使用、维修制度；医疗设备计量管理规定；医疗设备报损、报废及赔偿条例；中心诊疗室（实验室）的管理制度；设备对外协作与服务的管理办法以及设备使用安全环保制度等。

2．技术管理　医疗设备使用过程中的技术管理是指为使运行中的医疗设备保持完好状态、充分发挥效能而采取的各种技术保障措施的总称，这些措施可以保证提高设备的完好率。设备的技术管理贯穿于整个设备管理过程中，从开始的可行性论证和谈判，到购置使用过程中的试机、操作、功能开发和维修，直至最后阶段的报损、报废的技术鉴定等都离不开技术管理。在使用阶段其主要包括验收、培训和维修等三个方面。

（1）验收：医疗设备技术验收的认真与否，直接关系到患者的安危，必须一丝不苟。一般的验收包括数量和质量两方面的验收。

①数量验收：原则上应有双方人员同时在场。主要是清点数量和检查外观有无破损情况。对于发现的问题应逐项记录。

②质量验收：根据厂方提供的设备技术资料及使用说明书，在掌握其中所有技术指标的含义、内容的基础上，按规定进行安装、调试设备，并在规定的测试条件、仪器和方法下，逐个测量相应的技术参数并记录在案。之后，将测定结果与设备出厂技术指标及允许误差范围相比照，分析评估其质量状况，做出设备的验收鉴定。对达不到原定技术指标的医疗设备，可作退货或进行质量索赔。

对于由厂商派技术人员实地开箱、安装、调试及测定技术参数的设备，医院应提供达到设计要求的安装场地，由医技人员共同参与安装、调试及对技术参数的测定。

（2）培训：医疗设备关系到患者的安全和检查治疗的准确，它要求所有上机操作的医技人员，必须经过严格的事先上机操作培训和考核，未经上机培训和考核不合格者，一律不准操作。

培训应包括了解医疗设备的基本原理、结构及主要功能；使用操作的规程和方法；正常运行状态与非正常运行状态的鉴别和处理以及测试结果的正确分析等内容。

（3）日常维护、保养与故障修理：正确使用与坚持日常维护、保养并对故障进行修理，是延长医疗设备自然寿命及提高其完好率的重要保障。所有的日常维护、保养和对故障的修理，应在设备维修记录本上进行详细记录，有利于今后的查验。

（4）更新改造：设备需要更新、改造的情况主要是由设备的磨损及其寿命所决定的。

磨损分为两种：一种叫有形磨损（也叫物质磨损），可以实际看到设备的机件坏损，其中主要是使用过程中的自然磨损。有形磨损造成设备机件的物质品质降低。另一种叫无形磨损，一般有两种情况：①随着生产厂家劳动生产率的提高，同类产品的再生产费用下降，造成原有同种设备发生贬值;②由于技术的提高,新的、具有更强功能和更高经济效益的设备会不断涌现和推广,造成原有设备经济效能的相对降低,也可以使原有设备发生贬值。无形磨损造成设备的经济价值降低。凡是遇到有形磨损和无形磨损造成设备运行困难或竞争力丧失时,就应考虑对原有设备进行改造或更新。

一般来讲,设备寿命分为三类:一是物质寿命,指设备使用过程中,由于有形磨损导致老化损坏,无法修复,其物质寿命即告终结。二是经济寿命,指当有形磨损导致设备老化,需反复换件维修,其维修费用过高,超过其使用价值时,经济寿命即应终止,若超过经济寿命勉强使用,将在经济上得不偿失。三是技术寿命,指设备物质寿命和经济寿命尚未终止,但可替代的新技术设备的出现,使原有设备因技术落后失去使用价值,其技术寿命即当终止。如B超设备的出现,使大量尚能运行的A型超声设备被淘汰。技术寿命明显短于物质寿命和经济寿命是高科技设备的一个显著特点。高技术设备的技术寿命通常在5~7年以内。

四、医疗仪器设备的经济管理

医疗仪器设备经济管理是使仪器设备在使用过程中产生效益的重要保证,因此要始终保持经济观念。努力降低设备的运行成本,提高其使用率和完好率,使之创造更高的经济效益。经济管理内容包括设备购置资金的测算和筹集、投资回报预测、折旧以及成本效益分析。

1. 设备购置资金的测算和筹集

(1) 资金测算:正确测算设备购置的资金数额,有利于领导决策及财务部门对资金的合理安排、计划和调度。仪器设备投资估算的方法根据其规模大小、复杂、精密程度而不同。中小型仪器设备一般配套设施简单或没有,其投资主要决定于主机的价格;而大型仪器设备,要考虑相应的配套设施及要求,在测算中要同时安排这部分资金。例如要装备一台全身CT,不仅要有配套的房屋,还要建造磁屏蔽装置,设置恒温恒湿的空气调节设备,更需要有稳压和不间断的电力保证。另外,对大型仪器设备总投资的测算中,还应包括运费、安装费、人员培训费等。

(2) 资金筹集:购置仪器设备的资金应采取广开财路的做法,在遵守有关法律法规的前提下,可从各种途径筹集资金。一般可以从以下六个方面考虑:①本单位自筹资金;②政府的财政拨款、免税指标或国外低息、无息贷款等;③各方人士的捐款或厂家资助;④金融机构的贷款或发行债券;⑤社会集资购买后,通过租赁方式投放设备;⑥由供货商或厂家提供分期付款方式,缓解医院资金紧张的矛盾。各种方法在具体采用之前,都要结合医院的具体规划和资金效益情况慎重考虑,原则上不论采用何种方式,都不应造成医院的过重负担。

2. 投资回收时间预测 投资回收的时间可用以下公式测算:

设备投资回收期(年) = 设备投资总额/(每年工作日数×每日工作次数×每次收费额 - 年运行成本)

其中设备投资总额只包括购入设备的一次性投资和设备使用前的所有相关基础性投资。在设备使用过程中的维持费用及消耗原材料和能源的费用、人工费用等,都作为年运行成本而在年总收入(分母)中加以扣除。产生经济收益的累计值达到设备投资总额的时段称为该设备的投资回收期。投资回收期的长短直接反映了医院购置医疗设备经济效益的高低,那些在达到投资回收期之后处于"黄金时期"的医疗设备,因其距设备的更新换代还有较长的一段时间,尚可创造更多的纯利,这类医疗设备属于高效益的设备。一般来讲,希望对中小型设备的投资回收期控制在1~2年为宜，对大型设备最好控制在5年之内。

3. 仪器设备的折旧　对医疗机构中的仪器设备进行折旧管理，是指随着医疗仪器设备的使用，将其价值逐渐转移到成本中去的经济管理方式。这种方法有利于医院进行全成本核算，有利于根据成本制定合理收费标准工作的开展，可以逐步达到医院按成本收费，从而促进医疗卫生事业的发展。

(1) 折旧的依据及影响因素

①折旧的依据：仪器设备的折旧取决于仪器设备的耗损程度。这种耗损就是前面讲过的有形磨损和无形磨损两种情况。仪器设备的折旧必须考虑这两种磨损，从而正确计算和提取折旧费。

②影响折旧的因素：包括仪器设备的原始价值、折旧的年限、仪器设备净残值和折旧额的计算方法等。

确定折旧年限的原则是：既要考虑有形损耗，又要考虑无形损耗。工业企业是按照《工业企业财务制度》中规定的各类固定资产的使用年限规定，合理设计折旧年限的弹性区间的。医疗卫生系统尚未制定统一的折旧规定和折旧年限，各单位正在摸索试行。

仪器设备净残值是指预计仪器设备报废时可以收回的残余值扣除预计清理费用后的数额。

(2) 折旧的计算：实质上是确定如何将仪器设备的原有价值分摊到所有相关医疗成本中去的方法。目前常用的计算方法有：使用年限法、工作量法、双倍余额递减法及年数总和法四种。通常把使用年限法和工作量法（如纤维内镜）这两种计算折旧的方法称为直线法，它是根据仪器设备的使用年限或使用次数求得平均折旧额的一种方法。它反映的是仪器设备按年（月）的平均损耗程度，但没有充分考虑这些设备因技术过时而引起的无形损耗。对于那些高科技仪器设备，用此方法折旧似乎有些不妥，往往采用双倍余额递减法和年数总和法这两种加速折旧法。目的是在使用早期提取折旧费多一些，而使用晚期提取折旧费少一些。

①使用年限法：按照预计的仪器设备使用年限，逐年（月）平均计提仪器设备折旧额，其公式如下：

$$仪器设备年折旧率 = \frac{(1-预计净残值率)}{折旧年限} \times 100\%$$

月折旧率 = 年折旧率/12

月折旧额 = 仪器设备原值 × 月折旧率

其中：

$$仪器设备预计净残值率 = \frac{(预计残值-预计清理费用)}{仪器设备原值} \times 100\%$$

该方法的最大优点是简单明了，容易计算，每年计提的折旧额相等，主要适用于有形损耗大且这种损耗又是逐年发生的仪器设备，如贵重仪器设备及机械类设备。

②工作量法：是指利用仪器设备从使用到报废全过程的总工作时数和总工作次数计算折旧的方法。其计算公式为：

每次（小时）折旧额 = [仪器设备原值 × (1-预计净残值率)]/预计工作总次数（或总工作小时数）

月折旧额 = 每次（小时）折旧额 × 当月工作次数（小时数）

此法适用于折旧额与工作量的负荷成正比的仪器设备，如纤维内镜、救护车等。

③双倍余额递减法：是以使用年限法计算的折旧率的2倍，乘以逐年递减的仪器设备账面净值来计算折旧的方法。其计算公式为：

$$年折旧率 = \frac{2 \times 预计净残值}{预计使用年限} \times 100\%$$

月折旧率 = 年折旧率/12

月折旧额 = 仪器设备账面净值 × 月折旧率（或年折旧额/12）

双倍余额递减法的特点是各年折旧额从大到小呈递减趋势。主要用于无形损耗大的仪器设备，特别适用于高科技的电子医疗设备。

④年数总和法：是将仪器设备的原值减去净残值的净额乘以一个逐年递减的年折旧率，来计算每年的折旧额。年折旧率的计算是将该项仪器设备尚可使用的年限，除以全部使用年限的数字之和。若某项设备的使用年限为5年，其各年的折旧率分别为5/15、4/15、3/15、2/15、1/15。将此折旧率乘以该项设备的折旧价值，即得各年的应折旧额。

3. 医疗设备的成本效益评价　随着我国社会主义市场经济体制的不断完善，医疗服务价格也将逐步摆脱长期计划经济体制的影响，改变价格严重背离成本的扭曲现象，逐渐实施按成本确定项目价格的收费模式。近年来国家对医疗服务收费标准做了一些调整，但仍然存在着收费标准与成本偏离过大的现象。因此，从控制成本上涨和单位内部效益分析的目的出发，有必要积极开展医院内部的成本核算和效益分析研究。有关具体的研究分析方法在财务管理章节会做详细介绍，本章节中就不赘述了。

第三节　医院物流管理

一、医院物流管理的概念

物流的目的是完成物质实体从供方到需方的转移，减少物质实体在生产和使用间存在的空间和时间距离，创造物质的空间效用和时间效用。物流的基本功能包括运输、保管、包装、装卸、流通加工以及信息等活动。2001年4月作为国家标准（GB/18354-2001）颁布的《物流术语》给物流下的定义是：物流（Logistics）是指物品从供应地向接收地的实体流动过程。而"把消费品从生产线的终点有效地移动到有关消费者的广泛活动，也包括将原材料从供给源有效地移动到生产线始点的活动"，是1986年美国物流管理协会给"物流"所下的定义。

Logistics原意是兵站业务、军事后勤，指的是与军事物资运输，野营宿舍安置，食品、武器和衣物用品的配给和补给等后勤活动相关的管理运营技术。物流管理是在第二次世界大战中被美国陆军广泛使用，之后逐步发展起来的一种对物资从存储、运输到实际应用间相互转换过程的管理。Logistics包括了从原材料采购、制品移动到产品销售全过程的物资流通活动。

在企业运作中，物流管理被看成是企业与其供应商和客户相联系的能力。物流作业可分成三个领域：配送、制造和采购。这三个领域的结合使在特定位置和地点、供应源和客户之间进行材料、半成品和成品等运输的综合管理成为可能。企业通过存货的移动（存货流）使物流过程增值。物流管理最基本的目标就是以最低的成本向用户提供满意的物流服务。

医院物流管理是一种新兴的医疗物资管理形式，现阶段并未普遍开展。其实，涉及医院物流管理的方面很多，诸如药品、一次性医用材料等，凡是需要占用库存的消耗性物质都可以按照物流管理的要求，实施科学的物流管理。

医院物流管理属于物流管理发展不同阶段的第五阶段——供应链物流管理阶段。它是一个将交易关联企业整合进来的系统，即将制造商到零售商所有供应链上的关联企业作为一个整体看待的系统结构。这是物流管理发展的最为完整的阶段。

从广义物流管理的概念来讲，医院物流管理主要涉及的是消费者物流，其对于药厂或药商以及一次性医用材料和其他物资供应厂商来讲，它只是物流管理整个环节中的一环而已。从狭义物流管理概念上来讲，医院的物流管理涉及了医院内部相应物资的采购、存储及配送，其研究的是在医院经营活动中医院物流的合理化问题。本节中将侧重讨论医院内部的物流管理问题。

二、医院物流管理的内容

在医院日常的经营活动中自始至终包含着物流活动。临床对药品和一次性物品的需求，药品和一次性物品的入库与配送，几乎每时每刻都在发生。这样的物流活动需要投入一定的物质资源和人力资源，其投入需计入成本。另外，物流服务必须符合用户的需求，医院物流服务的最终客户是患者，简单表现为临床一线的医护人员。对现代物流服务的要求就是在需要的时间，将所需要的物品送达到需要的场所。

从医院经营的角度来看，物流管理就是以医院的物流活动为对象，以最低的物流成本向用户提供满意的物流服务，对物流活动进行计划、组织、协调和控制的管理活动。医院的物流管理涉及三个层面。

1. 医院的物流战略管理　是指结合医院长远发展规划，就医院物流的发展目标、物流在医院经营中的地位以及医院物流服务标准和物流服务内容等问题做出整体规划的过程。

2. 医院的物流系统设计与运营管理　在确定了医院的物流战略之后，为了实施此战略而采用的得力的实施手段或工具，称之为物流运作系统。在实施医院物流战略的准备阶段，医院物流管理的任务就是设计医院的物流系统和网络，规划医院的物流设施，确定医院物流的运作方式和程序，以形成一定的物流能力，并对该医院物流系统的运营进行监控，根据需要对该系统进行及时调整。

3. 具体的医院物流作业管理　它是指医院物流管理部门根据医院内不同用户的需求，制定具体的医院物流作业计划，按此计划对医院物流作业活动进行现场监督和指导，并对其质量实施监控的过程。

现阶段在我国医院物流管理的基本任务是降低物流成本。为此医院应建立物流管理组织，对医院的物流活动进行系统化管理，运用物流合理化原则优化医院的物流系统。

三、医院物流的合理化管理

医院物流的基本功能包括保管、装卸、配送及信息等，其整体功能是通过这些具体要素活动来实现的。因此，医院物流活动的合理化应建立在医院物流各个功能活动和各个环节的合理化基础上，通过系统化、集成化管理，最终实现医院物流管理的最优化。医院物流基本功能的合理化有以下几个方面，我们分别进行讨论。就狭义的医院物流管理的内容来讲，在医院内主要涉及医用物品的保管和配送。

（一）医院物流系统的保管功能

医院医用物品保管是指对医院物品进行储存及对其数量、质量进行管理控制的活动。长久以来，保管活动的主要功能是对物品进行静态的储存，现在要求保管活动由静态的储存向动态的流通管理转化。这就要求，不仅要保证库存物品的质量完好和数量完整，而且要更加注重提高库存物品的流通性和高回转性，将加速物品周转、降低库存水平作为保管活动的重要职能。医院货物合理化保管的原则包括：货物面向通道进行保管的原则，目的是便于存放和提取，可以提高保管效率；高层堆码原则，是指尽可能向高处码放，有效利用库内容积；先出原则，要求对药品和一些一次性用品，应按先入先出的原则，加快货物的周转；回转对应保管原则，应根据出库频率选定货物的存放位置，将出货和进货频率高的物品尽可能靠近出入口码放；同一性原则，是将相同的品种在同一地方保管；类似性原则，指将类似的物品放在邻近的地方保管；重量特性原则，尽可能把重物放在地上，把轻物放在货架上；形状特性原则，要依据货物的形状安排保管；位置标识原则，对货物存放地点进行明确的标识，以便于查找货物；网络化保管原则，将相关连的物品码放在相近的场所。

（二）医院物流系统的配送功能

配送是物流系统的一项十分重要的功能。配送作为直接面向最终用户提供的物流服务，在满足高度的物流需求方面发挥着极其重要的作用。医院中的医用物品的配送，是医院物流管理部门的一项经常性工作，其面对的是临床一线科室和医技科室等最终用户，目的就是尽可能的满足它们不断提高的物流需求。

配送的一般性概念是指在经济合理的区域范围内，根据用户的要求，对物品进行挑拣、加工、包装、分割、组配等作业，并按时送达指定地点的物流活动。它是物品从最后一个物流节点到用户之间的空间移动过程。这里，医院的医用物品仓库相当于整个医院物流系统的最后节点。配送活动的全过程不仅包括最后将货物送达用户，还包括按照用户要求，在最后的物流节点内开展流通加工、领单处理、货物分拣等作业活动。

具体来讲，医院配送的作业活动包括：

拣选——按领单或出库单要求，从储存场所选出物品，并放置在指定地点的作业活动。

分货——将集中拣选出来的物品按照科室或领单顺序分组码放在指定的场所的作业活动。

加工——有些时候科室所需要的物品只是很少一点，配送部门只有大包装，需要对其拆封、分装后，再配送给直接用户。定货量大可以节约资金，医院物流管理应该在起到分发功能的同时，尽可能为医院节约资金，从而降低医院的经营成本。

保管——理论上讲，在物流节点内的货物完全分发到最终用户之前，留存于该物流节点内的货物都处于储存的状态，必须对其进行有效的保管。

配送——这是医院物流管理的核心功能和最终要完成的任务。

领单处理——接收领物信息、核对库存、制作各种票据，按照领单要求做好相应的准备。

信息——随着配送时效性的增强，信息的传递、处理速度必须加快。因此，必须设置高效率的信息处理和传递系统，现在高效率的配送系统都建立了计算机管理系统。

（三）未来医院物流系统的发展趋势

随着医院管理信息化水平的不断提高，医院的 HIS 系统建设将很容易把医院物流管理纳入其中，同时医院内部管理的合理化将促进医院对医院物流管理作用的认识。医院实行全面的计算机管理或小型电脑工作站形式，完成医院内部计算机联网，建设医院局域网，对医院包括物流和后勤所有管理工作，实施全面的自动化信息管理。

另一个医院物流管理的发展方向是在一定的区域内，由一家社会配送公司，建立相应的配送中心，与医院签订协议，负责周围几家医院的日常医用物品的配送。区域性配送中心的建立，是医院物流管理发展的新阶段，一旦形成，将有利于医院追求最小成本化的最大效益。这种配送中心的建立，也可以由一家医院内部的物流管理部门，靠不断承担其他医院的物流配送业务，逐渐发展起来。这是一种物流管理社会化的趋势，医院可以借此摆脱"医院办社会"的负担，只是作为最终用户，享受配送带来的方便。但这种发展必须能够保证医院正常医疗服务的开展。

在逐渐实现医院物流社会化管理的基础上，医院的医用物品将能够实现真正意义上的零库存、零距离、零营运资本的管理。三个零的物流管理是医院物流管理的最终目标。

医院物流管理的零库存意味着没有大量的医用物品积压，因而不会因这些医用物品的积压形成呆滞医用物品。更重要的还在于可以在医院需要医用物品时，都能采购到最好的、最新型的。它使提高医疗质量有了非常牢靠的基础。

零距离就是根据用户的需求，在拿到用户定单时，以最快的速度满足用户的需求。零距离对医院来讲不仅仅意味着医用物品的不积压，它有更深的一层意思，就是变社会资源为我所用。

零营运资本是指零流动资金的占用。只有真正做到零库存和零距离，才有可能实现零营运成本。简单地说，医院在给配送方付款期到来之前，可以先把原有物品的货款收回来。因为医院都是现金交易，除少数欠款之外，它可以做到看一个患者收到一笔使用医用物品的款项，这些款项的集合，就构成了下一笔定货的资金。

因此，医院物流的发展会带给我们三个零的实惠，将会有一个大的发展。

（崔　涛）

第十二章 医院公共关系

教学内容与教学目标

教学内容
1. 公共关系。
2. 医患关系。

　　　　*　　　　　　*　　　　　　*　　　　　　*

教学目标
1. 熟悉公共关系的历史、产生原因、概念、基本特征。
2. 掌握公共关系的基本特征、功能和原则。
3. 掌握医患关系的定义、人道主义医患关系的基础和医患关系的基本特征。
4. 熟悉医患之间信用资源的作用，以及破坏医患之间信用资源的语言现象。
5. 了解问题管理和危机管理。
6. 熟悉医院的重点患者管理制度。

第一节　公共关系的基本理论与医院公共关系

一、公共关系的发展史

1840年前后，美国人巴纳姆开始利用报纸制造新闻，出现了公共关系的萌芽。20世纪初至20世纪20年代，真正意义上的公共关系降生于美国现代传媒界的"揭丑运动"。当时，新闻界对垄断时代的大企业家的强盗行径和恶劣丑闻进行揭露，在强大的新闻舆论冲击下，过去靠封锁消息维持经营和制造假新闻欺骗公众的企业声誉扫地，由此导致了公共关系实践的开端。垄断企业开始正视企业内外的环境问题，而新闻界也开始正视自己的权力。后来，新闻界的社会监督的权力被称为"第四权力"。

1903年，美国《纽约时报》新闻记者艾维·李首创了公共关系事务所，对外营业，提供服务，收取费用，使公共关系逐渐成为一种职业。他提出把社会组织和公众放在平等的位置上，平等地对待公众，彼此理解沟通。这些观念适应了当时的社会需要，有助于解决社会矛盾。艾维·李还提出了公共活动的一些著名的原则，例如讲真话、影响决策，以及公共关系的职业化。为了纪念他对公共关系事业的贡献，艾维·李被称为现代公共关系之父。到1908年，美国电报公司敏感地认识到公共关系在企业经营管理中的重要作用，率先在公司内成立了公共关系部。随后，美国的一些公司或组织先后成立了类似的机构，企业的公共关系事务进入起步阶段。

1924年，公共关系呈现出科学化、理论化的发展趋势，在美国得到了迅速的发展。1948年，美国成立了公共关系学会，公共关系的从业人员人数迅速增加，公共关系还逐渐发展到教育界，很多大学开设了公共关系课程；同样是在1948年，英国成立了公共关系协会，后来发展成为欧洲最大的公共关系团体。20世纪70年代，公共关系在我国港台地区得到发展，首先在酒店业、新闻传播机构中，设立公共关系部和专职人员。80年代初，随着改革开放的发展，公共关系的理论和实践进入我国大陆，并逐渐受到重视。在广东最早设立公共关系部的是广州白天鹅宾馆，接着广州、深圳、佛山、珠海等地的一批中外合资的宾馆、酒店、企业先后设立公共关系部门。从此公共关系在珠江三角洲传播开来，并由南向北在全国得到迅速发展。

二、公共关系的概念

1. 公共关系的定义　公共关系是组织为其自身事业的发展，实现其组织目标，取得组织内部和外部公众的信任与支持，创造组织活动的最佳的社会关系环境，在处理自身面对的各种内部、外部关系时，所采取的一系列科学的原则、政策与行动。

2. 医院公共关系　是指医院为其自身事业的发展，实现医院的组织目标，取得内部员工和外部公众的信任与支持，创造医院的最佳社会关系环境，在处理自身面对的各种问题时，所采取的一系列科学的原则、政策与行动。

3. 公共关系概念的内涵

(1) 公共关系是指"公共关系状态"：即一个组织所处的社会环境状态和社会舆论状态。

(2) 公共关系是指"公共关系活动"：即一个组织为创造良好的社会关系环境、争取公众舆论支持的一种协调、沟通、传播活动。

(3) 公共关系是指"公共关系实务"：即作为组织管理职能的公共关系业务工作的总和，包括公关调查、公关咨询、公关宣传、公关交际、公关服务以及各种公共关系活动。

(4) 公共关系是指"公共关系概念"：即一种开放的经营管理思想和管理哲学。公共关系观念包括声誉观念、公众意识、社会责任感、公开化原则、沟通意识、合作欲望等。公共关系是贯穿在日常经营管理实践中的一种基本管理立场、管理宗旨、管理原则和价值观。

三、公共关系的含义

1. 公共关系是组织与公众之间的相互关系　这里所说的公众并非一般意义上的社会人群，而是指与组织有某种直接或间接的利害关系的人或人群的总和。由于组织与公众存在着共同的利益，因此组织的决策和行为，都要取得公众的理解、信任和支持，组织需要在公众面前建立并保持良好的形象，因此，组织开展的每一项活动，都要有"公众意识"。

2. 公共关系是一种信息沟通传播活动　公共关系不仅是组织与公众的关系状态，更重要的是它表现为一系列实际的工作或活动，一种以传播为手段的信息沟通工作或活动。

3. 公共关系是管理职能，也是一门管理艺术　公共关系是组织为建立与维护组织与公众之间的彼此协调、相互理解的融洽关系而进行的一种管理活动。在具体关系和问题的处理中，方法和手段不是一成不变的。

四、公共关系产生的原因

1. 公共关系是商品经济高度发展的需要　在商品经济高度发展的社会里,市场竞争激烈,使生产经营者时刻注意市场行情,注意消费者的需求变化,注意社会舆论的动态,关注企业内部和外部环境的变化。在这种竞争与合作冲突并存的社会关系中,逐步开始形成了全新的交往观念和方式,"平等"、"互利"、"信誉"、"形象"等观念逐渐突现,公共关系应运而生。

2. 公共关系是民主化发展的结果　在民主化的条件下,任何人要在社会上取得地位,都必须和社会各界保持良好的关系。民主要求政府及组织决策者了解民意,顺从民意,把民意作为决策依据,彻底改变了封建社会"民怕官"的政治气氛,也彻底改变了作为社会经济组织的企业与公众的关系,促进了公共关系的迅速发展。

3. 大众传播媒介的发展是公共关系产生的物质前提　在工业社会,社会关系空前广泛和复杂,极大地推动了组织和个人之间相互了解、相互沟通的需要,从而推动了各种传播媒介的发展。传媒的发展又反过来促进了人们交往的实现,为发展和建立公共关系提供了重要的技术手段和途径。如何运用大众传媒成为公共关系成败的重要环节。

五、公共关系的基本特征

1. 广泛性　指公共关系的对象广泛。例如,医院所面对的外部环境是广泛而复杂的,几乎涉及社会的方方面面,医院在处理公共关系的时候,需要考虑到各个方面。

2. 变动性　在变革的时代,组织所处的环境是不断变化的。上个世纪80年代以来,医院所面对的外部和内部环境不断发展变化,特别是在社会转型时期,环境的变化尤其剧烈,医院在处理与各个方面的关系的时候,必须考虑到环境的变化,与时俱进,灵活机动地采取适应社会变化的政策和行动。

3. 相关性　医院的内部和外部关系与医院组织目标的实现密切相关,对医院的生存和运行状态有很大的影响力和制约力。同时也应注意到,医院可以主动采取必要的行动,对内部和外部关系产生影响,为机构的生存和发展创造良好的外部环境。

4. 双向性　公共关系的建立和发展依赖信息的传播。在医院建立公共关系的过程中,既要向公共关系的客体(外部和内部关系)宣传自身的目标和使命,也要向客体了解他们的各种要求、希望和利益。通过多种信息途径和传播手段与公众进行双向交流,协调与各方面的关系,从而在公众中建立良好的合作关系。

5. 目标实现的长期性　公共关系是医院面临的长期工作,建立和维持良好的公共关系是医院的长远利益。

六、公共关系三要素

1. 公共关系的主体——社会组织

定义1:社会组织是指执行一定的社会职能,完成特定的社会目标,构成一个独立单位和社会群体。

定义2:社会组织是指在共同目标的基础上,按照一定的同属关系建立起来的群体。

可以看出,不论哪一个社会组织的定义,其共同点是社会组织是有共同目标的组织,执行特定的社会职能,有一定的同属关系,是一个社会群体。社会组织的特性是:目的性、整体性、系统性和客观性。

2. 公共关系的客体——公众

公众是指和社会组织发生联系，并能互相影响的内部的、外部的有关社会组织、社会群体、个人的总和。公众的特性是具有同质性、群体性、客观性和可变性。按照公众组织形成、发展、变化的阶段，公众可以分为非公众、潜在公众（公众和组织的利害关系已经发生，但他们自己尚不知道这种利害关系）、知晓公众和行动公众。正确地认识公众，可以帮助组织处理好与公众的关系。正确认识公众的意义在于，任何组织都有它自己的公众，而且必须和它的公众联系起来。

3. 主体与客体的联系手段——传播

传播是指信息和观点的传递、交流和分享，是人类交流信息的一种社会行为，是人与人之间、人与社会组织之间，以及社会组织之间通过有意义的符号进行的信息传递、接受与反馈的行为总称。

通过公共关系的传播活动，可以引发公众的注意力、转变公众的看法，引起公众的支持和理解。传播的核心要素是需要有传播符号，如语言、表情。传播的特性是具有变异性和双向性。

传播的过程是信息从信息源，经过一定的媒介传递到信息的接受者。在传播的过程中，首先要注意必须尊重事实，切忌在传播中文过饰非、虚张声势；其次要注意明确目标，每一项具体的公共关系活动都应该有其明确的目标，然后针对本次不同的公关目的，采取不同形式的公关手段或方式。不要对一次活动赋予太多的目的，那样反而不能达到效果；在实施传播的活动中要做到知己知彼，在每一项具体的公关活动中，不但要明确自己的目的，还要了解传播对象的要求，这样才能提高公关活动的针对性；最后，还要注意有针对性地选择传播媒介，根据不同的目的选择电视、报刊或者宣传手册等传播媒介。

组织和公众的联系有多种手段，只有依靠传播连接在一起的才是公共关系，通过公共关系联系在一起的社会组织和公众具有较强的情感性和协同性。因此，也有人认为公共关系是传播、是沟通。

信息从信息源经过一定的传播媒介以后，达到接受者的信息已经与信息源的信息发生了改变，即信息在传播中的变异性。在任何信息的传播活动过程中，应该防止发生信息的变异。

公共关系的传播有四种表现形式：利用大众传播媒介进行的传播、群体传播、组织内传播和人际传播（又称为口头传播）。在使用大众传播媒介的时候，应根据传播目的、传播对象、传播内容以及资金选择传播媒介的种类。例如，有些医院通过在广播或者电视中开办专栏节目的方式作为医院形象推广的一部分内容。座谈会、联谊会等活动都是群体传播的表达形式。在本单位内部，上情下达、下情上达，以及平级之间的平行沟通都是组织内传播的表达形式，在单位内部建立顺畅的沟通渠道有助于上级及时了解员工的情况，员工及时了解单位的变化以及发展方向，争取全员对单位战略目标的认同，形成上下一股绳的合力。

选择传播媒介的依据是：①传播目标；②传播对象；③传播内容；④传播事件；⑤经济能力。

七、公共关系的功能

1. 收集信息　在现代社会里，一个独立运行的经济实体要想在激烈的竞争中立于不败之地，必须充分占有信息。即要通过全面经常地、系统地收集和分析、处理各种信息，从而不断地及时调整经营策略，保证组织目标、内部资源和外部环境的动态平衡，确保组织决策的正确性和稳定性，提升组织自身的适应能力和反应能力。需要收集的信息包括政府决策信息和立法信息、经济技术信息、消费者和市场需求信息、组织机构和产品形象信息、竞争对手的信息等。

任何社会组织都是通过自己的产品连接公众，产品是公众和社会组织之间的纽带，收集信息的目的是为决策服务，因此，一个社会组织要注重收集自己产品在公众中的反映和意见，增加产品对公众的吸引力。信息的收集可以通过专门的渠道，如访谈和座谈，也可以通过社会组织中每一个工作人员与顾客的日常接触。医院通常进行的患者满意度调查可以视做医院了解消费者需求和医院在患者心目中的形象信息的方式。从收集信息的途径可以看出，公关是社会组织中每一个成员的工作，应该注重培养全体员工的公关意识。

除了患者信息之外，医院还应加强对政策信息的研究。目前，我国正处在改革开放的重要时期，卫生领域的改革非常活跃，医院必须及时了解最新的改革政策和有战略意义的指导性的政策意见，分析政策环境的变化和未来趋势，调整经营方向，把握政策先机，同时保证机构的运营不违反有关的法律法规和政策制度。

2. 决策咨询功能　公共关系之所以能够首先在经济领域出现，是因为良好的公共关系能够为组织机构的经营管理决策提供有价值的信息，起到咨询和参谋的作用。公共关系工作提供咨询决策的内容主要包括：关于组织机构知名度和美誉度的咨询和评价；提供经营方针、政策及其实施结果的评价与咨询；提供消费者心理需求的预测和咨询。

很多医院希望能够通过提供与众不同的医疗服务，获得市场先机，尽可能多地争取到患者。这就必须了解患者需要什么形式和内容的医疗服务，可以采取座谈、走访、随访等形式了解患者的需求信息和对现有医疗服务的评价，将这些资料整理、分析、研究，得出对医院的战略决策和经营方针有意义的结论。公共关系工作就是要通过信息收集对经营决策起到参谋和支持的作用。

3. 建立传播与沟通，争取公众的理解和支持　医院建立公共关系的最终目的是建立机构在公众中的崇高信誉与良好形象。公共关系的作用就是要将机构信息传递给公众，促使其产生好感和信赖，使公众的消极态度逐渐转变为正面的同情、接受、感兴趣和进一步的理解，并且使公众保持和发扬积极的态度。形成彼此尊重、相互理解的合作共荣关系。

社会公众并不会自发地了解医院在工作中遇到的种种困难、困惑和疑问，需要医院主动地与外界沟通，传达经营管理的理念、使命和任务，消除社会公众对医院产生的种种误解，变消极的社会态度为积极的社会态度。对业已存在的消极态度或者突然产生的危机事件，公共关系则应积极进行纠正性的努力，防止危机事件造成不可挽回的恶劣影响。

转变公众期望依靠的是公共关系的双向传播与沟通作用。具体包括：①将有关管理部门的决策与措施、要点及时传达给公众，并进行及时的、恰如其分的解释；②对内部和外部环境的变化实施监测；③向主管部门提出政策建议和政策执行情况的反馈，积极参与政府决策。

4. 塑造组织形象，建立组织信誉　医院以提供医疗服务为己任，由于医疗服务与人的生命和健康密切相关，因此在公众中建立和塑造崇尚健康、尊重生命的积极形象对树立医院的社会形象、形成社会美誉度起着重要的作用。宣传组织的产品形象（包括产品的质量、性能、用途、品牌等）、组织形象（组织机构状况、管理水准、服务质量）、职工形象（职工队伍整体和某些员工个人的技术水平、职业道德、精神面貌)、外观形象(如环境、标识、人员服饰可以给人产生第一视觉印象的信息)等。

在社会转型时期需要特别注意的是,一个唯利是图的医院是无法取得社会公众的信任和支持的。在计划经济时期,我国大部分医院长期作为政府的社会福利政策的一部分向公众提供低于成本收费的医疗服务,但是在社会主义市场经济时期,医院已经成为独立经营的经济实体,医院的生存和发展面临经济上的压力,需要通过经营活动实现长期的可持续性发展。因此,医院既要向公众宣传自身的任务和使命,塑造积极、健康的社会形象,履行社会职责;又要向各个政府部门宣传和呼吁,争取外部经营环境和政策环境的改善。

社会信誉是医院自身的经济利益与社会公众的社会利益协调一致的结果。医院的社会信誉由多方面组成,既包括技术质量信誉、服务信誉,也包括价格合理,没有价格欺诈行为。因此,为树立良好的社会信誉,医院不仅要从医疗技术角度向公众传播信息,还要从满足人群需求的角度宣传医疗服务项目、设施、价格等患者关心的问题,在提高知名度的基础上,提高美誉度,提高无形资产价值。

5. 协调谅解作用　公共关系的协调作用主要表现在防止矛盾发生,要在危机事件的苗头出现的时候及时缓和、淡化矛盾,以求得内部和外部的协调统一。在协调作用下,矛盾的转化有四种方向:

(1) 同向转型:医院与社会公众将矛盾的焦点指向同一方向,问题得到解决。

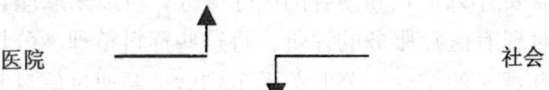

(2) 反向转型:医院与社会公众将矛盾的焦点指向不同方向,甚至是相反的方向,问题暂时消失,但并没有得到解决。

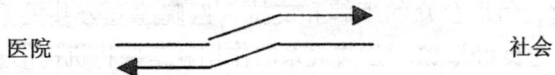

(3) 错向转型:形成医院与社会公众之间互相指责的局面,问题或矛盾激化。

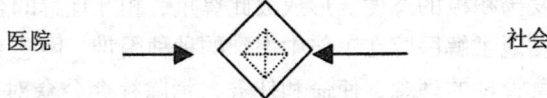

(4) 消减转型:医院与社会公众的矛盾逐渐消失。

6. 消防作用　一个组织机构与内部或外部的各种关系发生各种各样的矛盾在所难免,能够妥善处理这些公共关系矛盾,是创造和谐融洽的经营管理环境的关键。因此,良好的公共关系的重要工作就是减少摩擦,在外部和内部关系的处理上起"润滑"和"消防"的作用。

在突发危机事件的情况下,积极主动的公共关系行为可以及时消除社会公众对医院产生的不良情绪。医患矛盾是在医院发生的最常见的公共关系纠纷。在社会转型时期,各种社会矛盾都有可能在医院的医疗服务过程中体现出来。例如,目前有一部分医疗纠纷是因为患者为转嫁高昂的医疗费用负担,借用各种理由对医院提起经济赔偿。积极搞好公共关系,就是要将各种矛盾和危机消灭在萌芽状态,防止矛盾激化,避免对医院的社会形象产生严重不良后果。

在经营管理过程中，及时发现问题，运用公共关系原则，让问题在最初发生的时间段里得到解决是最经济高效率的危机事件处理原则。医院方面不能因为自身没有责任，没有严重失误或不承担主要责任就忽视防微杜渐。即使在法制社会里，积极的公共关系也可以起到法律所不能起到的保护作用。有些医院在发生患者的投诉事件之后，以为依靠法律手段可以解决一切问题。但是即使通过法律程序证明医院不承担责任，医院在诉讼过程中也要承担巨大的经济、人力和精力的付出，甚至会受到社会的种种非议和指责，这些损失是法庭上的胜诉所不能补偿的。因此，建立医院在社会公众中的美誉度是依靠医院的公共关系活动。对于一些因医院在服务过程中的问题引发的医患矛盾，就更应该积极主动地解决。

八、公共关系的原则

1. **整体性原则** 组织机构的公共关系是为机构整体服务，不是服务于机构中的某一个或某几个部门。在医院中也是同样。例如，由于推行科室经济核算，医院的各个业务科室往往有独立的经济利益，但是公共关系部门在处理各个科室出现的公共关系问题时，不能单纯从某个科室或部门利益出发，必须以医院的整体利益为出发点，力求实现部门间的理解、协调和合作。同时，各个科室或部门在对外时，也必须保持统一的形象、声音和行为原则，从而向社会公众传递统一的机构形象。

2. **真实性的原则** 社会组织通过公共关系收集信息的目的是辅助决策。只有真实的信息才能对决策产生有益的帮助。在公共关系中，信息要真实，态度要真诚。公共关系是为了和公众进行联系和沟通，而联系和沟通是以实际存在的关系为前提的，只有注意真实性，才能经得起时间的检验。

3. **互利互惠的原则** 任何社会组织与公众的关系都是互利互惠的，其前提是在交往过程中，尊重和维护公众的利益。社会组织即不能对公众的需求视而不见，也不能一味地迎合公众的口味，而应追求双方利益的协调和平衡。

4. **全员公关的原则** 维护与公众良好的关系不是单位领导或者单位中每一个部门的事情，而是整个团体的责任。而在具体工作中，社会组织中的每个成员实际上都处于与公众接触的位置，也就是说都处于公关状态。在每一个工作人员与顾客的交往中，每个人都有自己的聪明才智，都有吸引顾客的手段和方法，因此，必须树立全员公关的意识。

5. **影响决策原则** 建立公共关系的目的是辅助决策，为决策服务。

九、公共关系的主要形式

1. **宣传性公共关系活动** 即利用各种传播媒介对外宣传，将组织的内部信息传递出去，加强社会了解的公共关系活动。医院在增加服务项目时，往往也通过宣传性活动，增加社会公众的了解，提高社会知晓率。在宣传性活动中，通常以机构为主体，主动向外传达信息，具有一定的时效性。在全国的爱牙日、爱眼日、高血压日等活动中，很多医院积极参与，走上街头发放宣传材料，不仅宣传了健康和保健知识，也宣传了医院自身，可以起到很好的宣传作用。

2. **服务性公共关系活动** 即以提供各种具体服务为主要内容的公共关系活动。服务性活动的目的多是为了用实实在在的服务争取社会公众的了解和支持，树立良好的社会形象，通常并不追求直接的经济回报，而是增加社会的美誉度，建立长期的客户关系，实现组织机构的长远利益。

义诊是医院经常采用的服务性公共关系活动。义诊的真实性和是否包含经济活动常常影响活动的成败。在服务性公共关系活动中的费用支出，应该看做是建立和改善公共关系的投资，不应该要求在当次活动中收回成本。一些医院以义诊为名，销售各种保健品或者药品、医疗保健仪器的行为不仅不能树立良好的社会形象，反而容易导致社会公众的反感，败坏了医院的社会声誉。

3. 征询意见性公共关系活动　即公共关系人员及时收集社会公众的各种意见和反映，为本机构的经营管理决策提供参谋和依据。进行患者满意度调查是医院经常使用的征询意见性公共关系活动。在进行这类活动中，应该注意实事求是，不能为了取得一个表面上的好结果而忽视甚至歪曲征询过程。设立社会监督员也是一些医院经常使用的征询意见手段。应注意到设立社会监督员是为了切实改善医院的服务工作，是为了征询机构外部对机构内部运行过程中的意见和建议，而不能让社会监督员成为向机构表达溢美之辞的虚设招牌。如果要求社会监督员代表机构向社会外界树立机构的正面形象，则更是歪曲了社会监督的本质和意义。

十、公共关系活动的主要程序

1. 调查与分析　了解受到组织的行为和政策影响的人员和其他组织的观点、态度和反映，确定组织目前面临的公共关系问题，是围绕着公众的意见和态度进行的调查。公关调查的目的在于通过合理地解决某一具体问题，使组织与公众之间建立融洽和谐的关系，提高组织的信誉和树立良好形象。各种定量和定性的调查方法都可以用于公关调查。

2. 计划　在确定了公关问题之后，要针对问题制定公关活动计划，提出解决问题的目标。计划包括确定目标和选择传播渠道及时机。在选择传播渠道和时机的时候，要充分考虑到活动的目的、公众的心理接受程度以及目标受众的社会经济学特征。

3. 实施与传播　是指公共关系活动的组织和操作，是公关活动的具体实施环节。

4. 评估　是对一次公关活动的总结、效果测量和评价，既是前一个公关活动的结束，又是下一个公关活动的开始。

第二节　人际关系与医患关系

一、人际关系的概念

1. 基本概念

人际关系：是指人与人交往过程中确认双方的联系和共同点的过程。

医患关系的定义：以增进健康、消除疾病为目的，以医疗活动为基础，"医方"和"患方"在医疗活动中结成的一定关系。

医患关系学：以医患关系为特定研究对象的应用性综合科学，是运用一般医患关系理论、原则、作用来调整、处理医疗实践活动、医学科学发展、医院管理等过程中医患之间相互关系的总和。

2. 人际认同的模式及其认同的核心　人与人之间有不同的认同模式。主要包括：年龄认同（认同的核心是共同的生活经历和生活体验）；职业认同（认同的核心是职业的社会位置和社会价值）；地域认同（认同的核心是文化、传统和习俗）。

3. 人际关系的特征

（1）广泛性：人际关系是人与人之间的社会关系，无时不在，无处不在，是人类区别于其他物种的基本特征。

（2）情感性：在人与人之间的各种关系中，思维和意识起着重要的作用，这种关系具有强烈的情感性。

（3）社会性：人与人之间的关系受到文化背景的制约。

（4）交际性：交往是人际关系建立的基础，人们在交往中通过一定的方式传达自我。

（5）个体差异：即人与人之间的关系在不同的个体之间有不同的表现形式。

（6）变动性：人际关系建立以后，并不是固定不变的，随时变化，还需要随时调整。

4. 人际认同的优点　有利于建立感情的联系，可以长期保持。

5. 人际认同的缺点　覆盖面小。为避免这个缺点，应该注意选择人际沟通的对象，扩大交往的范围。

二、医患的社会角色

著名医史学家西格里斯曾经说过："医学的目的是社会的，它的目的不仅是治疗疾病，使某个机体康复；它的目的是使人调整以适应他的环境，作为一个有用的社会成员。每一个医学行动始终涉及两类当事人：医生和患者，或者更广泛地说，医学团体和社会，医学无非是这两群人之间多方面的关系。"

医患关系中的"医"和"患"的含义是在不断发生变化的。从最开始的"医生"和"患者"逐渐发展，"医"包含了所有从事医疗服务的工作人员，包括医生、护士、医技人员、医院管理人员，甚至医院后勤工作人员；"患"也从单纯的患者扩展到患者、患者家属，以及患者的监护人、照顾人，甚至社会亚健康人群。

随着社会的发展，医患关系从院内发展到院外，从医生—患者发展到医务人员和患者及其有关人员，从一次的疾病救治发展到长期的健康维护关系。在发展的过程中，医患双方的角色、地位和作用都在发生变化。例如，护士从原来单纯协助医生完成治疗操作到对患者进行心理护理、整体护理，随着社区医疗服务的发展，社区护士、咨询护士、健康教育护士等新的护理角色出现在医疗服务活动中，护士独立完成护理诊断、开出护理处方、执行护理操作，与患者的关系更加密切，在医患关系中的作用也更加重要。在"患方"，患者家属的作用也不可忽视，患者家属不仅是医疗活动的协助者，而且是患者心理护理的参与者，还会在一定情况下成为患者权利的代言人以及患者利益的参与者。

因此，医患关系中要素含义在时间、空间和对象上的发展变化，给医疗服务的管理提出了更高的要求，医院管理者和医务人员必须在管理实践中特别重视医患关系，充分注意到医患关系的变化，才能更好地适应为患者服务的需要。

三、医患关系的演变及其特点

1. 传统的医患关系　医患关系的主体是单个的医务人员和患者，医患关系简单，影响因素少。现代医学尚未得到发展，医学知识和医疗手段较少，医疗行为有时与巫术掺杂在一起，患者容易对医务人员产生盲目的信任。

2. 生物医学时期的医患关系　医务人员处于主动地位，患者绝对服从于医务人员，医务人员是主动的，患者是被动的。人们患病求医，对于医务人员的诊断、治疗完全服从。由于交通等的限制条件，患者的选择余地较小，信息来源少，容易在医务人员与患者之间建立较稳定的长期关系。从一定角度上讲，医务人员掌握了患者的生命健康权。

3. 整体医学时期的医患关系　进入社会－心理－生物医学模式时期，自然科学领域取得了一系列的成果，使人们认识到人是一个多层次、多功能的复杂系统，社会、心理因素与生物、理化因素一样可以导致人处于疾病状态。建立良好的医患关系可以使患者在就诊的过程中打开心扉，使医务人员了解到患者疾病的深层次原因。在就诊的过程中，医务人员注重与患者的交流是这一时期的重要特点。

4. "人道主义"医患关系的特点　一方面，随着自然科学技术的迅速发展，各种新技术、新设备在临床上大量应用，在提高诊断、治疗效果的同时，也在一定程度上疏远了医务人员和患者之间的距离。医务人员过分注重仪器设备的检验结果，而忽略了对患者的直接的身体检查，减少了医疗活动中患者与医务人员的接触和交流。面对复杂的检验和检查结果，患者更加希望医务人员给予必要的解释和说明，消除患者的疑虑。另一方面，医学科学本身的发展促进了医学的学科分化。二级学科，甚至三级学科出现，特别是在三级大医院，分科越来越专业化，每一个科室的医生只解决患者某一个方面的问题，彼此缺乏合作和沟通。存在多种健康问题的患者在各个科室之间被割裂开来，缺少对患者系统的照顾和关怀。

美国行为科学家布朗斯坦教授认为，人道主义的医患关系模式综合了技术和非技术两个方面，它的基础是：①患者本人比他的疾病复杂得多，因此看病不能只看到他生理上的疾病；②患者是一个完整的人，他的心理比他的身体要复杂得多；③每个人都有能力为自己的健康负责；④每个人的身心健康状态和他的经历和背景有着错综复杂的关系；⑤生老病死对人是意义重大的事件，对不同的人的影响和价值不同；⑥对患者的帮助不仅仅依靠技术措施，还要依靠医务人员的同情心、关切和负责任的态度。因此，提出在医疗活动过程中，增加医患之间的交流，充分尊重、理解和关怀患者。

四、患者的心理需要

1. 需要安全和早日康复　就医是患者到医院最基本的需求。患者通过接受医疗服务的过程获得健康，并且能够早日康复。因此，提供合乎质量的医疗技术服务是维持医患关系的基本保证。

2. 需要被认识、被尊重　患者在医院中，希望能够作为一个独立的与众不同的人存在，而不是某种疾病的载体。例如不论门诊患者还是住院患者都希望医务人员能够叫自己的名字，而不是叫一个号码。叫名字可以让患者感到自尊、感到被尊重。

3. 需要被接纳，需要有归属感　住院患者到了病房，就是到了一个陌生的新环境，希望在新的环境中得到接纳，找到归属感。

4. 需要获得信息　患者在医院中，不是仅仅得到一个诊断和处方就可以了，他还想知道与疾病有关的所有知识，例如为什么得了这个病，多长时间能够康复，会不会有遗留的问题，会不会再得等等。因此，医务人员用患者可以理解的方式正确地把相关信息告诉患者，可以使患者主动配合医疗活动，增强战胜疾病的信心。

5. 需要新鲜感　对于住院患者来说，病房的生活非常单调枯燥，周围有都是各种各样的患者，甚至还会见到其他患者病故的情景，容易造成情绪的消沉和低落。这时，病房中应该有一些医疗之外的活动安排，帮助排遣患者心中的不快和犹豫。例如病房中设立报刊架、电视机,可以让患者了解到最近的新闻、医疗科普知识或者娱乐消息等,营造轻松愉快的气氛。

五、医患关系的基本特征

1. 服务的提供与利用　在医疗服务过程中,医患双方建立关系的根本目的在于提供与接受医疗服务。围绕着医患双方发生的种种问题和矛盾,都不能脱离医疗服务的提供与利用这一基本前提。因此,在分析与研究医患关系时,不能抛开这一关系的本质内容。

2. 以医务人员的职业行为为基础　医务人员为患者治病是本职工作,是医务人员分内的事情,虽然在医疗信息的掌握、医疗手段的运用、医疗费用的支付等方面上双方并不完全处于平等的状态,但医患之间仍然是建立在医生的职业行为基础上的平等关系。不论是疾病的诊断和治疗,还是生活护理,都是医务人员的职业行为要求的内容。医务人员并非高患者一等,在工作中应对患者表现出尊重、礼貌、关怀的态度。

3. 以密切的人身接触为手段　医务人员在为患者提供医疗服务的过程中,不可避免地要接触到患者的身体。医务人员与患者的身体接触远远超过了一般社会职业关系中的身体接触,这是职业的需要,但是不注意就会超过职业合理范围的限度,侵犯了患者的隐私权。

4. 以生命和健康的维护为纽带　医务人员的服务对象是患者的身体健康甚至生命,服务的结果通常是不可逆的。因此,医务人员应该对服务对象给予特别的关注。在市场经济条件下,提供医疗服务和接受医疗服务虽然要基于市场经济的基础,但是不能脱离医疗服务的特殊性,不能用纯粹商品经济的观点去分析、评价和运作医疗服务。

六、信息传播与医患之间的信用资源

在现代社会中,信用被视做一个社会组织必不可少的资源,可以为社会组织的运行带来有形的和无形的社会财富。在医疗服务中,医患之间的信用同样是可以为医院和医务人员带来"财富"的资源。

信息时代的特征是信息的快速和广泛传播。报纸、杂志、广播电视以及被称为第四媒体的互联网都是信息传播的媒介。各种各样的信息媒介及传递健康知识,也传达着医疗服务的有关信息。

信息的快速和广泛传播使医疗信息在人群中的传播速度和广度大大增加。人们很容易从各种信息渠道获得有关医疗服务和医学知识的信息,但是对信息质量的判断能力仍然有限,往往根据自己的经验对信息做出筛选和判断。对此,医院和医务工作者应该认识到,只有医务人员才有可能帮助患者纠正不正确的信息和对医疗服务结果不正确的期望,因此,医务人员不应该抱怨患者的信息不正确或被其他信息误导,而应该积极主动地为患者提供正确、可以理解的有益信息,帮助患者做出正确、合理的医疗选择。

在信息时代,医院和医务人员的信誉也通过报刊等正式新闻媒体,或通过患者及其家属的口传作用反映到社会上。媒体对医疗服务的报道也在通过各种直接或者间接的方式影响到医院提供的医疗服务。例如,媒体记者对医患纠纷的报道难以从医学技术的角度进行剖析和鉴别,甚至会影响到已经进入司法程序的医患纠纷的审判工作。医院和医务人员必须主动维护自身形象,利用各种机会向社会传达正面的形象。

(一) 医患之间的信息传播的作用

1. 为提高患者的治病、防病意识及自我保健能力提供信息来源　1977年,世界卫生组织在阿拉木图提出"2000年人人享有卫生保健"的战略目标，确认和加强了初级卫生保健工作，并且强调人们对自己的健康负有责任。同时，随着社会经济文化的发展和生活水平的提高，人们对健康知识的需求越来越高。医务人员面对面地宣传健康知识直接满足了人们在这方面的需要。

2. 开发和建立医患之间的信用资源　在一个患者可以选择医疗服务提供者的社会环境下，医患之间的信用关系是建立长期的、固定的、稳定的医患服务合同的重要基础。尤其在常见病、多发病的治疗中，患者对医务人员和医院的信任是其选择医院的重要标准。而服务提供方的服务方式和服务态度是获取患者信任的直接手段。

3. 为患者回归社区后承担健康教育的角色提供信息来源　除医务人员外，患者同样是健康知识的传播者。患者会把自己从医务人员那里得到的信息加上自己的经验和体会，告诉周围的亲友。患者传播的信息是不是正确，是不是可信，除了患者自身知识水平和接受能力外，还取决于他收到的信息的质量。

4. 为患者回归社区后开发和建立医院的社区信誉提供信息来源　患者与社区人群之间的口碑传递作用是医院在社区人群中建立并扩大影响的重要方式。俗话说"有口皆碑"，社区人群之间的信息传播活动是医院和医务人员无法避免也无法控制的。国外有学者调查发现，患者会把他体会到的关于医疗活动的负面信息告诉7~10人，而只会把正面信息告诉2~3人。因此，必须尽量减少患者可能产生的任何不良感受，使患者在接受医疗服务的过程中，接受尽可能多的关于医院形象的正面信息，使医院借助患者与社区人群进行交流，在社区中树立医院和医务人员正面的、积极的职业形象。

(二) 破坏医患之间信用资源的语言现象

1. 模糊信息　是指患者从医务人员那里得到的含混的、不明确的信息。模糊信息并不能给患者提供正确的提示，而且可能带来误导。态度生硬或者对检查措施、诊断和治疗方法不做任何解释是最普遍的提供模糊信息的表现形式。

2. 专业信息　是一种在不自觉的情况下，破坏医患之间信用资源的形式。医务人员在向患者解释病情时仍然像在做病例讨论或者医学教学时一样，使用专业语言、专业的分析方法和专业背景知识，会使患者不知所云，不得要领。用专业知识代替通俗的健康教育语言、用专业思维代替生活常识常常是医务人员的一种不自觉的行为，但是拉大了医务人员与患者之间的距离，疏远了医患关系。

医务人员在进行健康教育时必须考虑受教育者的接受能力。社会公众是健康知识的接受者，他们没有医学背景，没有医学专业知识。有关健康的知识只是他们生活常识的一部分。因此，宣传科学知识需要从群众易于理解的角度出发，贴近生活本身，使用通俗、直白的语言把群众需要的内容以他们能够接受的方式传达给他们。

3. 错误信息　是指由于医务人员的技术水平不良导致的破坏医患之间信用资源的信息，是技术水平而非主观因素造成的，但是可能会导致严重的错误。医务人员不断加强业务学习，不断提高技术是避免提供错误信息的有效方法。

4. 欺骗信息　即为达到诊断治疗之外的某种目的而向患者提供诱导性的，或者强制性的指令，是对医患之间信用资源最具破坏性的信息传递方式。例如，在为达到增加收入的目的而增加检查、治疗项目时，错误地暗示疾病的严重程度和潜在危害，患者在不明就里的情况下，会听从医务人员的"忠告"，做了不必要的检查、吃了不必要的药品。但是患者不可能长期处于完全听从医务人员安排的位置，通过其他途径得到的信息会不断冲击他以前得到的"忠告"。信息渠道越多、越畅通，这种信息的破坏性就越大。

七、不平衡的人际关系

1. 定义 不平衡的人际关系是指人与人之间地位不平等，存在着支配和被支配的关系。支配者有支配的权力和地位，被支配者有接受支配的需要。

2. 如何处理不平等的人际关系 支配者的支配权力有范围界限，不能超范围行使支配权力；支配者要在支配中保护被支配者的权力，例如患者的知情同意权、隐私权。

3. 医患之间的不平衡的人际关系 医务人员在为患者提供医疗服务的过程中，要检查患者的身体，需要患者暴露身体。这是医务人员的职业所赋予的支配患者身体的权力，但是，在行使这一权力的过程中，医务人员不能将患者的身体暴露给无关人员，例如其他看病的患者；医务人员对患者身体的"侵犯"不能超过医疗行为的界限，同时还要在检查过程中注意患者其他方面的要求，例如要注意患者的保暖。

八、医患沟通艺术

1. 医患沟通的特点

（1）双向沟通：医患之间的沟通是双向沟通，沟通是否能够进行取决于医务人员是否能够对患者表达出来的信息做出及时、准确的反应。如果患者的沟通意愿不能从医务人员那里得到反馈，沟通就会停止，还会影响到患者进行下一次沟通的愿望。

（2）双方的沟通基础不同：医务人员掌握医学科学知识，在沟通中理智大于感情，或者不带有感情色彩。而患者则感情多于理智。医务人员不能要求患者具备专业知识，而是应该主动理解患者的心理，用患者能够理解的方式进行沟通。

（3）从医务人员开始的沟通更加积极和主动：在医患关系中，医务人员由于掌握专业知识，与患者相比，往往处于主导和主动的地位，患者由于专业知识、文化水平、性格、环境不熟悉、不适应等因素，往往处于被动地位。如果医务人员能够主动开始与患者的交流和沟通，有助于营造亲切友好的沟通氛围。

（4）医患沟通也是辅助治疗的手段：医务人员对患者进行健康教育、疾病相关知识的解释等工作都是依靠沟通完成的。良好的沟通不仅可以完成上述活动，还是很好的心理治疗方法。

2. 医务人员的个人形象 医务人员在与患者交往的过程中，表现出自己的气质、风度和魅力。气质是指后天教育和影响所形成的性格特征、文化素养、道德伦理和审美意识。风度是个人气质的外在表现。魅力是个人的吸引力、气质风度对他人的影响力。在人际交往中个人形象好可使人产生正向的态度和情感，并且进一步产生愿意交往的心理倾向。医务人员的服饰、仪表、动作、表情和眼神都在表达医务人员的个人形象。

3. 正确处理医患之间的空间关系 人际关系中，人与人的空间距离与人与人的亲密程度有关。距离在30～40厘米之内的属于亲密关系空间；70厘米之内的属于私人空间；1～1.2米之内属于社会交往空间；大于1.2米的属于公共空间。由此可见，医患之间的关系已经在一定程度上属于亲密关系，因此，保持医患之间的和谐友好融洽的关系对顺利完成医疗服务非常重要。在处理人与人之间空间位置的关系上既要能使患者适度开放自己的空间，也要充分尊重患者的个人空间。

4. 不是亲人胜似亲人的医患关系

（1）从社会分工角度看医患关系：角色关系是由社会分工决定的，各个社会角色有各自的权利和义务。人从家庭到工作岗位、到社会其他场合，在不同的位置上，人的社会角色随着人的社会位置的变化而变化。一个具体的社会关系是围绕这一个具体的共同目标而形成的。

（2）不是亲人的医患关系：双方对待疾病、痛苦甚至死亡的认识不同，医务人员掌握医疗科学技术，敬业的医务工作者应该对患者有人道主义的思索。

（3）胜似亲人的内涵：医务人员能为亲人所不能；亲人的关系是有限的，而医务人员的关怀是无限的。

第三节 危机与重点患者管理

一、风险与问题管理

1. 问题的概念 1979年美国蔡斯和巴里·琼斯认为：问题是有待决策的未解决事件。

社会组织的问题的基本形式是某个机构和它的一个或多个受众之间存在的冲突点。即公司实践和各利益集团期望值之间的差距。

2. 问题管理 1979年，问题管理被第一次用于企业处理批评意见的一种方式，问题被认为是企业经营管理的风险信号。

定义1 1979年美国蔡斯和巴里·琼斯认为：问题管理是公司能够用以识别、分析、管理出现的问题，并在问题为公众所熟知之前对此做出反应的一种手段。

定义2 1993年美国塔克和布鲁姆认为：问题管理是这样的一个管理过程，其目的是帮助机构保持市场份额，降低风险，创造商机，管理形象（公司信誉），以形成机构的无形资产，为机构和它的主要股东创造利润。

3. 影响风险评估的因素

（1）风险意味着对不同人的不同事件：人们过分关注引起轰动的风险问题，如飞机事故，但同时对驾驶汽车或夜晚抄近路等普遍存在的风险却估计不足。人们对风险（危机）的关注并不取决于该事件发生的概率和不良后果发生的概率，而是更多地取决于不良后果的悲惨状况所带来的轰动效应。如飞机失事造成的死亡与大多数人的日常生活的密切程度远远低于公路的交通事故，但是，一次飞机失事可以引发全球媒体连篇累牍的报道，而公路交通事故则无人问津。人们对个性化的悲剧无动于衷，而群体化的悲剧更引人关注。

（2）根本态度很难改变：由社会文化因素构成的一些基本态度决定了理解新出现的风险的方式。

（3）有风险的信息来源是关键因素：管理风险的主体是否值得信任在很大程度上决定着人们对结果的信任。一个人如果对另一个人不信任，也就不太容易相信他所说的话。因此，在一个医院发生损害患者健康事件的时候，医院自身的表白是最不被信任的。1995年美国的一次公共关系调查表明：就信息的来源与信任程度来说，97%的公众首先信任为环保工作的科学家，77%选择为政府服务的科学家，64%选择本行业的科学家。媒体对上述三类科学家的信任程度分别为73%、41%、38%；也就是说，来自第三方的专家在风险管理方面扮演着重要的角色。

(4) 情感是最强大的影响因素：由于被不成比例的、大量宣传的负面作用所渲染，人们对这类事件的风险的理解与客观正式数据相比，总是处于过分的状态。假设在美国每周有2架747客机相撞，其死亡人数与同一时期在高速公路上撞死的人数相等，结果是后者很少能像前者那样成为头条新闻。

(5) 想像与事实相混淆：人们常常由于确信事实在过去没有发生过，也就相信在将来也不会发生。在一些著名的案例中，完全欺诈要么在短期内削弱一个公司的实力，要么将其彻底摧毁；在另一些案例中，过度的收购欲望或者所有权的暴露会将资产负债表拉到临界点。一些明智的公司会突然发现他们错误地理解了他们高度专业化市场的衰退。

对出现的问题进行管理说明企业高度重视出现的风险信号，能够主动防微杜渐。但是企业应该充分认识到，每个人对风险的认识不同。对企业发生的某个事件或者某种后果也会存在不同的认识和理解。在危机事件发生的时候，企业应该充分地而且谨慎地理解公众对风险的认识。

二、危机管理

1. 问题管理与危机管理（表12-1）

表12-1 问题管理与危机管理的区别

	问题管理	危机管理
应用的时间	事前管理，具有先期性行为特征	事后管理
作用点	识别变化的可能性	倾向于做出惩戒的反应
结果	在造成负面影响之前影响与改变相关的决策	处理已经成为公众熟知并对公司造成影响的局面
完成的时限	没有限制，但是问题存在的时间越长，可供选择的机会就越少，付出的成本就越多	瞬间

2. 处理危机事件的关键环节 在一个道德社会里，信任危机比违规行为和产品危机严重得多。每次危机事件都同时潜伏着成功的种子和失败的根源，危机管理的关键是发现、培育和收获潜在的成功。失败主要是由于使不良局势雪上加霜。危机形势的公共关系管理是要认识到正身处危机，需要采取适当行动去挽回局势，让别人看到你正在采取措施，让别人听到你正在说正确的话，不仅要注重技术方面的问题，还要充分重视公众感觉方面的问题。

3. 危机事件的应对计划

(1) 领导者应具备在困境中保持冷静的良好素质，对于消除下属的恐慌尤为重要。

(2) 对公司的生存而言，有计划的危机处理是极为关键的。

(3) 建立良好声誉的基础是负责任的行动，而不是华丽的辞藻。

(4) 实际运作中的任何与承诺不相符的微小偏差都会成为人们批评的靶子。

(5) 危机处理的指导原则是：对危机处理采取积极态度；以公众期待为准绳，使整个组织的行动保持步调一致，通过连贯、负责任的行动建立良好的声誉；在危机中寻找机会并采取主动。

(6) 危机处理计划包括：潜在危机情况的分类；制定相应的预防措施；制定潜在危机应对战略及战术；确定危机能波及到的各方；制定有效措施使危机波及到的各方可以进行有效的信息交流，以减少对公司声誉的损害。

(7) 组建合适的团队来预防、处理和控制危机。

(8) 确保高层人员得到培训，使其在危机发生时能成功地应对新闻发布。

(9) 建立一支训练有素的电话应答队伍，以应答媒体和家属打来的电话。

(10) 不要忘记员工，他们是公司的形象大使。

(11) 协调公司与第三方的反应。

4. 危机事件中的媒体

(1) 如果媒体不能从无意间成为事件的中心的组织那里获得满足的信息，必定会从其他渠道获取信息，并对不让其得到满足的组织表示极大的怀疑。在危机情形中，有必要及时、全面地讲述你自己的"故事"。

(2) 让媒体认为你对事件的反应是人道的、关爱的和负责任的。

(3) 在危机刚刚发生不久不了解情况是正常的。在这种困境下，接受采访的目的在于表达对已发生的事件的感受及怎样着手处理问题，关键在于表明将竭尽全力保证让遇难者家属得到妥善处理，让伤者接受最好的医疗，并想尽办法查处事故原因以防止类似事件再次发生。

(4) 要在一开始就掌握着向媒体传播新闻的内容和数量。

(5) 危机沟通的黄金规则是从组织最高层立即行动。

(6) 主动交往至少可以赢得媒体的中立进而同情的态度，尤其在有人员伤亡的危机事件中。通常媒体认为处于危机事件中心的组织过分迟缓地提供信息，或者其"新闻发言人"拒绝接受采访，或者故意隐瞒真相时，他们才会采取敌意的态度。

(7) 危机情况中成功沟通的关键，是将处于危机中心位置的组织变为有关发生了何事、正采取何种措施的唯一权威信息发布来源。

(8) 报纸评论是自由的，但事实是不容冒犯的。危机事件处理的自始至终要一直监督媒体，要不遗余力地撤回那些严重不实的报道。

(9) 处理针对婴儿的风险与处理针对宠物的风险是完全不同的。

(10) 如果危机已经引起了大众的关注，那么监督媒体对事态的态度就成为其对此反应的关键部分。

5. 建立积极的媒体关系　新闻机构作为一个独立的经济实体，也有其自身运行的规律和要求，一些情况下的新闻"炒作"也是媒体吸引读者视线的需要。在与新闻媒体机构的关系上，医院不应该指责媒体不够关心、理解和支持，而应采取主动措施积极地建立与媒体的关系。

医院首先应该在平时就积极向媒体传递有关医院的正面信息，使医院的正面形象最大化。例如，及时在媒体上宣传医院开展的新的服务项目、推出的新的服务举措，及时报道抢救成功的重大疑难病例，在媒体上宣传医院的工作人员，从而在公众和媒体中树立医院技术水平高，服务质量好，人员敬业、爱岗的正面形象。在媒体接到负面消息时，积极与媒体配合调查事件发生的过程，及时沟通，使媒体在反映事件真相的同时也认识到医院解决问题的诚意，避免矛盾扩大化。在医院的内部管理上，应由专门的机构或人员负责与新闻机构联络，避免医院各个部门或科室各自为政的局面，保持对外的新闻宣传的一致性。

三、重点患者管理

1. 重点患者的概念　重点患者并没有一个确定性的概念，而是一个随着医院和患者需求的变化而不断变化的概念。从问题管理与危机管理的角度,通常是指对医院的医疗服务可能存在或者容易引发种种不满意的患者。可能是由于患者自身的原因,例如病情危重的患者、高龄患者可能发生不良的医疗后果;也可能是由于医院或医务人员方面的原因,例如医疗行为中的问题给患者带来了不良的损害。医患之外的第三方面的问题也可能容易引发患者的对立情绪,例如目前因医疗费用引起的纠纷呈上升趋势。

因此,重点患者多包括:高龄患者、病情危重的患者、高费用患者、具有特殊社会地位的患者、长期住院患者,以及曾经对医院服务表示过某种或某方面不满意的患者等。相比其他患者而言,这些患者更容易与医务人员发生矛盾或对医院服务产生不满,是医院的问题管理及危机管理中应特别注意的服务对象。

2. 重点患者管理制度的原则

(1) 预防为主:对重点患者进行重点管理是要减少重点患者对医疗服务可能产生的不满意,是要将不满意消解在最低限度内。

(2) 全员参与:患者对医院服务的意见已经不单是医疗技术上的意见,还可能源于医院服务的任何环节,因此,必须做到全员参与。

(3) 有效改进:医院为消除患者的不满意应该努力进行有效的改进,敷衍了事是不能被患者接受和认可的。

3. 建立重点患者管理制度 医院中建立常规的重点患者管理制度可以帮助全员树立危机意识,明确重点患者的管理程序,各个岗位加强质量意识和责任意识,使医院内部的危机管理工作长期有效地坚持下去,提高患者满意度。

重点患者管理的步骤:①识别重点患者;②标记重点患者,即在患者的病历中加上医院统一的标记,并且在患者到病房之外的其他科室的时候,在各种检验单据上加同样的标记;③重点患者重点照顾,即医务人员要对重点患者给予更多的和更加细心的关心和照顾;④重点患者重点沟通,即医务人员要随时了解患者的要求和心愿,尽可能满足患者的合理要求;⑤重点患者领导关心,即对于一些重点患者,科主任、护士长还要给与特别的关注。

(冯 文)

第十三章 医院安全

教学内容与教学目标

教学内容
1. 医疗安全的概念、内容及其影响因素。
2. 医院安全管理。
3. 医疗纠纷的概念、内容。
4. 医疗事故处理的概念及主要内容。
5. 医疗纠纷及事故的防范。

*　　　　　*　　　　　*　　　　　*

教学目标
1. 掌握医院安全相关的概念及主要内容。
2. 掌握医疗纠纷、医疗事故的概念及主要内容。
3. 熟悉医院安全管理的措施与方法。
4. 熟悉引起医疗纠纷和医疗事故的主要原因。
5. 了解我国医疗事故的分级、分等。
6. 了解我国医疗事故的赔偿内容。
7. 了解国外医疗事故的赔偿制度。

医院安全在医院管理中具有重要意义，医院安全管理就是保证患者在医院期间，不受医疗的、技术的、仪器设备的、生物的、环境设施的及人为的不良因素的影响和伤害，医院安全往往是多种因素综合影响的结果。这些安全因素不仅存在于医院医疗服务本身，也存在于医院提供的其他服务之中。医院安全管理的重点是要提高在医疗机构各个岗位工作的员工对医院安全重要性的认识，了解医院安全管理的内容以及影响医院安全的各种因素，对工作环节中影响医院安全的各种因素进行有效控制，对容易发生不安全的设备、设施、工作流程进行改进，制定医疗服务安全操作规范和安全应急措施，以保证患者在医院就医时不会受到由于医院医疗、服务设施或不合理服务流程的伤害。医院安全管理包括医疗安全和医院一般安全两方面，前者主要是对医疗相关因素进行管理，后者则主要针对医院的服务设施进行管理。

第一节 医疗安全

一、医疗安全的概念

医疗安全是指医院在向患者提供医疗服务的过程中不发生与医疗服务相关的医疗伤害，

确保患者得到正确、合理的医疗服务。医疗安全是保证患者得到良好医疗服务的先决条件，医疗安全在整个医院管理中，具有重要的意义。没有医疗服务安全保障就有可能造成患者的身心伤害，甚至危及患者的生命，同时也会严重影响医院的正常工作。

二、影响医疗安全的因素

医疗安全是医院医疗服务高质量的标志之一，如果医院经常出现医疗不安全现象，说明医院安全管理存在隐患，不安全因素不能有效地加以控制，这些隐患多数是由于医院领导和医务人员对医疗安全管理不重视或对策不力造成的。研究认为，医疗安全与医疗效果和医院的声誉有着密切的联系，没有完善的医疗安全管理机制和管理措施，就无法获得良好的医院经营效果。

影响医疗安全的因素或称之为医疗不安全因素是多种多样的，根据其性质，可以将这些因素归纳为以下四个方面。

1. 医源性不安全因素　主要是指医务人员在提供医疗服务时采用的不适当的诊断、治疗措施，不良的语言或不当的行为。医源性不安全因素是临床上造成患者医疗不安全的主要因素，其引起的不安全后果也较为严重。由于医学发展的局限性，很多用于临床的医疗技术还无法根除患者的疾病，有些甚至无法保证取得理想的效果，加之患者病情的不确定性以及患者个体的差异，不能保证医务人员采取的医疗措施都能改善患者的症状或恢复其健康，因此，医疗服务存在一定的风险性和不确定性，这些因素影响着医疗服务的安全。从管理角度讲，只能尽量把这些因素的危害程度控制在最小，但无法根除。另外一类是由于医护人员技术水平或责任心不够造成患者的伤害，这类不安全因素是可以通过培训和管理避免的。例如，因输血而发生了肝炎；因责任心不强导致患者使用抗生素后出现过敏；因静脉注射次数过多，发生了脉管炎；因灭菌不好，造成患者术后感染等。此外，由于医患之间的沟通不畅，医生对患者的医疗方案未事先征得患者同意，或对治疗以后产生的后果交代不够，导致患者心理的伤害。甚至个别医院会出现由于医护人员的道德修养不够，对患者出言不逊，给患者造成伤害。

2. 医疗技术不安全因素　是指由于医务人员医疗技术水平低、经验不足或协作技术能力不高而对患者安全造成影响。

因医护人员技术水平不高而影响患者安全的现象在临床工作中是较常见的。例如：由于技术操作不当引起的对患者身心的伤害；由于技术原因造成临床病例的漏诊、误诊；由于适应证判断不准确而错开刀等。可见医疗技术水平是临床医疗的一个重大不安全因素。

3. 用药不当的影响因素　药物的毒副作用是众所周知的，因此临床用药就成为一个重要的不安全因素，特别是用药或药物配伍不当都可能给患者带来危害，形成药源性伤害。如药物剂量过大、配伍禁忌药物同时应用或连续应用超限量药物导致患者伤害，有些伤害对机体是不可逆性损伤，严重者会危及患者生命。

4. 医院环境因素　由于医院是患者集中的场所，患者通常都带有不同的致病菌或病毒，如果医院的消毒措施不当，极易在医院造成交叉感染，如术后感染、新生儿感染、输液感染等，特别是当传染病流行的季节，容易在医院引起局部爆发。此外，病房室内外的空气污染、供水污染都可能造成患者的交叉感染，影响医疗安全。

第二节 医院一般安全管理

一、医院一般安全管理的概念

医院一般安全管理是指医院对其服务设施、仪器设备、服务流程的不安全因素进行管理和控制,以保证患者、患者家属及其医院工作人员在医院不发生人身伤害。医院的一般安全管理内容包括:医院服务设施、电器、可燃气体、有害气体、火灾、盗窃及其他灾害的管理与控制。医院的安全管理有赖于医院建立完善的预防机制和制度,以及出现安全问题时采取适当的安全措施。

二、医院安全管理体制及内容

医院应该设立安全委员会或防灾委员会,其成员除负责安全的院长、后勤、行政管理部门和医护人员的代表之外,还应邀请当地消防部门的代表及安全专家出席会议。安全委员会负责全院各种有关安全的事宜,包括患者的活动及医院员工工作,院内各个安全管理的设施应备有维护检查记录,在医院内作定期的安全检查,对于有危险的情况要及时更正,并将处理情况形成书面报告向委员会报告。医院设施的安全应注意以下事项:

1. 凡有必要的地面,应铺设防滑地毡;
2. 楼梯踏沿处,设有增加摩擦的防滑纹板;
3. 轮椅在设计上要不能翻倒,患者坐轮椅上下坡时,一定要有他人在边上照料;
4. 担架必须由两位人员联合操作,保护患者的皮带必须扣紧;
5. 正在清洁的地面应设明显标志,予以警示;
6. 凡有地面升降处,必须设有照明设备;
7. 患者浴室内,淋浴和盆浴设备不得合在一起;分别设置时应注意加装扶栏;
8. 各种电器的使用必须有正确的使用指导方法及步骤,以便操作;
9. 电热器及暖气管道要有防护装置,以免伤害患者。在儿科及婴儿室等处应特别注意;
10. 对于不能自控的患者,应遵循医院规定,给予特殊保护,以免发生患者互相伤害事件;
11. 各种患者搬动方式应有适当训练,以免造成患者伤害;
12. 对外科、小儿科及骨科的患者,应有适当提示,以免患者自己发生意外伤害事件;
13. 乙醚、放射性等危险物品要有特殊保管方式;
14. 打破玻璃器皿时,要使用扫集法,不可用手去拾捡;
15. 凡可双向推开的门,一定要有透明玻璃,能看到对侧;
16. 自动开门装置,应有缓关控制,保证安全;
17. 各种水电管路,应定期检查;
18. 放射科的设备应经常检查;
19. 电梯应有良好的维护,定期检查安全关门设计、钢缆及制动器等;
20. 厨房、洗衣房等场所的用电机械,应有各种安全设计及装置;
21. 易燃加压气体应有安全储存规定;
22. 房屋设施应经常检查,对松动、破损之处应立即修复;

23. 医院中发生的任何人员伤害事件，不论大小，应立即上报。

三、防火

防火是医院安全计划中的重要部分。由于对火灾的防护关系到医院各部门的人员，因此应该对防火设施进行定期维护和更新，定期对员工进行防火、灭火培训，使每一位医院员工都知道灭火的知识和技能，在紧急情况出现时才能镇定处理。

防火计划可以分五个步骤进行：

1. 减少失火的可能性　医院建筑如能使用防火建材，加装减火设备，则失火的可能性就会减少。医院设施装修应尽量使用防火材料的装饰品、布幔及成品等，以减少其可燃性，增加病房和医院的安全。

2. 早期发现火警　大火是由小火而起，如能早期发现火苗，就会控制火势，减少损失。在火苗不易被发现的地方，要加装自动火焰烟雾报警系统。一般医院都应设置内部火警报告系统，一旦发生火情，医院有关人员都会立即接到通知，此种系统也可以连到邻近消防单位，以便及时抢救。

3. 防止火势蔓延　一般医院在发生火灾时，应先搬走室内患者，并将门户紧闭，再去报警。关门的目的就是要将火苗局限于室内，等待灭火处理。医院在设计时应该保证病房室与室之间能完全隔绝，成为封闭的单位，以防止火势蔓延。

4. 灭火　针对不同的电器、化学品，或其他燃品、油品着火应采用适当的方法把火扑灭。

5. 疏散　如果火势强劲，一时难以扑灭，就应将患者疏散到其他安全地点，因此医院必须要有安全的疏散计划。

一般医院建造时对走廊、门的宽度都有规定，应遵照执行。各走廊尽头要接有疏散用楼梯，以免陷入死角。各安全梯应能通往地面，走廊内应有应急指示灯。疏散的程序也应事先计划好，要有周密部署，不然将会造成极度混乱，反而会危害到患者的安全。

医院安全委员会对于防火应有详细的规定，以下是一些大的原则：

1. 医院建筑及装备要尽可能采用阻燃材料；
2. 消防人员应定期视察医院，其记录应妥善保存；
3. 夜间应有专门人员巡视；
4. 制定防火制度并严格监督执行，各种防火标识应在显著地点张贴；
5. 不准吸烟的区域，应明显张贴禁止吸烟标志；
6. 失火时各员工的责任及行动应有明确的书面规定；
7. 医院所有人员应接受防火、灭火训练及在失火情况下如何搬运患者；
8. 每年至少举行一次员工消防演习；
9. 放射科的胶卷、麻醉用气体、氧气设备、药品、可燃性用品及溶液等，应切实遵守安全储藏的规定；
10. 医院定有安全处理垃圾的规定；
11. 灭火设施要定期检查，并放于合理位置，以便随时使用；
12. 火灾警报系统完备可用；
13. 要有足够多而且合理安排的安全楼梯；
14. 楼梯要有足够的宽度，能方便患者担架通过；

15. 医院为高层建筑时，至少有一座电梯为特别规格，可容得下一张标准病床和必需的医护人员使用，电梯门的大小亦应够病床出入；

16. 各层病房建筑，都应有多个对外紧急出口；

17. 各出口处应有明显的灯光标志。

四、医院安全管理措施

1. 预防错误发生　医疗卫生服务系统是一个复杂的系统，许多因素影响着医院安全，如组织的结构与管理、工作环境、员工的素质、所履行的任务、服务的对象以及医疗业务流程等。设计科学严密的操作规范，使发生了的错误能够及时被发现。衡量一个医疗机构是否安全，主要就是看它是否具有及时发现错误并且在错误造成对患者的伤害之前能够被纠正，从而限制危险性错误的影响范围和程度，阻止错误所致损害的蔓延和进一步恶化的能力。

患者参与也是预防错误的有效手段，在医患之间彼此信任的基础上对患者进行宣传，使其了解有关治疗与用药情况，鼓励患者在有不寻常情况发生时提出问题，从而减少由于错误导致的伤害。

2. 减少、控制错误与伤害事件　减少医院工作的复杂性。越是复杂的工作，发生错误的几率就越大。减少复杂性是减少错误的有效措施，如通过制订完成任务的步骤、分解任务、明确协调方式等措施将复杂的工作简单化。

建立减少错误的约束机制，如设备插头与插座的匹配、麻醉设备中不同气体管道的连接等，计算机药物处方系统自动拒绝不正常的药物剂量输入。

3. 减少应用先进技术带来的副作用　医疗服务行业改进与提高服务质量，势必应用许多先进手段，如开展新的诊疗项目、引进新技术、购置新的仪器设备等。这些也会给医院安全带来一些副作用。因此在新项目、新技术、新设备应用之前必须经过充分的论证、培训并做出周密的计划以控制错误的发生。可以在新项目、新技术、新设备正式推广应用之前先在小范围内试验，将风险降低到最低程度，发现问题后应重新设计项目，然后推广应用。

第三节　医疗纠纷

一、医疗纠纷的概念

医疗纠纷是指医院及医院工作人员在向患者提供临床医疗服务时，医患双方出现的争执。近年来，医疗纠纷呈逐年上升之势，纠纷当事人要求医院赔偿的经济数额越来越大，纠纷处理的难度也日益加大，尤其是新的《医疗事故处理条例》（以下简称《条例》）颁布实施以后，医疗纠纷一时成为社会、新闻媒体关注的焦点。

医疗纠纷出现的情况比较复杂。多数医患纠纷发生在诊疗护理过程或医疗服务之中。就其内容而言，有些是医务人员确有诊疗、护理行为失当或技术过失，造成患者身体伤害或发生不良后果；有些是医护人员不注意言行，或服务态度差造成的；还有一部分是由于医护人员对病情和疾病的预后解释不到位引起患者误解造成的。

一般情况下，形成医疗纠纷的，都直接或间接地涉及到医患双方的权益、道德与法律问题。因此，医院在接待患者投诉时要坚持公正、公平的原则，对于属于医护人员违反医疗规范或医疗行为不符合规范的，应及时告知有关部门和人员，责令其限期改正。在不违反医疗行为规范的前提下，尽可能为患者提供服务，既要维护患者的利益，又要注意保护医院和医务人员的合法权益。医患纠纷处理有一定的时限性，因此，对一些能够立即解决的纠纷应尽快解决，如对因服务态度引起的纠纷，可以当时解决。对于复杂的纠纷，一定要进行调查以后，再着手解决，如对于死亡病例或因技术原因引起的纠纷，应先找当事人了解情况，核实，再向科室负责人了解病情发展、演变和治疗情况，掌握可靠的客观资料，然后拿出初步处理意见。答复患者时，一定要针对患者或其家属提出的疑问和意见，认真地、实事求是地向患者解释清楚，包括诊断是否正确，处理是否及时，用药有无原则错误，有无服务不到位等现象。对一时无法解决的，应主动留取投诉人的联系方式，分阶段答复投诉人。总之，在处理医疗纠纷时，要以公正的态度引导患者及其家属按程序来解决问题，既不上交矛盾、激化矛盾，更不推诿患者，要想方设法取得对方的信任。对投诉要做到件件有回音，事事有答复。要取得患者及其家属的信任，妥善解决纠纷。

明确责任是处理纠纷的原则，医院要敢于面对现实，对有问题的或形成纠纷的，处理一定要严格遵照程序。首先是坚持原则，以事实为依据，以法律为准绳，维护医患双方的合法权益；其次是一次性解决，不留后遗症；再者，对重大事件要请第三方公正，请律师见证或请司法部门公正，不留隐患。第四，妥善保护好原始的医疗文件，包括病案封存，物品的封存、检验等，一定要严格按程序和规定进行。构成事故的，严格按《条例》规定执行，对构不成事故，医患双方又分歧较大的，要冷处理，医患双方分歧较小，能够达成一致意见的尽快协商解决。对部分不属于医源性纠纷，尽可能走司法程序，依法办事。

二、医疗纠纷产生的原因

形成医疗纠纷的原因是多方面的，据调查，多数医疗纠纷都是由于医务人员的服务态度差，或服务意识不到位引发的。纯属有意制造纠纷的案例是个别的。

1. 由于医护人员医疗过失引起的纠纷　此类纠纷多是由于对医务人员的医疗过失引起的。如医务人员在为患者提供医疗服务时出现失误，造成对患者的伤害。事后理应本着实事求是的态度，向患者及家属表明错误，承担责任，取得他们的谅解。但有些管理人员缺乏这种勇气，致使患者及家属感到医院没有诚意解决问题，从而向上级行政部门或法院控告。

2. 由于医务人员服务态度或语言不当引起的纠纷　医务人员服务态度生硬，对患者缺乏耐心、缺乏同情心，有的医务人员不理解患者的焦虑心情，以致当患者询问病情时表现得极不耐烦，粗暴对待患者而引起纠纷。

此外，在医疗服务过程中，每个医疗机构的条件、设备和医务人员的技术水平等诸方面的因素都存在差异，对一种疾病的认识能力和诊疗效果可能会有差异。如某种疾病在发病初期症状有可能不明显，医师根据当时的症状做出初步诊断是允许的。而患者经过治疗无效，又到另一家医院去就诊，此时症状比较明显了，做出诊断也相对容易。如果第二次接诊的医师不假思索地讲些不妥当的话，如这个病这么明显，怎么会诊断错了？你要是早来这里就没有问题了，现在已经晚了等等，几句话就可能引起严重的后果。

第四节　医疗事故

医疗活动中的技术、服务、管理等方面的失误在医疗实践中时有发生，这些统称为医疗缺陷。医疗差错、事故与纠纷，均属医疗缺陷范畴。

医疗缺陷是医疗质量不高的客观表现。它反映出医疗服务体系处于功能不佳状态。构成医疗缺陷的有可控因素和不可控因素。医疗缺陷多发生在诊断、治疗、抢救、用药、手术、护理等重要环节上，而构成医疗事故当属重度医疗缺陷。

一、医疗事故的概念

依照2002年国务院颁布实施的《医疗事故处理条例》，医疗事故是指医疗机构及其医务人员在医疗活动中，违反医疗卫生管理法律、行政法规、部门规章和诊疗护理规范、常规，过失造成患者人身损害的事故。《条例》规定有下列情形之一的，不属于医疗事故：

1. 在紧急情况下为抢救垂危患者生命而采取紧急医学措施造成不良后果的；
2. 在医疗活动中由于患者病情异常或者患者体质特殊而发生医疗意外的；
3. 在现有医学科学技术条件下，发生无法预料或者不能防范的不良后果的；
4. 无过错输血感染造成不良后果的；
5. 因患方原因延误诊疗导致不良后果的；
6. 因不可抗力造成不良后果的。

从上述定义可以看出，医疗事故是特定的职业事故，是发生在医疗机构及其医务人员向患者提供医疗服务的活动中发生的事故，因此，医疗事故的构成有其基本条件。

1. 医疗事故的行为人必须是符合国家《执业医师法》规定的，并在各级政府卫生行政管理部门登记备案的医务人员，或符合国家《医疗机构管理办法》规定、经政府卫生行政主管部门批准的医疗机构。此外，构成医疗事故的行为人，还应包括在医院工作的其他雇员。

2. 医疗事故的行为人必须有诊疗护理工作中的过失。过失是指行为人由于疏忽大意或过于自信所造成的危害后果。

构成医疗事故过失行为，必须具有违法性，即医疗机构及其医务人员在医疗活动中违反了相关的医疗卫生管理法律、行政法规、部门规章和诊疗护理规范、常规。

3. 必须是发生在医疗活动中（包括为此服务提供的后勤和管理活动）。

二、医疗事故的分级

国务院2002年颁发的《医疗事故处理条例》中规定：根据对患者人身造成的损害程度，将医疗事故分为四级。同年，卫生部制定了《医疗事故分级标准（试行）》方案，根据医疗事故对患者造成的人身损害后果进一步将医疗事故划分为四级十二等。其中一级事故分甲、乙两等；二级医疗事故分甲、乙、丙、丁四等；三级医疗事故分甲、乙、丙、丁、戊五个等级；四级医疗事故不再分等。根据相关法规医疗事故具体分级如下。

一级医疗事故：造成患者死亡、重度残疾的。

一级甲等医疗事故是造成患者死亡的。

一级乙等医疗事故是造成患者重要器官缺失或功能完全丧失，其他器官不能代偿，存在特殊医疗依赖，生活完全不能自理。如植物人状态；极重度智能障碍；临床判定不能恢复的昏迷；临床判定自主呼吸功能完全丧失，不能恢复，靠呼吸机维持；四肢瘫，肌力0级，临床判定不能恢复。

二级医疗事故：造成患者中度残疾、器官组织损伤导致严重功能障碍的。

二级甲等医疗事故是造成患者器官缺失或功能完全丧失，其他器官不能代偿，可能存在特殊医疗依赖，或生活大部分不能自理。如双眼球摘除或双眼经客观检查证实无光感；小肠缺失90%以上，功能完全丧失；双侧有功能肾脏缺失或孤立有功能肾缺失，用透析替代治疗；四肢肌力Ⅱ级（二级）以下（含Ⅱ级），临床判定不能恢复；上肢一侧腕上缺失或一侧手功能完全丧失，不能装配假肢，伴下肢双膝以上缺失。

二级乙等医疗事故是造成患者器官缺失、严重缺损、严重畸形情形之一，有严重功能障碍，可能存在特殊医疗依赖，或生活大部分不能自理。如重度智能障碍；单眼球摘除或经客观检查证实无光感，另眼球结构损伤，闪光视觉诱发电位（VEP）P100波潜时延长>160ms（毫秒），矫正视力<0.02，视野半径<5°；双侧上颌骨或双侧下颌骨完全缺失；一侧上颌骨及对侧下颌骨完全缺失，并伴有颜面软组织缺损大于30cm²；一侧全肺缺失并需胸改术；肺功能持续重度损害；持续性心功能不全，心功能四级；持续性心功能不全，心功能三级伴有不能控制的严重心律失常；食管闭锁，摄食依赖造瘘；肝缺损3/4，并有肝功能重度损害；胆道损伤致肝功能重度损害；全胰缺失；小肠缺损大于3/4，普通膳食不能维持营养；肾功能部分损害不全失代偿；两侧睾丸、附睾丸缺损；阴茎缺损或性功能严重障碍；双侧卵巢缺失；未育妇女子宫全部缺失或大部分缺损；四肢瘫，肌力Ⅲ级（三级）或截瘫、偏瘫，肌力Ⅲ级以下，临床判定不能恢复；双上肢腕关节以上缺失、双侧前臂缺失或双手功能完全丧失，不能装配假肢；肩、肘、髋、膝关节中有四个以上（含四个）关节功能完全丧失；重型再生障碍性贫血（Ⅰ型）。

二级丙等医疗事故是造成患者器官缺失、严重缺损、明显畸形情形之一，有严重功能障碍，可能存在特殊医疗依赖，或生活部分不能自理。如面部重度毁容；单眼球摘除或客观检查无光感，另眼球结构损伤，闪光视觉诱发电位（VEP）>155ms（毫秒），矫正视力<0.05，视野半径<10°；一侧上颌骨或下颌骨完全缺失，伴颜面部软组织缺损大于30cm²；同侧上下颌骨完全性缺失；双侧甲状腺或孤立甲状腺全缺失；双侧甲状旁腺全缺失；持续性心功能不全，心功能三级；持续性心功能不全，心功能二级伴有不能控制的严重心律失常；全胃缺失；肝缺损2/3，并肝功能重度损害；一侧有功能肾缺失或肾功能完全丧失，对侧肾功能不全代偿；永久性输尿管腹壁造瘘；膀胱全缺失；两侧输精管缺损不能修复；双上肢肌力Ⅳ级（四级），双下肢肌力0级，临床判定不能恢复；单肢两个大关节（肩、肘、腕、髋、膝、踝）功能完全丧失，不能行关节置换；一侧上肢肘上缺失或肘、腕、手功能完全丧失，不能手术重建功能或装配假肢；一手缺失或功能完全丧失，另一手功能丧失50%以上，不能手术重建功能或装配假肢；一手腕上缺失，另一手拇指缺失，不能手术重建功能或装配假肢；双手拇、食指均缺失或功能完全丧失无法矫正；双侧膝关节或者髋关节功能完全丧失，不能行关节置换；一下肢膝上缺失，无法装配假肢；重型再生障碍性贫血（Ⅱ型）。

二级丁等医疗事故是造成患者器官缺失、大部分缺损、畸形情形之一，有严重功能障碍，可能存在一般医疗依赖，生活能自理。如中度智能障碍；难治性癫痫；完全性失语，伴有神经系统客观检查阳性所见；双侧重度周围性面瘫；面部中度毁容或全身瘢痕面积大于70%；双眼球结构损伤，较好眼闪光视觉诱发电位（VEP）>155ms（毫秒），矫正视力<0.05，视野半径<10°；双耳经客观检查证实听力在原有基础上损失大于91dBHL（分贝）；舌缺损大于全舌2/3；一侧上颌骨缺损1/2，颜面部软组织缺损大于20cm²；下颌骨缺损长6cm以上的区段，口腔、颜面软组织缺损大于20cm²；甲状旁腺功能重度损害；食管狭窄只能进流食；吞咽功能严重损伤，依赖鼻饲管进食；肝缺损2/3，功能中度损害；肝缺损1/2伴有胆道损伤致严重肝功能损害；胰缺损，胰岛素依赖；小肠缺损2/3，包括回盲部缺损；全结肠、直肠、肛门缺失，回肠造瘘；肾上腺功能明显减退；大、小便失禁，临床判定不能恢

复；女性双侧乳腺缺失；单肢肌力Ⅱ级（二级），临床判定不能恢复；双前臂缺失；双下肢瘫；一手缺失或功能完全丧失，另一手功能正常，不能手术重建功能或装配假肢；双拇指完全缺失或无功能；双膝以下缺失或无功能，不能手术重建功能或装配假肢；一侧下肢膝上缺失，不能手术重建功能或装配假肢；一侧膝以下缺失，另一侧前足缺失，不能手术重建功能或装配假肢；双足全肌瘫，肌力Ⅱ级（二级），临床判定不能恢复。

三级医疗事故：造成患者轻度残疾、器官组织损伤导致一般功能障碍的。

三级甲等医疗事故是造成患者器官缺失、大部分缺损、畸形情形之一，有较重功能障碍，可能存在一般医疗依赖，生活能自理。如不完全失语并伴有失用、失写、失读、失认之一者，同时有神经系统客观检查阳性所见；不能修补的脑脊液瘘；尿崩，有严重离子紊乱，需要长期依赖药物治疗；面部轻度毁容；面颊部洞穿性缺损大于 20 cm^2；单侧眼球摘除或客观检查无光感，另眼球结构损伤，闪光视觉诱发电位（VEP）>150ms（毫秒），矫正视力 0.05~0.1，视野半径 <15°；双耳经客观检查证实听力在原有基础上损失大于 81dBHL（分贝）；鼻缺损 1/3 以上；上唇或下唇缺损大于 1/2；一侧上颌骨缺损 1/4 或下颌骨缺损长 4cm 以上区段，伴口腔、颜面软组织缺损大于 10cm^2；肺功能中度持续损伤；胃缺损 3/4；肝缺损 1/2 伴较重功能障碍；慢性中毒性肝病伴较重功能障碍；脾缺失；胰缺损 2/3 造成内、外分泌腺功能障碍；小肠缺损 2/3，保留回盲部；尿道狭窄，需定期行尿道扩张术；直肠、肛门、结肠部分缺损，结肠造瘘；肛门损伤致排便障碍；一侧肾缺失或输尿管狭窄，肾功能不全代偿；不能修复的尿道瘘；膀胱大部分缺损；双侧输卵管缺失；阴道闭锁丧失性功能；不能修复的Ⅲ度（三度）会阴裂伤；四肢瘫，肌力Ⅳ级（四级），临床判定不能恢复；单肢瘫，肌力Ⅲ级（三级），临床判定不能恢复；肩、肘、腕关节之一功能完全丧失；利手全肌瘫，肌力Ⅲ级（三级），临床判定不能恢复；一手拇指缺失，另一手拇指功能丧失 50% 以上；一手拇指缺失或无功能，另一手除拇指外三指缺失或无功能，不能手术重建功能；双下肢肌力Ⅲ级（三级）以下，临床判定不能恢复。大、小便失禁；下肢双膝以上缺失伴一侧腕上缺失或手功能部分丧失，能装配假肢；一髋或一膝关节功能完全丧失，不能手术重建功能；双足全肌瘫，肌力Ⅲ级（三级），临床判定不能恢复；双前足缺失；慢性再生障碍性贫血。

三级乙等医疗事故是造成患者器官大部分缺损或畸形，有中度功能障碍，可能存在一般医疗依赖，生活能自理。如轻度智能减退；癫痫中度；不完全性失语，伴有神经系统客观检查阳性所见；头皮、眉毛完全缺损；一侧完全性面瘫，对侧不完全性面瘫；面部重度异常色素沉着或全身瘢痕面积达 60%~69%；面部软组织缺损大于 20 cm^2；双眼球结构损伤，较好眼闪光视觉诱发电位（VEP）>150ms（毫秒），矫正视力 0.05~0.1，视野半径 <15°；双耳经客观检查证实听力损失大于 71dBHL（分贝）；双侧前庭功能丧失，睁眼行走困难，不能并足站立；甲状腺功能严重损害，依赖药物治疗；不能控制的严重器质性心律失常；胃缺损 2/3 伴轻度功能障碍；肝缺损 1/3 伴轻度功能障碍；胆道损伤伴轻度肝功能障碍；胰缺损 1/2；小肠缺损 1/2（包括回盲部）；腹壁缺损大于腹壁 1/4；肾上腺皮质功能轻度减退；双侧睾丸萎缩，血清睾丸酮水平低于正常范围；非利手全肌瘫，肌力Ⅳ级（四级），临床判定不能恢复，不能手术重建功能；一拇指完全缺失；双下肢肌力Ⅳ级（四级），临床判定不能恢复。大、小便失禁；一髋或一膝关节功能不全；一侧踝以下缺失或一侧踝关节畸形，功能完全丧失，不能手术重建功能；双足部分肌瘫，肌力Ⅳ级（四级），临床判定不能恢复，不能手术重建功能；单足全肌瘫，肌力Ⅳ级（四级），临床判定不能恢复，不能手术重建功能。

三级丙等医疗事故是造成患者器官大部分缺损或畸形，有轻度功能障碍，可能存在一般医疗依赖，生活能自理。如不完全性失用、失写、失读、失认之一者，伴有神经系统客观检查阳性所见；全身瘢痕面积50%～59%；双侧中度周围性面瘫，临床判定不能恢复；双眼球结构损伤，较好眼闪光视觉诱发电位（VEP）>140ms（毫秒），矫正视力0.1～0.3，视野半径<20°；双耳经客观检查证实听力损失大于56dBHL（分贝）；喉保护功能丧失，饮食时呛咳并易发生误吸，临床判定不能恢复；颈颏粘连，影响部分活动；肺叶缺失伴轻度功能障碍；持续性心功能不全，心功能二级；胃缺损1/2伴轻度功能障碍；肝缺损1/4伴轻度功能障碍；慢性轻度中毒性肝病伴轻度功能障碍；胆道损伤，需行胆肠吻合术；胰缺损1/3伴轻度功能障碍；小肠缺损1/2伴轻度功能障碍；结肠大部分缺损；永久性膀胱造瘘；未育妇女单侧乳腺缺失；未育妇女单侧卵巢缺失；育龄已育妇女双侧输卵管缺失；育龄已育妇女子宫缺失或部分缺损；阴道狭窄不能通过二横指；颈部或腰部活动度丧失50%以上；腕、肘、肩、踝、膝、髋关节之一丧失功能50%以上；截瘫或偏瘫，肌力Ⅳ级（四级），临床判定不能恢复；单肢两个大关节（肩、肘、腕、髋、膝、踝）功能部分丧失，能行关节置换；一侧肘上缺失或肘、腕、手功能部分丧失，可以手术重建功能或装配假肢；一手缺失或功能部分丧失，另一手功能丧失50%以上，可以手术重建功能或装配假肢；一手腕上缺失，另一手拇指缺失，可以手术重建功能或装配假肢；利手全肌瘫，肌力Ⅳ级（四级），临床判定不能恢复；单手部分肌瘫，肌力Ⅲ级（三级），临床判定不能恢复；除拇指外3指缺失或功能完全丧失；双下肢长度相差4 cm以上；双侧膝关节或者髋关节功能部分丧失，可以行关节置换；单侧下肢膝上缺失，可以装配假肢；双足部分肌瘫，肌力Ⅲ级（三级），临床判定不能恢复；单足全肌瘫，肌力Ⅲ级（三级），临床判定不能恢复。

三级丁等医疗事故是造成患者器官部分缺损或畸形，有轻度功能障碍，无医疗依赖，生活能自理。如边缘智能；发声及言语困难；双眼结构损伤，较好眼闪光视觉诱发电位（VEP）>130ms（毫秒），矫正视力0.3～0.5，视野半径<30°；双耳经客观检查证实听力损失大于41dBHL（分贝）或单耳大于91dBHL（分贝）；耳郭缺损2/3以上；器械或异物误入呼吸道需行肺段切除术；甲状旁腺功能轻度损害；肺段缺损，轻度持续肺功能障碍；腹壁缺损小于1/4；一侧肾上腺缺失伴轻度功能障碍；一侧睾丸、附睾缺失伴轻度功能障碍；一侧输精管缺损，不能修复；一侧卵巢缺失，一侧输卵管缺失；一手缺失或功能完全丧失，另一手功能正常，可以手术重建功能及装配假肢；双大腿肌力近Ⅴ级（五级），双小腿肌力Ⅲ级（三级）以下，临床判定不能恢复；大、小便轻度失禁；双膝以下缺失或无功能，可以手术重建功能或装配假肢；单侧下肢膝上缺失，可以手术重建功能或装配假肢；一侧膝以下缺失，另一侧前足缺失，可以手术重建功能或装配假肢。

三级戊等医疗事故是造成患者器官部分缺损或畸形，有轻微功能障碍，无医疗依赖，生活能自理。如脑叶缺失后轻度智力障碍；发声或言语不畅；双眼结构损伤，较好眼闪光视觉诱发电位（VEP）>120ms（毫秒），矫正视力<0.6，视野半径<50°；泪器损伤，手术无法改进溢泪；双耳经客观检查证实听力在原有基础上损失大于31dBHL（分贝）或一耳听力在原有基础上损失大于71dBHL（分贝）；耳郭缺损大于1/3而小于2/3；甲状腺功能低下；支气管损伤需行手术治疗；器械或异物误入消化道，需开腹取出；一拇指指关节功能不全；双小腿肌力Ⅳ级（四级），临床判定不能恢复，大、小便轻度失禁；手术后当时引起脊柱侧弯30度以上；手术后当时引起脊柱后凸成角（胸段大于60度，胸腰段大于30度，腰段大于20度以上）；原有脊柱、躯干或肢体畸形又严重加重；损伤重要脏器，修补后功能有轻微障碍。

四级医疗事故：造成患者明显人身损害的其他后果的。

如双侧轻度不完全性面瘫，无功能障碍；面部轻度色素沉着或脱失；一侧眼睑有明显缺损或外翻；拔除健康恒牙；器械或异物误入呼吸道或消化道，需全麻后内镜下取出；口周及颜面软组织轻度损伤；非解剖变异等因素，拔除上颌后牙时牙根或异物进入上颌窦需手术取出；组织、器官轻度损伤，行修补术后无功能障碍；一拇指末节1/2缺损；一手除拇指、食指外，有两指近侧指间关节无功能；一足拇趾末节缺失；软组织内异物滞留；体腔遗留异物已包裹，无需手术取出，无功能障碍；局部注射造成组织坏死，成人大于体表面积2%，儿童大于体表面积5%；剖宫产术引起胎儿损伤；产后胎盘残留引起大出血，无其他并发症。

根据新的《医疗事故处理条例》，医疗事故不再分责任事故和技术事故。

三、医疗事故处理

医疗事故原则上由当事的医疗单位与患者及其家属根据《医疗事故处理条例》的规定协商解决。在实际工作中，大多数医疗事故是当事双方协商解决的。因此医疗事故发生以后，医院要先找当事人了解情况，核实事故发生的情况，再向有关科室负责人了解患者的病情和治疗情况，以及对医疗事故原因的分析，掌握可靠的客观资料，拿出初步处理意见。

明确责任是处理医疗事故的原则，医院要敢于面对现实，对有问题的或形成事故的，处理一定要严格遵照程序。以事实为依据，以法律为准绳，维护医患双方的合法权益。对于医患双方分歧较小，能够达成一致意见的，应尽快协商解决；医患双方协商解决医疗事故争议，需要进行医疗事故技术鉴定的，由双方当事人共同委托负责医疗事故技术鉴定工作的医学会组织鉴定。对医患双方意见分歧较大的事故，可由患者或医院提请当地卫生行政主管部门申请医疗事故技术鉴定。

当事人对首次医疗事故技术鉴定结论不服的，可以自收到首次鉴定结论之日起15日内向医疗机构所在地卫生行政部门提出再次鉴定的申请。也可直接向当地人民法院起诉。

发生医疗事故争议，当事人申请卫生行政部门处理的，应当提出书面申请。申请书应当载明申请人的基本情况、有关事实、具体请求及理由等，由医疗机构所在地的县级人民政府卫生行政部门受理。医疗机构所在地是直辖市的，由医疗机构所在地的区、县人民政府卫生行政部门受理。对于有患者死亡或可能为二级以上医疗事故的，县级人民政府卫生行政部门应当自接到医疗机构的报告或者当事人提出医疗事故争议处理申请之日起7日内移送上一级人民政府卫生行政部门处理。

四、医疗事故技术鉴定

医疗事故技术鉴定由当地的医学会负责组织，鉴定分首次鉴定和再次鉴定。首次医疗事故技术鉴定工作由设区的市级地方医学会和省、自治区、直辖市直接管辖的县（市）地方医学会负责组织。再次鉴定工作由省、自治区、直辖市地方医学会负责组织。必要时，中华医学会可以组织疑难、复杂并在全国有重大影响的医疗事故争议的技术鉴定工作。

参加医疗事故鉴定的专家由医学会建立的专家库中抽取。医学会可以根据本地区医疗工作和医疗事故技术鉴定实际，对专家库学科专业组设立予以适当增减和调整。入选专家库的专家为符合以下条件的医疗卫生专业技术人员或法医。

1. 有良好的业务素质和职业品德；
2. 受聘于医疗卫生机构或者医学教学、科研机构并担任相应专业高级技术职务3年以上；

3. 健康状况能够胜任医疗事故技术鉴定工作。

符合前款1、3项规定条件并具备高级技术职务任职资格的法医可以受聘进入专家库。

负责医疗事故技术鉴定工作的专家原则上为本行政区域内的专家，当本行政区域内的专家不能满足需要时，可以聘请本行政区域以外的专家进入专家库。

新《条例》规定，医疗事故专家鉴定组成员由当事人双方在医学会的主持下共同抽取。专家鉴定组组成人数应为3人以上单数，医疗事故争议涉及多学科专业的，其中主要学科专业的专家不得少于专家鉴定组成员的二分之一。

当事人可以要求专家组成员回避，符合下列情形之一的，医学会应当将回避的专家名单撤出，并经当事人签字确认后记录在案。

1. 医疗事故争议当事人或者当事人的近亲属；
2. 与医疗事故争议有利害关系的；
3. 与医疗事故争议当事人有其他关系，可能影响公正鉴定的。

涉及死因、伤残等级鉴定的，医学会可以按照前款规定由双方当事人各自随机抽取一名法医参加鉴定组。

我国的医疗事故鉴定实行合议制，由参与事故鉴定的专家集体讨论，以少数服从多数的原则确定鉴定结论，并出具医疗事故技术鉴定书。医疗事故技术鉴定书应当包括以下主要内容。

1. 双方当事人的基本情况及要求；
2. 当事人提交的材料和医学会的调查材料；
3. 对鉴定过程的说明；
4. 医疗行为是否违反医疗卫生管理法律、行政法规、部门规章和诊疗护理规范、常规；
5. 医疗过失行为与人身损害后果之间是否存在因果关系；
6. 医疗过失行为在医疗事故损害后果中的责任程度；
7. 医疗事故等级；
8. 对医疗事故患者的医疗护理医学建议。

对于经过鉴定不属于医疗事故的，鉴定组应当在鉴定结论中说明理由。

医疗事故技术鉴定书应当根据鉴定结论做出，专家鉴定组成员在鉴定结论上签名，如有专家鉴定组成员对鉴定结论持不同意见，应当予以注明。医疗事故技术鉴定书文稿由专家鉴定组组长签发，并由医学会盖章后移交给委托鉴定的卫生行政部门，经卫生行政部门审核后送达双方当事人。

五、医疗事故赔偿

我国颁布的《医疗事故处理条例》规范了发生医疗事故的赔偿项目和内容，同时也规范了赔偿应参照的标准。《条例》规定发生医疗事故等民事责任争议时，医患双方可以协商解决。协商解决医疗事故赔偿争议的，应当制作协议书，协议书应当载明双方当事人的基本情况和发生医疗事故的原因、双方当事人共同认定的医疗事故等级以及协商确定的赔偿数额等，并由双方当事人在协议书上签名。不愿意协商或者协商不成的，当事人可以向卫生行政部门提出调解申请，也可以直接向人民法院提起民事诉讼。

已确定为医疗事故的，卫生行政部门可以应医疗事故争议双方当事人请求进行医疗事赔偿调解。调解时，应当遵循双方当事人的意愿，本着自愿原则，并依据本条例规定的计算方式和内容计算赔偿数额。

在进行医疗事故赔偿时，应当考虑下列因素，确定具体赔偿数额：

1. 医疗事故等级；
2. 医疗过失行为在医疗事故损害后果中的责任程度；
3. 医疗事故损害后果与患者原有疾病状况之间的关系。

经鉴定不属于医疗事故的，医疗机构不承担赔偿责任，但是，具体到有的医疗纠纷，解决难度较大，可以根据具体情况进行分析，比照民法、消费者权益保护法的原则以及对当事人人身伤害的严重程度给予适当赔偿。

医疗事故赔偿按照下列项目和标准计算。

1. 医疗费　按照医疗事故对患者造成的人身损害进行治疗所发生的医疗费用计算，凭据支付，但不包括原发病医疗费用。结案后确实需要继续治疗的，按照基本医疗费用支付。
2. 误工费　患者有固定收入的，按照本人因误工减少的固定收入计算，对收入高于医疗事故发生地上一年度职工年平均工资3倍以上的，按照3倍计算；无固定收入的，按照医疗事故发生地上一年度职工年平均工资计算。
3. 住院伙食补助费　按照医疗事故发生地国家机关一般工作人员的出差伙食补助标准计算。
4. 陪护费　患者住院期间需要专人陪护的，按照医疗事故发生地上一年度职工年平均工资计算。
5. 残疾生活补助费　根据伤残等级，按照医疗事故发生地居民年平均生活费计算，自定残之月起最长赔偿30年；但是，60周岁以上的，不超过15年；70周岁以上的，不超过5年。
6. 残疾用具费　因残疾需要配置补偿功能器具的，凭医疗机构证明，按照普及型器具的费用计算。
7. 丧葬费　按照医疗事故发生地规定的丧葬费补助标准计算。
8. 被扶养人生活费　以死者生前或者残疾者丧失劳动能力前实际扶养且没有劳动能力的人为限，按照其户籍所在地或者居所地居民最低生活保障标准计算。对不满16周岁的，扶养到16周岁。对年满16周岁但无劳动能力的，扶养20年；但是，60周岁以上的，不超过15年；70周岁以上的，不超过5年。
9. 交通费　按照患者实际必需的交通费用计算，凭据支付。
10. 住宿费　按照医疗事故发生地国家机关一般工作人员的出差住宿补助标准计算，凭据支付。
11. 精神损害抚慰金　按照医疗事故发生地居民年平均生活费计算。造成患者死亡的，赔偿年限最长不超过6年；造成患者残疾的，赔偿年限最长不超过3年。

参加医疗事故处理的患者近亲属所需交通费、误工费、住宿费，参照赔付给患者的相应项目和标准计算，计算费用的人数不超过2人。

六、对发生医疗事故的机构或责任人的处理

《条例》规定，医疗机构发生医疗事故的由卫生行政部门根据医疗事故等级和情节，给予警告。对于玩忽职守、情节严重的，卫生行政部门可以责令其限期停业整顿，或吊销其执

业许可证。对负有责任的医务人员可以依照刑法关于医疗事故罪的规定，依法追究其刑事责任；尚不够刑事处罚的，卫生行政部门可以依法给予负有责任的医务人员行政处分，纪律处分、责令其暂停6个月以上1年以下执业活动，情节严重的，吊销其执业证书。

医疗机构违反《条例》规定的，有下列情形之一的，由卫生行政部门责令其改正，情节严重的，对负有责任的主管人员和其他直接责任人员依法给予行政处分或者纪律处分。

"第五十六条　医疗机构违反本条例的规定，有下列情况之一的，由卫生行政部门责令改正；情节严重的对负有责任的主管人员和其他直接负责人员依法给予行政处分或者纪律处分：

1. 未如实告知患者病情、医疗措施和医疗风险的；
2. 没有正当理由，拒绝为患者提供复印或者复制病历资料服务的；
3. 未按照国务院卫生行政部门规定的要求书写和妥善保管病历资料的；
4. 未在规定时间内补记抢救工作病历内容的；
5. 未按照本条例的规定封存、保管和启封病历资料和实物的；
6. 未设置医疗服务质量监控部门或者配备专（兼）职人员的；
7. 未制定有关医疗事故防范和处理预案的；
8. 未在规定时间内向卫生行政部门报告重大医疗过失行为的；
9. 未按照本条例的规定向卫生行政部门报告医疗事故的；
10. 未按照规定进行尸检和保存、处理尸体的。"

第五节　医疗纠纷及事故的防范

近年来，医院发生的医疗纠纷呈逐年上升态势，当事人要求医院赔偿的数额越来越大，纠纷处理的难度日益加大，尤其是新的《医疗事故处理条例》出台后，医疗纠纷一时成为社会及新闻媒体关注的焦点。

建国以来，我国各级卫生行政部门和医疗单位都非常重视医疗纠纷和事故的防范工作。国家和地方卫生行政部门相继制订了相关的法规、工作条例、工作制度和医院各类工作人员职责，并制定了相关的技术操作规范和质量标准，加强对医务人员相关知识培训，不断提高医务人员和其他工作人员的技术水平，以从根本上减少医疗纠纷和事故的发生，收到了较好的效果。

随着社会的进步和法制制度的不断完善，患者的维权意识普遍提高，因此，近年来医疗纠纷的特点与前些年相比，有了很大变化，当事人除了要求医院有好的技术水平外，还要求医务人员尊重患者的各项权利，如尊重患者的隐私权和知情权，要求医院和医生如实告知患者的病情和治疗方案，接受临床实习医生检查要事先征得患者同意等。我国颁布实施的《执业医师法》和《医疗事故处理条例》都对相关内容进行了规范，《医疗事故处理条例》第十一条规定："在医疗活动中，医疗机构及其医务人员应当将患者的病情、医疗措施、医疗风险等如实告知患者，及时解答其咨询；但是，应当避免对患者产生不利后果。"但在实际工作中很多医务人员并未重视这个问题，依然以各种理由向患者隐瞒病情，或只向患者家属提供相关信息，违反了《条例》的规定。因此，对于医疗纠纷及事故的防范应主要从以下几方面着手。

一、尊重患者的权利

医院和医生在为患者提供医疗服务时，首先应维护和尊重患者作为公民所应享受的法律规定的权利，同时对患者其他方面的权益亦应尊重。

1. 尊重患者的知情同意权　在临床诊断、治疗过程中，知情同意是患者的权利。患者在医疗过程中，有权知道医生所采用的治疗方案对其自身健康的影响，医生在对患者实施有创性检查和治疗之前，一定要向患者介绍该种检查、治疗方法对患者的必要性，详细说明可能产生的不良后果，有无其他可以替代的检查或治疗方法，对于患者提出的问题和疑问应解答清楚，最后以书面形式征得患者本人的同意。只有在患者本人无法履行其权利的情况下，如患者处于昏迷、神志不清等法律规定的情形下，才可以允许征得患者家属的同意；未成年人或精神病患者应征得患者法定监护人的同意。在西方一些国家，未经患者同意的医疗行为构成刑事犯罪，如德国规定没有获得患者知情同意而采取治疗行为构成伤害罪，在英国和美国，未经患者知情同意的治疗行为是违法行为，医生要赔偿损失。

在人体实验中，知情同意原则更是不可缺少的。医院和医生在对患者实施实验性医疗之前，必须取得患者的书面知情同意，同意书中必须明确说明有可能对患者造成的各种伤害，以及患者随时可以退出实验的承诺。医务人员不能为了自己获取科研资料，采取隐瞒实情、欺诈、胁迫等手段强制患者同意。

2. 医院及医务人员负有保守患者隐私和医疗信息的义务　原则上讲，患者的医疗信息属患者的个人隐私，医院和医务人员未经患者授权不得将患者的诊断、治疗等医疗信息透露给任何人，包括患者的家属和单位。在实践当中，有些医院和医务人员不注意这方面的问题，不经患者同意就将其疾病信息告诉给患者单位的同事、领导，或泄露给其他利益团体，给患者造成不必要的麻烦和损失，也给医院造成不良影响。医院和医务人员负有保守患者医疗信息秘密的义务。国家法律另行规定的情况除外，如公安机关、法院取证等，但这些人员必须履行必要的法律手续。

医生在询问患者病情和检查患者身体时，应有适当的隐私保护措施，如医护人员与患者谈论相关的诊断、治疗方案时，应该在单独的房间，不可在病房里当着其他患者或不相关人员的面谈论患者的诊断与治疗情况，在门诊或病房检查患者身体时，应尽量避免暴露其身体隐秘的部分，不允许让非医务人员窥视患者身体的隐秘部位。

在医疗过程中，患者为使医生分析病因而把自己的一些隐私，甚至是对家人都保密的隐私告诉了医务人员，这是医患关系的一种信任，医务人员应该严肃对待患者的保密要求，不得以任何方式和理由将其泄露给与患者医疗不相关的人或机构。

3. 监督自己医疗权益实现的权利　患者有权监督自己医疗权益的实现，有权监督医院的医疗工作或了解有关院规。对各种妨碍其医疗权益实现或医务人员施行不正确的医疗措施等的错误做法，患者有权直接或间接提出批评，并要求医院或医务人员改正。患者也有提出转院的权利。如患者对其诊断、治疗过程、用药、医疗费用等相关问题有疑问时，有权提出查对。

4. 患者有拒绝治疗和参与医疗实验的权利　患者有权根据其自身利益的考虑拒绝医院和医务人员提供的医疗服务，并自己承担由此带来的可能后果，医院与医务人员必须明确告知患者不接受治疗可能给患者造成的健康危害，由患者决定。患者在医务人员告知后依然拒绝治疗的，医院应以书面形式请患者加以确认，并签字认可。书面确认内容不得简单写"患者不接受治疗，后果自负"等字样，而应明确写明患者不接受治疗可能对其健康带来的主要潜在影响。患者拒绝接受治疗应仅限于法律没有明确规定的疾病，对于法律有明确规定的传染病，医院和医务人员有权对患者进行强制治疗。患者有权拒绝各种类型的医学实验，不管实验与治疗是否有关。医院和医务人员向患者提供实验性诊断、治疗服务时，必须明确向患者说明参与实验对患者的好处和可能带来的健康危害，并征得患者的书面知情同意。

二、加强医务人员、管理人员相关知识的培训

医疗事故纠纷给医院管理者提出了一个严肃而又紧迫的问题，这就是如何增加和提高医务人员和医院管理人员处理医患关系的相关知识和技能，因此有必要进行有针对性的知识和技能培训，如在医院开展有关医患权利、义务以及如何正确与患者进行沟通等方面的知识和技能的培训，这是预防和控制医疗纠纷的关键之一。

三、建立医疗事故纠纷防范与处理机制

目前我国绝大多数医疗机构都建立了处理医疗事故纠纷的部门，但对于建立医疗事故纠纷预防机制的问题依然认识不够。我国新近颁布的《医疗事故处理条例》中对此类问题专门进行了规范。《条例》第七条规定："医疗机构应当设置医疗服务质量监控部门或者配备专（兼）职人员，具体负责监督本医疗机构的医务人员的医疗服务工作，检查医务人员执业情况，接受患者对医疗服务的投诉，向其提供咨询服务。"第十二条规定："医疗机构应当制定防范、处理医疗事故的预案，预防医疗事故的发生，减轻医疗事故的损害。"第十三条规定："医务人员在医疗活动中发生或者发现医疗事故、可能引起医疗事故的医疗过失行为或者发生医疗事故争议的，应当立即向所在科室负责人报告，科室负责人应当及时向本医疗机构负责医疗服务质量监控的部门或者专（兼）职人员报告；负责医疗服务质量监控的部门或者专（兼）职人员接到报告后，应当立即进行调查、核实，将有关情况如实向本医疗机构的负责人报告，并向患者通报、解释。"因此，医疗机构必须建立和完善医疗纠纷、事故预防和处理的机制，从根本上改进医疗纠纷、事故的预防和处理。

医疗服务中的伤害事件常含有人为原因造成的差错，但其因果关系并不可能单凭审查医务人员的行为而得到深入的了解。因此，最有效的患者安全保障措施应该是医院和医务人员主动寻求有可能对患者安全造成伤害的问题并纠正潜在的错误，以避免陷入追究责任的辩论当中。目前，人们愈加认识到把处理医疗过错的重点放在对医务人员个人的判定和审查上，不仅有可能限制预防差错工作的效率，实际上反而有可能加重潜在的错误。而合理的处理和评估机制在于当过错发生时，应该在何时、何地以及如何收集完好客观的资料。随后，对收集的资料进行仔细的分析，并将结果转化到今后工作的预防措施上。与此相适应的是医院应建立医疗差错、医疗纠纷报告制度，鼓励在医院工作的员工把在各个岗位发生的医疗差错和纠纷报告给医院的相关管理部门，建立这一制度的重点在于发现医院日常工作中存在的各种安全隐患，并加以改进和完善，不能把这一制度作为处罚为主的制度。

第六节 国外医疗事故处理及赔偿制度

美国的研究表明，医源性伤害是美国所有住院患者中存在的一个严重问题。美国1984年的一份调查报告指出，在住院患者中大约有3.7%患者经历了一种伤害事件，其中的69%

是可以预防的。据美国1999年的统计，美国医院每年约有44 000～98 000人死于医疗过错，这已成为美国人群的第5位死亡原因。与此相适应的是美国的医疗过错诉讼和医疗伤害事件赔偿多年居高不下。

美国的医疗机构和医务人员通常都参加各种商业性医疗责任保险或行业协会提供的医疗职业保险，出现医疗纠纷或事故以后，一般由保险机构介入相关的调查与协商赔偿事宜，医务人员和医院管理人员并不直接介入调查与赔偿协商之事，因此发生纠纷以后，患者与医院发生冲突的很少。美国的医疗事故处理大多数都是由保险公司与患者直接协商解决，只有少部分争议较大的案件才会告上法庭。美国现行的医疗事故赔偿制度主要是针对医疗差错的赔偿，是依据医疗机构和医护人员的责任和过错而定的。

美国实行的是以过失为基础（In fault-based）的赔偿模式，因此，患者要提出索赔必须证明四个要素：即责任、伤害、因果关系以及过失。美国的医务界认为这种制度，即针对于医疗过错提起的诉讼并不能帮助医院和医务人员提高医疗服务质量，医院的经营管理人员也持有与医生相似的观点。事实上，从有关医院的规章制度上可以看出，许多医院仍然进行着致力于医院医疗风险的管理和质量提高的努力。最近，美国医学会公布了有关医院和医务人员医疗过错的报告，以警示美国的医疗机构和医疗服务提供者重视医疗服务中可以预防的伤害事件。这份报告中尤其提及了医源性死亡率，这已引起美国各州和联邦政府的极大关注。

美国的一部分研究人员正在研究新型的医疗差错处理系统，他们认为拟建立的处理系统必须同时具备两个特点：一是必须能有效地预防医疗差错的发生；二是一旦发生差错，可以尽快给予患者有效的医疗赔偿。为了达到上述目的，该系统必须拥有以下几个重要特点。第一，此系统应当鼓励医生和医疗服务提供者报告出现的差错，尤其是当发生医疗伤害时。医疗伤害的报告由专人或专门的机构对其内容进行深入的分析，以确定这些常见错误的关键所在或其影响因素、危险性以及引发过错的不良习惯等。第二，该系统应能够向人们发出提高服务质量的信号。尽管大多数医院和医务人员表示，他们都是将提供高质量医疗服务作为一种医疗道德问题来看待，但建立带有经济制约机制的有效程序，将会促进医疗过错和伤害数量的减少。第三，在罕见情况下，患者可能会受到不合格、危险或心存恶意的医生的伤害，因此，即使赔偿系统并不侧重于追究过失上，但系统必须要有适当的机制来处理或处罚这类开业者。第四，赔偿程序应当加强而非削弱患者与医生之间诚实而坦率的关系。实际上，医生是能够向患者告知其伤害可能是医疗过失或过错所致的，而且这种过失也是有可能预防的。第五，应当以迅速、公平、可负担得起的方式使患者得到赔偿。

与过失为基础的赔偿模式相对应的是无过失赔偿制度，这一制度排除了要求赔偿者必须证明过失的这一必要条件。如劳动者在工作中出现工伤事故要求赔偿的，只需证明他们的伤害是工作场所事故所致，不必提供事故是由于第三方的疏忽所致。

丹麦、瑞典、芬兰和新西兰等国家执行的都是无过失赔偿制度，这种制度已实行了近80年。新西兰的医疗差错赔偿费用是从总税收中提取，而瑞典则是从地方自治会和医生交纳的保险费中提取。

在国际模式中，瑞典的作法或许是最具有吸引力的。瑞典的患者相信，他们在遇到医疗伤害后，可在所有诊所和医院获得有效的赔偿。医生和其他医务人员，不仅提醒患者有发生医疗过错的可能，并且会积极、主动地参与到索赔事件中。医疗机构会委托一名社会工作者予以援助，甚至帮助患者提出索赔要求。一旦患者提出索赔要求，经治医生就将准备和提交一份有关医疗过错的书面报告。事故评审者先做出初步判定报告，尔后提交给医疗事故处理机构雇佣的一名或多名专家进行评审，以做出是否给予赔偿的最终裁决。这种索赔办理过程较为快捷，从初步评审到最终判决的平均索赔时间仅需6个月。大约有40%的索赔者得到了赔偿。对医疗处理结果不满意的患者，可采取提起诉讼的方式，由索赔陪审员进行评估，最后通过仲裁程序解决。

　　瑞典模式的赔偿标准，其关键要素是可避免原则。系统设计者认为，赔偿所有医源性伤害应当尽可能避免发生高额的管理费用。在实际操作过程中，事故评审者要询问：①伤害是否为医疗所致；②质疑的处理是否为正当的医疗行为；③伤害后果是否是可以避免的。如果第一项提问的答案为"是"，那么，无论第二或第三项提问的回答均为"否"，索赔提请者都将会得到赔偿。所有的索赔均采用一种相同方式的固定保险赔偿费计划来予以支付，包括赔偿患者经济和非经济（疼痛和痛苦）的损失。对于符合赔偿条件的患者，他们必须至少因此差错住院10天或已忍受病痛30天，才可以申请赔偿，这种设置"伤残门槛"（Disability Threshold）的作法，有可能排除小额索赔者的申请要求。

（周子君）

第十四章 医源性感染管理

教学内容与教学目标

教学内容
1. 医源性感染。
2. 医源性感染管理与监测。
3. 医疗废弃物。

*　　　　*　　　　*　　　　*

教学目标
1. 掌握医源性感染的定义、分类、诊断标准。
2. 了解新时期医源性感染的特点和产生的原因。
3. 熟悉我国医源性感染管理的组织建设和制度建设。
4. 掌握消毒灭菌的定义和原则。
5. 熟悉医源性感染监测的定义、目的和方法。
6. 掌握医疗废弃物的定义及处理的原则。

第一节 医源性感染的基本概念

一、医源性感染管理发展史

在一个固定的场所提供医疗和护理服务的历史就是人们认识感染、控制感染和预防感染的历史。在16~17世纪，人们不知道伤口化脓、感染、败血症等等都是由致病性微生物引起的，人们在没有消毒的情况下连续地为不同的患者清洗伤口，截肢后死亡率高达60%。在还没有认识到微生物的存在的时候，也就无从采取预防措施。医院作为一个患者集中的地方，感染造成的后果极为严重。到了18~19世纪，奥地利维也纳大学附属医院的产科医生塞麦尔韦斯发现，医生和实习医学生接生的产妇产褥热死亡率超过10%，而助产士接生的产妇患产褥热的死亡率小于3%。他分析以后发现原因是医生和实习医学生解剖完尸体后不洗手就处理产科患者，而助产士从不接触尸体。以后，他们制定了严格的漂白粉洗手制度，当时的要求是洗到没有尸体的味道为止，从而防止了产褥热的传播，使病死率降低到1%。

1854~1856年，英国护士南丁格尔在克里米亚战争期间率领了几十名护士到战场为伤病员服务，经过一系列的努力，创建了严格的管理制度，做好了清洁卫生，并采用了对传染病患者的隔离、病房通风、带橡皮手套等措施，仅用了4个月的时间，就使伤病员的病死率从42%下降到2.2%，开创了护士负责医源性感染控制和监测工作的先河。

1867年，英国外科医生李斯特（Lister）首先提出了细菌和感染之间的关系，并提出了消毒的概念。法国微生物学家巴斯德（Pasteur L）在显微镜下首次发现了空气中的微生物，并采取加热消毒等方法减少微生物的数量，从而控制其感染。在巴斯德的启发下，李斯特认为伤口化脓也是由于空气中的微生物引起的，而且空气中的微生物不但通过手，而且可以通过医疗器械、敷料等进入伤口。因此，他提出采取消毒措施，包括用石炭酸溶液喷雾消毒空气、石炭酸溶液浸湿纱布覆盖伤口，以及患者的皮肤、医生的手、使用的器械用石碳酸消毒液消毒，使他做的截肢手术的死亡率由46%下降到15%。李斯特不仅认识到感染来自微生物传播，而且认识到防制空气微生物的重要性，从而把消毒的范围扩大到空气、医生的手、器械、敷料等，这些措施逐渐演化为后来的外科无菌操作技术。

1928年，英国人弗莱明（Fleming A）发现了青霉素，40年代在美国投入批量生产，从而开始了抗生素时代。青霉素在预防和控制感染方面的显著效果引起了医务人员和患者的极大关注，人们开始热衷于使用药物解决感染问题，消毒灭菌工作逐渐被人们忽视。但是，经过较长一段时间的临床实践，医生们发现抗生素的效果不如从前，逐渐发现很多细菌已经对现有的抗生素产生了耐药。虽然不断有新的抗生素研制出来，但是也不断发现新的耐药细菌的出现。1961年，英国出现首例报告耐甲氧青霉素金黄色葡萄球菌（MRSA）引起的医源性感染。以至于认为几乎没有一种细菌对常用的抗生素不产生耐药性。

在我国，80年代开始了院内感染的监测和研究。在1987年全国第一次医源性感染管理学术会议的论文报道，大城市的医源性感染率在6%~9%之间。白求恩医科大学第三附属医院报告1995~1998年，医源性感染发生率2.1%。有调查显示，我国的院内感染率为5%~18%之间。我国临床分离的MRSA占金黄色葡萄球菌的20%~50%，某些大型综合医院高达80%以上。1997~1998我国某市医学院附属医院对25株MRSA对20种抗生素的耐药谱分析：对青霉素G、氨苄青霉素、苯唑青霉素、红霉素100%，复方新诺明96%，氧氟沙星76%，环丙沙星72%，庆大霉素68%，头孢三嗪、氯霉素、链霉素60%，头孢呋肟、强力霉素56%，头孢唑啉48%，头孢氯氨苄44%，头孢拉定40%，头孢哌酮、利福平28%，丁胺卡那霉素8%，万古霉素0。各地由于医务人员的业务水平、病种、医院服务条件以及管理水平不同而不同。

二、医源性感染定义

1. 1978年 世界卫生组织（WHO）：凡住院患者、陪护人员或医院工作人员因医疗、护理工作而被感染所引起的任何临床显示症状的微生物性疾病，不管受害对象在医院期间是否出现症状，均视为医院感染。

2. 1980年 美国疾病控制中心（CDC）：住院患者发生的感染，而在其入院时尚未发生此感染也未处于此感染的潜伏期。

3. 1990年 我国卫生部（MOH）：患者在入院时不存在，也不处于潜伏期而在医院内发生的感染。同时也包括在医院内感染而在出院后才发病的患者。

4. 2004年 《传染病防治法》：2004年12月1日开始施行的《中华人民共和国传染病防治法》对"医院内感染"、"医院感染"和"医源性感染"的概念进行了修订，新的《中华人民共和国传染病防治法》不再使用"医院内感染"这一概念，而是使用医院感染和医源性感染。对"医院感染"和"医源性感染"的定义如下。

医源性感染：指在医学服务中，因病原体传播引起的感染。

医院感染：指住院病人在医院内获得的感染，包括在住院期间发生的感染和在医院内获得出院后发生的感染，但不包括入院前已开始或者入院时已处于潜伏期的感染。医院工作人员在医院内获得的感染也属医源性感染。

因此，根据新的《中华人民共和国传染病防治法》，"医源性感染"涵盖的范围更广，而"医院感染"特指住院服务中发生的医源性感染。

一般来说，医源性感染的对象包括门诊患者、住院患者、医疗职工、患者的陪护人员以及患者家属。但在实际进行医源性感染监控的过程中，为保证监控的有效实施，监控对象一般只针对住院患者，不包括门诊患者、住院探视者、陪护人员等。

三、医源性感染管理分类

1. **外源性感染（又称交叉感染 cross infection）** 指患者遭受医院非患者自身存在的各种病原体侵袭而发生的感染，是指病原体的传播从患者到患者、从医院职工到患者，以及从患者到医院职工的感染。可以是直接感染，也可以是借助于物品、医院环境对患者或者医院职工的间接感染。

2. **内源性感染（又称自身感染）** 指在医院内由于各种原因，遭受其本身固有细菌侵袭而发生的感染。病原体来自患者自身体内或体表，大多数为人体定植或寄生的正常菌群，在正常情况下对人体无感染力，并不致病。在一定条件下，当病原体与人体之间的平衡被打破时，成为条件致病菌。如病原体的寄居部位改变、患者局部或全身抵抗力下降、机体内菌群失调，以及患者出现二重感染等情况下出现内源性医源性感染。

3. **母婴感染** 在分娩过程中，胎儿经胎盘或者产道所发生的感染。如在分娩时母亲为乙型肝炎患者，可使胎儿在分娩过程中感染乙型肝炎。

外源性的医源性感染可以通过各种手段进行预防和控制，是医源性感染管理和监测的重点。而内源性感染则通过合理使用抗生素等手段加以控制。传统的医源性感染仅包括外源性感染，随着医源性感染内涵的不断扩大，自身感染和母婴感染被逐渐包括进来，而且自身感染的比例在不断增加。

四、医源性感染的危害

1. **危害人类健康，增加患者痛苦** 严重的医源性感染使患者的原发疾病的治疗不能达到预期的效果，或者增加了新的疾病，给患者添加了不必要的痛苦。

2. **降低医疗质量** 一方面，患者在经过必要的治疗过程以后，没有得到康复或者达到预期的健康状况，另一方面，医院是专门用于治疗疾病的场所，但是医源性感染的存在，说明疾病在通过医院环境在前来治疗的患者之间进行了扩散和传播，违背了患者住院治疗的目的。

3. **降低医疗服务效率** 发生医源性感染的患者通常需要延长住院时间，延长了平均住院日，降低了床位周转率，增加了医务人员的工作量，降低了医疗服务的效率。

4. **增加资源浪费** 医源性感染的发生不仅浪费了原有治疗的资源投入，而且需要占用新的医疗设备、人员、设施，增加了医疗费用支出。此外，由于患者的住院时间延长，使患者不能及时恢复工作，也需要家人投入更多的精力进行照顾。1990年测算我国因医源性感染增加住院费用54.37亿元。美国每年因医源性感染多耗资近20亿美元；加拿大每年因手术后伤口感染每一例增加医疗费用2 000美元。由此可见，医源性感染不仅带来了健康损害，还给社会和家庭带来了巨大的经济损失。

5. 先进技术的应用障碍　医源性感染也是妨碍许多新技术投入临床应用的一个重要障碍，例如器官移植技术常常因为医源性感染导致失败，创伤性小的介入治疗技术也因为增加了医源性感染的可能性在某些地方的应用受到了限制。

五、新时期医源性感染的特点

1. 医院规模越大，医源性感染率越高　一般认为，医院规模越大，门诊患者及住院收住患者越多，人员流动越频繁，医源性感染率越高。

2. 新的医疗技术成为新的感染源　一些新开展的医疗技术服务项目使用的仪器设备，如各种内镜、导管、插管等，可能由于使用、保管或者消毒灭菌等问题，成为新的感染源。美国、日本、英国报道肾透析患者的乙型肝炎患者表面抗原阳性率为 13.3%～88.9%，工作人员的阳性率为 1.8%～100%。又如器官移植技术，手术时间长、对机体的免疫功能损害严重，术后住院时间长，发生院内感染的可能性大。国外某大学对肾移植患者 224 例进行病例追踪调查，发现 35% 的人发生尿路感染。美国斯坦福大学医院报告，121 例心脏移植患者中，有 56% 发生 1～2 种感染性疾病。

3. 不同的患者发生医源性感染的可能性不同　重点人群包括肿瘤、血液病、内分泌、营养代谢、免疫类疾病、循环系统疾病、泌尿生殖系统疾病患者；高龄患者，婴幼儿。1991～1993 年，我国先后报道了在北京、上海、沈阳、黄山、长沙、无锡、宁夏的等地发生的多起新生儿室的医源性感染播发时间，有死亡病例 9 起，病死率达 20%。1998 年 4～5 月，深圳某妇儿医院发生大面积的非结核分枝杆菌感染，292 例手术患者中造成 166 例手术切口感染，医源性感染发病率高达 54.8%。

4. 不同部位感染发生率不同　主要感染部位为下呼吸道、外科切口、泌尿道和胃肠道。以上 4 部位发生的医源性感染占 60% 以上。

5. 医院不同科室发生感染情况不同　高发医源性感染的重点科室是内科、外科、儿科。

6. 出现一些新的病原体　例如 O-157 引起的儿科病房的感染爆发流行。2003 年春天发生在全球的非典型性肺炎，据世界卫生组织报告，截止到 2003 年 6 月 25 日已经波及 33 个国家或地区，造成 8 460 人感染，808 人死亡。病例发生的范围涉及欧洲、亚洲、美洲等地。在我国，有 24 个省、市、自治区有病例发生，累计确诊病例数为 5 327 人，死亡 348 人。不论是全球的疫情，还是在我国的流行病学调查都发现，医务人员成为主要的发病人群，院内感染是其主要原因。

7. 医院爆发流行事故时有发生　近年来，危害严重的医院内感染爆发流行事件不断发生，有的是由于院内消毒灭菌工作出现的问题造成大范围的感染传播，有的是由于新的医源性感染病原体尚未被认识并列入监测和管理的范围。

六、医源性感染的诊断

1. 有明显潜伏期的疾病，自入院第一天算起，超过平均潜伏期后所发生的感染为医源性感染；

2. 无明显潜伏期的疾病，自入院 48 小时算起；

3. 若患者发生的感染直接与上次住院有关，则为医源性感染；

4. 在原有感染的基础上，出现新的不同部位的感染，或在原有感染部位已知病原体的基础上，又培养出新的病原体，均为医源性感染；

5. 新生儿经产道时发生的感染为医源性感染。

七、医源性感染产生的原因

1. 病原体 病原体变异增加、病原体耐药性增加，细菌的耐药质粒在细菌种群中传递，使抗菌本身的难度增加。由于医源性感染大都是耐药菌株引起的，使医源性感染的治疗难度增加。药物的使用也使医源性感染的致病菌发生了变化，革兰阳性菌感染下降，革兰阴性菌感染比例上升。

2. 患者原因 抵抗力下降，生理功能紊乱，导致内源性感染增加，长期用药导致菌群失调。例如，对肿瘤等患者大量使用的免疫抑制剂使肿瘤患者成为医源性感染的高危人群。

3. 医疗技术方面 介入性治疗增加、免疫抑制剂应用增加、复杂疾病的长时间外科手术等都使败血症机会上升，有报道认为这方面原因造成的医源性感染率为1.57%。广泛使用的各种内窥镜成为感染传播的重要的直接途径。血管内装置的留置也是医院败血症的重要危险因素，国外报告90%的导管相关医院败血症是由于静脉导管引起的。

4. 医疗环境方面的原因 医院，特别是大型医院，每天接待大量的患者和陪同人员，人员流动性很大，环境带菌者增加。

5. 消毒灭菌工作薄弱 消毒剂种类选择不对、浓度不达要求、配制方法不对、消毒时间不达要求、消毒剂进货不严等问题都增加了患者发生医源性感染的危险。在湖南省的一次医院消毒剂抽查中发现，市售的2元包 H_2O_2 实际浓度为21%。说明书中介绍的配制方法是针对100%纯品的。如要配制0.1%的消毒剂，按照说明实际配制的成品浓度为0.02%，完全无法达到消毒效果。这是消毒剂市场不规范的一种表现。

6. 管理制度不严格 医务人员不能严格执行控制医源性感染所必需的规章制度，形成感染隐患。

7. 重视不足 有些医院对医源性感染工作重视不够，认为医源性感染管理是属于有投入没有产出的工作，没有严格的规章制度，或者制度没有得到真正有效的落实，造成住院患者发生医源性感染的情况，甚至造成医源性感染的大规模流行爆发。

8. 抗生素不合理使用 各种抗生素使用问题导致的患者菌群失调以及耐药菌株的出现，是造成内源性医源性感染的直接因素。滥用抗生素降低人体正常菌群的定植抵抗力，诱导多重耐药菌株的产生及耐药质粒在细菌之间的广泛传递。研究发现，不合理使用抗生素（包括随意延长使用时间及无指征联合用药），联合使用3种及3种以上的抗生素的患者发生败血症的机会是对照组的9倍。

(1) 无适应证用药：如病毒感染使用抗生素。

(2) 超范围预防性用药：世界卫生组织建议，外科预防性用药、围手术期用药，应根据手术部位、手术暴露时间、药物半衰期及抗菌谱，在手术前半小时或麻醉同期使用一次足量抗生素。手术持续时间超过4小时者，手术中或结束前再使用一次。而有的医院无菌手术在术前3天就开始预防性用药。

(3) 无适应证使用广谱抗生素：抗生素的使用应针对患者的感染性疾病需要，使用对病原体敏感的抗生素，过分依靠广谱抗生素也会导致患者菌群失调和耐药菌株出现。因此，合理使用抗生素的重要环节之一是提高临床标本的送检率和病原体的检出率，为临床用药提供病原学依据。

(4) 高等级抗生素的广泛使用：新一代抗生素迅速投入临床使用，而且大剂量、长期应用是导致深部念珠菌感染的主要原因，导致菌群失调，真菌感染。

（5）联合用药的普遍存在：特别是在一些基层医疗单位，由于医务人员的技术水平不足，难以判断病源菌，为了保险起见，多采用多个抗生素联合用药的方式。

（6）超剂量用药：在一些基层单位比较常见。

（7）不合理的用药方式：包括用药时间、部位、途径不能按照某个抗生素的用药规则进行，使抗生素不能发挥正常作用。

第二节 医源性感染管理

一、医源性感染管理的历史

在抗菌药物应用于临床之前，医源性感染的病原体几乎均为革兰阳性球菌，主要为B族溶血性链球菌和葡萄球菌，进入20世纪50年代，则以耐药金葡菌为主，甚至引起医源性感染的流行与爆发。从60年代初期起，医源性感染的病原体中的革兰阳性菌的比例不断下降，而革兰阴性菌和真菌的比例不断上升，并成为主要的医源性感染病原体。90年代以来，耐药革兰阳性球菌甚至多重耐药革兰阳性球菌比例回升，一些新的病原体，如人类免疫缺陷病毒、埃博拉病毒的出现和结核杆菌感染的复燃，使医源性感染管理工作面临新的局面。在青霉素发明并投入临床应用之初，人们曾经以为已经完全战胜了细菌。然而，到目前为止，国内外认为控制MRSA最好的药物是万古霉素。但是国内外均已报道万古霉素耐药菌株出现，这意味着MRSA可能将无药可救。时间证明，在新药发明与细菌耐药性变异的角逐中，人类的智慧和创新精神受到挑战。不可以再延续不断发明新药、大规模使用新药、不断出现耐药菌株的恶性循环之中。人们开始重新审视以往的医学原则。

随着医源性感染问题的日益突出，医院不断尝试着对各种感染的预防与控制的时候，逐渐从管理的角度提出了对医源性感染问题进行预防、控制和监测。1958年，美国报告了耐甲氧西林金葡菌（MRSA）的案例以后，美国医院协会（AHA）建议每一所医院均应在管理机构内部设立一个感染管理委员会，并提出了委员会的成员、职能和职责等要求。感染管理委员会的总目标应该是降低在医院内发生的或与其有关的感染发生率，并强调预防住院患者与医院工作人员之间发生的感染。

1963年，美国CDC提出医源性感染监控。这一管理措施的提出经历了MRSA的出现（50年代）、流行、监测、控制（1958年）一系列的过程。当时提出的控制措施包括：消毒隔离、无菌操作技术、治疗医务人员中的带菌者等。1970年，CDC又提出医源性感染诊断标准和医源性感染监控方法，使医源性感染管理趋于完善。

为改善发展中国家的医源性感染管理状况，90年代，世界卫生组织对发展中国家的医源性感染管理提出了四级标准。一级标准：医院有医源性感染控制政策；二级标准：开展了发病率的调查或至少是开展了患病率的调查；三级标准：配备专职人员并开展积极的感染控制活动和监测；四级标准：有医源性感染管理委员会，有医源性感染控制和预防规划，开展了卓有成效的工作并不断总结和反馈。医源性感染控制和预防规划包括：①建立有效的监测系统；②制定一系列的政策与规定以降低医源性感染发生的危险性；③坚持对医务人员进行不断的教育；④定期对医源性感染项目进行评价和研究。上述标准中，一级标准是对医院开展医源性感染管理工作的最低要求，而四级标准则是医源性感染管理工作努力的方向。

1985年，美国医院联合评审委员会（JCAH）制定了《医院感染控制标准》作为评价医院的标准之一。该标准总的原则是：任何医院都必须制定能有效地控制感染的各种方案。具体的评价内容有：医院应有全院的积极控制感染的方案；监督感染控制方案的工作应由一个多学科委员会全面负责，该委员会必须就感染管理、患者与医院工作人员中的感染，以及感染可能性等问题进行记录和报告，推荐采取的行动和措施；必须有针对全院各科室的控制感染的书面方案程序。

二、医源性感染管理的概念

1. 医源性感染管理的定义（hospital infection administration） 按照医院在医疗、诊断过程中不断出现的感染等客观规律，运用有关的理论和方法，对医源性感染现象进行计划、组织和控制活动，以提高工作效率，减少感染发生。

2. 医源性感染管理的意义 避免医院环境成为疾病的传播媒介而造成疾病的广泛传播，避免患者在医院的环境中感染额外的疾病，避免因医源性感染增加患者的痛苦、延长患者的住院时间、增加患者的医疗费用，也避免因此而浪费医疗资源。最大限度控制或减少医源性感染的发生，可以保护患者的生命与健康，提高诊疗质量，加快床位周转，降低医疗成本，增加医疗收入，防止或减少因院内感染而导致的医患矛盾和医疗纠纷。

三、医源性感染管理的组织建设

20世纪80年代后期，我国各地的医院开始设置专门的机构或部门，专门负责医源性感染管理工作。1986年，对全国5个城市的12家大医院的调查显示，北京、上海的8家医院设立了专门的管理机构，而天津、南京、沈阳的4家医院没有专门的管理机构。而8家医院的专门机构有的称为"消毒防病领导小组"，有的称为"防止交叉感染领导小组"。机构的人员多为兼职。1988年底卫生部制定了全国综合医院建立健全医源性感染管理组织机构的规定。目前，医源性感染管理委员会已经成为很多医院的常设机构。

主管业务的副院长通常是委员会的直接领导。医源性感染管理委员会的成员包括医生、护士、管理人员和检验人员。在有的医院，各科室都有护士或医生参加委员会的工作，以增强各业务科室在医源性感染问题上的通力协作。

医源性感染管理委员会的职责是：负责根据《传染病防治法》、《消毒管理办法》等国家法律、法规和规章制度，制定本院感染管理计划、监测各科室的院内感染发病情况，并及时提出对策和改进措施，根据卫生部及当地卫生行政部门的要求上报疫情。

四、医源性感染管理的制度建设

1983年开始，卫生部颁布《关于推广使用一次性塑料注射器、输液、输血管、针的通知》（以下简称《通知》），在全国范围内推广使用一次性医疗器械，包括输液器、针头、口罩、帽子、衣服、敷料等。《通知》的附件包括《医院消毒供应室验收标准》、《输液器具及注射器洗涤质量检验标准》、《输液输血器、注射器洗涤操作规程》。

消毒与灭菌是预防医源性感染的重要措施，为了保证清洁、消毒和灭菌工作的顺利完成，1987年卫生部颁布《消毒管理办法》，促进了各级卫生行政部门对医院消毒灭菌工作的重视，也推动了各级各类医院加强医院内部的消毒灭菌管理工作。1991年卫生部下发了《消毒技术规范》。《消毒管理办法》于1992年、2002年进行了修订。

消毒灭菌措施是传统的但也行之有效的院内感染控制与预防发生的措施，很多医源性感染的爆发案例都是由于医院在消毒与灭菌服务环节上存在各种问题或不当的地方。例如，1994年深圳妇儿医院发生新生儿轮状病毒医源性感染爆发流行；1998年4月3日~5月27日，该院共计完成剖宫产手术292例，到8月20日，共发生感染166例，感染率56.85%。致病菌是"龟型分枝杆菌脓肿亚型"为主的混合感染。感染的原因是消毒剂配制错误，稀释了10倍。第一例手术切口感染返回医院的患者是在4月22日，因此医院监测控制不利是造成爆发流行的一个重要因素。

五、消毒隔离制度

1. 消毒　是指用物理或化学的方法杀灭或去除外环境中媒介物携带的除芽孢以外的所有病原微生物的过程。消毒的作用是将有害微生物的数量减少到无害的程度，使消毒对象达到无害化。并不要求杀灭所有微生物。

2. 灭菌　是指用物理或化学的方法杀灭或去除外环境中媒介物携带的一切微生物的过程，包括致病性微生物和非致病性微生物。媒介物包括人们在生活和工作环境中污染了病原微生物的固体、气体和液体物质，也包括污染的人体体腔和体表粘膜。灭菌的对象包括手术器械、敷料、药物、注射液、注射器、针头、微生物培养基和某些传染病疫源地的处理，进入组织、损伤的皮肤粘膜或接触尿道的诊断器械和腹腔镜等也需要灭菌。

3. 医院内消毒灭菌的原则　①使用合格的器材与药剂；②选择适宜的方法；③保证消毒灭菌的剂量；④注意影响效果的其他因素；⑤加强效果的监测；⑥防止再污染。美国在MRSA流行之后，对MRSA采取的控制措施有：严格执行消毒隔离、无菌操作制度，治疗医务人员中的MRSA携带者等。在实施各种控制和检测措施后，MRSA在60年代初开始大幅度下降，得到了很好的控制。可见，消毒灭菌措施不仅历史悠久，而且在世界各国得到广泛使用。

六、医务人员的职业防护

医源性感染对医务人员造成的损害不仅危害医务人员及其家人的身体健康，还有可能通过医务人员继续传播给其他的患者，使医务人员成为医源性感染的传染源。因此，在防止医源性感染的过程中，必须注意到医务人员的职业防护，避免因为职业接触造成医务人员的职业感染。

文献报告，美国的医院工作人员肝炎患病率比一般居民高4倍，英国的外科手术医师肝炎患病率高于伦敦市民10倍。1985年，我国研究人员发现，某医院工作人员的肝炎患病率是医科大学基础医学院工作人员的4倍。由于职业的原因，医务人员不可避免低于各种各样的患有传染性疾病的患者接触，例如与带有患者分泌物或血液的组织直接接触、接触到污染物的微粒、直接接触到未彻底消毒的医疗器械，其主要传播途径是细菌或病毒通过破损的皮肤或粘膜直接接种到医务人员身体，例如艾滋病、乙型感染、丙型感染等血液系统传染病都是由于医务人员的皮肤或粘膜破损造成医务人员感染的。还存在一些其他的感染途径，例如呼吸系统疾病通过空气传播、消化系统疾病通过手－口途径传播。2003年初在全国一些大城市造成广泛影响的非典型性肺炎的传播途径主要是通过空气飞沫感染，在这次事件中，医务人员成为重要的发病人群，接诊过非典型性肺炎患者的一些医务人员相继发生感染，使发病人数迅速上升。

做好个人防护是医务人员职业防护的主要措施。按规定的方式洗手、穿防护服、戴手套、戴口罩、戴帽子是常用的医务人员职业防护的工具或措施。此外，还可以对某些疾病进行有针对性的特异性防护。例如，对医务人员普遍接种乙型肝炎疫苗，对可能接触风疹患者的医务人员接种风疹疫苗，在流行性感染爆发的季节前接种流感疫苗等，都可以减少对医务人员造成的职业危害。

第三节 医源性感染的流行病学监测

一、医源性感染监测历史

20 世纪 50 年代，美国发现 MRSA 的出现与流行，美国疾病控制中心在对 MRSA 进行监测的过程中发现了流行病学方法对医源性感染监测的重要意义。60 年代末，美国 CDC 组建了由 8 所医院参加的医源性感染监测试点工作。弗吉尼亚州在 1973 年就在弗吉尼亚州立大学医学中心建成了全州范围的医源性感染监测和预防系统。该中心从 50 多个医院收集有关数据并进行分析。医院送交的月报材料包括：医院的规模和种类；全院感染情况；发生感染的科室；病原体种类；处理方法；手术类别等。在总结经验的基础上，在 70 年代成立了世界上第一个由 80 所医院组成的全美国医源性感染监测系统，开展了卓有成效的医源性感染监测工作。1986 年，CDC 根据全美国医源性感染工作的情况，提出了目标性监测即成人和小儿 ICU 的监测、新生儿室的监测和外科患者的监测。通过深入广泛的检测，对美国医源性感染的控制起到了极其重要的作用，使其医源性感率控制在较低水平。同时，CDC 不断出版与发行一系列医源性感染监测与控制的有关指南，如医源性感染隔离与预防指南；每年举办对医源性感染专职人员的培训，提高他们的业务水平；对监控系统报告的资料定期进行总结，并向有关部门反馈。其他发达国家也开展了相应的调查。下表是一些国家的医源性感染监测结果。

表 14-1 不同国家医源性感染发病率（%）

年代	美国	比利时	英国	瑞典	西班牙	日本
80 年代	5.0	10.3	9.2	17.0	4.5	5.8
90 年代	5.0	-	9.0	3.0~5.0	9.9	-

1986 年，我国卫生部成立了医院感染监控管理协调组，组建了全国医源性感染监控系统，有些地区也建立了地区性的医院感染监控组。卫生部于 1988 年代建立了全国性的"医院感染监控网"，1990 年扩大到遍布全国各省及主要城市的 103 家医院。要求网络医院每月上报医源性感染监控报表。1989 年卫生部颁布的《医院分级管理评审标准》中，将感染管理列为其中的一项重要内容，1994 年，卫生部还颁布了《感染管理规范》，对全国 128 家医院进行了抽查。目前，全国各级医院大多数已经建立了感染管理科室等相应的管理机构。

1993 年，卫生部组织 134 家医院参加的"全国医院感染监测系统"提供的数据表明，其监测的 80 万住院患者，医源性感染率为 9.7%。全国每年住院患者约为 5 000 万，按此比例推算，约有 500 万患者发生医源性感染，其中有 1/3 至 1/4 的患者直接死于医源性感染。1994 年，我国的全国医院感染监测网监测数据表明，1994 年上半年监测的 454 511 人的医源性感染率为 9.1%，其中新生儿、输血、透析患者、老龄患者构成医源性感染的高发人群。1997 年 1~6 月，全国 121 所医院的监测资料表明，463 580 名监测住院患者共发生医源性感染 22 437 例、23 662 次，医源性感染发病率为 4.84%，例次发病率为 5.01%。其中第一季度发病率为 4.10%，第二季度为 5.89%。各监测医院的医源性感染发病率相差较大，波动在 0.07%~8.99% 之间。感染部分主要在消化道，其次为泌尿道伤口。医院内各个科室的感染发病率以内科为最高，其次为外科、儿科。内科感染发病率最高的使血液病组，其次为肾病组、心血管组和内分泌组。

二、医源性感染监测的定义

医源性感染监测是指用流行病学方法从宏观或群体角度分析和研究一定人群中医源性感染发生和分布的特点及其影响因素，探讨病源和流行原因及其发生、发展的规律，系统地收集、整理、分析及报告有关医院内感染的资料。

三、医源性感染监测的目的

开展医源性感染监测工作的目的是，明确医源性感染的重点区域、易感因素和主要病源菌及其变化，分析发病规律，从而制定措施预防和控制医源性感染的发生。

四、医源性感染监测的方法和指标

美国 CDC 在 1970 年提出医源性感染监测的方法包括：①由医源性感染控制人员有规律地进行前瞻性监测；②应用基本的流行病学知识分析医源性感染率；③定期应用资料为决策服务；④聘用受过培训的流行病学家，制定医源性感染控制方案，干预和参与医院的管理。

医源性感染监测的对象包括患者监测和医院环境监测。重点监测的患者包括传染性疾病患者和免疫力低下的患者（如恶性肿瘤患者、接受免疫抑制剂治疗的患者、烧伤患者、长期卧床患者，以及艾滋病患者等）。医院环境感染的监测方法很多，常用的有实验室监测、空气监测、物体表面监测、灭菌器监测以及设备器材的监测等。

目前，医院多采取定期或不定期监测相结合的方法对医源性感染状况进行细菌学监测。通过监测使各科室及时了解消毒工作中存在的问题，及时查找原因，制定纠正措施；对消毒不合格的项目及时了解，查找原因，重新消毒，合格后方可使用。同时增强医务人员的无菌意识，避免院内感染的发生。检查的内容包括消毒液配置及使用情况、消毒登记及消毒指示卡的使用、紫外线灯消毒情况及记录等。此外，专职医源性感染管理人员还负责一些项目的抽检，如消毒包的抽检、一次性医疗用品的使用。

医源性感染的监测指标：①流行病学监测指标包括：医源性感染的三间分布（时间、空间和人间）；②微生物学监测指标包括：医源性感染发生率、传播媒介、病原体特征、易感人群等。

第四节 医院废弃物的处理

一、医疗废弃物问题的提出

医疗废弃物是指由医院、诊所、动物医院、输血中心、透析中心、核医学部门、化疗诊所、药店、病理实验室、生物实验室等处产生的任何废物。

1988 年世界卫生组织将医疗废弃物分为八类：即一般废物、病理性废物（人体或动物组织、器官）、感染性废物（被血液、体液及传染病患者排泄物污染的的物品，能传播感染性疾病）、损伤性废物（主要是注射器针头和手术刀片等锐器）、化学性废物、药物性废物、放射性废物、爆炸性废物（压力容器废物）。以上基本涵盖了医疗废弃物的各个方面。

医疗废弃物是伴随医疗活动产生的，也是伴随着医院的产生而产生的。因此，医疗废弃物本身并不是一个新的事务。但是，近一二年来，医疗废弃物问题引起了社会的广泛关注，其中固然有医疗废弃物随着医疗活动的增加而增加的原因，但是主要原因是医疗废弃物在社会非医疗领域引发的不良影响，例如废弃医疗用絮棉制品被用于"黑心棉"的生产；丢弃在社会垃圾中的废弃的一次性注射器成为儿童的玩具，对儿童造成直接伤害或成为潜在的健康威胁；以及本应销毁的一次性注射器通过违法途径重新流入医院被重新使用，等等。

以往医疗废弃物的管理是在医院内完成的，但是，在复杂的社会形势下，仅仅关注于医院内的医疗废弃物管理是远远不够的，卫生行政部门和医院必须认识到医疗废弃物问题对整个社会产生的影响，并使用社会物流的观念对待和处理整个社会面临的医疗废弃物问题。

二、医院废弃物处理的现状

1. 卫生部在《医院感染管理规范》和《医院消毒技术规范》中对医院废弃物的处理有一些规定，但不具体，比如哪些可以回收，哪些不能回收利用，哪些应该焚烧。缺乏适合我国国情并适合于不同大小、不同经济发展水平地区具体情况的处理办法。各地执行情况不一，大医院执行相对较好，中小医院特别是县和县以下医院相对较差。各地经济条件有差距，一些经济落后地区的医院难以达到规范要求。

2. 各省对医院废弃物处理与管理水平参差不齐，部分省市以开展此项工作并制定相应措施，如江苏、山东、湖南等地，但在执行中仍有许多具体困难，如经费来源、环保要求等。

3. 少数医院如医院、诊所、保健院等，由于管理不严，或缺乏处理办法、或缺乏处理设施、或缺乏处理经费等原因，仍存在将废弃医疗用品，主要是一次性输液（血）器、注射器卖给个体回收人员，或有个体回收人员主动到医院收取，有的省份甚至形成了这些物品的大规模集散地，社会危害很大。

4. 对医疗废弃物分类不明确，一些机构将医疗废弃物混入生活垃圾中，造成处理困难。医院自行处理特别是焚烧时造成环境污染（二次污染），在一些地方已经引起周围群众的不满和新闻媒体的关注。《医院感染管理规范》要求部分废弃物应焚烧，但由于缺乏经费和场地，部分机构缺乏符合要求的焚烧炉，当地又无统一焚烧机构，在不符合要求的焚烧炉焚烧，环境保护部门又不同意，造成废弃物处理的两难境地。

5. 随着人民医疗卫生保健水平的提高，一次性医疗用品的使用量增加。除一次性使用注射器、输液、输血器外，血液透析器、一次性血管导管（含心导管）、一次性麻醉包、一次性使用引流瓶等接触血液体液的一次性用品使用量与日俱增，甚至一次性妇科检查器械、一次性尿壶、一次性便尿盆等正在逐步普及。由于一次性医疗用品使用量的急剧增加，使原本就难以处理的一次性医疗用品的处理难上加难。

6. 对医疗废弃物的管理是一个系统工程，涉及环境保护、工商、市政建设、运输、公安等部门，例如个体收购者从医院收集的废弃物公开或隐蔽出售，光靠卫生部门检查不能解决根本问题，需要工商、运输、公安等部门的分工与合作。又例如，要建设符合要求的焚烧炉，需要环境保护、市政建设部门的配合行动。但目前仅由卫生部门在管理此事，缺乏足够的精力和能力。

7. 缺乏适合我国国情并适合于不同大小医院、不同经济发展水平地区具体情况的医疗废弃物处理办法。

8. 经费问题的障碍，处理医疗废弃物需要一笔不小的开支，由谁来支付，医院能力十分有限，由医院独家负担显失公允。特别是在农村地区，由于医疗机构少，产生的医疗废弃物数量有限，集中处理增加运输成本，而分散处理又往往不能保证得到全部合乎要求的处理。

三、医疗废弃物处理的指导原则

在1995年1月30日全国人大常委会第十六次会议通过的《中华人民共和国固体废物污染环境防治法》（以下简称《固体废物防治法》）明确提出固体废物处理的基本原则，即减量化、资源化和无害化。医疗废弃物的处理也同样遵循该原则。

1. 减量化　　减少废物的产生是减少医疗废弃物环境污染的第一位措施。1987年，为控制肝炎等疾病的医源性传播，卫生部发布了《关于推广使用一次性塑料注射器、输液、输血管、针的通知》，要求"在传染病医院、综合医院传染科、检验科、外宾医疗、国境卫生检疫所、各级血站、防疫站的检验科等继续加强消毒隔离的单位或科室首先推广使用一次性注射器，并同时要求严防废品处理不当引起传染和污染环境"。很快，各种一次性医疗用品在各级各类医院被迅速推广，种类也在迅速增多，从几角钱的拭纸到上万元的医疗介入治疗用导管。因此，目前的医疗废弃物，特别是引起社会反响的各种医疗废弃物中，一次性用品占有相当大的比例。

一次性医疗用品作为原有可反复使用的玻璃、絮棉质量的医疗用品的替代物确实起到了减少疾病的医源性传播的作用，但是也带来的相当复杂的处理问题。由于一次性医疗用品在毁形之前必须经过消毒，因此使用一次性医疗用品同样面临原有玻璃、絮棉质量的医疗用品所面临的消毒灭菌问题。此外，要求医院对一次性医疗用品经过毁形，比玻璃、絮棉质量医疗用品废弃物的处理环节增加。如果没有经过规范的消毒过程就被废弃，则直接造成了环境的污染和其他社会危害。

目前，可反复使用的玻璃、絮棉质量的医疗用品的消毒技术，如高压蒸气灭菌等技术已经是成熟技术，成本较低。而一次性医疗用品的消毒毁形大量采用焚烧办法，往往成为新的污染源，如焚烧塑料制针管会产生二恶英等严重的空气污染物已经日益为人们所重视。很多医院通过加强管理，重新使用可重复使用的医疗用品而减少一次性医疗废弃物的产生。医院工作者也在积极进行尝试，探索将昂贵的一次性医疗用品重复使用的科学途径，如导管的重复使用。

2. 资源化　　对于无法避免、必须产生的医疗废弃物，尽可能增加其再利用也是减少废弃物污染的重要途径，即医疗废弃物的资源化问题。但是在各个医疗废弃物处理的环节中，资源化是尤其明显超过医院处理能力的，尤其需要各个有关的部门或者行业的积极参与，例如环保部门、制造业。如一些制作输血、输液器的塑料为质量优异的高分子材料，应积极探索开发再利用的途径。

建议将医疗废弃物的资源化问题列入国家环保产业的一部分，有环保部门制定标准，同时积极鼓励研究、开发将医疗废弃物再利用的途径和方法，走产业化的道路；规范再生制品的产品种类，规定医疗废弃物再生制品的可能用途，禁止其进入食品包装材料等与人民群众健康直接相关的产品领域。因此，在医疗废弃物的资源化问题上，需要环保部门、国家经贸委以及各个产业领域的积极沟通和配合，不断开发和研究不同类型医疗废弃物再利用的价值，创造有利于医疗废弃物资源再利用的最佳途径。

3. 无害化　　医疗废弃物的无害化是以医疗废弃物的详细分类为前提的，应建立从医疗用品的生产环节开始的统一的医疗用品分类标示制度，用不同的颜色标示需要不同无害化处理途径的医疗用品，并在医院的回收、处理、运输等环节中使用统一的标示。

目前，很多医院沿用以往的配备焚烧炉的方法对医疗废弃物进行无害化处理。但是，由于一些医院规模较小，特别是中等规模、小型的医院，焚烧炉也较小，只能达到几百度，而高分子材料制成的输液器等一次性医疗用品的焚烧需要上千度的高温，造成实际上这些机构并不具备处理医疗废弃物的能力，由于产生的量又非常有限，生产厂家和专业回收机构都没有积极性做这部分医疗废弃物的回收处理工作。有的小医院只好将其在医院的角落里堆放，造成了流向社会的潜在可能。

目前，许多大中城市开始实施医疗废弃物的集中处理，停止建设医院内部的焚烧装置，这是提高医疗废弃物处理的规模效益，减少二次污染的重要举措。但是尚存在回收种类不完全，偏重于大中型医院的医疗废弃物回收，忽视小型医院废弃物的回收等问题。

四、医疗废弃物的全过程管理

在我国，以往污染物等的处理原则是"谁产生，谁处理"，但是根据目前医疗废弃物引起的社会问题的简单分析可以知道，医疗废弃物带来的社会问题绝不单纯是医院或者医疗服务环节的问题，因此，必须加强从医疗用品的生产、流通到使用、收集、处理各个环节的控制和管理，加强部门协调，才有可能真正解决医疗废弃物的社会危害问题。

医疗废弃物重新回流进入市场涉及到医疗废弃物的回收、处理和医疗用品的流通（购销）等环节。如果医疗废弃物在医院内部完成全部处理工作，则回收、处理的责任在医院；如果医疗废弃物在院外，通过社会集中处理等方式完成处理工作，则回收、处理的责任涉及医院、医疗废弃物的回收部门、运输部门、消毒和销毁等部门和机构。不论处理工作的责任落实在谁，以一次性医疗用品为例，医疗用品通过购销环节进入医院都必须符合医院用品采购的基本要求，包括各种生产、流通企业的许可证件和安全检验结果等，需要工商部门做好医疗用品市场供应的监督和管理工作。而在上述的任何环节都需要公安部门作为维护市场秩序的保护力量。

五、医疗废弃物管理中突出对危险废弃物的重点管理

世界卫生组织将医疗废弃物分为八类，但各类医疗废弃物对社会的危害程度以及危害的方式是非常不同的。根据医疗废弃物可能造成的直接社会危害程度，可以将医疗废弃物分为三类：一是一般危险性的医疗废弃物，如门诊、住院患者的生活废弃物；不与患者接触的输液瓶和药品包装箱等。二是中等危险度的医疗废弃物，如输液器、输血器等；三是特殊危险的医疗废弃物，如法定传染病患者使用的医疗用品和生活垃圾。国外研究认为，第三部分仅占全部医疗废弃物数量的10%~15%。因此，对特殊危害的医疗废弃物进行重点管理就是要用最经济的手段达到最佳的管理效果。

国际上很多国家严格确定医疗废弃物的危害程度，对不同危害程度的医疗废弃物采取不同的处理措施。例如，非传染病患者产生的生活垃圾，由于产生的地点是医院，所以应该计入医疗废弃物的一部分，但实际上，与该患者在家庭或者其他社会场所中产生的生活垃圾没有本质的区别，它的处理也就采取与普通生活垃圾的处理一样的处理方法和途径。而感染性废弃物是必须经过严格的消毒，包括一次性输血、输液器等器皿的毁形工作。

六、医疗废弃物管理的对策与建议

1. 政府重视，各部门通力协作　医疗废弃物日益增多，危害广大人民群众身体健康，政府应予以足够的重视，各部门要通力协作，处理好医疗废弃物。①卫生部门要保证医疗废弃物在医院内正确分类收集。②环境保护部门与市政建设用于焚化有传播疾病危险性废弃物的集中式焚化炉。③工商管理部门坚决打击非法回收医疗废弃物，特别是回收一次性使用注射器输液器等的行为。④各地（省、市）可指定专门机构（或厂家、1~2家）负责医疗废弃物中可回收部分的回收工作，并由卫生监督部门负责监督，其他任何机构均不得回收；对于回收十分不便的边远地区允许就地处理（主要是焚烧处理）。

2. 想方设法解决医疗废弃物处理的经费问题　使用一次性注射器、输液（血）器是预防经血液传播疾病，防止交叉感染的重大举措，受益的是广大病患者，具有良好的社会效益。解决集中焚化炉的建设和维护经费可采取政府（环境保护）出一点，患者出一点，医院出一点的办法。由政府财政出一点（拨焚化炉专项建设经费），送集中焚化的医院在现在住院经费发基础上每床日另收1~2元用于处理废弃物（取之于民用之于民），医院具体负责医院内的废弃物的分类收集工作，对此物价部门应予支持。对回收处理废弃物的单位在政策上予以扶植，鼓励他们微利运行。

3. 因地制宜、分类指导　我国地域辽阔，不同地区或同一地区不同区域经济发展水平明显不平衡，不同级别医院的医疗废弃物产生量、废弃物的构成也存在差异，要在全国各地不同级别医院实施统一的废弃物处理办法，不符合现在实际情况。仅以城市和农村为例，我国城市与农村地区的医院面对的医疗废弃物处理的问题不同，在城市地区，医院相对集中，医疗废弃物产生的数量较大，卫生行政部门以及各个相关管理部门对医院的医疗废弃物的监督管理比较严格，医院对医疗废弃物的处理比较重视，也比较容易实施医疗废弃物的集中处理。在农村地区，特别是偏远地区，医院分散，单个医院产生的医疗废弃物数量比较少，集中化处理的收集和运输成本较高，处理回收单位的积极性也不高。

因此，应该根据我国实际情况制定相应的废弃物处理办法，在保证最落后、最偏远或不易收集的地方能达到废弃物处理的最低或低级要求的前提下，集中在大、中城市的医疗废弃物的处理应该达到高级水平，以集中焚烧为上策，小城市的医院废弃物至少达到中级水平，广大农村地区在发达地区达到中低级水平，不发达地区达到最低水平或低级水平。在具体措施上，对于城市地区的医疗废弃物的处理问题，应鼓励建立集中化的回收处理途径，制定政策，引导专业回收、运输和处理机构收集各类医院的废弃物并实施有效的处理；另一方面，对农村地区的医院或规模较小的医院，应鼓励医院减少医疗废弃物的产生，如减少一次性医疗用品的使用，更多地采用可重复使用的医疗用品，鼓励使用具备有效消毒手段的医疗用品，如玻璃制品，减少医疗废弃物的产生。

4. 对医疗废弃物实行分类处理　不同的医疗废弃物对处理的要求和处理成本不同，因此，应制定医疗废弃物分类处理制度。强调医疗废弃物在产生地及时作好分类袋（盒、篓）装，分别收集，分别处理。需要我们加强管理和重点处理的主要是感染性废物（包括病理性废物和锐器）、放射性废物，建立严格的污物入袋制度，防止污染扩散。重点做好感染性废弃物及锐器处理，原则上均应焚烧处理。对非感染性（未接触传染病患者、血液、体液）的一次性使用注射器、输液器在有条件的地区可以定点回收，没有条件的地方则严禁回收，而应在消毒毁形后在安全的地方填埋或焚烧处理。良好的就地分类处理可以减少需焚化废物的数量，降低处理成本。建设符合环境保护要求的焚化炉处理医疗废弃物，主要是感染性废弃物和锐器。

5. 加强政府政策指导　建议由国家卫生部、环境保护局、工商局共同制定医疗废弃物处理管理办法。在制定前进行充分的调查研究，制定适合我国国情的医疗废弃物的分类办法、分类收集办法及处理方法、焚化炉建设要求等。充分明确各方职责。需特别注意以下问题。

七、世界卫生组织建议的医疗废弃物处理方法

1. 医疗废弃物处理水平及选择

Ⅰ级（高级）：所有医院废弃物在带有烟气装置的高温焚化炉（两室焚烧炉）中进行焚烧（异地或就地）；Ⅱ级（中级）：非塑料性（或少量塑料性）的感染性废物在单室焚化炉焚烧。塑料性感染性废弃物在消毒后填埋。有害的化学性、细胞毒药物性废物在安全的地方填埋；Ⅲ级（低级）：所有感染性废物消毒后填埋。有害的化学性、细胞毒药物性废物在安全的地方填埋；Ⅳ级（最低要求）：所有感染性废弃物通过简单的单室焚化炉焚烧或有控制的露天焚烧。有害的化学性、细胞毒药物性废物在安全的地方填埋。

2. 不同废弃物处理方法

表　不同医疗废弃物处理方法

废弃物类型	最佳处理方法	其他选择
感染性废弃物	焚化（对高度传染危险性废物合并使用消毒方法）	消毒后填埋
尖锐废物	污染的锐器焚化，未污染的锐器直接装入安全盒内填埋	消毒后填埋
药物性废物	如可能，过期产品交还供应商，否则焚化；被污染者高温焚化；小计量固体与液体药品从下水道排出	用安全容器装好填埋
细胞毒废物	如可能，过期产品交还供应商，否则高温焚化；被污染者高温焚化	化学降解后填埋或下水道排出
化学性废物	未使用交还供应商，无毒的化学品填埋，有毒的焚化或交专门部门处理	有毒的依据化学特点就地处理
放射性废物	低活性水平者焚化、填埋或依据其特性排入下水道；中度活性者通过保存衰变或处理；高活性者与权威部门协商处理	
压力容器废物	送医院外机构处理或填埋	禁止焚化（爆炸）
一般性废物	如家庭废物处理按市政垃圾处理	

（冯　文）

参 考 文 献

1. 魏杰．企业前沿问题．北京：中国发展出版社，2001
2. 董恒进．医院管理学．上海：复旦大学出版社、上海医科大学出版社，2000
3. 胡泳．企业文化与素质管理．海口：海南出版社，2002
4. 许立志．医患关系学．北京：中国文颐出版社，1999
5. 迈克尔·雷吉斯特．经营风险与危机处理．北京：中国标准出版社、科文（香港）出版有限公司，2000
6. 昝爱宗．第四种权利——从舆论监督到新闻法治．北京：民族出版社，1999
7. 里贾纳·E·赫兹琳杰．非营利组织管理．北京：中国人民大学出版社、哈佛商学院出版社，2000
8. 杜拉克．杜拉克管理思想全书．北京：九州出版社，2001
9. 伯特·弗雷德曼，艾瓦·威尔逊，乔安妮·维亚．第五项修炼教程．北京：经济日报出版社、科文（香港）出版有限公司，2002
10. G·帕里．战胜危机．北京：生活·读书·新知三联书店，1996
11. 陈佳贵．适应性企业——急剧变动时代的战略思维．广州：广东经济出版社，2001
12. 王名．非营利组织管理概论．北京：中国人民大学出版社，2002
13. 世界卫生组织．2000年世界卫生报告．北京：人民卫生出版社，2000
14. 格里·约翰逊，凯万·斯科尔科．公司战略教程．北京：华夏出版社，1998
15. 北京大学医学部医院管理处．临床路径实施手册．北京：北京医科大学出版社，2002
16. 詹思延．循证医学和循证保健．北京：北京医科大学出版社，2002
17. David A.Kindig．为人群购买健康－按健康结果付费．北京：人民卫生出版社，2001
18. 郭子恒．医院管理学．北京：人民卫生出版社，1983
19. 丁涵章，马骏，陈洁．现代医院管理全书．杭州：杭州出版社，1999
20. 刘振声，金大鹏，陈增辉．医院感染管理学．北京：军事医学科学出版社，2000
21. 陈海峰．中国卫生保健史．上海：上海科学技术出版社，1993
22. 王东，朱乃苏，陈志兴．现代医院管理理论与方法．上海：上海科学技术文献出版社，1992
23. J·佩帕德，P·罗兰．业务流程再造．北京：中信出版社，1999
24. ［美］Lawrence S.Kleiman 著，孙菲等译．人力资源管理——获取竞争优势的工具．北京：机械工业出版社，1999
25. ［美］R·韦恩·蒙迪，罗伯特·M·诺埃 著．葛新权等译．人力资源管理．第6版．北京：经济科学出版社，1998
26. 孙健敏等著．人力资源开发与管理卷．北京：中国人民大学出版社，1999
27. 李宝元著．人力资本与经济发展．北京：北京师范大学出版社，2000
28. 理查德·科克著，李汉昭编译．帕累托80/20效率法则．北京：海潮出版社，2001
29. 乔纳森·斯迈兰斯基著，孙晓梅译．新人力资源管理．大连：东北财经大学出版社，1999
30. 刘中怀著．医院人才管理学．北京：经济管理出版社，1988
31. 杰克·吉多等著，张金成等译．成功的项目管理学．北京：机械工业出版社，1999

32. 赵曙明著．国际企业：人力资源管理．南京：南京大学出版社，1998
33. 徐捷等主编．现代医院职业院长．哈尔滨：哈尔滨出版社，2001
34. 陈绍福等主编．现代医院质量经营．哈尔滨：哈尔滨出版社，2001
35. 翁心刚主编．物流管理基础．北京：中国物资出版社，2002
36. 曹荣桂主编．医院管理学．北京：人民卫生出版社，2003
37. 爱德华·J·布洛切等．李苹莉等译．成本管理．北京：华夏出版社，2002
38. 李弘等主编．现代医院市场营销．哈尔滨：哈尔滨出版社，2001
39. 黄永昌主编．医院管理学教程．北京：光明日报出版社，1990
40. MBA核心课程编译组．理财：资金筹措与使用．北京：中国国际广播出版社，1997
41. MBA核心课程编译组．经营战略．北京：中国国际广播出版社，1997
42. MBA核心课程编译组．市场营销．北京：中国国际广播出版社，1997
43. 国务院．医疗事故处理条例．北京：卫生部网站，2002
44. 卫生部．医疗事故分级标准（试行）．北京：卫生部网站，2002
45. 卫生部．医疗事故技术鉴定暂行办法．北京：卫生部网站，2002
46. 吴明主编．卫生经济学．北京：北京医科大学出版社，2002
47. 柴邦衡等主编．ISO9000质量保证体系．北京：机械工业出版社，1999
48. JCAHO．Joint Commission International Accreditation Standards for Hospital．IL．JCR，2002